네오막시즘과 문화막시즘

- 그람시 · 알튀세르 · 마르쿠제 -

최 환 열

머 리 말

마르크스(1818-1883년) 이후에 마르크스의 사상은 마르크스 주의로 거듭 태어나 자본주의 내에 그 자리를 잡았다. 이때 결정적인 역할을 한 인물이 안토니오 그람시(1891-1937년)인데, 그는 이탈리아 뭇솔리니의 독재에 마르크스 주의로 항거를 하면서, 이 철학을 형성시켰다. 그람시는 네오 막시즘의 창시자라 불리운다. 그리고 프랑스에 구조주의 철학이 득세할 때 여기에 마르크스의 사상을 접목시킨 이가 알튀세르(1918-1990년)인데, 그는 철저한 마르크스 주의자였다. 그는 공산주의가 이 세상에서 성공할 줄 알았으며, 마르크스의 사상을 아무 의심 없이 신뢰하며, 서방세계에 마르크스 사상을 소개하였다. 더 나아가 독일 프랑크푸르트의 비판철학은 히틀러 치하의 독재를 마르크스 철학으로 극복하려 하였는데, 이들이 자본주의 내에 신좌파철학을 형성하였다. 이때 비판철학자 마르쿠제는 막시즘과 프로이트철학의 성 해방 사상을 융합시키며 새로운 사조를 형성해 내었으며, 그것이 프랑스 68혁명의 주요 사상이 되었다. 그리고 그의 성 해방의 사상은 포스트모더니즘으로 이어지고, 미국에서 '정치적 올바름'의 PC주의를 이루고, 오늘날 각국에서는 『차별금지법』의 사상적 근원으로 자리 잡고 있다. 이 『차별금지법』은 자본주의내 좌파들의 주요 투쟁 주제이다.

안토니오 그람시의 네오막시즘

안토니오 그람시의 마르크스 주의에 대한 가장 큰 기여는 마르크스의 절대적 유물론에 대한 수정이다. 마르크스는 생산양식과 생산관계의 경제구조의 토대를 너무 중시여긴 나머지, 토대의 변화는 자연적으로 상부구조의 사상·법률·문화 등을 변화시킨다는 것이다. 그러다 보니 각종 노동운동들이 미온적인 상태에 빠지게 되었다. 그냥 노동조합의 탄생으로 그 투쟁이 힘을 잃는다. 이들이 적극적으로 공산주의 혁명을 향하여 나아가야 하는데, 기존의 마르크스의 절대적 유물론에 의하면, 자연발생적으로 토대가 변하면 상부구조가 변한다. 그람시는 그렇게 자연발생적으로 되는 것이 아니라, 적극적으로 상부구조를 변화시키고, 그 변화된 힘으로 체제 속의 생산관계를 공산주의로 변화시켜야 한다고 말하는 것이다.

먼저, 그람시에 의하면, 마르크스의 역사적 블록에서 상부구조는 '국가와 시민사회'로 구성되어 있다. 이때 국가는 '강제'에 의해 그 힘을 행사하며, 시민사회는 '동의'에 의해 그 힘의 행사를 허용한다. 국가의 운영은 이 양자가 함께 가는 것이다. 그런데, 이때 시민사회의 핵심은 종교이다. 당시에 유럽의 종교는 기독교였는데, 이 교회에 의해 국가가 지탱 되고 있었던 것이다. 그람시는 국가가 시민사회 곧 종교를 가지고 시민들의 '동의'를 끌어내고 있다고 말한다. 그는 이것을 지배계급의 헤게모니라고 말한다. 그람시는 이것을 파괴하지 않으면 혁명은 성공하지 못한다고 말한다. 그는 기독교의 이러한 태도를 국가숭배라고 말하며, 이제는 유물론이 득세하고 있다고 말한다. 사실 그람시의 첫 번째 주적은 교회인 것이다. 공산주의가 그렇게도 교회를 공격하는 이유는 이 헤게모니를 가져오기 위해서이다. 이때 유물론은 대항 헤게모니이다.

두 번째, 그람시에 의하면, 군사전쟁에 기동전과 진지전이 있듯이 정치투쟁에도 기동전과 전지전이 있다고 말한다. 이때 기동전은 1917년 러시아 볼셰비키 혁명이 대표적인 사례인데, 이 기동전은 맨 나중에 결정적인 때에 발생한다. 그 전에는 일어나 봤자 모두 진압된다. 기동전은 진지전을 통해서 헤게모니가 공산주의로 넘어왔을 때 이루어진다. 그래서 지금은 진지전의 시기라는 것이다. 이때 진지전의 대상은 지배계급의 헤게모니를 파괴하는 것이다. 이 지배계급의 헤게모니는 종교와 학교교육에서 대거 산출되고 있다. 그람시는 국가가 종교와 학교교육을 통해서 지배계급의 헤게모니를 산출하여 국민들로부터 국가의 '강제'에 대한 '동의'를 얻어낸다고 본 것이다. 기존의 종교와 학교교육을 파괴하는 것이 진지전의 주요 대상이다. 즉, 헤게모니 쟁취는 진지전 곧 장기적 전략 전개를 필요로 한다는 것이다.

세 번째, 그람시는 세상은 지식인들에 의해 운영되고 있는데, 이 지식인들은 각계각층에서 자신의 분야를 이끌고 있다. 이렇게 계급별로 지식이 있는데, 다이제 노동자 계급에도 지식인이 있다. 즉 '총파업'의 혁명을 비전으로 삼고, 이론적으로 무장된 지식인들이 있다. 이들을 가리켜 유기적 지식인이라고 말한다. 이 유기적 지식인이 해야할 일은 새로운 헤게모니를 형성하는 데 핵심적인 역할을 한다. 이들은 기존의 지배계급의 헤게모니를 파괴하고, 이에 대한 대항 헤게모니를 산출하여야 한다. 그리고 자신들과 같은 유기적 지식인들을 산출하는 일을 해야 한다. 이들이 '현대의 군주'이며, 이 '현대의 군주'인 '정치정당'의 중간 리더들이다.

네 번째, 그람시는 이들의 주활동 무대는 학교와 역사분야라고 말한다. 학교에서는 자라나는 청소년들이 교사를 향하여 무방비한 상태로 앉아있다. 이들에게 마르크스의 『자본론』을 주입하는 것이다. 그래서 이들도 '총파업'의 구성원이 되게 하는 것이다. 그람시는 역사를 매우 중시 여긴다. 그래서 그 자신이 이탈리아의 근세사를 노동혁명의 관점에서 다시 쓴다. 이제 그람시의 글을 읽은 사람은 이탈리아에 대한 역사관 자체가 바뀌어 버리며, 그 역사관 하에서 투사가 되어 나타나는 것이다. 역사관에 의해서 역사는 크게 달라진다.

그람시의 〈옥중수고〉를 공부한 좌파 운동가들이 교회에 들어가고, 학교에 들어가며, 역사저술의 자리에 들어간다. 우리나라 대한민국의 경우에도 이 그람시의 전략이 고스란히 접목되었다.

루이 알튀세르의 사회 구조주의

알튀세르는 『마르크스를 위하여』(1965)에서 마르크스의 『독일 이데올로기』를 고스란히 현대화하고, 『자본론을 읽다』(1965)를 공동저술하며, 마르크스의 『자본론』을 소개한다. 또한 그는 「이데올로기와 이데올로기적 국가장치들」을 통해 안토니오 그람시를 승계한다. 그는 아무런 의심 없이 마르크스를 받아들인 철저한 마르크스주의자이다.

먼저, 알튀세르는 마르크스의 사상을 소개할 때, 아르크스는 그 이전 철학자들이 모두 관념론자들임에 비하여 마르크스가 최초로 실제 중심의 과학과 같은 철학을 전개한 것으로 소개한다. 그는 이것을 "인식론적 단절"이라고 말한다. 그런데, 그 본질은 결국 그동안 모든 철학적 전통이 유신론에 기반을 둔 관념론이었는데, 이제 신의 존재를 철저히 부정하고 유물론적 철학을 전개한 것이었다. 마르크스는 역사를 연구하면서 모든 역사의 변곡점마다 생산수단의 변화가 있었다. 이 생산수단(토대)의 변화에 따라서 상부구조의 새로운 문화와 제도가 출현하였다. 이것을 체계화한 것이 "역사적 유물론"이다. 마르크스와 알튀세르에게 있어서는 "정신의 변화에 따라 역사가 변한다"는 이론이 결국 관념론이고, "생산양식(혹은 생산수단)의 변화에 따라 역사가 변한다"가 곧 과학이며, 사회과학의 출현이라는 것이다. 이것이 곧 알튀세르가 말하는 "마르크스의 인식론적 단절"이다.

두 번째, 마르크스는 『자본론』 등에서 생산수단의 변화와 이에 따른 사회제도의 변화를 고대세계로부터 시작해서 중세와 근세에 이르기까지 열거한다. 고대세계에서는 청동기 시대에서 철기의 발명으로 이제 완전히 새로운 역사가 전개된다. 중세에는 맷돌이나 물공이(수차) 등의 발명으로 새로운 농노 제도가 수립된다. 근세는 증기기관 등의 발명으로 산업혁명이라는 세기적인 사건이 일어나며, 자본주의의 성립을 가져왔다. 그런데 이러한 산업혁명의 생산수단의 변화는 어마어마한 생산관계의 변화를 야기 시킨다.

자본주의에는 하나의 중요한 모순이 존재하는데, 그것은 자본가와 노동자의 대립이었다. 이 양자의 대립을 보니 1인 1표제의 민주주의 체제에서 자본가는 곧 노동자들의 반발로 몰락할 위기에 처해 있었다. 이 자본가의 몰락에 대한 예견은 마치 과학에 가까운 숙명처럼 보인다. 그래서 이제는 새로운 생산관계가 요청되면서 자본주의의 다음 세대로서 공산주의를 예견한다. 그리고 필연성에 대해 과학적 사회주의라는 이름을 부여한다.

세 번째, 알튀세르는 마르크스의 변증법이 헤겔의 변증법이나 단순한 경제결정론과 다르다고 본다. 헤겔의 변증법은 기존의 시스템을 파괴하는 것이 아니라 고양을 이루는 부정(반정립)이다. 그래서 "정립–반정립–종합"의 테제를 적용한다. 그러나 마르크스나 알튀세르의 변증법은 "모순–과잉결정"의 새로운 변증법적 원리를 적용되는데, 여기에서 '과잉결정'은 혁명과 자본주의 체제전복을 의미한다. 그리고 그 대표적인 사례가 1917년 레닌의 볼쉐비키 혁명이다.

알튀세르는 마르크스의 철학이 초기에는 인도주의적이었는데, 1845년『독일 이데올로기』이후에는 유물론적 변증법의 과학적 사회주의로 발전하였다고 말한다. 그래서 이 과학적 사회주의 시대의 마르크스의 논리는 "모순과 과잉결정"의 과학적 법칙의 일환으로 사변을 전개한다는 것이다. 이것은 공산주의 투쟁이 이제 더 이상 인도적 차원에 머물 것이 아니라, 자본주의 내에서 일어나는 공산주의 혁명은 이제 과학이지 감상적 인도주의가 아니다. 공산주의 실천은 인도주의의 도덕적 차원을 넘어서서 과학이며 법칙이다.

네 번째, 알튀세르 당시에 대륙에는 구조주의 철학이 유행하였다. 즉 의식 이면에서 작용하는 어떤 구조에 대해 말하기 시작했던 것이다. 위에서 언급한 '과잉결정'이라는 용어는 알튀세르그 구조주의 철학자 프로이트의 무의식에서 가져온 개념이다. 그런데, 마르크스는 상부구조의 이데올로기가 토대(하부구조)의 경제구조에서 출현하였다고 말하였다. 여기에서 이데올로기란 우리의 무의식 속에 잠재한 어떤 사상으로서, 우리의 모든 의식들은 사유활동을 할 때, 이 이데올로기의 영향을 받고 있다는 것이다. 이런 차원에서 마르크스와 알튀세르의 '상부구조'의 '이데올로기'도 또한 사회 구조주의 일환으로 해석될 수 있다는 것이다.

알튀세르는 자신이 구조주의 철학자라고 불리는 것을 반대하였다. 사실 그의 호명테제는 자본주의 체제에서 형성된 이데올로기를 반대하기 위한 논리였다.

헤르베르트 마르쿠제의 문화막시즘

프랑스 5월 혁명 또는 프랑스의 68운동은 프랑스 샤를 드골 정부의 실정과 사회의 모순으로 인한 저항운동과 총파업 투쟁하며 기존의 가치와 질서에 저항한 사건이다. 이 68혁명의 주요사상은 마르크스주의의 비판이론과 푸코 등을 중심으로 한 포스트모더니즘의 성 해방으로 표현할 수 있다. 그리고 이 양자를 하나로 결합시킨 인물이 마르쿠제이다. 마르쿠제의 『에로스와 문명』은 이 양자를 잘 종합하고 있다. 68혁명 당시 "3M"이라는 용어가 유행하였는데, "마르크스, 마오쩌뚱, 마르쿠제"이다. 68혁명에서 사상적으로는 마르쿠제의 철학이 중요한 역할을 하였다.

먼저, 이 문화 막시즘이라는 용어는 마르쿠제의 "비판이론+성해방" 이론에서 출현하였다. 비판이론은 자본주의 내에서 '마르크스주의'를 접목시키는 개념으로서, 자본주의 내의 신좌파이론이다. 이들은 정통 마르크스주의처럼 공산주의 혁명을 목표로 하지 않는다. 그런데, 이들은 자본주의 내에서 자본주의의 폐단을 지적하며, 여기에 마르크스주의를 접목시키려하였다.

이때 이 프랑크푸르트의 '비판이론'에 '성 개념'이 결합되었는데, 이것이 마르쿠제의 이론이다. 이 이론은 자연스럽게 '포스트모더니즘'과 이어진다. 그리고 이 포스트모더니즘의 창시자인 푸코는 '성 해방'에 대한 이론적 기반을 마련하였으며, 들뢰즈의 해체는 곧 자본주의에 대한 해체를 말한다. 그런데, 나중에 자본주의 내의 사회주의 운동가들에게 그람시의 '진지전과 기동전'의 이론이 접목되기 시작하였는데, 그람시의 진지전은 한 국가의 도덕을 파괴시켜야 자본주의 내에서의 사회주의 혁명이 가능해진다는 논리가 있다. 마르쿠제의 "비판이론(사회주의 이론)과 성해방 이론"은 여기에 적절하였던 것이다. 그래서 보수진영에서는 마르쿠제의 이러한 이론을 문화 막시즘이라고 부르기 시작한 것이다.

두 번째, 마르쿠제는 『에로스와 문명』(1955)에서 프로이트의 『문명 속의 불만』을 재해석하는데, 여기에서 프로이트는 "성(sex)과 문명"의 관계를 논했다. 마르쿠제는 여기에서 프로이트의 "이드-에고-슈퍼에고"의 정신분석이론을 고스란히 소개하는데, 프로이트의 경우 그의 후기 사상에 이르러서는 중요한 변화를 접하고 있었다.

프로이트는 처음에는 기본 본능이 성욕의 에로스 하나인 줄 알았는데, 전쟁을 겪은 후 임상에서 파괴본능의 타나토스가 또 하나의 본질로서 목격되더라는 것이다. 그래서 그의 이론은 두 본질론으로 대거 수정을 맞게 되는데, 에로스 안에 있던 타나토스가 드러난 것으로 말한다. 그런데, 이 타나토스는 결국 슈퍼에고의 양심이라고 지칭을 하게 된다. 이 양심이 성욕에 대하여 파괴적인 작용을 한다는 것이다. 먼저, 이 '양심'은 에로스의 이드가 사회를 접할 때, '현실원칙'을 대변하여 '성욕'에 대한 제어의 역할을 한다. 그리고 인류의 문명의 발전은 이로 말미암았다. 프로이트에 의하면, 이것은 인류에게 숙명이다. 이 '현실원칙'에 의해 에로스의 '쾌락의 원칙'은 영구히 억압을 받는다. 이 내용을 마르쿠제는 그의 『에로스와 문명』의 1부에서 다룬다.

마르쿠제는 그의 『에로스와 문명』의 2부에서 "문명의 변증법"을 말하며, 이제 자본주의 사회가 발전하며, 생산성이 극대화 되어서 과잉노동을 없애도 되는 시대가 온다. 그러면 이제 그 시대에는 에로스를 계속 억압하고 있는 '현실원칙'이 사라지기 때문에 '쾌락의 원칙'을 맘껏 향유할 수 있는 시대가 이른다는 것이다. 이 시기에 적용되는 원칙은 '열반의 원칙'인데, 이때는 기존의 '성욕'도 '에로스'로 변한다. 그래서 "쾌락원칙(정)-현실원칙(반)-열반원칙(합)"의 변증법을 전개한다. 그리고 이러한 과잉노동이 사라지고, 맘껏 생애의 쾌락을 즐길 수 있는 시대가 공산주의라고 말하였던 것이다. 그가 공산주의라는 표현을 쓰지는 않지만, 결국 자본주의 다음의 세대를 이렇게 말하였다. 프랑스의 젊은이들과 노동자들이 이 이야기를 듣고 환호를 하며, 성해방과 공산주의를 모토로 한 68혁명을 이루었던 것이다.

마르쿠제는 1955년도에 이 책을 썼는데, 소련의 계획경제를 바라보고 있었다. 그런데, 계획경제는 모든 국민들의 마음에서 직업선택의 자유를 빼앗고, 공유화된 모든 재산은 국민들의 마음에서 꿈을 빼앗아 버렸다. 이런 상태에서 경제가 돌아가야 해서 스탈린은 그의 반대자들에 대한 학살하였고, 모든 국민들에게 강제노역을 시켰다. 흐루시쵸프도 백방으로 수고하였으나, 모든 의욕을 상실한 소련 국민들은 오직 배급제에만 매달려, 거리에서 줄을 서고 있었다. 그 결과 소비에트연방(소련)은 1991년에 해체되고 말았다. 공산주의는 공상에 불과하였던 것이다.

세 번째, 한편 '공산주의와 성해방'을 결합한 마르쿠제의 사상은 '문화 막시즘'이라고 불리기 시작했는데, 그의 책에서 '문화'와 '문명'이라는 용어를 사용하고 있는 것에 근거한 것으로 보인다. 이 '문화 막시즘'이라는 용어는 PC(Political Correctness, 정치적 올바름) 담론과 연결되면서 본격적으로 대중 정치 용어로 쓰이게 되었다. 이 마르쿠제의 "공산주의와 성해방의 이론"은 오늘날에도 자본주의 내의 사회주의 사상가들에게는 주요 사상으로 자리잡고 있다. 실제로 자유진영 내에 사회주의 운동가들은 소수자들과 연합을 하며, 공산혁명을 꿈꾼다. 만일 그와 같은 사회주의자들의 세력들이 존재하여 성해방이나 역사왜곡 등을 통해 혁명을 실행하고 있다면, 그들이 활용하는 마르쿠제 등의 사상을 '문화 막시즘'이라고 칭할 수도 있을 것이다.

마르쿠제나 비판이론가들의 사상은 전통 마르크스주의자들의 그것과는 다르게 순수한 마르크스주의자였을 수 있다. 그럼에도 불구하고 그들의 철학 사상이 자본주의 내에서 사회주의 혁명의 도구로 사용되고 있다면, '문화 막시즘'이라는 용어 사용도 가능할 것으로 보인다.

2025. 10. 4

신학박사 최 환 열 書

〈제 목 차 례〉

1부 안토니오 그람시의 네오막시즘

2부 루이 알튀세르의 사회 구조주의

3부 헤르베르트 마르쿠제의 문화막시즘

1부   안토니오 그람시의

네오 막시즘

1장 그람시의 생애와 사상

1. 안토니오 그람시의 생애(1891-1937)[1]

가. 1891-1915(출생-24세), 그람시의 성장과정과 학업

그람시는 1891년 이탈리아의 가난한 섬인 사르디니아에서 태어났다. 그의 조부는 부유했으나, 그의 부친 프란체스코 그람시는 하급관리였는데, 부정부패와 연루되어 감옥에 투옥되는 바람에 가난하게 되어 고생이 심하였다. 그람시는 불행하게도 4살때 사고로 장애인이 되어 병약하였는데도 하루에 열 시간 이상 일할 정도로 극심한 가난에 시달렸다. 그럼에도 호기심, 상상력, 밝은 성격, 강한 의지를 가진 소년이었다. 1908년(17세)때 아버지가 석방되자, 고등학교 재입학하였는데, 이때 형의 영향으로 사회주의에 입문하게 되었다. 1911년(20세), 토리노 대학에 지역 유지 장학생으로 들어가게 되었으며, 학문적 성적도 뛰어났으나, 가난과 건강상의 이유로 1915년 4월 대학교를 중퇴하였다.

① 여유있는 집
안토니오 그람시는 1891년 1월 22일 이탈리아 사르디니아 알레스에서 7형제 중에서 넷째로 태어났다. 사르디니아의 민중들은 이탈리아 변두리에서 사는 가난한 소작인들이었지만, 그람시의 집안은 다른 사람들보다는 여유가 있는 알바니아 사람의 후손이었다. 할아버지는 부르봉 왕가의 헌병대 대령이었으며, 이탈리아 왕국으로 이탈리아가 통일될 때까지 대령 계급을 가지고 있었다. 아버지는 나폴리출신으로 변호사가 되려고 했던 지식인이었다. 그람시의 어머니도 조반니 보카치오시인의 글을 읽을 만큼, 보기 드물게 지적 소양을 지닌 여성이었다.
② 어려움에 빠진 집안
부친은 변호사가 되려는 꿈을 버리고, 하급정부관리로 일하다가 공금횡

---

1) 그람시의 생애는 위키백과의 내용을 인용한 것이다.

령혐의로 구속되었는데, 구속된 진짜 이유는 지방유지들에게 밉게 보였기 때문이었다. 당시 이탈리아는 지방유지들의 독재가 만연해 있었는데, 안토니오 그람시의 아버지는 이들과 다른 정치적 견해를 갖고 있었던 것이다. 그래서 어머니는 1904년 아버지가 석방될 때까지 삯바느질과 텃밭농사로 가정을 돌봐야 했고 쓰다버린 초의 토막을 다시 썼다. 4살 때 사고로 장애인이 되어 병약 그람시도 하루에 열 시간 이상 일할 정도로 극심한 가난에 시달렸다. 그럼에도 호기심, 상상력, 밝은 성격, 강한 의지를 가진 소년이었다. 몸이 약하니까 격렬하고 거친 놀이는 못했지만, 친구들과 어울렸고 독서와 나들이를 좋아하며 고슴도치와 도마뱀을 보고 관찰하였다.

③ 1908년(17세), 고등학교 재입학과 사회주의 입문

아버지가 석방되어 경제적 여유가 생기자 그람시는 1908년 칼리아리 고등학교에 재입학했으며, 형 젠나로와 동거했다. 젠나로는 토리노에서 군 복무하던 중 사회주의자가 되었고, 이탈리아 사회당(1892년 결성-1994년 해산)을 선전하는 팜플렛을 동생에게 보내주고 있었다. 당시 이탈리아 사르디니아는 영화 《빠드레 빠드로네》에 나오는 것처럼 부모들이 배움의 중요성을 모르는 무지와 가난 때문에 어린 자식들을 학교가 아니라 산꼭대기로 올려 보내서 양을 치게 할 정도로 가난한 동네여서, 광부들과 농민들의 민중 운동이 치열했는데, 그들의 생존권 투쟁은 모두 군대와 경찰에 의해 무자비하게 탄압되었다. 이를 보고 자란 그람시는 자연스럽게 역사와 사회주의에 관심을 가졌다. (위키백과, 그람시의 생애, 2025. 8. 2.)

④ 1911년-1915년(20-24세), 대학생 시절

1911년 9월 고등학교를 졸업한 그람시는 학문에 대한 재능을 인정받아 지역 장학생으로 선발돼 토리노 대학교에 입학했다. 대학교 시절 그는 학문(그리스 문학, 역사, 철학, 언어, 법학)을 공부했으며, 그의 학문적 재능을 높이 산 전공학과(언어학) 교수의 권유와 언어와 철학에 대한 뛰어난 재능에도 불구하고 가난과 나쁜 건강 탓에 1915년 4월 문학시험을

끝으로 대학교를 중퇴하였다. (위키백과, 그람시, 2025. 8. 2.)

나. 1913-1919년(23-28세), 사회주의운동

1913년(23세) 토리노에 거주하며 이탈리아 사회당에 입당하였다. 토리노는 노동자들의 활동이 매우 활발한 도시였다. 1915년(24세)경에는 이탈리아 사회당 기관지 《전진》 편집위원회 활동 시작하였는데, 여기에서 마르크스의 『자본론』을 기고하였다. 1919년(28세)에는 대학교 동창들과 잡지 《신질서》를 창간하였다.

① 1913년(23세), 이탈리아 사회당 입당

1913년(22세) 친구 타스카의 영향으로 이탈리아 사회당(PSI)에 입당한 그는 본격적인 사회주의 운동가로 활동하기 시작했다. 당시 공업도시인 토리노에서는 노동자들의 노동운동이 활발하여, 가두시위(1904년), 금속노동자들의 파업투쟁(1912년, 노동조합이 결성되지 않은 상태에서 75일간 진행됨), 금속노조(FIOM)의 지도로 진행된 파업투쟁(1913년, 93일간 진행됨)이 일어날 정도였다. 이를 본 그람시는 토리노 노동자들이 북부 자본가들을 위협할 정도로 강한 단결력과 남부 농민대중을 이끌 수 있는 지도능력이 있음을 알았다.

② 1915년(24세), 이탈리아 사회당 기관지 《전진》 편집위원회 활동

그래서 그는 1915년부터 이탈리아 사회당 기관지 《전진 Avanti》 토리노판 편집위원회 활동, 사회당 지역주간지 《민중의 외침》(Grido del Popolo)에 정기적으로 글을 썼는데, 그의 관심분야는 사회와 정치, 노동운동, 제 2인터내셔널의 짐머발트 회합, 반전결의, 문화비평등 다양하였다.

③ 1917년(26세), 『자본론』 기고

1917년에는 《전진》에 〈자본에 대한 혁명〉(여기서 말하는 자본은 마르크스의 《자본론》을 말함)을 기고하였다. 1917년을 전후로 이탈리아 노동운동이 대단히 전투적으로 전환 되어가는데 서구사회에서 전개된 노동자

평의회 운동에 몰두, 점차 사회당 내 좌파 세력을 형성해 나간다.

④ 1919년(28세), 잡지 《신질서 Ordine Nuovo》 창간

1919년 토리노 대학교 동창인 안젤로 타스카, 움베르토 테라치니, 팔미로 톨리아티와 사회당 내 급진 세력의 목소리를 대변할 잡지 《신질서 Ordine Nuovo》를 창간하는데 이 잡지는 후일 이탈리아 공산당의 기관지가 됐다.(위키백과, 그람시, 2025.8.2.)

다. 1920-1926년(29-35세), 이탈리아 공산당 창당과 총서기

안토니오 그람시가 이탈리아 공산당을 창당한 이유는 사회당이 투쟁정신을 잃어버린 채 적당히 자본가, 지배계급과 타협하는 어용 정당이 되어간다는 반성에 뿌리를 두고 있다. 1919-1920년의 토리노 노동운동 실패를 이유로 1921년 이탈리아 공산당을 창당한다. 그리고 이탈리아 공산당과 코민테른과의 갈등을 기화로 1924년 그람시가 공산당 내의 실권을 장악한다. 그리고 그해 10명의 의원을 배출함을 통해 그는 1926년(35세) 이탈리아 공산당 총서기에 오르게 된다.

① 1919-1921년, 토리노 노동운동 실패와 이탈리아 공산당 창당

1919-20년(붉은 2년) 토리노의 피아트 공장 노동자들이 중심이 돼 벌인 공장 평의회운동이 자본가들과 지배계급의 결탁으로 실패하자, 그람시와 그의 동료들은 노동운동 실패의 결정적 원인이 사회당의 미온적 공장 평의회 지지 및 전반적인 보수주의 성향에 있다고 보았다. 즉 그람시와 동지들은 사회당이 좌파정당으로서 계급투쟁을 하기보다는 지배계급 및 자본가와의 타협을 하는 보수화를 비판하여 사회당을 이탈했다. 1921년 리보르노에서 전투적 맑스-레닌주의의 면모를 갖춘 새로운 진보정당인 이탈리아 공산당을 창당한다.

② 이탈리아의 파시즘에 패배한 노동운동

제1차 세계대전 이후부터 1920년대 초에는 두 가지 상극적이지만 중요한 현상이 이탈리아에서 나타난다. 노동운동이 대단한 호전성을 띠고 전

개되는 한편, 이탈리아, 독일에서 파시즘과 나치즘이 확산되어가고 있었다. 특히 1915년 전직 사회주의자 무솔리니에 의해 시작된 이탈리아 파시즘은 사회주의 운동에 공포심을 갖고 있던 제대군인들과 자본가들로부터 이미 상당한 지지를 받으며 빠르게 성장하고 있었다. 이런 상황에서 사회당은 우유부단하고도 개량주의적 모습을 보였다. 정부와 타협하며 노동운동의 급진화에 제동을 거는 한편, 파시즘의 확산에 대해서는 속수무책이었다.

③ 공산당내 이념논쟁 : 코민테른과 갈등한 이탈리아 공산당

초대 이탈리아 공산당의 총서기였던 아메데오 보르디가는 이탈리아 사회당(PSI)과의 연합전선 구축을 통해 이탈리아 내 사회주의 혁명을 추진하도록 명하던 코민테른과 갈등하고 있었다. 그람시는 처음엔 공식적으로는 보르디가 노선을 지지하며 공산당의 사회당과의 연합을 반대했으나, 날로 증대하는 파시즘 세력의 위협을 절감하면서 차츰 보르디가의 완고한 비타협적 태도에 회의를 갖기 시작, 코민테른의 연합전선론을 지지하는 방향으로 돌아섰다. 결국 끝까지 공산당 독자혁명을 고집하던 보르디가는 당내에서조차 차츰 지지 기반을 상실하고, 1924년에서 1926년 사이 그람시가 결정적으로 이탈리아 공산당의 실권을 장악하게 된다.

④ 전체주의의 사회주의 탄압

1922년 10월 로마 진군과 자본가, 제대군인들의 사회주의에 대한 두려움을 토양으로 권력을 잡은 무솔리니의 전체주의 정권은 집권 초기인 1922년과 1926년 사이, 노동운동에 대해 강온정책을 함께 사용해 대응했다. 사회당과 공산당의 의회진출을 허용하는 한편, 공장노동자들의 파업투쟁과 같은 노동운동은 탄압하는 것이었다. 또한 기독교 사회주의, 사회주의, 공산주의 등 이탈리아내 진보세력을 탄압했다.

⑤ 1924년, 이탈리아 공산당의 10명의 의원배출

이탈리아 공산당은 1924년 선거에서 10명의 의원을 당선시켜 의회에 진입하는데, 이때 그람시도 하원 의원이 됐다.

⑥ 1926년, 그람시의 공산당 총서기 승인

그람시는 1926년 1월, 프랑스 리옹에서 비밀리에 열린 전당대회를 통해 정식으로 공산당 총서기로 승인돼 이탈리아 공산당의 지도권을 장악하게 되었다. (위키백과, 그람시, 2025. 8. 2.)

[평가] 마르크스도 그렇고 그람시도 마찬가지로 이들은 단순한 노동운동은 실패한다고 생각한다. 이들의 노동운동은 자본가 계급의 체제전복이다. 자본주의 내에서의 노동운동과는 본질적으로 다르다.

라. 1926-1937년(35-46세), 무솔리니 정부에 의한 투옥과 죽음

무솔리니 파시스트 정부는 파시스트 국민당 외의 모든 정당 활동을 해산하며, 그람시도 체포되었다. 무솔리니 정부는 그람시의 선동술을 두려워하여 20년형을 언도하였으며, 그람시는 11년의 투옥생활 도중 사망하였다.

① 1926년, 무솔리니 정부의 정당 폐쇄와 그람시 체포
무솔리니 정부가 1926년 가을 파시스트 국민당(PNF) 이외의 모든 정당을 불법으로 규정한 새 법안을 통과시킴에 따라, 1926년 11월 경찰에 체포됐다.
② 그람시의 선동술에 대한 경계
경찰은 불법정당 활동을 구실로 그람시를 체포했으나 실제로는 무솔리니가 그의 선동술이 두려워서 벌인 일이라고들 한다. 그 증거로 수석검사는 재판에서 그람시는 매우 머리가 좋으니 20년간 두뇌를 쓰지 못하게 해야 한다고 했다. 로맹 롤랑을 비롯한 유럽 지식인들은 "그람시가 무솔리니의 감옥에 갇혔다."고 비판하며, 그람시의 석방을 위해 노력하였으나 실패하였다.
③ 20년 형언도와 1937년 사망
그람시는 재판에서 20년 4개월 5일의 형을 언도받고 복역하던 중 건강이 심각하게 악화됐고 결국 1937년 4월 별세했다. 무솔리니는 사실상 그의 소생 가능성이 없다는 것이 확실시 된 후에야 그람시의 석방을 발

표했는데, 이는 그가 숨을 거두기 불과 며칠 전의 일이었다.(위키백과, 그람시, 2025.8.2.)

2. 그람시 《옥중수고》의 갖는 의미

안토니오 그람시는 수감 기간 중 역사와 정치 분석을 기록한 공책을 30 개 이상 남겼다. 이 글은 감옥에서 공책에 쓴 글이라는 뜻으로 《옥중수고》 라고 알려졌으며, 그람시의 마르크스주의 이론, 비판적 이론과 교육이론 등 이 담겨 있다.

가. 그람시 사상에 대한 전제

그람시의 사상은 마르크스의 사회주의가 완전하다는 전제하에 그의 사상 이 평가하여야 한다. 그러나 마르크스 주의는 완전하지 않다. 이것이 그람 시의 한계이다. 그리고 당시의 자본주의는 무솔리니의 정권 안에 있었다. 그람시는 자본주의와 무솔리니를 동등으로 생각하였을 것이다.

① 그람시 사상의 전제

그람시는 마르크스의 사상을 고스란히 받아들였다. 마르크스의 사상이 옳을 경우, 그의 사상도 또한 옳은 방향이 되는데, 마르크스의 철학은 결정적인 것을 은폐하였다. 마르크스의 『자본론』은 한 사회를 노동자의 입장에서만 바라보고 쓴 글이다. 그런데, 노동자가 존재할 수 있는 이유 는 자신이 몸담은 기업이 존재하여야 그 존재가 가능해진다. 그리고 그 기업의 생성원리를 소개하고 있는 글이 애덤 스미스의 『국부론』이다. 애 덤 스미스의 『국부론』을 접하지 않은 이가 마르크스의 『자본론』에만 좇아 서 기업을 파괴해 버린다면, 노동자는 자신의 생명을 해하는 것이다. 마 르크스는 노동자들이 그 기업을 운영하면 된다고 말하는데, 그것은 경영 자로부터 기업을 탈취하는 것이며, 나중에 그 경영자의 자리에 공산당이 들어앉아 있다. 그들은 공무원들이지 기업을 이끄는 경영자나 과학기술

을 발견한 자들이 아니다. 그냥 기업을 탈취했을 뿐이며, 그 기업은 도
태되고, 그 나라가 가난 가운데 빠지게 된다.

② 그람시의 한계

그람시는 무엇이 궁극적인 의로운 행위인지에 대한 검토를 하지 않고,
무비판적으로 노동자의 편에 서며, 기업과 국가를 원수로 파악하고, 노
동자들을 선동하기 위한 각종 선동술을 창안한다. 그람시는 천재적인 선
동가이다. 그는 마르크스라는 잘못된 이론을 위한 선동가가 된 것이다.

③ 무솔리니 치하

그람시가 이렇게 극단으로 빠진 데에는 이탈리아에 불법이 횡행했다는
것이다. 무솔리니가 이탈리아의 모든 권한을 장악하고, 이탈리아에 파시
즘 정부를 열었다는 것이다. 그람시는 무솔리니 정부에 의한 탄압을 자
본주의와 동일시한 경향이 있다. (필자)

나. 마르크스 절대적 유물론 수정

그람시의 마르크스 주의에 대한 가장 큰 기여는 마르크스의 절대적 유물
론에 대한 수정이다. 마르크스는 생산양식과 생산관계의 경제구조의 토대를
너무 중시여긴 나머지, 토대의 변화는 자연적으로 상부구조의 사상·법률·
문화 등을 변화시킨다는 것이다.

그러다 보니 각종 노동운동들이 미온적인 상태에 빠지게 되었다. 그냥 노
동조합의 탄생으로 그 투쟁이 힘을 잃는다. 그런데 정작 마르크스는 공산주
의로의 체제변혁을 꾀하였다. 혁명이 필요하였던 것이다. 그람시는 이탈리
아에서 전개되는 각종 노동운동을 보면서 마르크스 이론에서 이러한 모습을
목격한 것이다. 그람시는 마르크스의 이러한 절대적 유물론을 경제주의라고
칭하며 이것을 벗어나야 한다고 말한다.

그람시는 〈옥중수고〉의 맨 처음에 "현대의 군주"의 개념을 밝히는데, 이
현대군주의는 '정치정당'을 의미하는데, 그 구성원들이 또한 '현대군주'의 화
신이다. 이때의 '정치정당'은 '총파업'의 신화를 추구하는 자들이다. 즉, 현재
의 자본주의 국가체제를 뒤엎고, 공산주의를 실현하고자 하는 자들이다. 단

순한 노동의 질을 개선하는 노동조합을 꿈꾸는 자들이 아니다.

이들이 적극적으로 공산주의 혁명을 향하여 나아가야 하는데, 기존의 마르크스의 절대적 유물론에 의하면, 자연발생적으로 토대가 변하면 상부구조가 변한다. 그람시는 그렇게 자연발생적으로 되는 것이 아니라, 적극적으로 상부구조를 변화시키고, 그 변화된 힘으로 체제 속의 생산관계를 공산주의로 변화시켜야 한다고 말하는 것이다.

다. 상부구조의 헤게모니 이론

그람시는 그의 연구를 토대의 하부구조가 아닌 상부구조에 집중한다. 그는 1917년의 러시아 볼셰비키 혁명과 서구 유럽의 노동운동을 고찰하였는데, 러시아 혁명의 성공이유를 시민사회가 러시아 정부에 등을 돌린 것에서 찾는다. 반면 서구 유럽의 혁명이 실패한 이유는 시민사회 구성원들의 애국심이 있었다는 것을 발견하게 된다. 열심히 노동운동을 하다가 1차 세계대전이 일어나자, 모두 자신의 국가를 지키기 위해 군대에 입대해 버린 것이다. 여기에는 기독교의 역할이 컸다. 시민사회가 국가를 버리지 않으면, 그 나라에서 혁명은 성공할 수 없다.

그람시에 의하면, 마르크스의 역사적 블록에서 상부구조는 "국가와 시민사회"로 구성되어 있다. 이때 국가는 '강제'에 의해 그 힘을 행사하며, 시민사회는 '동의'에 의해 그 힘의 행사를 허용한다. 국가의 운영은 이 양자가 함께 가는 것이다. 그런데, 이때 시민사회의 핵심은 종교이다. 당시에 유럽의 종교는 기독교였는데, 기독교의 핵심이 "하나님 사랑과 이웃사랑"인데, 여기에서 '이웃사랑'의 핵심은 '나라사랑'이었다. 교회에 의해 국가가 지탱 되고 있었던 것이다.

그람시는 국가가 시민사회 곧 종교를 가지고 시민들의 '동의'를 끌어내고 있다고 말한다. 그는 이것을 지배계급의 헤게모니라고 말한다. 그람시는 이것을 파괴하지 않으면 혁명은 성공하지 못한다고 말한다. 그는 기독교의 이러한 태도를 국가숭배라고 말하며, 이제는 유물론이 득세하고 있다고 말한다. 사실 그람시의 첫 번째 주적은 교회인 것이다. 공산주의가 그렇게도 교회를 공격하는 이유는 이 헤게모니를 가져오기 위해서이다. 이때 유물론은 대항 헤게모니이다.

라. 기동전과 진지전

그람시에 의하면, 군사전쟁에 기동전과 진지전이 있듯이 정치투쟁에도 기동전과 전지전이 있다고 말한다. 이때 기동전은 1917년 러시아 볼셰비키 혁명이 대표적인 사례인데, 이 기동전은 맨 나중에 결정적인 때에 발생한다. 그 전에는 일어나 봤자 모두 진압된다. 기동전은 진지전을 통해서 헤게모니가 공산주의로 넘어왔을 때 이루어진다. 그래서 지금은 진지전의 시기라는 것이다.

이때 진지전의 대상은 지배계급의 헤게모니를 파괴하는 것이다. 이 지배계급의 헤게모니는 종교와 학교교육에서 대거 산출되고 있다. 그람시는 국가가 종교와 학교교육을 통해서 지배계급의 헤게모니를 산출하여 국민들로부터 국가의 '강제'에 대한 '동의'를 얻어낸다고 본 것이다. 기존의 종교와 학교교육을 파괴하는 것이 진지전의 주요 대상이다.

러시아혁명처럼 단기간에 권력을 장악하는 것을 전면전이라면, 서유럽처럼 시민사회가 강한 사회에서는 문화적·이데올로기적 영역에서 장기적 투쟁(진지전)이 필요하다고 봤다. 즉, 헤게모니 쟁취는 장기적 전략 전개를 필요로 한다는 것이다.

마. 유기적 지식인(Organic Intellectual)

그람시는 세상은 지식인들에 의해 운영되고 있다. 이 지식인들은 각계각층에서 자신의 분야를 이끌고 있다. 기업인의 지식인이 있고, 학자로서의 지식인이 있다. 이렇게 계급별로 지식이 있다. 그런데, 이제 노동자 계급에도 지식인이 있다. 즉 '총파업'의 혁명을 비전으로 삼고, 이론적으로 무장된 지식인들이 있다. 이들을 가리켜 유기적 지식인이라고 말한다. 이들은 단순히 기존 체제를 유지하는 지식인(전통적 지식인)이 아니라, 계급이나 집단의 역사적 과제를 자각하고 이를 조직화하는 지식인을 말한다.

이 유기적 지식인이 해야할 일은 새로운 헤게모니를 형성하는 데 핵심적인 역할을 한다. 이들은 기존의 지배계급의 헤게모니를 파괴하고, 이에 대한 대항 헤게모니를 산출하여야 한다. 그리고 자신들과 같은 유기적 지식인들을 산출하는 일을 해야 한다. 이들이 '현대의 군주'이며, 이 '현대의 군주'인 '정치정당'의 중간리더들이다. 그람시에 의하면, 이들의 주활동 무대는 학교와 역사분야이다.

바. 학교와 역사

그람시의 〈옥중수고 2〉는 지식인과 학교와 역사에 관한 내용이다. 그람시는 여기에서 지식인의 주요 활동 무대는 학교이다. 학교에서는 자라나는 청소년들이 교사를 향하여 무방비한 상태로 앉아있다. 이들에게 마르크스의 『자본론』을 주입하는 것이다. 그래서 이들도 '총파업'의 구성원이 되게 하는 것이다.

그람시는 역사를 매우 중시여긴다. 그래서 그 자신이 이탈리아의 근세사를 노동혁명의 관점에서 다시 쓴다. 이제 그람시의 글을 읽은 사람은 이탈리아에 대한 역사관 자체가 바뀌어 버리며, 그 역사관 하에서 투사가 되어 나타나는 것이다. 역사관에 의해서 역사는 크게 달라진다.

그람시의 〈옥중수고〉를 공부한 좌파 운동가들이 교회에 들어가고, 학교에 들어가며, 역사저술의 자리에 들어간다. 우리나라 대한민국의 경우에도 이 그람시의 전략이 고스란히 접목되었다.

사. 옥중수고의 갖는 의미

만일 자유 민주주의 체제가 옳은 것이라면, 이 그람시의 『옥중수고』는 마르크스의 『자본론』에 이어 세계 속에 공산주의 미혹을 유포하는 책이다. 이 세계는 지금 마르크스의 『자본론』과 그람시의 『옥중수고』로 인하여 곤란을 겪고 있다. 이 두 책이 득세를 하면, 세계가 미혹 속에 빠지며, 이것이 인류종말 혹은 세상시판의 이유가 될 것이다. 기독교 세계에서는 요한계시록에 나오는 적그리스도가 곧 공산주의일 가능성이 매우 높은 것으로 회자되고 있다. 그 중심에 이 두 권의 책이 자리잡고 있다.

특히 『옥중수고』는 자본주의 세계 내에서의 공산주의 혁명 방법론으로 이미 떠올랐으며, 각 나라에서 대대적인 성공을 거두고 있다. 오늘날에는 이 『옥중서신』의 방법론이 서구사회에서는 "PC이론(정치적 올바른)"이라는 이론으로 혹은 "차별금지법 반대 이론"으로 자리 잡고 있다. "차별금지법 반대 이론"에는 "포스트 모더니즘 철학"까지 여기에 동원 되고 있다. 자본주의(자유 민주주의) 사회 내에서의 모든 혼란의 근원은 모두 『옥중수고』에 닿아 있다.

3. [보충] 국제 공산주의의 시기 구분

마르크스 시대부터 시작되는 '국제공산주의 운동(인터내셔널)'은 일반적으로 다음과 같이 5개의 주요한 '인터내셔널(International)' 시기로 구분된다. 각 시기는 조직적 · 이념적 특징이 뚜렷하며, 주도 인물이나 정치적 배경에 따라 나뉘고 있다.

① 제1인터내셔널 (국제노동자협회, 1864-1876)
1864년 런던에서 마르크스(1818-1883년) 주도로 결성되었다. 목표는 국제 노동자 연대를 강화하여 자본주의를 타도하는 것이었다. 핵심 인물은 칼 마르크스, 바쿠닌(무정부주의자)이었으며, 마르크스(과학적 사회주의) vs. 바쿠닌(무정부주의)의 노선 투쟁이었다. 결국 1872년 헤이그 회의에서 바쿠닌이 추방되자 분열되기 시작하였으며, 1876년 공식적으로 해산하였다.
② 제2인터내셔널 (1889-1914)
1889년에 파리에서 마르크스주의 정당들이 재결성하였다. 목표는 노동자를 정치 세력화하며, 사회주의 정당과 연대하기 위해서 였다. 이념은 정통 마르크스주의에 기반하여, 의회 진출을 하고자 하였다. 주요 사건으로는 메이데이(5월 1일) 노동절을 제정하였다. 한편, 이념적으로는 수

정주의 논쟁이 베른슈타인(점진주의) vs. 카우츠키(정통주의)간에 있었다. 제1차 세계대전 발발 시, 각국 사회주의 정당이 (애국심의 일환으로) 자국 전쟁에 협조함에 따라 1914년 사실상 해체되었다.

③ 제3인터내셔널 (코민테른, 1919-1943)

1919년 모스크바에서 레닌 주도로 설립되었다. 목표는 세계 공산주의 혁명을 통해 자본주의를 타도하자는 것이었다. 성격은 혁명 중심이었으며, 각국 공산당을 소련 중심으로 통제하고자 하였다. 이후 제3인터내셔널은 스탈린 시기 이후 소련 외교정책에 종속 되었다. 1943년, 2차 세계대전 중 스탈린이 서방과의 관계 개선을 위해 자진 해산하였다.

④ 제4인터내셔널 (1938-) - 트로츠키 주도

1938년, 소련에서 추방(1926년) 당한 트로츠키가 스탈린주의 비판하며 따로 조직하였다. 목표는 "배신당한 혁명"의 계승과 반스탈린주의 국제주의를 시도하였다. 트로츠키는 혁명적 국제주의 강조하였고, 소련은 더 이상 사회주의 국가가 아니라고 주장하였다. 그는 1940년 스탈린 세력에 의해 멕시코에서 암살되었다. 조직은 소수지만, 지금도 여러 파벌 형태로 존재한다.

⑤ 제5인터내셔널? (제안 단계)

우고 차베스(베네수엘라 대통령, 2007~2009) 등이 새로운 "제5인터내셔널" 창설을 주장하였다. 그러나, 아직 공식 조직으로 성립된 것은 없다. (나무위키, 인터네셔널)

한편, 그람시는 위에서 제3인터내셔널의 시기에 속한다.

2장 마르크스 주의

그람시 사회변혁 사상의 토대가 되는 것은 바로 마르크스주의이다. 따라서 우리는 그람시를 알기 위해 먼저 제2인터내셔널 마르크스주의에 대해 이해할 필요가 있다. 마르크스는 엥겔스와 함께 '과학적 사회주의'라고도 불리게 되는 이론을 정립했다. 이 장은 "곽태진, 그람시의 사회변혁 사상과 교육의 관계 고찰, 고려대학교 대학원(2015, 국내석사)"의 글을 인용하여 이해하고자 한다. 한편, 마르크스의 이론은 자본주의 정신과 정면으로 대립이 되는데, 이것을 일방적으로 들을 경우 자칫 판단에 혼돈이 온다. 따라서 우리는 이에 대한 균형을 위하여 자유주의 시장경제의 입장과 비교하며 이해를 할 필요가 있다.

1. 토대와 상부구조 이해

가. 토대로서의 생산 – 인간의 본질에 대한 이해

마르크스는 인간의 신념은 사회의 변화에 따라 변하는 것이지, 그것이 사회의 변화를 초래하는 것은 아니라고 말하였다. 이때 인간은 그의 생존을 위하여 노동을 통해 자연물을 변형시키는 노동을 해야 한다. 이것이 인간의 가장 큰 특성이다. 또한 노동은 인간과 자연의 관계인 동시에 인간과 인간의 관계이므로 인간은 근본적으로 사회적 존재이다. 인간은 생존을 위하여 노동을 하기 때문에 생산이 인간의 가장 기초적인 인간활동이다. 그렇기 때문에 사회에 대한 분석은 생산의 수행방식에 의해 설명되어야 한다.

① 마르크스의 인간관 : 사회의 변화에 따라 결정되는 사회관계의 총체
마르크스는 불변하는 추상적 인간본성이란 없다는 인간관을 바탕에 두고 있었다. 그는 인간의 신념이나 소망, 능력 등은 사회의 변화에 따라 변하는 것이지, 사회를 변화시키는 것이 아니라고 보았다. 인간은 다른 무엇보다 "사회관계의 총체이다"(Marx, 자본론, 1976: 4).

② 인간의 본질적 특성은 노동

그러나 이렇게 추상적 인간본성이 존재하지 않는다는 것이, 인간은 어떠한 본질적 특성도 가지지 않음을 의미하는 것은 아니다. 마르크스가 보기에 인간의 본질적 특성은 노동이었다. 마르크스는 인간이 생존하기 위해서는 노동을 통해 자연물을 변형 시키는 생산을 해야만 한다고 보았으며, 이것이 다른 동물들과 인간의 차이점을 촉발하는 근본적 특징이라고 생각했다. 노동은 인간과 자연과의 관계인 동시에 인간들 사이의 관계이기도 하다는 점에서 사회적인 것이라 할 수 있다. 그런데 노동은 인간의 본질이므로, 인간은 결국 근본적으로 사회적 존재인 것이다.

③ 인간의 가장 기초활동은 생존을 위한 노동

그리고 어느 사회에서든 인간의 생존을 위하여 노동을 통한 생산이 불가피하다면, 결국 생산이 가장 기초적인 인간 활동이라고 할수 있다. 이러한 인간관을 가지고 있는 마르크스의 입장에서 볼 때, 사회에 대한 분석은 생산이 조직되고 수행되는 방식에 초점을 맞추어야 하는 것이었다.(곽태진, "그람시의 사회변혁 사상과 교육의 관계 고찰,"고려대학교 대학원(2015, 국내석사))

[비판] 마르크스는 인간의 본질을 생존을 위한 노동에 둔다. 그런데, 최근의 연구들에 의하면, 인간에게는 세 가지 욕구가 있다. 하나는 생존욕구이며, 두 번째는 사회적 욕구이고, 세 번째는 자아실현 욕구이다. 이것은 처음부터 동시에 존재하는데, 앞에 있는 것이 실현될 때 뒤에 있는 욕구가 출현한다. 생활이 너무 어려울 때는 오직 그에게 생존욕구만이 나타난다. 가난에 빠진 사람들의 경우 이에 해당한다. 그런데, 기본적인 생존이 경제의 발전이나 국가의 복지 등에 의해 갖추어지면 이 욕구는 그다지 절실하지 않다. 오히려 사회적 행복욕구와 종교성과 같은 자아실현욕구가 어 강하게 나타난다. 자본주의 제도가 잘 정착된 모든 나라에서는 그렇게 생존욕구가 모든 욕구를 지배하지 않는다.

한편, 마르크스는 위의 이론에 근거하여 이러한 생산수단의 하부구조의 변화에서 상부구조의 의식 등이 변한다고 하였는데, 글마시도 이것의 한계를 지적한다. 오히려 상부구조에 의해 하부구조가 변한다는 것이다.

나. 생산력 - 생산의 물질적 측면

따라서 한 사회를 이해하기 위해서는 생산을 분석하여야 하는데, 하나는 물질적인 측면으로서의 생산력이고, 다른 하나는 이 생산력을 둘러싸고 형성되는 인간들의 관계인 사회적인 측면으로서의 생산관계이다.

여기에서 생산력이란 물질적 생산에서 인간이 자연을 이용할 수 있는 정도를 의미하는데, 이것의 성격은 노동 과정에 의해 규정된다. 그리고 노동과정은 노동력과 생산수단으로 구성된다.

① 생산의 두 측면
마르크스는 생산에는 두 가지 측면이 있다고 보았는데, 하나는 물질적 측면인 생산력이고 다른 하나는 사회적 측면인 생산관계이다.
② 생산력
생산력은 물질적 생산에서 인간이 자연을 이용할 수 있는 정도를 의미하는데, 이것의 성격은 노동과정에 의해 규정된다. 노동과정은 노동력과 생산수단으로 구성된다. 이 중 생산수단은 토지와 원료를 비롯하여 생산에 투입되는 자연물을 의미하는 노동대상과 인간이 생산에 사용하는 도구들을 의미하는 노동수단으로 구분된다. 마르크스는 생산력 발전이 누적적이라고 보고, 한 사회의 기술적·과학적 성취는 이어지는 새로운 사회의 토대가 된다고 생각했다.
③ 생산관계
이러한 생산력의 발전은 인간과 사회가 발전해 나아가기 위한 필수적 조건이 된다. 그러나 생산력 발전만으로 사회가 변화하는 것은 아니며, 사회의 변화에는 생산의 사회적 측면인 생산관계가 중요한 요소가 된다. (곽태진, "그람시의 사회변혁 사상과 교육의 관계 고찰")

[비판] 의식의 변화가 먼저이냐, 아니면 생산수단의 변화가 먼저이냐의 문제는 유물론의 핵심을 이루고 있다. 위의 문장에 의하면, 생산수단의 변화가 사회를 변화시키고 있다. 이 생산수단은 무엇인가? 그것은 과학기술이다. 이 과학기술이 생산수단의 변화를 초래한 것이다. 그리고 그 결과 산업혁명이 출현하였고, 시장경제가 출현하였는데, 자본주의는 시장경제의 다른 이름이다.

이때 과학기술은 정신의 산물이다. 이것이 근세철학의 주제였다. 도대체 이 과학기술이 어디에서 나왔느냐는 것이다. 이것을 규명하기 시작한 것이 데카르트의 합리론이며, 그 과학의 출처를 찾다보니 실험이라는 영국 경험론이 나왔고, 칸트는 이 양자를 결합하여 과학의 출처로서 '순수이성'을 말하였던 것이다. 그리고 헤겔은 그의 『정신현상학』과 『법철학』에서 정신(자기의식)이 사물(대상의식)을 소유할 때, 여기에서 '종합 테제'라는 '창의성'이 출현한 것이라는 것을 밝혔다. 그리고 이러한 내용이 이론화된 것이 애덤 스미스의 『국부론』이다. 생산수단의 변화는 이와 같이 정신에 의해서 이루어졌지, 생산수단 자체가 스스로 변한 것이 아니다. 마르크스는 그의 『자본론』에서 이것을 숨긴다. 이것은 그의 '학문 없음'이든지, 아니면 '의도적인 거짓'이다. 실제로 그는 정규적인 전통학문을 심도있게 공부하지 않았다.

『국부론』에 의하면, 시장경제는 이윤의 허용을 통해서 이루어지는데, 이 이윤의 허용은 '소유의 자유'를 말한다. 이 소유의 자유에서 과학기술과 창의성이 나온 것이다. 그리고 이것이 기업을 이루었고, 여기에서 노동이라는 일자리가 창출된 것이다. 이것이 산업혁명이다. 이 산업혁명의 폭발은 이윤의 축적인 자본에서 나왔다. 이 자본의 축적은 과학기술의 산업화에 이바지한다. 이 산업혁명을 통해 인류의 가난이라는 숙제가 해결되었다.

여기에는 필요악도 나타나게 마련이다. 그것이 바로 빈부의 격차이다. 이 빈부의 격차를 없애려고 노동자가 기업을 뺏으려 하면, 나중에는 그 기업 곧 자신들의 일자리가 사라져 버린다.

다. 생산관계 - 생산의 사회적 측면

한편, 마르크스가 특히 중요하게 여기는 부분이 생산수단을 둘러싸고 형성되는 관계이다. 이때 생산수단을 통제하는 그룹이 누구이냐에 따라서 그 사회의 성격이 달라진다. 이것에 의해 그 사회의 계급이 정해진다. 생산수단 없이 노동이 이루어질 수 없으므로 생산수단을 소유한 자가 모든 것을 결정하므로, 마르크스는 여기에서 착취가 발생하였다고 말한다.

① 생산관계
생산에서 맺어지는 인간들 사이의 관계인 생산관계 가운데 마르크스가 특히 중요하다고 본 것은 생산수단을 둘러싸고 형성되는 관계이다.

② 생산수단의 소유자
마르크스는 생산수단을 소유하고 통제하는 집단이 누구인지 조사하는 것이, 생산의 성격을 이해하고 나아가 사회의 성격을 이해하기 위해 핵심적인 작업이라고 보았다.

③ 생산수단 소유여부에서 나오는 계급
이것은 원시적 수렵·채집 사회를 제외하고는 어떤 사회의 노동과정이든 생산수단 없이 행해지지 않았으며, 생산수단의 분배가 사회의 계급을 발생시킨다고 보았기 때문이다. 마르크스에게 계급은 직업이나 소득 수준에 따라 구분되는 것이 아니라, 생산수단의 소유 여부에 따라 구분되는 것이다.

④ 생산수단 소유자의 착취 : 잉여노동의 발생
생산수단이 소수의 독점물이 된 계급사회에서, 직접생산자는 자신과 부양가족의 생존수단을 생산하기 위해 수행하는 필요노동뿐만 아니라, 생산수단의 소유자에게 돌아가는 생산물을 생산하는 잉여노동을 수행해야만 한다. 마르크스가 말하는 착취는 생산수단을 통제하고 있는 소수가 직접생산자의 잉여노동을 통해 생산된 생산물을 수취해가는 것을 말한다. 이런 의미에서 계급사회는 착취에 바탕을 두고 있다.(곽태진, "그람시의 사회변혁 사상과 교육의 관계 고찰")

[비판] 제조업이 출현하기 이전에는 생산수단이 토지였다. 이 경우 모든 생산은 자연력에 의해서 결정되었다. 따라서 중세의 시대에는 위의 말이 맞다. 그러나 과학기술이 발달하면서 산업혁명을 통해 제조업의 시대가 출현하였다. 애덤 스미스는 『국부론』에서 제조업이 진정으로 국민을 부자가 되게 하는 "국부"라고 말한다. 왜냐면, 한 제품에 대한 모든 수익을 그 구성원들이 배분하기 때문이다.

제조업의 시기의 모든 생산은 기업에 의해서 이루어지며, 이 경우에는 기업에서 생산한 부가가치를 서로 나누는 형태로 되어 있다. 예컨대, 100이라는 부가가치(매출)가 산출되었을 때, 그 기업의 소유자 혹은 주주는 그 부가가치중 이익에 해당하는 부분만 배당을 받는다. 오늘날 대략 자본가의 이익은 2-3%이다. 나머지 97-98%는 근로자와 하청사에게 모두 귀속된다.

그래서 현대 사회에서는 마르크스가 말하는 그러한 구조가 사라졌다. 마르크스의 이야기는 중세시대에나 적합한 이야기이다. 그 시기에 그 생산품은 '곡물'이었으며, 그 곡물에 대한 실질적 기여자는 '토지'였다. 그러나 오늘날의 모든 제품은 그 기여자가 '자본+기술+노동'이다. 이때 마르크스는 여기에서 '자본+기술'을 쏙 빼버리고, 오직 '노동'만이 상품의 가치이다고 말하는 '노동가치설'을 주장한다. 이런 측면에서 우리는 『자본론』을 거짓의 책이라고 말한다. 마르크스는 『국부론』을 보면서 『자본론』을 저술하였는데, 그는 의도적으로 『국부론』에 나타난 이러한 요소들을 제거시켜 버렸다.

라. 상부구조 : 토대 위에 세워지는 사회적 의식

마르크스는 "생산관계가 생산력의 특정한 발전 단계에 조응한다"고 본다. 즉 생산을 위해 분업을 수행하기 위한 인간 상호관계를 '생산관계'라 하며, 인간의 자연에 대한 관계를 '생산력'이라고 한다. 이때 생산관계가 생산력을 발달시킨다. 한편, 이때 이 생산관계에서 지배계급과 피지배계급이 발생한다. 이러한 생산관계와 생산력의 결합 혹은 통일을 생산양식이라고 하며, 이것이 토대라는 하부구조이다. 그리고 이 토대에서 정치와 문화를 비롯한 '상부구조'가 출현하여, 이 양자가 결합된 형태로 한 사회가 구성되어 있다.

이것이 이른바 '토대-상부구조론'이다.

① 생산양식의 '토대'

마르크스는 생산관계가 생산력의 특정한 발전 단계에 조응한다고 보았다. 그리고 이러한 조응의 결과 나타나게 되는, 사회적 생산을 수행하는 양식을 생산양식이라고 불렀다.

② '토대'를 기반한 '상부구조'

사회는 이러한 생산과 관련된 경제적 '토대'를 기반으로 하여 정치와 문화를 비롯한 '상부구조'가 결합된 형태로 구성되어 있다. 이른바 '토대-상부구조론'으로 알려진 이러한 견해는 1859년에 처음 출간된 정치경제학 비판을 위하여 (Zur Kritik der politischen Ökonomie)의 유명한 「서문」에서 잘 드러나고 있다.

③ 토대에 조응하는 법적·정치적·지적(의식적 종교적) 상부구조

생산관계의 총체는 사회의 현실적 토대인 사회의 경제적 구조를 형성하며, 이 위에 법적·정치적 상부구조가 세워지고, 일정한 사회적 의식의 형태가 토대에 조응한다. 물질적 생활의 생산양식은 사회적·정치적·지적 생활과정 일반을 제약한다. 인간의 의식이 그들의 존재를 규정하는 것이 아니라, 역으로 그들의 사회적 존재가 그들의 의식을 규정하는 것이다. (곽태진, "그람시의 사회변혁 사상과 교육의 관계 고찰,)

[비판] 유물론자들은 위의 "토대-상부구조"이론을 이용하여 유물론을 주장한다. 즉 '토대'라는 물질에서 '상부구조'라는 정신이 출현하였다는 것이다. 철학사에서 위의 문장은 유물론 논증에서 매우 중요한 위치를 차지하고 있다.

그런데, 진정으로 물질에서 정신이 출현하였는가? 위에서 출현한 것은 '정신적인 것'으로서 '법률, 의식, 사상'이다. 즉 정신이 변화된 생산관계를 보고 이러한 것에 변화를 가한 것이다. 즉 정신에 의해 '생산수단'의 변화가 먼저 초래되고, 그 다음에 변화된 '생산수단'을 보고, 정신이 이에 맞추어서

'법률, 의식, 사상'을 재조정한 것이다. 즉 '생산수단'에서 '정신적인 것'이 출현하였지, '정신'이 출현한 것이 아니다.

2. 마르크스 주의의 역사이해

마르크스 주의자들은 자본주의는 스스로 패망한다고 말하였다. 이것을 거의 과학적이라고까지 말하였다. 그런데 자본주의는 건재하였다.

가. 자본주의에 대한 마르크스적 이해

마르크스는 사회와 역사에 대한 이러한 관점을 자본주의 사회를 분석하는 데에 적용하였다. 이에 따르면 자본주의는 봉건적 생산양식에 이어 역사적으로 등장한 지배적인 생산양식이다. 자본주의 사회에서 노동자는 자신의 노동력을 자본가에게 판매해야만 생존할 수 있다. 자본가는 노동자들을 고용하여, 임금만큼의 가치를 창출하는 데에 필요한 시간 이상으로 노동을 시킴으로써 잉여가치를 창출하고 이를 수취한다. 여기에서 자본가의 착취가 발생한다.

① 자본주의 생산양식

마르크스는 사회와 역사에 대한 이러한 관점을 자본주의 사회를 분석하는 데에 적용하였다. 이에 따르면 자본주의는 봉건적 생산양식에 이어 역사적으로 등장한 지배적인 생산양식이다. 이러한 자본주의 생산양식은, 직접생산자가 소수의 자본가 집단이 통제하는 생산수단으로부터 분리되는 것을 전제한다.

② 자본가의 우위적 지위

자본주의 사회에서 노동자는 자신의 노동력을 자본가에게 판매해야만 생존할 수 있다.

③ 자본가의 착취 : 잉여가치의 취득

자본가는 노동자들을 고용하여, 임금만큼의 가치를 창출하는 데에 필요한 시간 이상으로 노동을 시킴으로써 잉여가치를 창출하고 이를 수취한다. 전(前)자본주의적 생산양식과 자본주의 생산양식의 중요한 차이점 가운데 하나는, 자본주의에서는 잉여가치를 수취해가는 과정이 물리적 폭력이나 강제력에 기초한 것이 아니라 생산수단의 독점적 소유라는 경제력에 기초해 있기 때문에, 착취가 은폐된다는 점이다.

④ 자본의 모순

이렇게 수취된 잉여가치의 상당 부분은 자본으로 축적되며, 자본은 더 많은 축적을 확보하려는 경향을 보이게 된다. 그래서 자본가들은 생산수단에 대한 투자를 통해 노동생산성을 증가시키고자 하지만, 이러한 시도들은 결국 투자한 자본에 비해 얻는 이윤의 비율, 즉 이윤율을 하락시키게 되며, 이것이 자본주의 경제 위기의 근본적 원인이 된다. 자본주의는 자본의 자기 증식 과정에서 생산력을 발전시키는 동시에 스스로 생산력 발전을 가로막는 모순적 생산양식인 것이다. (곽태진, "그람시의 사회변혁 사상과 교육의 관계 고찰")

[비판] 마르크스는 아담 스미스의 국부론을 연구하면서 위의 결론을 도출하였다. 특히 마르크스는 모든 생산물의 가치는 노동자들의 노동이 그것의 주를 이룬다고 말한다.

자본가는 시중의 상품 가격을 보고, 원재료 구입비와 기존에 노동시장에서 형성된 임금을 고려한 후, 이윤이 발생한다는 확신이 설 경우, 자본을 투자하여 공장을 짓고 원재료를 구매하고 노동자를 고용하는 기업행위를 시작한다. 만일 이윤이 충분히 남으면, 더 큰 공장을 짓는다. 이때 노동자들의 일자리가 넘쳐난다. 나중에는 일자리가 넘쳐나서 이제는 임금이 오르기 시작한다.

이때 발생하게 된 이윤을 마르크스는 착취라고 말한다. 이 기업가는 위의 판단에서 오류가 발생할 경우, 자신이 투자한 모든 돈을 다 날리게 된다. 마르크스는 매우 편협된 인물이어서 이러한 생각은 아예 없는 것 같다.

나. 노동계급의 증가와 프롤레타리아 혁명

마르크스는 역사를 온통 계급투쟁의 역사로 파악한다. 자연스럽게 서로 상부상조를 하는 관계로 보는 것이 아니라, 이 양자의 관계를 투쟁의 관계로만 본 것이다. 이렇게 투쟁의 관계로 보았을 때, 프롤레타리아 계급의 노동자의 수는 갈수록 증가할 것이고, 그들이 이러한 노동착취의 사실을 인식하면, 자본주의 사회 내에서는 혁명이 일어나게 되는데, 그것은 계급철폐를 지향하는 혁명일 것이라고 말하였다. 그는 이것을 과학처럼 자명한 것이라고 생각하여 과학적 사회주의라고 불렀다.

① 자본주의의 위기

그러나 마르크스는 자본주의가 자동적으로 붕괴할 것이라고 보지는 않았다. 필연적인 것은 자본주의 자체의 붕괴가 아니라 자본주의가 겪게되는 위기이다. 마르크스의 자본주의 분석이 근본적 사회변혁과 관련하여 주는 중요한 시사점은 자본주의가 집단적 생산과 분배에 바탕을 둔 평등한 미래사회의 물질적·사회적 조건들을 창출한다는 점이다.

② 노동계급의 수를 증가시키는 자본주의

자본주의는 생산력 발전을 통해 기본적 생활에 필요한 재화들을 부족함 없이 생산할 수 있게 하는데, 이는 계급을 폐지하기 위한 전제 조건이 된다. 아울러, 자본주의의 확장성은 노동계급을 증가시킨다.

③ 계급의 철폐를 지향하는 노동계급

그리고 노동계급이 생산에서 차지하고 있는 객관적 위치는 이들을 단결하여 행동하도록 하며, 궁극적으로는 계급의 철폐를 지향하도록 한다. 물론 여기에는 의식적인 노력이 수반되어야 하고, 이러한 이유에서 마르크스는 때때로 노동운동에 직접적으로 개입하기도 했다. 마르크스의 이론이 '과학적 사회주의'라고 불리는 것은, 이 이론이 바로 이러한 체계적인 분석을 통해 노동계급의 자기해방을 위한 근본적 사회변혁 운동을 이론적으로 뒷받침하는 것이었기 때문이다. (곽태진, "그람시의 사회변혁 사상과 교육의 관계 고찰")

[비판] 자유 민주주의 세계에서는 1인1표의 투표라는 제도를 통해서 국가의 통수권자를 선정하여 그에게 모든 정부를 맡긴다. 이때 프롤레타리아의 수가 월등히 많다. 그래서 이 정부의 수반은 이제 프롤레타리아 혁명가에게 돌아간다. 그리고 그가 이제는 기업을 빼앗아서 노동자 계급의 지도자 그룹(공산당)에게 줄 것이다. 이것이 오늘날 이루어지고 있는 사회주의이다. 마르크스는 이것을 '과학'이라고 표현하였다. 오늘날 많은 자본주의(자유 민주주의) 국가들이 이 위기 앞에 서있다. 이때 그 나라의 경제가 폭망한다.

다. 제2인터내셔널의 시기

마르크스는 1883년에 사망하였고, 엥겔스(1820-1895)는 1889년에 제2인터내셔널을 다시금 출현시켰고, 그후 시기(1889~1914)의 마르크스주의자들은 마르크스와 엥겔스가 미처 완성하지 못한 마르크스주의를 체계화시키고자 노력했다. 그러나 제2인터내셔널은 1914년 제1차 세계대전 문제 앞에서 사실상 와해되었는데, 프롤레타리아들이 모두 이념 문제가 아닌 조국을 위해 헌신을 하였던 것이다.

① 제2인터내셔널 : 마르크스 주의
마르크스와 엥겔스 사후에 마르크스주의는 국제노동운동 조직인 제2인터내셔널의 이론가들을 중심으로 다루어졌다. 제2인터내셔널 시기(1889~1914)의 마르크스주의자들은 마르크스와 엥겔스가 미처 완성하지 못한 마르크스주의를 체계화시키고자 노력했다. 제2인터내셔널은 사상적 지향점으로 마르크스 주의를 설정하고 있었지만, 중앙집중적인 조직체가 아니라 각국 정치 조직의 느슨한 모임에 가까웠기 때문에 상당한 논쟁이 벌어지기도 했다.
② 제3인터내셔널
제2인터내셔널은 1914년 제1차 세계대전 문제를 놓고 분열하여 사실상 와해되고, 1917년 러시아 10월 혁명 이후에는 제2인터내셔널에서 활동

하던 마르크스주의자들 가운데 러시아 혁명을 지지한 일부가 제3인터내셔널을 조직하게 된다. 이러한 사정 때문에, 대개 '제2인터내셔널 마르크스주의'라고 했을 때에는, 후일 제3인터내셔널에 합류하게 되는 마르크스주의자들의 견해를 제외한 제2인터내셔널 이론가들의 마르크스주의를 지칭하는 것으로 여겨진다. (곽태진, "그람시의 사회변혁 사상과 교육의 관계 고찰")

한편, 제2인터내셔널 마르크스주의에서 가장 영향력 있는 이론가는 독일의 카우츠키와 러시아의 플레하노프였다. 이들의 세부적 관심사나 강조점은 조금씩 달랐지만, 이들의 이론은 대체로 "인간과 자연을 포괄하는 이론으로서 역사유물론을 체계화하는 데"에 목표를 두고 있었다.

이들의 이론은 대체로 "인간과 자연을 포괄하는 이론으로서 역사유물론을 체계화하는 데"에 목표를 두고 있었다. 이러한 작업을 통해 이들은 기존의 학문체계를 마르크스주의로 대체하고, "노동운동가들이 쉽게 납득할 수 있는 일관된 세계관을 노동운동에 제시"하고자 했다 (Anderson, 이현 역, 2003: 28). 즉 이들은 그 창시자들이 미처 체계화시키지 못한 마르크스주의를 체계화하여 그것을 공고한 사상체계로 확립하고, 궁극적으로는 이러한 사상체계를 노동운동의 지침으로 제공하고자 했던 것이다.

문제는 이들이 마르크스의 사상을 다분히 기계론적으로 해석함으로써, 마르크스주의를 "자본주의 붕괴의 필연성에 대한 예언"으로 만들었다는 점이다(한형식, 2010: 122). 특히 카우츠키는 진화론에 근거하여 역사발전을 단순화하고 피상적으로 해석하였으며, 이러한 한계가 마르크스의 견해를 해석하는 데에 반영되었다. 이런 해석은 결국 제2인터내셔널 마르크스주의가 기계론적 입장을 취하게 하는 데에 큰 영향을 미쳤다 (Vranicki, 이성백·정승훈 역, 2009: 340-341). 플레하노프는 카우츠키처럼 진화론에 경도되어 있지는 않았지만, 역사의 필연성을 확신하고 있었다(Kolakowski, 변상출 역, 2007: 512).

이 역시 제2인터내셔널 마르크스주의의 기계론적 경향과 연결되는 것이다. 이러한 이론가들의 영향을 받은 제2인터내셔널 마르크스주의는 '기계적 마르크스주의'로 불리기도 한다. 이러한 마르크스주의의 특징은 다음과 같이 요약될 수 있다.

① 모든 변화는 하부구조로서의 경제적 토대로서 설명될 수 있으며, 따라서 마르크스주의의 핵심은 객관적인 경제법칙을 발견하는 것이라는 경제주의의 경향과, ② 이 경제법칙에 의하면 모순이 첨예화되어 나타나는 선진자본주의 국가에서 사회주의혁명은 필연적인 것이라는 낙관주의적 경향을 갖는 것이며, ③ 따라서 역사는 객관적 법칙에 따라 진행되기 때문에 역사의 진행으로부터 인간의지가 배제되고 인간은 수동적 존재가 되는 결정론의 경향을 갖는 것이었다(이내영, 1986: 32-33).

이러한 경향을 보이는 제2인터내셔널 마르크스주의에 따르면, 인간이 주체적으로 스스로를 통제하고 역사를 형성하는 것이 불가능해진다(Femia, 임영일 역, 1985: 164). 사회변혁은 인간의 노력과는 무관하게 언젠가는 도래하는 것이 되고, 인간 활동은 단지 역사적 발전을 표현하는 수동적 행위로 여겨진다. 따라서 제2인터내셔널 마르크스주의에서는 역사를 만들어가는 인간의 주체성이 설 자리를 잃었고, 인간 의식의 문제도 논의 대상이 되기 어려웠다. 그람시의 마르크스주의는 이러한 제2인터내셔널 마르크스주의의 결정론적 특성을 극복하기 위한 노력의 결과물이라고 할 수 있다.(곽태진, "그람시의 사회변혁 사상과 교육의 관계 고찰")

마르크스 주의에 의하면, 자본주의는 스스로 멸망하여야 하는데, 1차 세계대전이 일어나자 도리어 반대의 현상이 일어났다. 이에 대한 원인 규명이 필요하였다. 그것이 곧 "그람시의 '상부구조'에 대한 고찰"이며, 그 대안이었다. 여기에서 네오 막시즘이 출현한다.

3. 그람시의 '상부구조'에 대한 집중적 고찰

기존의 기계론적인 제2인터내셔널 마르크스주의는 1917년의 러시아 혁명과 당시의 유럽혁명을 해명할 수가 없었다. 1917년 러시아 10월 혁명의 성공과 이어진 유럽 혁명의 실패를 설명할 수 없었다. 경제와 사회 사이의 관계에 대한 보다 면밀한 설명이 요청되는 상황이었다. 이를 위해서는 마르크스주의의 '토대-상부구조' 이론 가운데 상부구조에 대한 집중적 고찰이 필요했다. 그람시철학은 이에 대한 해명작업의 결과였다.

① 제2인터내셔널의 마르크스 주의의 한계

기계론적인 제2인터내셔널 마르크스주의는 마르크스와 엥겔스의 저작을 일면적으로 해석했다는 내적 결함을 가지고 있었을 뿐만 아니라 현실을 설명하는 데에도 문제를 보였다. 기계론적 해석으로는 1917년 러시아 10월 혁명의 성공과 이어진 유럽 혁명의 실패를 설명할 수 없었다. 경제와 사회, 국가 사이의 관계, 그리고 여기에 노동계급의 정치적 실천이 미치는 영향에 대한 보다 면밀한 설명이 요청되는 상황이었다(Sassoon, 임영일 역, 1985a: 36-37).

② '토대-상부구조'에 대한 집중적 고찰로서의 그람시 이론

이를 위해서는 마르크스주의의 '토대-상부구조' 이론 가운데 상부구조에 대한 집중적 고찰이 필요했다. 그람시는 상부구조에 대한 마르크스주의적 해명 작업에 몰두했다. (곽태진, "그람시의 사회변혁 사상과 교육의 관계 고찰")

3장 그람시의 마르크스 수정

안토니오 그람시는 1917년 소련에서의 볼셰비키 혁명이 일어나고, 이에 뒤이어 일어난 서구에서의 일련의 혁명들의 실패들을 목도하였다. 마치 마르크스의 『자본론』이 1850년대의 공산주의 혁명적 활동들의 실패로 인한 산물이었듯이,[2] 『옥중수고』는 20세기 초 1차 세계대전을 전후해서 일어난 공산혁명들의 실패를 바라보면서 마르크스주의적 공산혁명의 새로운 방법론 모색이었다. 그 결과 이것은 마르크스의 공산주의 혁명을 자본주의 체제 내에서 일으키는 새로운 방법론이 되었다.

이 장은 "김헌기, 마르크스주의 역사학에서의 그람시 효과, 성균관대대학원(2018, 박사)" 논문의 요약이다.

1. 마르크스와 그람시의 상부구조

가. 마르크스의 국가와 시민사회

그람시에 의하면, 마르크스의 상부구조는 크게 국가(혹은 정치사회)와 시민사회로 구분할 수 있다. 이때 국가는 무엇을 강제하는 집단이며, 시민사회는 자율적 집단이다. 이 둘에 대한 개념정의에 있어서 마르크스와 그람시

---

2) 1848년 2월 혁명 즈음에 마르크스와 엥겔스는 〈공산당 선언〉을 발표하였으며, 이로 인해 공산주의는 새로운 차원을 맞이하게 된다. 한편, 1848년 2월의 시민혁명은 실패로 끝났고, 이때 노동자계급은 마르크스가 예견한 방향대로 프롤레타리아 혁명으로 이어지지는 않았다. 이에 사회주의자들은 자신들의 입장을 재검토하게 되었다. 마르크스는 〈고타 강령 비판〉(1875)에서 이상주의적 공산주의 사회는 곧바로 이루어질 수 없다고 말하며, 자본주의 사회로부터 공산사회가 잉태되려면 기나긴 진통이 수반되며 그 과도기에는 '프롤레타리아 독재'가 필요하다고 역설했다. 이것이 사회주의이다.

이러한 마르크스 엥겔스식의 공산당 혁명이 1917년 레닌에 의해 러시아에서는 성공을 거두었다. 그러나 이러한 러시아 혁명과 비슷한 시기에 세계대전이 있었는데, 이때에도 모든 국민들은 나라를 위해 싸웠으며 프롤레타리아 혁명에는 동참하지 않았다. 한편, 이탈리아에서도 혁명은 일어나지 않았으며, 이에 대한 깊은 성찰의 결과 나온 것이 그람시의 『옥중수고』이며, 이것은 자본주의 사회 내에서의 공산주의 혁명의 방법이 되었다.

는 큰 차이를 이룬다.

마르크스는 이러한 상부구조는 토대에 의해서 무매개적이고 일방적으로 나타난 집단의 구조이다. 이때 특히 국가는 "계급 지배의 도구"로 본다. 그리고 시민사회는 종속적으로 발생한 부수적인 집단이다. 마르크스에게 있어서 이 시민사회가 토대에 미치는 영향은 그리 크지 않다.

마르크스에게 있어서 국가는 특정 계급의 지배를 유지하기 위한 수단이며 변증법적인 역사적 과정에서 소멸되는 것이다.[3] 보비오는 마르크스와 엥겔스의 국가개념을 다음과 같이 정리한다. 이에 의하면, 종교단체와 같은 시민사회는 국가에 종속되어 있다.

> 1. 억압적 구조 혹은, '사회의 집중화되고 조직화된 폭력'… 2. 계급 지배의 도구로서의 국가, … 부르주아지 공통의 관심사를 처리하기 위한 위원회…3. 시민사회와 관련하여 부차적인 또는 종속적인 계기로서의 국가, …시민사회가 국가를 조건 짓고 규제함'(김헌기, 마르크스주의 역사학에서의 그람시 효과, 17)

마르크스는 『정치경제학 비판을 위하여』에서 물질적 생산력이 반영된 경제적 구조의 토대에 상응하여 생겨난 법적이고 정치적인 사회적 의식형태들이 상부구조이다. 그것은 그 구성원들의 의지와는 독립적으로 발생한다. 즉 경제라는 하부구조에 의해서 의식형태들이 생겨나는 것이다. 마르크스는 기계론적 유물론주의자이다. 여기에 국가가 있고, 시민사회가 있는 것이다.

나. 시민사회의 구성 : 프롤레타리아트와 농촌농민

우리가 그람시를 이해하기 위해서는 그람시가 당시에 처해 있었던 이탈리아의 서민층을 이해하여야 한다. 그들은 크게 프롤레타리아트(공장 노동자)

---

3) 한편, 기존의 전통 특히 헤겔에 의하면, 국가는 각 개별적 주체들의 정신이 자신의 자유를 소유형태로 펼치면서, 이것인 사인간의 계약으로, 윤리사회로 발전하면서, 궁극적인 단위로서 국가로 나타났다. 즉 인간의 정신적 자유의 산물인 것이다.

와 농촌농민으로 구성되어 있었다. 이때 그람시에 있어서 공장 노동자는 조직과 규율을 갖춘 혁명의 주요 동력이다. 이때 농민은 그들에 대해 외재적인 규율에 의해 길들여야 하는 집단이 된다. 『옥중수고』에서는 서발턴(하층민) 농민집단이 여기에 속한다.

이때 농촌농민의 집단은 두 부류로 갈라진다. 하나는 종교적 결속체이고, 또 하나는 계급투쟁으로 나아오는 집단이다. 이때 그람시는 공산주의 혁명에 있어서 프롤레타리아트와 농민의 연합을 그 성공의 관건으로 제시한다. 이탈리아에서의 농민 문제는 기성 지배계급의 지배를 지속가능하게 하는 요인이었다.

다. 헤게모니 개념의 등장배경

헤게모니의 개념은 프롤레타리아트와 농민의 결속을 주장하는 맥락에서 등장한다. 이때 프롤레타리아트가 농민대중의 동의를 획득할 때, 비로소 지도적이고 지배적인 계급이 될 수 있다. 농민 계층이 두꺼운 이탈리아의 상황에서 산업 프롤레타리아트와 농민의 연합은 프롤레타리아 혁명의 성공을 위한 필수적인 요소였다.

이것은 기존의 마르크스 이론으로는 해결할 수 없는 문제였다. 농민의 연합문제는 산업 자본주의 '외부'에 있는, 프롤레타리아트라는 범주를 넘어서기 때문에 기존의 개념틀 안에서는 해결될 수 없는 '정치적인 것'에 대한 이론적 정의가 요청되었던 것이다. 서발턴(하층민의 은어)4)과 헤게모니 개념 등의 창안은 그러한 요청에서 비롯되었다.(김헌기, 마르크스주의 역사학에서의 그람시 효과, 35)

그의 헤게모니 이론은 크게 두 가지 측면에서 이해된다. 하나는 지배계급이 확보하고 있는 기존의 동의를 해체하고, 또 하나는 당시의 농민과 같은 다른 종속 계급에 대한 프롤레타리아 계급의 동의 획득이다. 이때 우리는 전자를 반 헤게모니라고 부르며, 후자를 대항 헤게모니라고 부른다.

---

4) 애초에 서발턴은 그람시가 검열을 피하고자 프롤레타리아트 혹은 하층민의 은어로 사용했던 용어로 알려졌다. 다른 은어들로는 일리치(레닌), 브론스키(트로츠키), 실천 철학(마르크스주의)이 있다.

라. 그람시의 상부구조의 구성

그람시는 마르크스의 상부구조를 정치사회와 시민사회의 두 부문으로 나누는데, 이것은 기존의 마르크스의 구분을 좀더 분명하게 확정한 것이다. 한편 여기에서 정치사회는 강제에 의해서, 시민사회는 동의에 의해서 작동이 되는데, 이 양자는 항상 공존하였다. 그람시가 말하는 이 양자의 관계를 김헌기는 다음과 같이 요약한다.

① 그람시의 상부구조 1 : 정치사회

그람시의 헤게모니 개념에서 상부구조는 크게 두 부문으로 나누어진다. 하나는 정치사회로서 주로 경찰, 군대, 감옥 등의 물질적인 폭력 수단으로 피지배계급을 억압하는 국가의 공식적 지배 기구로 구성된다.

② 상부구조 2 : 시민사회

다른 하나는 주로 관념을 수단으로 하며 지배계급의 이데올로기 또는 세계관을 유포하고 그에 대한 동의를 이끌어냄으로써 지배를 마땅한 것으로 받아들이게 하는 시민사회로서 학교, 교회, 언론, 정당 등으로 구성되며, 이 부문이 바로 헤게모니 획득의 장이다.

③ 정치사회와 시민사회의 관계

정치사회와 시민사회, 이 두 부문 사이의 관계에서 있어서 주목해야 할 점은 정치사회와 시민사회가 시기에 따라 배타적으로 작동하는 것이 아니라는 점이다. 다시 말해, 한 정권을 독재적이라거나 민주적이라고 칭할 수는 있지만, 현실에서 오로지 억압에 의해 유지되는 정권은 없으며, 반대로 동의에 의해서만 유지되는 정권도 없다.

④ 마르크스 주의 : 국가는 시민사회에 대한 '강제'기관

마르크스주의의 고전적인 국가론에 기대는 한, 국가는 근원적 의미에서 억압 기구이며, 최종적으로 폭력 수단에 기댄다. 즉 시민사회에서의 동의의 획득과 지속은 정치사회의 강제를 기초로 한다. 다만 국면에 따라 권력 구성에서 양자 사이의 비율이 달라질 것이다.

⑤ '강제'와 '동의'의 공존

강제와 동의 가운데 하나가 우세한 시기는 있지만, 양자가 공존하지 않은 시대는 현실에 있을 수 없다.(김헌기, 마르크스주의 역사학에서의 그람시 효과, 39)

위의 이야기는 결국 마르크스의 상부구조론에 수정을 요구한다. 그람시는 이것을 크로체의 『윤리-정치적 역사』에서 영감을 얻었으며, 그 내용은 『옥중수고』 10권 노트에 있다. 이에 의하면, 그람시와 크로체의 철학은 마르크스 철학의 극복으로 자신을 드러내는데, 그것은 본질적으로 마르크스의 "토대-경제주의"와 이에 따른 상부구조의 "숙명론적 기계론"에 대한 하나의 반작용이다.

그것(크로체의 『윤리-정치적 역사』)은, 실천 철학(마르크스 철학)의 극복으로 자신을 드러내기는 하지만, 본질적으로 '경제주의'와 숙명론적 기계론에 대한 하나의 반작용을 표상한다. 또한 크로체에게 있어서 (적용되어야 할) 규준(criterio)은 그의 사유가 비판되고 평가되어야 한다는 것인데, 그의 사유가 주장하는 바가 아니 라 그것이 실제로 그러한바 그리고 구체적인 역사적 작업에서 표명되는 바가 비판되고 평가되어야 한다. 실천 철학에서 그 같은 사변적인 방법이 무익한 것 은 아닌데, 그것은 실천 철학이 편입시킨 (예를 들어, 변증법) 사유의 '도구적'가치에 유익한 것이었다.(그람시, 옥중수고 10권 노트)

2. 그람시 상부구조의 변화

가. 상부구조의 변화

경제구조가 역사 속에서 변증법을 좇아 발전하듯이, 이제 상부구조도 또한 역사 속에서 변증법을 좇아 발전한다. 경제구조에 종속된 것만은 아니다. 따라서 상부구조도 프롤레타리아 혁명에서 도구적 가치로 인정되어야 한다. 이것이 그람시로 하여금 정치적 지배의 요소로서의 문화와 사유의 행위들에 대한 연구 등에 심도 있는 관심을 기울이게 하였다. 따라서 그람시에게 역사적 발전의 검토는 경제구조에 대한 연구와 더불어서 그람시에게 매우 중요하다. 이에 대해 김헌기는 다음과 같이 말한다.

① 경제주의, 기계적 결정론 기각 : 상부구조의 상대적 자율성 인정

그람시는 토대와 상부구조의 얽힘 속에서 그것들이 행사 하는 결정력을 탐구하였다. 그는 경제주의 혹은 기계적 결정론을 기각하면서, 상부구조가 경제의 순수한 반영이 아니며, 그가 사용한 용어는 아니지만, '상대적' 자율성과 결정력을 갖는다고 주장하였다.

② 상호간의 영향

여기서 상대적이란, 토대가 상부구조와 독립적으로 존재하지 않듯이 상부구조 또한 일정한 토대의 규정 하에서 토대를 일정하게 규정한다는 의미이다. (김헌기, 마르크스주의 역사학에서의 그람시 효과, 40)

마르크스는 그의 혁명에 있어서 토대로서의 경제구조 혹은 생산력의 관계변화만이 혁명의 주요 요소였다. 그러나 이제 그람시에 의하면, 그것과 아울러서 상부구조 자체에서의 관계변화가 더욱 중요하다. 이것은 그에게 정치사회와 시민사회가 혁명의 주요한 요소임을 알게 하였다.

나. 마르크스 주의의 정정작업

그람시는 크로체의 이론을 대거 채용을 하였는데, 크로체는 당시에 "마르크스주의의 정정 작업"에 열중했고, 그리고 궁극적으로는 그것을 청산하였다. 크로체는 이때 "'헤게모니'의, 동의의, 문화적 지도의 계기를 강조하였으며, 그는 그것을 힘의, 강제의, 입법적 또는 국가적, 경찰적 개입의 계기와 구분"하였다. 이에 대해 그람시는 이것은 차용을 하되, 이것을 유물론적으로 변화를 시켰다. 즉, 크로체는 경제토대에 의한 상부구조의 결정을 청산한 반면, 그람시는 이 양자의 관계를 유지시키면서, 오히려 이 양자의 관계

를 상호간의 영향을 주고 받는 관계를 파악한 것이다.

① 크로체의 "마르크스주의 정정작업"

타니아에게 보낸 1932년 5월 2일 자 편지에서, 크로체의 이론적 활동을 언급한다. 그의 평가에 의하면, 크로체는 "[마르크스주의의] 정정 작업"에 열중했고, 그러한 작업은 급기야 "그것의 청산"에 이르렀다.

② 크로체의 '헤게모니' 개념의 출현

그런데 그람시는 그러한 청산작업의 경향으로부터 마르크스주의를 일신하는 움직임에 대한 논의를 끄집어낸다. 크로체는 "'헤게모니'의, 동의의, 문화적 지도의 계기를 강조하여 그것을 힘의, 강제의, 입법적 또는 국가적, 경찰적 개입의 계기와 구분"하였다.

③ "'헤게모니' 또는 문화적 지도의 계기"에 대한 숙고

마르크스주의 이론가이자 정치가인 그람시에게 있어서 관념에 대한 사유는, 설혹 그것이 크로체와 같은 관념론자의 것이라 하더라도, 유용한 것이었다. 다만 문제가 되는 것은 그러한 관념이 유물론적으로 전환되어야 한다는 것이었다. 그는 크로체가 위와 같은 작업에 골몰하고 있던 바로 그 시기에, 실천 철학, 즉 마르크스주의가 "현대의 가장 위대한 그 이론가들"에 의해 정교화 되고 "'헤게모니' 또는 문화적 지도의 계기"가 "기계론적이고 숙명론적인 경제주의의 이해들에 맞서 재평가"되고 있었다. 여기서 그람시가 말하는 실천철학의 이론가들은 레닌 등의 러시아혁명의 주역들일 것이다. (김헌기, 마르크스주의 역사학에서의 그람시 효과, 43)

다. 헤게모니 개념의 등장

그람시는 크로체의 "동의, 곧 헤게모니"의 개념을 자체적으로 발전시키는데, 이 헤게모니라는 용어는 이미 레닌 등이 '지도'의 의미로 그것을 사용하였다.

① 레닌의 '지도'와 그람시의 '헤게모니'

사실 헤게모니라는 용어를 그람시가 창안한 것은 아니다. 그 이전에 이미 레닌 등은 '지도(leadership)'의 의미로 그것을 빈번히 사용하였다.

② 그람시의 '헤게모니'의 개념 체계화

그람시는 마르크스주의 이론의 레닌적 계기에 주목 하고 거기서 헤게모니 개념의 실천적 형태를 발견하였으며, 그 개념을 체계화하고 외연을 확장함으로써, 가히 마르크스주의 이론의 그람시적 계기라 할 만한 매듭을 만들었다. "19세기 마르크스주의와 20세기의 그것 사이의 분수령으로서의 헤게모니 개념에 대한 그람시의 인지는 근원적으로 적합한 것이었다. 그가 발전시키듯, '헤게모니'는 분명히 마르크스주의의 세기말적 위기에 대한 그리고 실증주의에 대항하는 이탈리아의 봉기에서 제기된 의식과 사회에 대한 광범한 문제에 대한 그의 이론적 대응이었다."(김헌기, 마르크스주의 역사학에서의 그람시 효과, 43)

라. 그람시의 실천철학

그렇다면 그람시가 정립하려 했던 마르크스주의, 곧 실천철학은 무엇인가? 『옥중수고』에서 그의 실천 철학이 마르크스주의와 무관한 것으로 지목하면서 비판하는 것은 크게 두 가지 사상의 경향으로서 (부하린의) 기계적 유물론과 (크로체의) 관념론이다. 그람시의 사유 속에서 역사유물론은 단순히 물질적인 것의 일방향적 규정성에 대한 탐구, 즉 경제가 인간사회를 규정한다(부하린)는 기계적 유물론이 아니었으며, 또한 물질의 세계로부터 독립적인 관념이 역사를 결정한다(크로체)는 관념론적 역사주의도 아니었다. 그는 이 두 경향에 대한 비판을 마르크스의 「포이어바흐에 관한 테제들」 중에서 3번으로부터 설명될 수 있다고 말한다.

[테제3] 환경과 교육의 변화에 대한 유물론적 교의는 환경이 인간들에 의해 변화되고 교육자 자신도 교육되어야 한다는 점을 망각하고 있다. 그런 까닭에 그 교설은 사회를 두 부분으로 나누어 탐사해야 한다.

환경의 변화와 인간 활동 또는 자기 변화의 병발(zusammenfallen)은 오로지 '혁명적 실천(revolutionäre Praxis)'으로서 파악될 수 있고 또한 합리적으로 이해될 수 있다.

실천철학 또는 마르크스주의의 탐구는 인간사회를 역사외적 본질을 가진 것으로서 관조(Anschauung)하는 것이 아니다. 그러한 관조는 또한 관조하는 이의 탈역사성을 전제한다. 인간의 환경은 인간들을 변화시키며, 그 인간 자신의 활동이 또한 환경 변화의 원인이다. 하지만 양자 사이에 인과관계는 선후적인 것이라 할 수 없으며, 실천 철학의 탐구는 인간과 환경의 분리가 아닌 저 사회의 두 부분의 관계에 대한 고찰에서 출발할 수밖에 없다.(김헌기, 마르크스주의 역사학에서의 그람시 효과, 44)

3. '사회변혁'의 헤게모니 이론

가. 마르크스 인간관의 수정

마르크스와 그람시는 모두 인간을 사회적인 총체 안에서 규정되어지는 존재로 본다. 인간은 대중속의 개인이면서 집단적 인간중 하나로서 존재한다. 이것이 그를 규정한다.

한편, 그람시는 여기에 하나를 더 추가하는데, 인간은 역사의 능동적인 주체이기도 하다. 활동을 통해 생활과 행동의 유형을 만들어 나가며, 사회적 환경을 변화시키는 능동적 존재이다. 즉, 마르크스주의(제2인터내셔널)는 기계적 인간관을 가진데 반하여, 그람시는 변증법적 인간관을 가진다. 이때 이 능동적 인간은 집단적 행위에 의해 역사를 변화시켜 나간다. 따라서 사회변혁을 위해서는 집단의지의 형성이 중요하다.

즉, 그람시에 의한 인간은 사회적인 총체 안에서 존재하면서, 한편으로는 그 안에서 주체적 의식활동을 하는 능동적 존재이다. 인간이 단지 사회의 조건에 의해 규정'되기만'하는 것이 아니라, 동시에 역사의 능동적 주체이기도 하다. 그람시는, 인간은 누구든 활동을 통해 생활과 행동의 유형을 만들어 나감으로써 자신이 살아가는 사회적 환경을 변화시키는 존재라고 본다. (다음은 곽태진, "그람시의 사회변혁 사상과 교육의 관계 고찰"의 내용을 인용한 것이다.)

① 그람시의 인간성 : 사회관계들의 총체성

인간을 사회적 관계의 총체로 본다는 점에서 그람시는 인간에 대한 마르크스의 이해를 따르고 있다. 그람시는 "인간성은 역사적으로 규정된 사회관계들의 총체성"이라고 본다(그람시, 『옥중수고1』, 이상훈 역, 1999a: 144).

인간은 대중 속의 개인 혹은 집단적 인간으로 존재하며, 이 가운데에 형성된 모종의 질서에 따라 살아가게 된다(그람시, 『옥중수고1』, 이상훈 역, 1999b: 162).

② 구체적 사회적 조건에 대한 강조 : 능동적 주체임의 강조

이러한 입장은 여러 곳에서 반복적으로 드러나고 있다. 예컨대, 또 다른 글에서 그람시는 다음과 같이 쓰고 있다. "노동자 혹은 프롤레타리아는 손이나 도구를 사용하여 노동한다는 것에 의해 특수하게 특징지어지는 것이 아니라, 특수한 조건과 특수한 사회관계 속에서 이러한 노동을 수행하는 것에 의해 특징지어진다." 여기에서는 인간을 파악하는 데에 있어서 구체적인 사회적 조건이 중요하다는 입장이 좀 더 강조되고 있다. 그람시는 인간을 자신이 살아가는 특정한 사회의 구체적 조건에 의해 규정되는 사회관계의 총체로 본 것이다. 그러나 인간이 단지 사회의 조건에 의해 규정'되기만'하는 것은 아니다. 인간은 동시에 역사의 능동적 주체이기도 하다. 그람시는, 인간은 누구든 활동을 통해 생활과 행동의 유형을 만들어 나감으로써 자신이 살아가는 사회적 환경을 변화시키는 존재라고 본다(그람시, 『옥중수고1』, 이상훈 역, 1999a: 314).

③ 인간의 의지와 창의성 함께 고려할 것 주장

물론, 그람시가 한 개인이 혼자서 현실을 변화시킬 수 있다고 본 것은 아니다(195). 그러나 역사는 인간의 집단적 행위에 의해 변화해 온 것이

다. 이러한 맥락에서 그람시는 인간을 수동적으로 규정되는 존재로서만 파악해서는 안 되고, 인간의 의지와 창의성을 함께 고려해야 한다고 주장한다(288).

④변증법적 인간관

이러한 변증법적 인간관—즉 역사적으로 규정된 존재이자 역사를 만들어 가는 주체적 존재로서의 인간을 상정하는 인간관—은 제2인터내셔널의 기계론적 마르크스주의를 극복하고 마르크스주의를 정치적 실천의 철학으로 확립시키기 위한 기초가 된다. 앞서 살펴본 바와 같이 제2인터내셔널 마르크스주의에서 인간은 경제적 토대에 의해 결정되는 수동적 존재로 파악되었다. 그러나 그람시는 마르크스주의 전통에서 인간에 대한 변증법적 이해를 부활시킴으로써, 사회의 복잡성을 보다 면밀히 파악하고 인간의 주체적 행동이 사회변화에 미치는 영향을 해명할 수 있는 길을 열어 놓았다. 이러한 인간관을 바탕으로 그람시는 인간 의식의 문제에도 관심을 두게 된다.

⑤ 인간은 사회변혁을 성취할 수 있는 능동적 주체

인간이 사회변화, 나아가서는 근본적 사회변혁을 성취할 수 있는 능동적 주체라면, 인간의 의식에 대한 이해가 사회변혁을 위해서도 중요해질 것이기 때문이다. 인간의식의 문제 가운데서 그람시에게 가장 중요한 것은 사회변혁을 위한 집단의지를 형성하는 일이었다.(곽태진, "그람시의 사회변혁 사상과 교육의 관계 고찰," 고려대학교 대학원(2015, 국내석사), 17)

나. 마르크스와 그람시의 상부구조 이해

그람시는 먼저 상부구조를 이해하기 위해서 국가와 시민사회를 구분한다. 이 두 구조가 상부구조를 이루고 있으며, 이 둘은 운용체계에 다른 원리가 적용되고 있었다. 그람시는 이 둘을 하나는 '정치사회' 또 하나는 '시민사회'로 불렀다. 이 '정치사회'는 협의의 국가 개념이다.

마르크스와 엥겔스는 "현대의 국가 권력은 전체 부르주아지의 공동 사업을 관장하는 위원회에 불과하다"고 생각하였으며, 그들의 후계자들(마르크스주의자)은 국가를 부르주아 지배계급의 공식적 지배도구로 이해한다. 한편, 그람시는 국가를 "강제적인 국가권력제도"를 의미하고, 시민사회를 "지배이데올로기를 유포하는 일련의 문화제도"를 의미한다고 이해한다.

그람시의 경우, 정치사회는 협의의 국가로서, "지배·강제 장치라는 좁은 뜻에서의 국가"를 의미한다. 정치사회는 구체적으로 강제력에 기반을 두고 이를 집행하는 '국가 억압 장치'들인 사법부, 경찰, 군대 등의 조직들로 구성 된다. 그리고 시민사회는 "경제적 토대와 '조직화된 공적 폭력 체계'로서의 [협의의] 국가와 상대적으로 구분되는 전 사회 영역을 표현"한다. 시민사회는 광의의 문화 개념과 유사하다. 이러한 시민사회에 해당하는 구체적 조직으로 학교, 교회, 정당, 언론 등을 꼽을 수 있다.

① 마르크스의 국가와 시민사회 이해

국가와 시민사회는 그람시가 자본주의 사회의 복잡성을 이해하기 위해 적용한 개념이라고 할 수 있다. 국가나 시민사회라는 용어를 사회 분석에 적용한 최초의 마르크스주의자가 그람시는 아니었다. 마르크스와 엥겔스는 체계적인 국가 이론을 남기지는 않았지만 국가의 계급적 속성에 대한 기본적 입장을 남겼다. "현대의 국가 권력은 전체 부르주아지의 공동 사업을 관장하는 위원회에 불과하다"는(Marx & Engels, 이진우 역, 2002: 18) 언명은 이어지는 마르크스주의 전통에서 국가를 지배계급의 도구로 환원시켜 이해하게 하는 근거가 되었다. … 한편, 마르크스와 엥겔스의 저작에는 시민사회 개념도 등장하는데, 이들은 이 개념을 경제적 측면까지 포함하는 의미로 사용했다(Anderson, 김현우 외 역, 1995: 48).

② 그람시의 국가와 시민사회 이해

그람시는 국가와 시민사회 개념을 이들이 사용한 것과는 다른 의미로 사용하였고, 이를 통해 자본주의 사회의 복잡성을 이해하고자 했다. 단적으로 말해서, 그람시의 국가 개념은 "강제적인 국가권력제도"를 의미하고, 시민사회 개념은 "지배이데올로기를 유포하는 일련의 문화제도"를 의미한다고 할 수 있다(Callinicos, 박형신 외 역, 2008: 322).

③ 그람시의 국가이해

그람시는 『옥중수고』에서 국가 개념을 협의와 광의의 두 가지 차원에서 사용한다. 먼저 협의의 국가는 그람시에 의해 '정치사회'라고도 불리며, "지배·강제 장치라는 좁은 뜻에서의 국가"를 의미한다(Gramsci, 이상훈 역, 1999a : 313). 이러한 협의의 국가는 "한 나라에 대한 법적 규제의 강제적이고 징벌적인 세력을 대표"하는 것이다(317). 정치사회는 구체적으로 강제력에 기반을 두고 이를 집행하는 '국가 억압 장치'들인 사법부, 경찰, 군대 등의 조직들로 구성 된다(Bellamy & Schecter, 윤민재 역, 1996: 185). 이러한 정의는 기존의 전통적 마르크스주의의 국가 개념과 부합하는 것이라고 할 수 있다.

④ 그람시의 시민사회 이해

한편, 그람시는 정치사회와 대비되는 의미에서의 사회를 구성하는 조직들을 '시민사회'라는 개념으로 포착하고 있다. 그람시는 마르크스와 엥겔스가 사용했던 것과는 달리 경제관계를 배제한 의미의 시민사회 개념을 사용한다. 그는 이 용어를 통해 "경제적 토대와 '조직화된 공적 폭력 체계'로서의 [협의의] 국가와 상대적으로 구분되는 전 사회 영역을 표현"한다(김세균, 1992: 109). 이러한 의미에서 시민사회는 광의의 문화 개념과 유사하다고 할 수 있는데, 시민사회의 조직들을 정치사회의 조직들과 구분하는 것은 그람시에게 중요한 일이다(Kebir, 이철규 역, 1994: 66). 이러한 시민사회에 해당하는 구체적 조직으로 학교, 교회, 정당, 언론 등을 꼽을 수 있다.

⑤ 시민사회 : '강제'없이 작동하지만, 집단적인 압력을 행사

그람시에 따르면, 시민사회는 정치사회와는 달리 다음과 같은 특성을 지닌다. '제재'나 강제적인 '의무' 없이 작동하지만, 집단적인 압력을 행사하며, 관습이나 사고와 행동의 방식, 도덕들의 진화라는 형태로 객관적인 결과를 성취한다(Gramsci, 『옥중수고1』, 이상훈 역, 1999a: 286).

(곽태진, "그람시의 사회변혁 사상과 교육의 관계 고찰," 고려대학교 대학원(2015, 국내석사))

다. 국가 = 정치사회 + 시민사회

그람시에 의하면, '국가'란 정부의 장치일 뿐만 아니라 '사적인' '헤게모니' 장치, 또는 시민사회이기도 하다. 그람시는 광의의 국가와 정치사회, 그리고 시민사회의 관계를 도식적으로 제시한다. 즉 "국가=정치사회+시민사회"라는 것이다. 그람시가 이렇게 시민사회까지 포괄하는 광의의 국가 개념을 제시한 것은, 추상적 개념인 국가에는 시민사회 개념을 통해서만 포착될 수 있는 요소―특히 동의에 의한 지배―가 있었기 때문이다. 보통 국가는 정치사회 즉 강권적 장치로서 생각되었지, 정치사회와 시민사회 간의 균형으로는 생각되지 않았다. 그런데 그람시는 이러한 균형을 생각하였다. 그 균형은 교회, 노동조합, 또는 학교와 같은 한 사회 집단이 전체 국민에게 행사하는 헤게모니에 의해서 이루어진다고 보았다. 그람시는 광의의 국가 개념을 통해 국가가 단지 억압적 장치들을 통해 국가 구성원을 강제로 국가에 따르게 할 뿐만 아니라, 시민사회의 각종 장치들을 통해 구성원들의 동의를 확보함으로써 유지된다는 점을 강조하고 있는 것이다.

① 광의의 국가 개념

국가에 대한 그람시의 독특한 이해는 광의의 국가 개념에서 드러나고 있다. 광의의 국가 개념은 협의의 국가와 시민사회를 포괄한다. 광의의 국가 개념이 다루어지고 있는 글 「국가」에 따르면, "'국가'란 단지 정부의 장치일 뿐만 아니라 '사적인' '헤게모니' 장치, 또는 시민사회이기도 하다". 이 글에서 그람시는 광의의 국가와 정치사회, 그리고 시민사회의 관계를 도식적으로 제시한다. 즉 "국가=정치사회+시민사회"라는 것이다. 그람시가 이렇게 시민사회까지 포괄하는 광의의 국가 개념을 제시한 것은, 추상적 개념인 국가에는 시민사회 개념을 통해서만 포착될 수 있는 요소―특히 동의에 의한 지배―가 포함되어야 한다고 보았기 때문이다

(308-311). 이러한 광의의 국가 개념은 경제적 토대를 제외한 상부구조 전반을 아우르는 것이라 할 수 있다. 그람시는 이러한 광의의 국가 개념과 그것을 구성하는 정치사회, 시민사회의 개념을 통해, 국가가 강제적 장치들과 이데올로기적 장치들을 종합적으로 동원하여 유지되고 있다는 사실을 이해할 수 있었다. 이것은 또한 지배계급의 공식적인 지배를 위한 장치들과는 달리 '사적인' 것으로 여겨지는 시민사회의 장치들이 "실질적으로 지배계급의 정치적 지배를 위[해]……기능한다는 점"을 보여주는 것이기도 하다(김세균, 1992: 110).

② 시민사회 : 전 국민에 대한 헤게모니를 쥐고 있는 사회집단

그는 자신의 광의의 국가 개념이 기존의 국가 개념과는 다르다는 사실을 잘 알고 있었다. 그람시는 옥중에서 지인에게 보낸 편지에서 다음과 같이 밝히고 있다. "보통 국가는 정치사회―즉 대중들이 주어진 생산과 경제의 형태에 순응하게끔 통제하는 데 사용되는 독재 체제 또는 다른 강권적 장치―로서 생각되었지 정치사회와 시민사회 간의 균형으로는 생각되지 않았습니다. 그러한 균형을 나는 한 사회 집단이 전체 국민에게 교회, 노동조합, 또는 학교와 같은 이른바 사적인 조직들을 통해 행사하는 헤게모니라고 봅니다."(그람시, 『옥중수고1』, 양희정 역, 2000: 280).

③ 시민사회를 강조한 그람시

그람시는 광의의 국가 개념을 통해 국가가 단지 억압적 장치들을 통해 국가 구성원을 강제로 국가에 따르게 할 뿐만 아니라, 시민사회의 각종 장치들을 통해 구성원들의 동의를 확보함으로써 유지된다는 점을 강조하고 있는 것이다.

④ 협의의 국가와 분리되지 않은 시민사회

유의해야 할 사실은 그람시가 협의의 국가와 시민사회가 완전히 분리된 것으로 보지 않았다는 점이다. 그람시는 현실에서 협의의 국가와 시민사회는 혼재되어 있다고 보았다. 그렇기 때문에 양자의 구별은 방법론적인 것이다(그람시, 『옥중수고1』, 이상훈 역, 1999a: 178-179).

⑤ 협의의 국가와 시민사회를 구분한 그람시

결국 그가 협의의 국가와 시민사회를 구분한 것은 면밀한 고찰을 위한 방법론적 필요에 의한 것이지, 실제 국가의 작동에 있어서 양자가 철저하게 분리되어 있다고 본 것은 아니었던 것이다.
(곽태진, "그람시의 사회변혁 사상과 교육의 관계 고찰," 고려대학교 대학원(2015, 국내석사))

라. 국가의 구체적인 작동방식 : 강제+동의

그람시에 따르면, 국가는 강제와 동의를 모두 사용하여 지배를 유지한다. 이것은 특히 자본주의 국가에서 특징적인데, 이러한 국가에서 '정상적인' 헤게모니의 행사는 강제와 동의의 결합으로 특징지어진다. 그람시가 보기에 오늘날 광의의 국가는 시민사회를 통해 동의를 확보하는 것을 중시한다. 결국, '정치사회와 시민사회 간의 균형'이라는 말은, '정치사회를 통한 강제력의 행사와 시민사회를 통해 확보하는 동의의 균형'을 의미한다고 할 수 있으며, 바로 이것이 오늘날 광의의 국가가 작동하는 기본적 작동 원리인 것이다.

① 국가의 구체적인 작동방식 : 강제와 동의를 모두 사용
국가의 구체적인 작동 방식을 이해하기 위해서는, 협의의 국가와 시민사회가 국가의 어떤 통치 기제에 조응하고 있는지 살펴볼 필요가 있다. 그람시에 따르면, 국가는 강제와 동의를 모두 사용하여 지배를 유지한다. 이것은 특히 자본주의 국가에서 특징적인데, 이러한 국가에서 "'정상적인' 헤게모니의 행사는 강제와 동의의 결합으로 특징지어진다"(그람시, 『옥중수고1』, 이상훈 역, 1999b: 258).
② 시민사회의 동의를 더 중시한 그람시
그람시가 보기에 오늘날 광의의 국가는 시민사회를 통해 동의를 확보하는 것을 중시한다. 그러나 이러한 동의의 확보가 언제나 성공적인 것만은 아니다. 협의의 국가에 해당하는 국가장치들은 이렇게 동의가 성공적으로 확보되지 못하는 때에 "능동적으로든 수동적으로든 '동의하지' 않는

집단을 '합법적으로' 징계하는 강제력을 행사"하는데, 이러한 국가장치들은 "자발적 동의를 얻어내는 데 실패했을 때 오는 지배와 지도의 위기의 순간에 대비하여 사회 전체에 걸쳐 구성되어 있다"(그람시, 『옥중수고1』, 이상훈 역, 1999b: 22).

③ 오늘날 국가의 작동원리

그렇다고 해서 언제나 협의의 국가가 시민사회를 뒷받침하기만 하는 것은 아니며, 양자가 서로를 지지하고 있다고 볼 수 있다. 결국, '정치사회와 시민사회 간의 균형'이라는 말은, '정치사회를 통한 강제력의 행사와 시민사회를 통해 확보하는 동의의 균형'을 의미한다고 할 수 있으며, 바로 이것이 오늘날 광의의 국가가 작동하는 기본적 작동 원리인 것이다. 그람시는 협의의 국가가 결정적 국면에서 전면에 나설 수 있다고 생각했고, 이것이 중요하지 않다고 본 것은 아니었다. 하지만 그는 동의의 확보를 통해 지배하는 선진적 자본주의 국가의 작동을 탐구하는 것에 관심을 기울였다.

④ 러시아 혁명의 성공사례를 통한 설명

이것은 당시 마르크스주의의 과제 가운데 하나, 즉 러시아 혁명의 성공과 서유럽 혁명의 실패를 설명하는 방식과도 연결되었다. 그람시는 협의의 국가와 시민사회의 관계에 있어서 러시아와 서구의 차이를 다음과 같이 설명한다. 러시아에서는 [협의의] 국가가 모든 것이었고 시민사회는 아직 원시적이고 무정형한 것이었지만, 서구에서는 [협의의] 국가와 시민사회 사이에 적절한 관계가 형성되었고, [협의의] 국가가 동요할 때에는 당장에 시민사회의 견고한 구조가 모습을 드러냈다(그람시, 『옥중수고1』, 이상훈 역, 1999a: 280).

⑤ 러시아 혁명사례를 통해 발견한 헤게모니 이론

그람시는 러시아와 서구의 이러한 차이가, 러시아 혁명은 성공할 수 있었던 반면 유럽 혁명은 실패했던 이유 가운데 하나라고 보았던 것이다. 이러한 견해를 가졌던 그에게는 정치사회와 시민사회의 분석을 통해 선진 자본주의 국가의 운영 원리를 이해하는 것이 사회변혁을 도모하기 위해서도 중요한 일이었다. 정치사회와 시민사회의 관계를 분석하고 사회변혁 전략에 대해 논하기 위해 그람시가 발전시킨 것이 바로 헤게모니 이론이라고 할 수 있다.(곽태진, "그람시의 사회변혁 사상과 교육의 관계 고찰," 고려대학교 대학원(2015, 국내석사))

마. 헤게모니 이론

헤게모니 개념이 사회를 이해하는 데에 적용되기 시작한 것은 러시아 마르크스주의자들에 의해서였다. 러시아 마르크스주의자들은 이 용어를 사회변혁에 있어서 노동자계급의 지도력을 논의하는 전략적 측면에서 사용했다. 이들은 차르(tsar) 체제 하에서의 사회변혁 전략을 논의하는 가운데, 이 체제에 대항하는 정치적 투쟁의 중요성을 강조하고, 다른 계급들로부터 노동자계급이 주도성을 확보해야 한다고 주장하면서 헤게모니 개념을 사용한 바 있다.

그람시에 의하면, 이탈리아에서 대중에게 지도력을 행사하는 것은 곧 광범위한 농민 대중의 동의를 얻어낸다는 것"을 의미한다. 이것은 헤게모니의 핵심 작동 기제 가운데 하나가 '동의'라는 점을 시사하고 있다. 그람시는 헤게모니(동의)를 배제한 채 오직 강제에만 의존하는 지배를 독재라고 보고 있다. 한편, 이러한 헤게모니는 교육이나 교회와 같은 시민사회 영역에서 나온다.

① 동의로서의 헤게모니

권위와 대립되는 의미에서의 헤게모니는 동의와 결부되는 것으로 여겨지는데, 동의는 헤게모니가 작동하는 기본적 원리이기도 하다. 이것은 다른 한편으로, 노동계급의 사회변혁을 위한 전략적 차원에서 확보 혹은 획득해야 할 것으로서의 헤게모니 개념을 넘어서서, 사회 분석을 위한 헤게모니 개념의 적용을 보여주는 지점이기도 하다.

② 동의에 의한 지배로서의 헤게모니

그람시의 헤게모니 개념이 기본적으로 동의에 의한 지배를 의미하는 것으로 여겨지는 것은, 그람시가 헤게모니의 행사를 시민사회에 관계되는 것으로 보았기 때문이다. 그람시에 따르면, 시민사회 영역은 지배계급이 사회 전반에 걸쳐 행사하는 헤게모니 기능에 조응한다고 한다(그람시, 『옥중수고1』, 이상훈 역, 1999b: 21).

③ 헤게모니는 윤리적 정치적인 것

아울러 그람시는 헤게모니를 배제한 채 오직 강제에만 의존하는 지배를 독재라고 보고 있기도 하다. 이러한 진술을 통해, 그람시는 시민사회에서 동의를 확보하고 이를 바탕으로 지배하는 것이 헤게모니라고 보았다는 것을 알 수 있다. 이렇듯 그람시에게 헤게모니는 기본적으로 동의에 의한 지배를 의미하는데, 이러한 의미에서 헤게모니는 윤리적·정치적인 것이다(그람시, 『옥중수고1』, 이상훈 역, 1999a: 180).…

④ 정상적인 헤게모니의 행사 : 강제와 동의의 결합

이렇게 기본적으로 헤게모니는 동의와 시민사회에 조응하는 것이지만, 앞에서도 인용한 바와 같이, 광의의 국가가 운영되는 원리에 대해 논하면서 그람시는 "'정상적인' 헤게모니의 행사는 강제와 동의의 결합으로 특징지어진다"고 말하기도 한다(Gramsci, 1975: 1638; 그람시, 『옥중수고1』, 이상훈 역, 1999a: 258).

⑤ 협의의 국가 : 정치적 헤게모니의 기관

또한 그는 협의의 국가에 해당한다고 할 수 있는 입법·사법·행정을 '정치적 헤게모니의 기관'이라고 하기도 한다(그람시, 『옥중수고1』, 이상훈 역, 1999a: 290).

⑥ 동의와 강제의 종합으로서의 헤게모니

여기에서 헤게모니는 시민사회에 국한된 것이 아니라, 협의의 국가와도 연관된 것으로 여겨지는 것이다. 결국, 그람시는 헤게모니가 '동의와 강제의 종합'이기도 하다는 것을 시사하고 있다고 할 수 있다(Anderson, 김현우 외 역, 1995: 65). 즉 그람시의 헤게모니 개념은 기본적으로 동의에 기반을 둔 지배를 의미하는 것으로 이데올로기적 요소들을 강조하고 있지만, 결코 강제의 계기를 간과하는 것이 아니며, 강제와 동의의 변증법적 통일체로서 헤게모니 개념을 인식하고 있는 것이다(Karabel, 임영일 역, 1985: 203). …

⑦ 시민사회에서 나오는 헤게모니

이와 같이 그람시에 의해 확장되고 혁신된 헤게모니 개념은 기본적으로 동의에 의한 지배 혹은 지도를 의미하는 것으로, 주로 시민사회에 관계된 것이라 할 수 있다. 그러나 그람시는 강제에 기반을 둔 정치적 관계들로부터도 헤게모니가 발생한다고 보았고, 경제적 토대 역시 헤게모니와 관계된다고 보았다. 이러한 그람시의 헤게모니 개념은 그의 교육 개념과도 밀접하게 연관 되어 있다.(곽태진, "그람시의 사회변혁 사상과 교육의 관계 고찰," 고려대학교 대학원(2015, 국내석사))

그람시의 '헤게모니'는 오늘날 여론으로 자리매김을 하고 있고, 이것은 고스란히 투표권으로 연결되고 있다.

4장 정당 : 현대의 군주

1. 현대의 군주

가. 마키아벨리의 〈군주론〉 속의 이상적 군주

마키아벨리의 《군주론》에는 그 실제적인 '주인공'이 존재하지는 않지만, 정치철학적으로 중심에 있는 인물은 '이상적인 군주'이다. 마키아벨리는 이 이상적 군주에게 현실 정치에서 어떻게 권력을 획득하고 유지해야 하는지를 조언한다. 다시 말해, 이 책은 가상의 군주를 상정한 조언서이다. 그는 이 책을 로렌초 데 메디치에게 헌정하였는데, 마키아벨리는 메디치 가문이 이탈리아를 통일할 수 있는 군주가 되기를 기대하며 이 책을 집필했다. 마키아벨리는 현실 정치의 독립성을 주장한 선구자로, 종교적·도덕적 가치로부터 정치학을 분리하였다. 그의 이름은 오늘날 "마키아벨리즘"으로 '권모술수', '냉혹한 권력 정치'를 뜻하는 말로 쓰이기도 한다.

마키아벨리는 그의 책 〈군주론〉에서 모험부대(용병부대)를 소개하는데, 이러한 모험부대중에서 한 이상적인 대장(Condottiere)을 소개한다. 마키아벨리는 이 사람 속에 가장 완벽한 현대의 군주상을 실현하여 놓는데, 그 사람 안에는 현대의 군주로서의 "모든 교의적·합리적 요소"가 그의 인격체 속에 신화와 같은 개념으로 육화하여 있다. 여기에서 우리는 신화의 개념을 이해해야 하는데, 그 안에 육화된 "모든 교의적·합리적 요소"는 이제 그의 공동체 구성원들 하나 하나에게 모두 고스란히 분유된다. 그래서 그 구성원들은 또 다른 한 이상적인 대장(Condottiere)이 되는 것이다.

① 〈군주론〉의 이상적 대장 : 인격 속에 성육신한 교의적·합리적 요소
〈군주론〉에 관한 기본적인 사실은, 그것이 체계적인 논술이라기보다는 정치이념과 정치과학이 극적인 형태의 '신화' 속에 혼합된 '생동적인' 작품이라는 점이다. 마키아벨리 이전에는 정치과학이 유토피아의 형식을

빌려 표현되거나 현학적인 논술형식으로 표현되었다. 마키아벨리는 양자를 결합하여 교의적·합리적 요소를 대장이라는 인격체 속에 육화시킴으로써 자신의 개념에 상상적·예술적인 형식을 부여하였다.

② '집단의지'를 만들어 내는 신적 능력

이때의 대장은 '집단의지'의 상징을 가공적이고도 '신인동형설적으로' 보여주는 것이다. 특정한 정치적 목표를 지향하는 하나의 집단의지가 형성되는 과정을 보여주는 데에서 마키아벨리는, 길게 꼬여가는 논술이나 행동방식의 원칙이나 기준에 대한 현학적인 분류들에 의존하지 않았다.

③ 구성원들에게 전달되는 '집단의지'

대신 그는 이러한 과정을 한 구체적 개인의 자질·성격·의무·자격들을 통해 보여주었다. 이러한 방식은 이 책을 읽고 깨달아야 할 사람들의 예술적 상상력을 자극하고, 정치적 열정을 더욱더 구체적으로 느끼게끔 해준다.

④ 신화의 사실적 본보기 : 구성원들에게서 재현되는 '집단의지'

마키아벨리의 '군주'는 소렐적인 신화의 사실적(史實的)인 본보기로서 연구될 수 있다. 다시 말해 냉랭한 유토피아의 형식이나 현학적인 이론으로 표현된 정치이념이 아니라 구체적인 환상을 만들어 냄으로써, 분산되고 흩어진 사람들에게 작용하여 그들의 집단의지를 일깨우고 조직하는 정치이념의 본보기로 연구될 수 있다.

⑤ 구성원들에게서 살아나는 신화적 요소들 : 교의적·합리적 요소

〈군주론〉의 유토피아적인 성격은, 군주가 진짜 역사적으로 존재하는 것이 아니었다는 사실, 다시 말하면 그 군주는 자기 자신을 이탈리아 민중에게 직접적·객관적으로 보여주었던 것이 아니라 순수히 이론적인 추상이었다는 - 지도자와 이상적인 대장의 상징 - 사실에서 나타난다. 그러나 극적인 효과를 내는 구성을 통해, 책 전체에 퍼져 있던 정열과 신화의 요소들이 결론부분, 곧 '실제로 존재하는' 군주에게 호소하는 부분에서 함께 뭉쳐 하나의 생명으로 살아난다.

마키아벨리는 책 전체를 통해, 민중을 지도하여 새로운 국가를 건설하려

면 군주가 어떠해야 하는가를 논하였는데, 그 논의는 엄밀한 논리와 과학적인 객관성에 입각하여 전개된다.

⑥ 분화되어 구성원들 각각에게 나타난 마키아벨리의 군주

결론부분에서 마키아벨리는 민중과 함께 섞이고 민중이 된다. 하지만 이때의 민중은 어떤 일반적인 민중이 아니라 마키아벨리 자신이 그들의 의식으로 된 민중이며, 자신이 그들의 표현인 것처럼 느끼는 그 민중이며, 스스로 그들과 똑같다고 느끼는 그 민중이다. 이제 모든 '논리적' 주장은 바로 민중 자신의 자기성찰이 – 곧 대중적 의식 속에서 진행된 내적인 추론이며 결론은 절실한 긴급성의 외침이다 – 되게 된다. 이제 정열은 논의 자체에서부터 '정서·열기·행동'을 향한 열광적인 갈망으로 변하여 간다.

⑦ 이상적 대장의 집단의지(교의적·합리적 요소)는 정치적 선언

이것이 바로 〈군주론〉의 에필로그가 부수적·외적·수사적인 것으로 끝나지 않는 까닭이며, 군주론 전체의 필연적인 요소 – 진정 그 전체에 진정한 빛깔을 부여하고 그것을 일종의 '정치적 선언'으로 만드는 요소 – 로서 이해되어야 할 까닭이다. (그람시, 『옥중수고1』, 131–134)

그람시의 『옥중수고』는 계속 검열을 받았다. 그래서 그람시는 이 글을 쓰면서 암호처럼 무엇을 부착해서 글을 써야 했다.

마키야벨리의 '모험부대'의 대장을 설정하는데, 이것을 신화적으로 묘사한다. 즉, 어떤 "교의적·합리적"이념이 있는데, 이 이념이 육신을 입은 것이다. 그래서 이 인물은 반인반신적인 존재이다. 그는 자신 안에 있는 이 이념을 자신을 따르는 구성원들에게 고스란히 '분유'해준다. 그래서 자신과 같은 또 다른 사람을 만들어내는 것이다. 이것이 신화적 개념이다.

그 이념이란 무엇인가? 마키야벨리는 그 이념 속에 "마키아벨리즘"으로 불리우는 '권모술수', '냉혹한 권력 정치' 등의 개념을 불어넣었다. 이때 그람시는 그 이념을 무엇으로 삼는가? 그것은 집단의지인데, 이것을 소렐의 『폭력론』의 신화를 통해 묘사한다. 이 『폭력론』 속에 나타나는 신화적 상황

이 곧 '집단의지'의 모습이다.

나. 집단의지와 실현방법 : 마르크스 경제주의의 비판

그람시에게서 '집단의지'는 매우 중요한 용어이며, 다양하게 소개 될 수 있는데, 일반적으로 "계급이 자기의 역사적 역할을 인식하고 이를 실현하려는 정치적·실천적 의지"를 말하는데, 이것을 '이데올로기'라고 말하기도 하고, '정치정당에 대한 이해'로 말하기도 하며, 소렐은 이것을 그의 책 『폭력론』에서 신화로서의 총파업이라는 사상을 전개한다. 그람시는 그의 글에서 이 소렐의 『폭력론』을 차용하고 있다. 따라서 우리는 그람시의 말을 이해하기 위해서는 이 내용을 먼저 알아야 한다. (그람시는 검열로 인해서 이런 장치를 많은 곳에 해 두었다.) 다음은 소렐의 『폭력론』에 관한 신화인데, 이것이 곧 '집단의지'의 형상화이다. 이 내용을 먼저 이해한 후 그람시의 본문을 이해해야 하는데, 다음은 "그람시, 『옥중수고1』, 133" 하단의 주석에 나오는 내용이다.

① 소렐의 신화

그때의 신화란 "사회주의의 모든 것이 포괄되는 신화이며, 사회주의가 근대사회에 대항하여 전개한 계급전쟁의 여러 양상들에 부합되는 여러 정서를 본능적으로 불러일으킬 수 있는 표상들의 결집으로서의 신화"이다. 신화는 "민중·당·계급의 가장 강력한 성량을 자신 속에 포괄한다." 그는 이러한 뜻에서 신화를 "민중에게 미래에 대한 기만적인 신기루를 제공하는" 유토피아에 대립시킨다.

② 총파업의 신화

총파업의 사상은 "있을 수 있는 모든 사회정책의 모은 이론적 결론들을 파괴한다. 총파업의 전사들은 가장 대중적인 개혁에서조차도 중산계급적 성격을 간파하며, 따라서 그들에 관한 한 그 어떠한 것도 계급전쟁의 기본적 대립을 약화시키지 못한다."

③ 적대적 계급 사이의 분열에 초점을 맞춘 신화

총파업은 이처럼 모든 개별적인 폭력의 분출을 계급전쟁의 행위로 전화
시킴으로써 적대적 계급 사이의 '분열'에 초점을 맞춘다. 소렐에게 '분열'
은 계급의식, 대자적 계급의 등가물이다.(그람시, 『옥중수고1』, 133. 하
단의 주석)

  상기 내용을 숙지한 후, 우리는 그람시의 글을 이해하여야 한다. 그람시
는 소렐의 신화가 실패하였는데, 즉 그의 이데올로기가 정치정당에 대한 이
해에 까지 이르지 못하였는데, 그것을 연구해야 한다고 말한다. 그람시는
소렐의 실패이유를 그의 사상 이면에 자리잡고 있는 "마르크스의 경제주의
(절대적 유물론)"라고 말한다. 즉 하부구조가 상부구조를 우연적·자생적으
로 변화시킨다는 것이 문제였다는 것이다. "단지 집단의지의 단순한 형성이
라는 원시적·초보적인 단계에만 머물러 있다면, 그것을 어찌 효과적인 도
구라고 할 수 있을까?"라고 말하는 것이다. 상부구조를 적극적으로 변화시
켜서 '집단의지'를 산출해내어야 한다는 것이다. 그 내용은 다음과 같다.

  ① 소렐의 신화 : 이데올로기에서 정치정당까지 이르러야 함
  소렐이 어째서 자신의 신화로서의 이데올로기 개념에서부터, 정치정당에
  대한 이해로까지 나아가지 못하고 노동조합의 구성에서 멈춰버렸는지에
  대해서 연구해야 할 것이다.
  ② 소렐의 이상
  소렐에서 그 '신화'가 충분히 표현되는 것은 집단의지의 조직으로서의
  노동조합에서가 아니라 그것의 실천적인 행동에서라는 – 곧 이미 작동
  하는 집단의지의 표징 – 점은 사실이다. 그리고 실천적 행동의 최고 형
  태는 총파업이 될 것이었다.
  ③ 소렐의 갈등
  하지만 이것은 '수동적 활동', 다시 말해 그것은 부정적·초보적인 활동
  이며, 자신의 '적극적·건설적인' 국면을 제시하지 못하는 활동이다. 그리
  하여 소렐에게서는 두 가지 요구사이에 갈등이 생겼다. 곧 신화에 대한

요구와 신화의 비판에 대한 요구 – 그는 "사전에 수립된 모든 계획은 유토피아적·반동적이다"라고 말했다 – 사이에 갈등이 생긴 것이다.

④ 소렐의 가치관 : 마르크스의 경제주의

그 결과 모든 것이 비합리적인 것의 개입, 우연 또는 자생성에 맡겨졌다. 그러나 신화가 '비건설적'일 수 있는가? 만약 어떤 도구가 소렐의 사물관에서처럼, 집단의지를 차별화(분열) – 그리고 이 차별화가 폭력적일 때, 다시 말해 기존의 도덕적·법적 관계들을 파괴하는 것일 때 – 시킴으로써 단지 집단의지의 단순한 형성이라는 원시적·초보적인 단계에만 머물러 있는다면, 그것을 어찌 효과적인 도구라고 할 수 있을까? 그처럼 초보적으로만 형성된 집단의지라면, 긍정의 단계에 접어들었을 때에는 당장 각자의 서로 상충되는 길을 추구하는 무한한 개별의지들로 분해되지 않겠는가? 파괴와 부정은 잠재적인 건설과 긍정없이는 존재할 수 없다는 사실은 – 이것은 단지 '형이상학적' 뜻에서의 건설과 긍정을 말하는 것이 아니라 실천 속에서의 건설과 긍정, 곧 정치적인, 당 강령으로서의 건설과 긍정을 말한다 – 제쳐 두고서라도 말이다.

⑤ 마르크스의 기계론적 가정(절대적 유물론)의 배척

소렐의 경우에 자생성 뒤에는 철저히 기계론적인 가정이 깔려 있고, 그 자유(의지·생명력) 뒤에는 극도의 결정론이 놓여 있으며, 관념론 뒤에는 절대적 유물론이 놓여 있음에 틀림없다. (그람시, 『옥중수고1』, 134-136)

그람시 『옥중수고』의 위의 본문은 다음과 같이 해설된다.

① 신화적 장치

먼저, 그람시는 자꾸 신화를 통해 이것을 설명하려 한다. 즉 이미지를 통해 설명하려는 것이다. 그래서 그 이미지가 각 사람에게 심겨지면, 그곳에서는 신화적 '분유'개념이 그곳에 작동한다. 그 이미지가 임하면, 이제는 그 정신이 마치 마법처럼 그를 따르는 자들에게 동일하게 임한다. 또 다른 분신이 생겨나는데, 이것은 마치 마술 혹은 최면처럼 그 사람 안에서 역사한다. 이제 그 각 사람이 자신은 마키아벨리이며, 모험부대의 대장이며, 그람시다는 자부심을 갖게 하고, 그와 똑같은 행동을 하는 것이다. 그람시는 이것을 통해 그의 사상을 추종하는 자들에게 마술을 걸듯이, 이러한 장치를 여기에 한 것이다.

② 총파업의 신화

두 번째, 소렐의 신화는 무엇인가? 신화를 통해 이미지가 그 사람의 무의식의 세계 속에 퍼져 들어가서 그의 영혼에 그 이미지를 펼쳐내는데, 무엇이 이 신화의 이미지인가? 그것은 총파업의 신화이다. 나라의 모든 산업분야에서 파업이 일어난다. 그리고 이 파업은 유토피아에 이르기 위한 계급타파의 관문이다. 따라서 이 총파업은 유토피아라는 이름을 얻게 된다. 노동자들이 일시에 봉기하여 한 나라의 모든 기업들을 파괴하는 것이 이 신화의 이미지이다. 겉보기에는 폭력이지만, 이 폭력은 유토피아를 열기 위한 계급타파이므로 유토피아라는 이름을 얻게된다. 이것은 오늘날의 사회주의 노동운동가들 사이에서도 유토피아로 자리잡고 있는 것으로 보인다.

③ 교의적·합리적 요소의 이미지화로서의 신화

세 번째, 이상적 대장의 집단의지, 즉 교의적·합리적 요소와 그 신화이미지와의 관계는 어떠한가? 서로 동일하다. 여기에서의 교의적·합리적 요소의 근저에는 마르크스의 자본론이 깔려 있다. 자본주의 지배계급을 파괴하는 것이 이들의 교의이고 합리성이다. 이 사상이 "총파업의 신화이미지"를 얻은 것이다. 이러한 사람들을 모아 놓은 것이 그람시의 '정당론'이다.

④ 소렐의 실패이유

소렐은 마르크스의 경제주의를 추구하였다. 즉 하부구조의 변화는 자연스럽게 상부구조의 변화를 초래한다는 절대적 유물론이었다. 그 결과 소렐의 개혁은 단순한 노동조합의 결성에 그치고 말았다. 위의 총파업의 신화에서와 같이 전국적으로 총파업을 일으켜서 체제를 전복해 버리는 신화적 이미지를 가지고 실행하여야 한다. 마르크스와 같이 그람시도 노동조합 운동은 자본주의를 타당화 시켜주는 공산주의의 적이라고 말한다. 자본주의를 보완시킴으로 공산주의의 이념을 주저앉힌다는 것이다. (필자)

다. 현대의 군주 : 정당과 구성원들

마키아벨리의 『군주론』에서의 메디치가의 군주처럼 하나의 개인이라면, 현대의 군주는 하나의 개인이 아니라, "집단의지가 형태를 취하기 시작하는 하나의 유기체"가 군주이다. 이 집단의지의 효소들은 "한 개인에게 신화적으로 육화되어 되게 하는 정치적 행위"를 하는 자들이다. 이러한 "집단의지의 효소들"이 함께 뭉친 것이 정당이다. 그래서 '현대의 군주'는 "집단의지가 그들 안에 육화된 자들"이며, 이들의 유기체로서의 정당도 또한 현대의 군주이다.

① 현대의 군주 : 집단의지가 형태를 취하기 시작하는 하나의 유기체

현대의 군주, 곧 신화·군주는 실제의 한 인격, 하나의 구체적인 개인일 수는 없다. 그것은 오직, 이미 인정받았으며 또한 어느 정도까지는 행동을 통하여 스스로를 확인한 하나의 집단의지가, 그 속에서 하나의 구체적인 형태를 취하기 시작하는 유기체 또는 복합적 사회요소일 수 밖에 없다.

② 집단의지의 효소들이 모인 유기체 : 정당

역사는 이미 이러한 유기체를 보여 주었는데, 그것이 바로 정치 정당 – 보편적·전체적으로 되고자 하는 집단의지의 효소들이 함께 모인 최초의 세포 – 이다.

③ 한 개인에게 신화적으로 육화되어 되게 하는 정치적 행위

현대세계에서는 하나의 구체적 개인에게 신화적으로 육화될 수 있는 역사·정치적 행위는, 단지 직접적이고 절박하여 촌각을 다투는 성격의 것에만 국한된다. (그람시, 『옥중수고1』, 136-137)

그람시는 '총파업의 신화'에 까지 이르는 '집단의지'를 갖춘 자에게 현대의 군주라는 호칭을 준다. 이들 "집단의지의 효소들"이 곧 현대의 군주이다. 그리고 더 나아가 이들의 연합체로서의 '정당' 곧 '공산당'이 곧 현대의 군주인 것이다.

2. 정치정당 : 국가체제전복

가. 정당의 역할 : 집단의지의 유지·강화

"집단의지의 효소들"의 유기체인 '정당'은 진정한 '집단의지'를 형성하는 주체이다. 한편, 이 집단의지가 정열과 열광주의를 이르게 하는 것은 좋은데, 그런 것의 즉흥적 행위는 장기적이거나 유기적일 수 없다. 한 새로운 국가, 또는 새로운 국민적·사회적 구조를 기초하는 데에는 집단의지의 유지와 강화가 절대적으로 필요하다. "국민적·민중적 집단의지를 각성시키고 발전시킬 수 있는 조건은 언제 존재한다고 할 수 있는가"하는 문제는 지속적으로 추구되어야 한다.

① 정열과 열광주의를 일으키는 집단의지
정열과 열광주의를 갑자기 최고조에 이르게 하고, 대장(condottiere)의 '카리스마적' 성격을 훼손시키는 모든 비판적 감각과 예리한 회의를 압살시키는 당면한 거대한 위기만이 그러한 시급성을 요한다.
② 새로운 국가 건설을 위한 집단의지 장기화의 필요성
그러나 그러한 즉흥적인 행위는 성격상 장기적·유기적인 성격을 지닐 수 없다. 그러한 행위는 거의 대부분의 경우 복고와 재정비에나 적합한 것이지 새로운 국가, 또는 새로운 국민적·사회적 구조를 기초하는 데에는 부적절하다. (이러한 새로운 국가 또는 새로운 국민적·사회적 구조의 건설이 마키아벨리 〈군주론〉의 중심문제였다.…)
③ 집단의지의 유지와 강화
그것은 방어적인 성격의 행위이지 독자적인 창조를 수행할 수 있는 행

위는 아니다. 그러한 행위에 깔린 가정은 이렇다. 곧 이미 존재하던 하나의 집단의지가 맥이 끊기고 분산되었으며 위험하고도 위협적인 타격을 입었지만, 그 타격은 아직 결정적이라거나 파국적인 것은 아니며, 따라서 그 집단의지를 재정비하고 강화해야 한다.…

④ 집단의지의 중요성

처음 몇 장 중의 하나는 반드시 '집단의지'에 대해 할애하여 "국민적·민중적 집단의지를 각성시키고 발전시킬 수 있는 조건은 언제 존재한다고 할 수 있는가"하는 문제를 제기해야 한다.(그람시, 『옥중수고1』, 137-138)

나. 정치정당과 일반정당

그람시는 『옥중수고』의 '현대의 군주' 장에서 '정치정당'이라는 표현을 사용한다. 이것은 일반정당과는 그 본질이 다른데, 이 정치정당은 "새로운 형태의 국가를 세우는 것을 목표로 하는 정당"을 말한다. 이 새로운 형태의 국가는 앞에서 언급한 "총파업의 신화"에 따른 "국가의 건설"이다. 지금 그람시는 새로운 정당개념을 제시하고 있는데, 사실은 이 정당은 국가의 체제를 뒤집겠다는 국가체제전복의 세력이다. 따라서 다음의 문단에서의 '정치' 혹은 '정치적 행동'이란 이와 같은 체제전복을 말한다. 그람시는 이 의미(암호)를 '정치'라는 용어 뒤에 숨겨놓았다.

당시에 정당의 개념은 왕권제도의 기능을 특정한 정당이 흡수하고, 그 기능을 대신하여 수행한다. 다만 여러 당이 존재하는 이유는 다양한 사회집단의 표현일 뿐이다. 그런데, 정치정당은 이와 완전히 다르다. 이 정당은 "새로운 반체제의 국가건설"을 목표로 하기 때문에 이들이 사용하는 모든 정치적인 용어들은 은어화 되어서 나타난다. 그람시는 이런 위험한 말을 하기 때문에 "정치적 행동으로서의 정당이라는 관념을 부정하는 정당"에 대해 말하고, 그 다음에는 "정치정당의 역사"를 말함으로 통해 독자들에게 스스로 그 해답을 찾게 한다. 그 내용은 다음과 같다.

① 정치정당 : 새로운 형태의 국가건설 목표

현대세계에서의 새로운 군주론의 주인공은 개인적인 영웅일 수는 없으며, 오직 정치정당 곧 새로운 형태의 국가를 세우는 것을 목표로 하는 (그리고 그러한 목표를 위해 합리적·역사적으로 창출된), 그 시대나 그 나라의 내부관계에 바탕을 둔 구체적인 정당일 수 밖에 없다는 사실은 이미 말하였다.

② 일반정당 : 왕권제도의 기능을 대체

전체주의적이라는 제도 하에서는 전래의 왕권제도의 기능을 사실상 문제의 특정한 정당이 흡수하였으며, 그 정당은 바로 이러한 기능을 수행한다는 점에서 진정 전체주의적이다. 비록 모든 정당은 사회집단의 표현이며, 그리고 오직 하나의 사회집단의 표현이지만, 어떤 조건 하에서는 몇 개의 정당이 함께 하나의 사회집단을 대표하기도 한다. 곧 몇 개의 정당들이 자신들의 집단의 이익과 다른 집단들의 이익 사이에서 균형과 중재의 역할을 수행하고, 동맹한 집단들의 동의와 지지를 얻어 자신들이 공동으로 대표하는 집단의 발전을 도모한다는 점에서 그러하다.

③ 정치정당의 은밀성

'정치정당'의 정치적 행동은 꼭 필요한 것인가? 현대세계에서는 여러 나라에서 유기적이고 기본적인 정당들이 투쟁의 절박한 사정이나 아니면 다른 까닭으로 인해 조각조각 깨어져 나갔다는 것을 본다.…정치적 기능은 우회적으로 나타난다. 즉 다른 법적인 정당은 존재하지 않는다고 할지라도, 사실상 다른 정당들, 법적으로 강제할 수 없는 조류들은 언제나 존재하며, 그리하여 마치 장님놀이와 같은 논쟁과 싸움이 일어난다. 여하튼 그러한 정당들에서는 분명 문화적 기능이 우세한데 그것은 정치적 언어가 은어화 된다는 것을 뜻한다. 다시 말해 정치적 문제들은 문화적 문제인 것처럼 은폐되며 따라서 자체로서는 이해할 수 없는 어떤 것이 되는 것이다.

④ 정치적 행동으로서의 정당이라는 관념

직접적인 정치적 행동으로서의 정당이라는 관념을 부정하는 정당에는 두 가지 유형이 있는 것 같다. …

⑤ 정치정당의 역사

정치정당의 역사를 쓰기 위해서는, 예컨대 로베르토 미켈스가 생각하는 것보다 훨씬 더 복잡한 일련의 문제들과 부딪혀야 한다. 정당사(史)란 무엇인가? …(그람시, 『옥중수고1』, 162-164)

그람시의 정치정당에 관한 위의 이야기에도 암호가 숨어 있다. 그람시는 자신의 글을 검열을 받았기 때문에 중요한 용어는 숨겨야 했다. 그리고 그 것을 받아본 사람들은 이것을 해독하여야 했다. 그람시는 "자본주의 내에서의 사회주의 실현방법"으로서의 "정치정당"을 개발한 것이다. 이것은 오늘날 20세기에도 나타나고 있다. 우리나라 대한민국의 정당에서도 이러한 방법이 적용되고 있다.

다. 정당존재의 세 가지 요소

그람시는 "한 정당이 역사적으로 필연적이게 되는 것은 언제인가? 그 정당의 '승리', 곧 국가권력을 향한 정당의 확고부동한 전진을 위한 조건들이 적어도 형성되었고, 또 모든 것이 정상적인 한 그 이후의 발전도 예측할 수 있게끔 되는 때는 언제인가?"라고 말하며, "이에 답하기 위해서는, 곧 정당이 존재하기 위해서는 세 가지 기본적인 요소들(요소들의 세 가지 집단)이 모여야 한다."고 하며 다음과 같이 말한다.

① 일반적인 사람들로 이루어진 대중적 요소 : 노동자 계급(토대)

첫째, 일반적·평균적인 사람들로 이루어진 대중적 요소. 이들의 참여는 창조적 정신이나 조직역량이라기보다는 충성과 규율이라는 형태를 취한다. 이들이 없이는 정당이 존재할 수 없다는 것이 사실이다. 그러나 이들만으로는 정당이 존재할 수 없다는 것 또한 사실이다. 그들은 그들을 집중시키고, 조직하며, 훈련시키는 누군가가 있는 한에서만 세력이 된다. 이러한 응집력이 없으면 그들은 흩어져서 무기력하게 되고 결국 아무엇도 아니게 될 것이다.…

② 중요한 응집적인 요소 : 중간 활동층(활동가, 간부, 유기적 지식인)

둘째, 중요한 응집적인 요소. 이것은 그 자체로는 별것 아니거나 아무것도 아닐 세력들의 복합체를, 전국적으로 집중시켜 효율적이고도 강력하게 만든다. 이 요소는 대단히 응집적·집중적이며 규율 잡힌 힘을 지녔으며 또한 혁신의 힘을 지녔다.…군대 없는 장군에 대한 이야기가 있지만, 실제로도 장군을 만드는 것보다는 군대를 만드는 것이 더 쉽다. 마찬가지로 서로 용납되고 공통목표를 지닌 장군들의 통일된 집단이 존재하면 군대가 전혀 없었던 곳에서라도 재빠르게 군대를 만들지만, 이미 존재하는 군대라도 장군을 잃으면 붕괴된다.

③ 중간적인 요소 : 정당과 접촉하는 광범위한 대중층(질량적 요소)

셋째, 중간적인 요소. 이것은 첫 번째 요소와 두 번째 요소를 연결시키고 두 가지 사이의 접촉을 외형적으로만이 아니라 도덕적…지적으로 유지시킨다. 실제에서 모든 정당에는 이 세 요소 사이에 '고정된 비율'이 있으며, 이 '고정된 비율'이 실현되었을 때 정당의 효율성은 가장 커진다.(그람시, 『옥중수고1』, 168-169)

세 요소는 서로 분리될 수 없으며 상호작용을 한다. 특히 중간 활동층이 토대 집단의 전략과 대중적 지지를 연결하는 핵심 매개이다. 이 구조를 통해 정당은 위로는 전략을 수립하고, 아래로는 대중을 조직하며, 세 요소의 순환적 상호작용을 통해 '현대의 군주'로서 헤게모니를 형성한다. 정당은 헤게모니의 설계자이다. 이 도식은 "역사적 블록"[5] 안에서, 즉 정치·사회 구

---

5) 그람시의 "역사적 블록": 특정한 사회 세력이 경제적 기반(토대)과 정치·문화적 상부구조를 유기적으로 결합시켜 형성한 지배 질서이다. 여기서 '블록'이란 경제·정치·문화·이념이 통일된 상태를 뜻한다. 마르크스주의의 토대-상부구조 구분을 이어받지만, 그람시는 양자가 '상호작용'하며 통합체를 이룬다고 강조했다.
그람시에 따르면 역사적 블록은 두 층위가 결합한다. ① 물질적 힘의 관계(경제적 구조)는 생산양식, 계급구성, 경제적 이익관계 등으로 구성된다. ② 이데올로기·문화적 관계(정신적·문화적 지도)로서 가치, 신념, 세계관, 문화적 헤게모니를 산출한다. 이 두 층위가 결합할 때 하나의 안정된 사회 질서가 유지된다.
지배계급은 단순히 경제력을 장악하는 것만으로는 권력을 유지할 수 없다. 도덕

조 전체 속에서 어떻게 작동하는지를 도식화하면 다음과 같다.

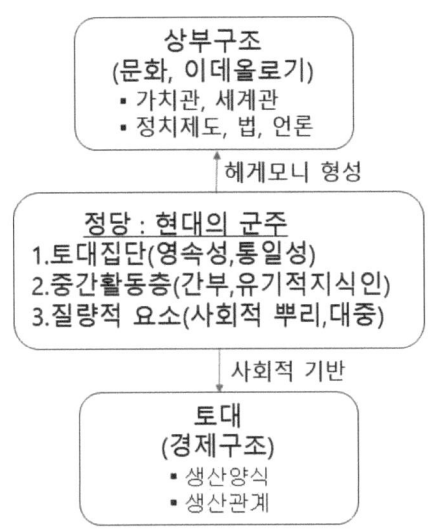

그람시가 말하는 "①일반적인 사람들로 이루어진 대중적 요소"는 노동자 계급(토대)의 당원을 말한다. "②중요한 응집적인 요소"는 중간 활동층으로서 당의 "활동가, 간부"로서 "유기적 지식인"이라고 말할 수 있다. "③중간적인 요소"는 "질량적 요소"라고도 하며, "정당과 접촉하는 광범위한 대중층"을 말한다.

3. 정치정당의 역할

가. 경제주의로부터의 탈피

그람시의 『옥중수고』 "현대의 군주"장에서 "경제주의의 약간의 이론적 실

적·지적 지도력(헤게모니)을 발휘해야 하며, 이를 위해 동맹 계급과의 '역사적 블록'을 형성한다. 이 블록이 무너지면 기존 질서가 흔들리고, 새로운 블록이 등장할 수 있다. '현대의 군주'로서의 정치정당은, 피지배 계급(예: 노동계급)이 자신의 역사적 블록을 구축하는 도구이다. 즉, 정당은 경제적 이해관계와 문화·이념을 통일된 형태로 조직하여, 지배를 대체할 수 있는 새 질서를 준비합니다.(챗 GPT, 역사적 블록, 2025.8.9.)

천적 측면"이라는 주제는, 노동운동과 사회주의 운동 내에서 협소하게 경제적 요인만을 강조하는 경향, 즉 경제주의(economicism)를 비판하는 데 초점이 있다. 여기서 그람시는 경제주의가 지닌 한계와 그로 인한 정치적·이념적 약점을 분석한다. 이에 대해 일반화된 정리(챗GPT)는 다음과 같다.

① 경제주의란 무엇인가?

경제주의는 경제 발전의 자생적 경향만으로 역사와 사회 변화를 설명하려는 입장이다. 노동계급의 정치적 주체화, 헤게모니 형성, 문화적 투쟁을 등한시하고, 임금 투쟁, 노동시간 단축 등 경제적 이익 중심의 운동에만 머무르는 것이다. 그람시는 이를 "수동적 적응의 형태", 즉 자본주의 질서 내에서만 움직이는 실천이라고 본다.

② 경제주의의 실천적 결과

자본주의 체제 자체를 전복하려는 전략적 사고를 제한한다. 헤게모니 투쟁, 즉 시민 사회를 포함한 전면적 투쟁 없이, 단순한 경제적 요구로 정치가 축소된다. 따라서 노동자 정당은 국가 권력을 장악할 능력 있는 '현대의 군주'가 되지 못한다.

③ 정치의 우위

그람시는 정치의 상대적 자율성을 강조한다. 단순히 하부구조(경제)에 종속되는 것이 아니라, 정치와 이데올로기 투쟁이 역사적 변화를 추동한다고 본다. "계급은 경제적 구조만으로는 지배 계급이 될 수 없다. 그것은 헤게모니를 장악해야 하며, 이를 위해서는 정치적 리더십과 이데올로기 투쟁이 필요하다."(챗GPT, 경제주의의 약간의 이론적 실천적 측면, 2025.8.9.)

그람시에게 경제주의는 정치의 역할을 축소하고, 혁명적 변화를 가로막는 장애물이다. 그는 이것을 비판하면서, 노동계급이 헤게모니를 확보하고 지배적 질서를 바꾸기 위해서는 단순한 경제투쟁을 넘어서 정치적·문화적 투쟁을 전개해야 한다고 주장한다. 이것이 정당의 주요 역할이다.

나. 국가와 시민사회의 지배계급 헤게모니

그람시가 『옥중수고』「현대의 군주」에서 말하는 "국가의 경제적·조합주의적 국면"은 국가를 단순히 강제력과 법률만으로 보지 않고, 시민사회와 경제 영역에서의 조직·협상 기능까지 포함해 이해해야 한다는 논의이다.

① 경제적·조합주의적 국면이란?

국가는 단순히 '정치적 강제력'을 행사하는 기구가 아니라, 경제 구조와 사회 조직의 조정자 역할도 수행한다. 여기서 "조합주의"는 노동조합, 직능단체, 협회 등을 말한다. 특정 집단의 이해관계를 조직하고 제도화하는 방식을 의미한다. 즉, 국가는 경제 영역에서 발생하는 다양한 이해관계를 관리·중재하는 기능을 가진다.

② 경제적 기능과 정치적 기능의 결합

국가는 생산 관계를 단순히 반영하는 '거울'이 아니라, 경제적 갈등을 제도화하고 이를 정치적 안정으로 전환하는 장치이다. 예컨대, 노동조합과 자본가단체의 협상을 법제화, 임금·노동조건을 국가 정책으로 통합한다.

③ 시민사회와 국가의 연계

경제적·조합주의적 국면은 국가와 시민사회가 맞닿는 부분이다. 시민사회 조직(노동조합, 직능단체, 협회)은 국가의 일부로 흡수되거나, 국가 정책 형성에 영향을 미친다. 이것을 통해 지배계급의 헤게모니가 공고화된다.

④ 정당과의 연결

그람시에게 정당은 경제적·조합주의적 영역에서 생기는 요구를 정치적 프로그램으로 변환하는 핵심 통로이다. 단순한 이익 집합체가 아니라, 경제적 요구를 역사적·정치적 전망과 결합시켜야 한다.

"국가의 경제적·조합주의적 국면"은 국가가 경제 영역의 이해관계를 제도적으로 관리·중재하여, 지배계급의 정치적 헤게모니를 유지·재생산하는 측면을 설명한다. 이는 강제력만이 아니라, 시민사회와의 유기적 연결을 통한 동의(Consent)의 장치로서 국가를 이해하는 중요한 개념이다.

[평가] 그람시에 의하면, 이 지배계급의 진정한 헤게모니는 모두 학교와 교회에서 출현한다. 이들이 국가의 강요를 동의가 되게 만든다. 결국 그람시의 혁명이 성공하려면, 이 교회와 학교라는 시민사회의 헤게모니를 파괴해야 한다. 이러한 형태의 대항 헤게모니가 산출되어야 한다. 정당은 시민사회로부터 이 헤게모니를 가져와야 한다. 이것이 그람시 실천철학의 핵심이다.

다. 대항 헤게모니의 산출

어떤 정당은 현재의 질서를 지키는 일반 정당으로서의 정당의 역할이 있는 반면, 사회변혁을 추구하는 역할이 있다. 이와 관련하여 그람시는 반동적 정당과 사회변혁을 위한 정당을 대비시키고 있다. 이때 그람시는 반동적 정당은 탄압의 방식을 통해 역사의 생동적인 힘을 가로막는 것을 목표로 한다고 말한다. 이때 사회변혁을 위한 정당은 선전과 교육의 방식으로 민중 자신을 표현하여 헤게모니(동의)를 얻는 방향으로 투쟁을 전개한다. 이때 사회변혁을 위한 정당은 "부르주아 국가의 헤게모니 기능에 대항하여 프롤레타리아트의 헤게모니를 행사하여, 민중적 집단의지를 수립"한다.

> 이에 따르면, '특정한 정치적·법적 질서를 지키는 데에 있어' 반동적 정당은 탄압의 방식을 통해 역사의 생동적인 힘을 가로막는 것을 목표로 한다. 반면에 사회변혁을 위한 정당은 선전과 교육의 방식으로 민중 자신이 온전하게 표현되는 새로운 차원의 문명으로 끌어올리는 것을 목표로 한다(Gramsci, 이상훈 역, 1999a: 172).
> 이 가운데 사회변혁을 위한 정당의 기능 수행 방식과 목표는 이 정당의 근본적 성격으로부터 도출된 것이라 할 수 있다. 그람시에게 사회변혁을 위한 정당은 "부르주아 국가의 헤게모니 기능에 대항하여 프롤레타리아트의 헤게모니를 행사하고, 민족적-민중적 집단의지를 수립하는 조직체"

이다(조기제, 1985: 154).

이러한 사회변혁을 위한 정당의 성격으로부터 다음과 같은 과제가 도출된다. 즉 사회변혁을 위한 정당의 근본적인 과제는 이 정당이 "조직하고 그 집단의지를 끌어낼 그 [노동]계급의 총체성 및 잠재적 보편성을 표현하는 것"이다(Priester, 윤수종 역, 1993: 179). (곽태진, "그람시의 사회변혁 사상과 교육의 관계 고찰," 51)

결국 이러한 대항 헤게모니는 교육을 통해서 선전된다. 그래서 사회변혁을 위한 정당은 사회변혁을 추구하는 집단의지의 조직가이며, 정당의 교육기능은 매우 중요한 것으로 여겨지며, 이러한 정당은 교육 주체로서 파악된다. 사회변혁을 위한 정당은 피지배계급 대중의 계급의식을 발전시키는 데에 힘을 써야 한다.

5장 국가와 시민사회

1. '국가와 시민사회'의 헤게모니

가. "2장 국가와 시민사회"의 개략

〈옥중수고〉의 "2장 국가와 시민사회"는 국가와 시민사회의 관계를 중심으로 현대 정치와 사회구조를 분석한 부분이다. 이에 대해 일반화된 정리(챗GPT)는 다음과 같다.

① 국가와 시민사회의 구분과 상호작용

국가는 정치 권력의 중심이며, 법과 질서를 유지하고 공공의 이익을 추구하는 조직체이다. 시민사회는 경제, 문화, 사회적 활동이 이루어지는 공간으로, 개인과 집단들이 자율적으로 참여하는 영역이다. 이때 두 영역은 분리되지만 상호의존적이며, 시민사회는 국가 권력에 대한 견제와 비판의 역할을 한다.

② 현대 사회에서의 시민사회의 중요성

현대 민주주의에서는 시민사회의 활성화가 국가 권력의 독점과 권위주의적 경향을 견제하는 핵심적 장치다. 시민사회는 다양한 이익집단과 사회운동을 통해 국가 정책에 영향력을 행사한다.

③ 국가의 역할 변화

전통적 '강한 국가' 개념에서 벗어나, 국가가 시민사회와 협력하며 조정자 역할을 수행해야 한다는 점을 강조한다. 특히 경제적, 사회적 조합주의적 요소들이 국가와 시민사회 간 긴밀한 상호작용을 만든다.

④ 권력과 이념의 투쟁 장

시민사회는 단순한 중립적 공간이 아니라, 다양한 이념과 권력이 충돌하는 장이다. 이 속에서 국가 권력은 자신들의 헤게모니를 유지하고 확장하기 위해 시민사회를 관리하고 조절한다. (챗GPT, 국가와 시민사회, 2025.8.9.)

[해설] 상부구조의 두 기둥

그람시의 '역사적 블록'에서 하부구조는 '경제구조'를 말하는 '토대'이며, 생산양식과 생산관계로 되어 있다. 상부구조는 '국가와 시민사회'이다. 마르크스의 경제주의에 의하면, 상부구조는 하부구조에 의해 잠재적·우연적으로 성취된다. 그런데, 그람시는 오히려 상부구조의 변화가 하부구조의 변화를 초래하는데, 좀 적나라하게 말하자면 이것은 혁명을 통해 이루어진다. 마르크스의 경제주의를 따르면, 그것은 노동조합 형태에 머무르게 되나, 그람시에 의하면 '총파업을 통한 유토피아'이다. 이러한 총파업을 통해서 생산관계를 변화시키는 것이다. 상부구조에 의해 하부구조가 변화된다. 이러한 혁명을 위해서 그람시는 '정치정당'을 말한 것이다. 그리고 이제 이 정치정당이 해야 할 일을 구체화한다.

결국 상부구조의 변화란 국가와 시민사회의 변혁인데, 국가는 '강제'에 의해 운용이 되며, 시민사회는 '동의'에 운용이 된다. 그리고 이 양자는 밀접한 관련이 있는데, 국가와 시민사회가 매우 의존관계라는 것이다. 그리고 심지어는 국가에 의해 시민사회가 장악되어 있다. 이때 시민사회는 지배계급의 헤게모니에 의해 장악되어 있다. 아무리 국가를 향한 시민혁명이 거세게 일어나도, 이 시민사회가 국가의 편을 들면 그 시민혁명은 실패할 수 밖에 없다. 이때 국가와의 전쟁을 '기동전'이라고 한다면, 시민사회와의 전쟁을 '진지전'이라고 말할 수 있다. 이 '진지전'을 계속 하고 있어야 결정적인 때, 시민혁명이 일어날 때 혁명이 성공할 수 있다.

여기에서 시민사회의 핵심은 무엇인가? 그것은 바로 종교였다. 이 종교는 항상 나라가 위기에 처하면, 나라를 지키고자 하는 애국심으로 흘렀다. 그래서 진지전을 통해서 이 종교를 장악하지 않으면, 혁명은 성공할 수 없다. 그리고 이 종교에서 지배계급의 헤게모니가 산출되고 있었다. 이제 정당은 이 시민사회의 동의를 끌어오기 위해서 대항 헤게모니를 산출해야 하는데, 그것은 교회 파괴의 방향으로 설정되어야 한다. 그리고 그 대표적인 것이 곧 유물론이다.

그람시 『옥중수고 1』의 "2장 국가와 시민사회"는 바로 위의 내용을 말하고 있다. 그런데, 앞에서도 언급하였듯이 그람시는 이것을 공개적으로 말해서는 안 된다. 위의 발언들은 모두 문자 이면에 숨어있는 것이다. 그러나 앞뒤 문장을 연결하여 살피면, 위의 같은 의미가 도출되어 나오는 것이다.

나. 유기적 위기의 시대 : 지배계급 헤게모니의 위기

〈옥중수고〉의 "2장 국가와 시민사회"의 첫 번째 주제가 "유기적 위기의 시대"에 관한 것이다. 여기에서 '유기적 위기'란 "경제, 사회, 문화, 정치 등 여러 영역에서 구조적·체계적 위기가 중첩되어 나타나는 상태"를 의미한다. 이런 위기는 기존 정치체제와 정당 구조에 큰 도전을 제기한다. 전통적 계급 기반 정당이 약화되고, 정당의 조직과 이념이 분화·다원화된다. 정당들은 유기적 위기를 극복하기 위해 연합, 분화, 이념 재정립 등 다양한 전략을 구사한다. 이것을 가리켜서 그람시는 "지배계급 헤게모니의 위기"라고 말한다. 이때, 일부 정당은 대중의 불만과 갈등을 포착해 급진적 혹은 반체제적 성향으로 변모하기도 한다. 이것이 곧 그람시의 '정치정당'이다. 결국 정치정당이 해야할 일은 '지배계급 헤게모니의 위기'를 이용하여 '대항 헤게모니'를 산출하는 것이다.

① 사회계급들의 급변 상황 속에서의 전통적인 정당들

사회계급들은 역사적 생장의 어떤 시점에서 자신들의 전통적인 정당들로부터 멀어진다. 다시 말하여 전통적인 정당들은 기존의 특정한 조직형태, 그리고 그 정당을 구성하고 대표하여 이끌어온 기존의 인물들을 가지고는 더 이상 자신들의 계급의 표현으로서 인정받을 수 없다는 점이다. 이러한 위기가 발생하면 상황은 즉각 미묘하고도 위험스럽게 된다. 왜냐하면 그 상황의 폭력적 해결의 가능성이나, 카리스마적 '신의(神意)를 입은 인간'이 대표하는 알려지지 않았던 세력들의 활동 가능성이 커지기 때문이다.

② 지배계급 헤게모니의 위기

'대표받은 자와 대표하는 자' 사이에서 벌어지는 이러한 갈등적인 상황은 정당의 영역에서부터 국가유기체 전체로 퍼져 나가며, 그리하여 관료제·상류재산가·교회들 일반적으로 말하여 여론의 흐름으로부터 상대적으로 독립적인 모든 기구들의 세력을 상대적으로 강화시킨다. 이러한 갈등적 상황은 맨 처음에 어떻게 발생하는가? 나라마다 과정은 다르다. 하지만 내용만은 똑같은데, 그것은 지배계급의 헤게모니의 위기이다.

③ 헤게모니의 위기는 국가의 일반적 위기

이 위기는 지배계급이 그것을 위하여 폭넓은 대중의 동의를 요구, 또는 짜내었던 바의 어떤 주된 과업(예컨대 전쟁)에 실패했다거나, 아니면 많은 대중(특히 농민과 프티부르주아 지식인들)이 돌연히 정치적 수동성의 상태에서부터 능동성의 상태로 넘어가서, 비록 위기적으로 정식화된 것은 아니지만 다 합치고 보면 결국 혁명을 뜻하는 어떤 요구들을 내걸기 때문에 발생한다. '권위의 위기(유물론 물결과 권위의 위기)'라는 말도 있지만 이것은 바로 헤게모니의 위기, 국가의 일반적인 위기를 뜻한다.

④ 현재의 상태

위기는 당분간 위험한 상황을 초래한다. 왜냐하면 여러 계층들이 모두 똑같이 신속하게 방향을 조정한다거나 같은 속도로 재조직할 수는 없기 때문이다. 전통적인 지배계급은 훈련된 요원의 수가 많으므로 인물과 강령을 바꾸어 종속적 계급들보다 훨씬 빠른 속도로 자기의 손에서 빠져나간 통제력을 재흡수한다. 아마도 그 과정에서 전통적 지배계급은 희생을 치를 수도 있고, 또 선동적인 약속을 내걸음으로써 자신의 미래를 불확실하게 만들 수도 있을 것이다. (그람시, 『옥중수고1』, 245-246)

그람시는 국가가 '헤게모니'를 통해 국민들을 통제하고 있다고 말한다. 그런데, 이제 유기적 위기의 시대가 왔다. 지배계급의 헤게모니가 위기를 맞고 있다고 말한다. 그람시는 지배계급의 국가와 같은 권력기반을 직접적으로 공격하는 것보다 그 헤게모니를 가져오는 것에 더욱 집중하고 있다. 그람시는 감옥에서 이 〈옥중수고〉를 쓰고 있는데, 이 헤게모니를 공격하라고 지시를 내리고 있는 것이다.

다. '헤게모니'를 통한 지배계급의 통치

그람시가 〈옥중수고〉에서 말하는 '헤게모니(hegemony)'는 단순히 '힘'으로 지배하는 것을 넘어, '동의(consent)'를 기반으로 한 정치·문화적 지도력과 지배를 뜻한다. 이 개념은 마르크스주의 전통을 확장하면서, 왜 지배계급이 폭력만이 아니라 '문화적·이데올로기적 장치'를 통해 장기적으로 권력을 유지하는지를 설명하기 위해 발전시킨 것이다. 이에 대해 일반화된 정리(챗 GPT)는 다음과 같다.

① 헤게모니의 기본 정의

물리적 강제력(강압)과 이데올로기적 지도력(동의)이 결합된 지배(주도권)의 형태를 말한다. 지배계급은 단순히 국가기구(경찰, 군대 등)를 통해서만이 아니라, 시민사회에서 문화·교육·종교·언론 같은 제도를 활용해 피지배계급의 자발적 동의를 이끌어낸다.

② 강제와 동의의 균형

강제력은 여전히 필요하지만, 장기적 지배를 위해선 대중이 "자발적으로" 지배계급의 가치와 질서를 받아들이도록 만드는 것이 필수적이다. 즉, 지배계급의 세계관이 '상식(common sense)'처럼 보이도록 만드는 과정이 헤게모니이다.

③ 시민사회와 국가의 역할

국가는 주로 '강제'의 영역(법, 군사, 경찰 등)을 담당한다. 이에 반하여 시민사회는 주로 '동의'의 영역(학교, 종교, 언론, 문화 등)을 담당한다. 이때 헤게모니는 시민사회에서 구축되며, 국가의 강제력은 이를 보조하는 역할을 한다.

④ 대항 헤게모니(counter-hegemony)

피지배계급이 기존 헤게모니를 깨뜨리고 자신들의 세계관과 가치체계를 확산시켜 새로운 지배 질서를 만드는 과정을 말한다. 여기서 중요한 역할을 하는 것이 '유기적 지식인'이며, 이들이 대중과 결합해 새로운 '집단적 의지'를 형성해야 한다고 본다.

⑤ 혁명 전략과의 관계

전통적인 무장봉기(기동전)보다, 장기적인 진지전(war of position) – 즉 문화·이데올로기 영역에서의 지속적인 투쟁 – 이 더 중요하다고 강조한다. 왜냐하면 현대 자본주의 사회에서는 지배계급이 시민사회 전반에 깊이 뿌리내려 있기 때문에, 단기적인 힘의 충돌만으로는 권력을 빼앗기 어렵기 때문이다. (챗GPT, 헤게모니, 2025. 8. 9.)

그람시의 헤게모니는 지배계급이 시민사회를 통해 피지배계급의 자발적 동의를 확보함으로써 유지되는 문화·이데올로기적 지배이며, 이를 깨기 위해선 장기적이고 조직적인 대항 헤게모니 전략이 필요하다는 개념이다.

라. 선동과 선전 : 국가에 장악된 시민사회

그람시는 현대 정치에서 권력 유지와 사회 통제를 위해 필수적인 수단으로서 선전(propaganda)과 선동(demagogy)의 역할과 특징을 설명하고 있다. 즉, 국가가 하나의 정당으로 기능을 해서 정당들 위에 군림하였다. 결국 '강제'하는 조직인 국가가 시민사회의 주요 일원인 정당을 지배함을 통해 국민들의 '동의'를 이끌어내며, 헤게모니를 장악했다는 것이다. 이것을 그람시는 '선동과 선전'이라고 표현한다.

① (시민사회를 대표하는) 정당들의 무능함

이탈리아 정당들의 허약성은, 말하자면 선동과 선전 사이의 불균형에서 그 원인을 찾을 수 있다.… 정당들이 이와 같이 된 일차적인 까닭은 경제적 계급들 서로 간의 융합, 나라의 경제적·사회적 구조의 무정형성에서 찾을 수 있다. 그러나 이러한 설명은 무언가 숙명론적이다. 정당이란 계급의 학명에 지나지 않는 것이 사실이라 할지라도, 정당이 단지 계급의 기계적·수동적인 표현일 뿐 아니라 또한 그 계급을 발전시키고 강화하며, 보편화시키기 위해 정력적으로 반작용한다는 것도 사실이다. 이탈리아에서는 바로 이것이 일어나지 않았다. 그리고 이러한 '누락'의 결과가 바로 선동과 선전의 불균형이다.

② 시민사회의 정당들 위에 군림한 국가

국가 정부는, 그것이 국가 자체의 강화를 방해했다는 점에서, 즉 국가 정부가 국민적 요인이 아님을 보였다는 점에서 이러한 사태에 대해 일정한 책임이 있다. 정부는 사실 하나의 '정당'으로 기능했다. 그것이 정당들 위에 군림했던 것은 정당들의 이해와 활동을 국민과 국가의 이해와 활동이라는 보다 영속적인 틀 속에서 조화시키기 위해서가 아니라 정당들을 해체시키고 폭넓은 대중들로부터 유리시켜서, '보나파르트·카이사리즘적인 형의 온정주의적인 끈으로 정부에 연결된 비당인(非黨人) 세력'을 확보하기 위해서였다. 이른바 데프레티스·크리스피·졸리티 등의 독재와 변신이라는 의회적 현상은 이러한 관점에서 분석되어야 한다.

③ 국가와 정당 시민사회 간의 유착

계급들은 정당들을 산출하고 정당들은 국가와 정부의 요인과 시민사회·정치사회의 지도자들을 형성시킨다.…(그람시, 『옥중수고1』, 266-268)

마. 시대의 철학 : 강제와 동의에 대한 논의

그람시는 국가가 강제와 동의에 의해 통치되는 것을 밝힌 후에, 이제는 이 지배계급의 헤게모니가 위기에 처했다고 말한다. 이러한 논의가 당시 이탈리아의 정치학에서도 있었다. 이제 이 자리에 '정치정당'이 들어가야 한다는 것을 역설하고 있는 것이다.

강제와 동의에 대한 논의를 보면, 이탈리아에서 정치학이 상대적으로 발전하였다는 사실을 알 수 있으며, 또 정치학이 비교적 솔직한 표현으로 다루어졌음을 알 수 있다. 그 논의는 '시대의 철학', 곧 전후 여러 국가들의 생활에서 중심이 되는 주제를 놓고 행해진 논쟁이다. 전쟁 결과 전세계의 모든 나라에서 해체된 지배계급의 헤게모니 장치를 어떻게 재건할 것인? 또한 이 장치는 어째서 해체되었는가?… 그러나 실제에서 그것이 해체되었던 것은 여러 가지 순전히 기계적인 원인들의 충격 때문이었다. 원인들이란 무엇인가?…(그람시, 『옥중수고1』, 269)

2. 기동전과 진지전

가. 정치투쟁과 군사전쟁 : 기동전과 진지전

그람시는 러시아에서의 혁명이 성공하는 것을 분석하여 '군사전쟁'을 '정치투쟁'과 비유를 하여 혁명전략을 마련한다. 군사전쟁에서의 진지전과 기동전을 정치투쟁으로 가져온 것이다. 그 내용은 다음과 같다.

① 군사전쟁
군사전쟁에서는 전략적 목표 – 적군의 분쇄와 적 영토의 점령 – 가 이뤄지면 평화가 온다. 또한 전쟁은 단지 전략적 목표가 달성될 가능성이 분명히 있다는 사실만 가지고도 충분히 끝낼 수 있음을 알 수 있다.…
② 정치투쟁
그러나 정치투쟁은 훨씬 더 복잡하다. 어떤 뜻에서 그것은 식민지 전쟁이나 옛날의 정복전쟁에 비교할 수 있다.…
③ 기동전·진지전·지하전
영국에 대한 인도의 정치투쟁에서는 세 가지 전쟁형태가 보인다. 기동전·진지전·지하전이 그것이다. 곧 불매동맹은 진지전의 형태이며, 파업은 기동전의 형태이고, 무기와 전투부대에 대한 은밀한 준비는 지하전에 속한다.(그람시, 『옥중수고1』, 270)

그람시가 〈옥중수고〉에서 말하는 "정치투쟁과 군사전쟁"은 군사 전략과 정치 전략을 비교·변형하면서 "혁명 전략의 변화"를 분석한 대목이다. 이에 대해 일반화된 정리(챗GPT)는 다음과 같다.

① 개념 구분

구분	기동전 (전격전)	진지전 (참호전)
군사적 의미	빠른 기동, 결정적 전투, 전선 돌파	참호·방어진지 구축, 장기 대치
정치적 의미	단기간에 정권을 장악하는 직접적·결정적 공격	장기적으로 시민사회·문화·이데올로기에서 주도권을 쌓아가는 과정
필요 조건	국가권력이 상대적으로 직접적이고 취약할 때	시민사회가 견고하고 국가 장치가 복합적으로 얽혀 있을 때
예시	1917년 러시아 혁명	서유럽 사회주의 운동, 반파시스트 운동

② 그람시의 분석

그람시는 1917년 러시아 혁명을 기동전의 전형으로 봤다. 러시아는 시민사회 구조가 취약했고, 국가기구를 장악하면 상대적으로 쉽게 권력 유지가 가능했다. 그래서 소수의 결정적 봉기와 군사적 돌격이 성공할 수 있었다. 반면 서유럽, 특히 이탈리아·프랑스·영국은 시민사회가 두터운 "진지"를 형성하고 있었다. 언론, 교육, 교회, 노동조합, 협동조합, 문화기관 등 다양한 '이데올로기 국가장치'가 방어선 역할을 하였다. 그럴 경우, 단번의 봉기로는 이 체계를 무너뜨리기 어렵고, 장기간 문화·사상·조직 면에서 영향력을 구축해야 한다고 하였다.

③ 전략적 함의

그람시는 혁명 전략을 시대·지역 조건에 맞게 전환해야 한다고 주장했다. 기동전은 짧고 결정적인 정치·군사적 승부이며, 진지전은 사회 전반에서의 헤게모니 구축 과정이며, 이것이 서유럽 혁명의 필수 조건이다. 그는 이것을 1차 세계대전의 참호전과 비교했다: "전선은 깊고, 상호 연결되어 있으며, 돌파는 매우 어렵다. 승리는 장기간의 포위와 점진적 전진을 통해서만 온다."

④ 핵심 메시지

동유럽형 혁명은 기동전 중심이며, 서유럽형 혁명은 진지전 중심이다. 진지전은 군사전쟁이 아니라 정치·문화·사회적 장기전이며, 헤게모니가 그 승부처이다. 승리는 단순히 국가 권력 장악이 아니라, 그 이전에 시민사회의 동의와 지지를 조직하는 것에 달려 있다.(챗GPT, 그람시의 진지전과 기동전, 2025.8.9.)

나. 시민사회는 참호체계

그람시는 시민사회라는 상부구조는 참호체계와 같다고 말한다. 그래서 이 시민사회가 건재하면, 혁명이 성공하지 못한다. 그람시는 서구유럽과 동구유럽(소련)의 사례를 통해 이와 같이 말하고 있다.

① 참호체계와 같은 시민사회라는 상부구조

이들 나라(서부유럽)에서는 '시민사회'가 직접적인 경제적 요소(공황·불황 들)의 파국적 '기습'에 저항할 수 있는 복합적인 구조로 성장하였기 때문이다. 시민사회라는 상부구조는 근대적 전쟁에서의 참호체계와 같다. 전쟁에서는, 격렬한 포격으로 적의 모든 방어체계가 파괴된 것처럼 보이지만 실제로는 단지 외곽 주변만이 파괴된 것에 지나지 않아, 아군 돌격병들이 나아가 공격할 때 여전히 유효한 적의 방어선에서 저지되는 일이 자주 발생하고는 한다. 똑같은 일이 극심한 경제공황 중의 정치에서도 일어난다. 공황이 공격세력에게 시공(時空)적으로 전광석화처럼 조직할 수 있는 능력을 부여하는 것은 아니며 하물며 전투정신을 부여할 수는 더욱 없다.···

② 1917년의 사건 : 러시아 볼쉐비키 혁명

정치사에서 그러한 유의 사건으로 가장 최근의 것은 1917년의 사건이었다. 그해의 사건은 정치기술과 정치학의 역사에 결정적인 전환점이 되었다. 따라서 이제 문제는, 시민사회의 어떠한 요소가 진지전의 방어체계에 해당하는가를 '깊이 있게' 연구하는 일이다.···

③ 동구전선과 서구전선의 비교

노동조합운동의 새로운 경향이 빈약한 성과밖에 거두지 못했던 까닭도 이러한 일련의 문제와 관련시켜 파악해야 한다. 트로츠키가 네 번째 회합에서 동구의 전선과 서구의 전선을 비교하면서 약술했던 것은 아마 당시의 전술적 방식에 대한 수정을 시작하고자 한 하나의 시도였을 것이다. 동구전선은 단번에 무너졌지만 그에 이어 전례없는 투쟁이 뒤따랐다. 서구전선의 경우에는 전선이 무너지기 전에 투쟁이 일어날 것이다. 따라서 문제는 시민사회가 권력을 장악하기 위한 기도에 앞서 저항할 것인가 아니면 후에 저항할 것인가 하는 점이다. (그람시, 『옥중수고1』, 276-278)

다. 기동전(정면공격)에서 진지전으로의 이행

그람시는 이제 기동전에서 진지전으로 전환되고 있다고 말한다. 그리고 이것은 현대국가의 경우에 그렇다고 말한다.

① 영구혁명 vs 시민적 헤게모니

국가의 국내적·국제적인 조직적 관계들은 한층 더 복합적·대량적인 것이 되며, '영구혁명'이라는 1848년(프랑스 대혁명)의 공식은 확대되어 '시민적 헤게모니'라는 정식 속으로 극복된다. 군사기술에서 일어나는 것과 똑같은 것이 정치기술에도 일어난다.

② 진지전이 되어가는 기동전

곧 기동전은 갈수록 진지전이 되며, 국가가 전쟁에서 승리하려면 평화로울 때 전쟁에 대해 세부적이고도 기술적으로 준비하여야만 한다고 이야기할 수 있게 된 것이 정치에도 효과가 있었다는 것이다.

국가조직과 시민사회의 여러 단체들의 복합체에서 모두 볼 수 있는 현대 민주주의의 대략적 구조들은, 말하자면 정치기술상 진지전의 전선에 설치된 '참호'와 항구적인 요새를 구성한다는 것이다. 그리하여 이전에는 전쟁의 '모든 것'이었던 기동전의 요소는 이제 '부분적'인 것이 된다.

③ 현대적 국가들에 대해 제기되는 문제

이 문제는 현대적 국가들에 대해 제기된 것이며, 후진적 국가들이나 식민지에 대해 제기된 것은 아니다. (그람시, 『옥중수고1』, 286-287)

3. 시민사회의 핵심 : 종교

가. 종교·국가·정당

그람시는 "종교, 국가, 정당"의 세 가지 사회 정치적 요소가 어떻게 상호 작용하며 현대 사회에서 권력과 이념의 중요한 축을 이루는지를 설명한다.

〈나의 투쟁〉에서 히틀러는 이렇게 썼다. "종교를 창설하거나 파괴하는 것은 국가를 세우거나 파괴하는 것보다 측량할 수 없을 정도로 중요한 행위이며, 하물며 정당에 대해서는 더욱더 그렇다…"

이것은 피상적이고도 무비판적인 견해이다. 세 가지 요소들 – 종교(또는 적극적인 세계 개념), 국가, 정당 – 은 따로 떨어질 수 없는 것이며, 실제의 역사·정치적 발전과정에서 불가피하게 깊은 관계가 있다.

마키아벨리는 당시의 방식과 언어로 세 요소들의 불가피한 동질성과 상호작용을 이해하였음을 알 수 있다. 자신의 나라 또는 국가를 구하기 위해 자신의 영혼을 버리는 것은 절대적 세속주의의 요소이며, 긍정적임과 동시에 부정적인 세계개념의 요소이다. …(그람시, 『옥중수고1』, 316)

[해설] 시민사회에서의 핵심은 종교이다. 이 종교의 권위는 절대적인데, 특히 기독교의 경우 더욱 그러하다. 이 기독교의 십계명은 "하나님 사랑과 나라(이웃)사랑"을 절대적 계명으로 설정하고 있기 때문이다. 이들은 영혼을 바쳐서 나라를 위해 헌신한다. 종교는 전통적으로 사회적 규범과 도덕을 형성하며, 시민사회 내에서 강력한 영향력을 가진 집단이다. 많은 정치학을 연구한 자들이 이것을 발견한 것이다.

나. 국가숭배

기본적으로 마르크스 주의는 자본주의를 파괴해야 하는데, 이 자본주의가 국가를 형성하고 있다. 그래서 자신들의 이데올로기를 위해 국가를 파괴하여야 한다. 〈옥중수고〉의 "국가와 시민사회"장에서 다루는 '국가숭배'는 국가에 대한 과도한 신뢰와 이상화 현상을 비판적으로 분석하는 내용이다.(그람시, 『옥중수고1』, 317) 이에 대해 일반화된 정리(챗GPT)는 다음과 같다.

① 국가숭배의 개념
국가를 절대적이고 무조건적으로 신뢰하거나 존경하는 태도로, 국가 권력을 비판 없이 받아들이는 현상을 뜻한다. 국가가 개인과 사회 위에 군림하는 권위적 이미지가 강화된다.

② 국가숭배의 원인
사회 불안, 위기 상황에서 질서와 안전을 갈망하는 대중 심리이다. 정치지도자나 선전 기구가 국가 권력의 정당성을 강조하며 대중을 유도한다. 시민사회와 정치적 참여가 약화되어 비판적 시민의식이 저하된다.

③ 문제점과 위험성
국가권력의 독재화, 권위주의 강화로 이어져 민주주의와 시민자유가 침해될 위험이 있다. 시민사회의 역할과 비판 기능이 마비되어 사회 발전 저해한다. 국가에 대한 맹목적 충성으로 사회 내부 갈등과 부조리가 은폐된다.(챗GPT, 국가숭배, 2025.8.9.)

[해설] 그람시는 기독교인들의 '애국심'을 '국가숭배'라고 폄하하려 한다. 국가를 운영하는 정치인들의 타락을 보면서 많은 사람들이 여기에 현혹된다. 그러나 공산주의는 체제의 전복이다. 기독교인들도 정치인들의 타락과 부패를 매우 우려한다. 그러나 체제의 변혁만은 용납을 하지 않는다.

다. 유물론의 물결과 권위의 위기

그람시는 〈옥중수고〉 "2장 국가와 시민사회"장의 맨 마지막은 "유물론의 물결과 권위의 위기"라는 글을 싣고 있다. 근대 사회에서 유물론적 사조가 확산되면서 전통적 권위가 도전받고 변화하는 과정을 설명하는 부분이다. 그람시는 종교를 "최상층부의 상부구조"라고 말한다. 이것은 절대적인 권위인데, 이것이 유물론에 의해 공격을 받고 있다는 것이다. 그는 시민사회의 핵심인 교회를 붕괴시키려는 "대항 헤게모니"를 이렇게 산출하고 있다.

① 유물론의 물결 : 지배계급 이데올로기의 상실

'유물론의 물결'이라고 탄식되고 있는 현대 위기의 바로 그 측면에 '권위의 위기'라는 것과 관계가 있다. 지배계급이 합의를 상실하는 것, 더 이상 '지도적'이지 못하고 단지 '지배적'·강제적인 힘만을 쓴다는 것은, 거대한 대중이 자신의 전통적인 이데올로기로부터 멀어져 이전에 믿었던 것을 이제는 더 이상 믿지 않게 되었다는 것을 뜻한다.…

② 낡은 이데올로기의 죽음

여기에서도 사적 유물론의 전례없는 팽창을 위한 매우 유리한 조건이 창출되었다고 결론지을 수 있을지 모른다. 처음부터 사적 유물론으로 하여금 대중 속에 널리 퍼지는 이론이라는 성격을 갖게 해 주었던 바로 그 빈곤이, 사적 유물론이 퍼지는 것을 도와줄 것이다. 낡은 이데올로기의 죽음은 모든 이론과 모든 일반적 정식에 대한 회의주의의 형태를 띠고 나타난다.…

③ 최상층부의 상부구조로서의 종교

그러나 이러한 정치학과 경제학으로서의 환원은, 바로 최상층부의 상부구조가 구조 자체에 더 긴밀히 부착된 수준으로 환원된다는 것을 뜻하는 것, 곧 새로운 문화의 창출을 위한 가능성과 필연성을 뜻하는 것이다. (그람시, 『옥중수고1』, 327-328)

라. 진지전이 수행되는 장소

이러한 진지전 전략은 자본주의 체제 내의 사회주의 혁명전략으로서, 그것이 수행되는 장소는 대중들의 의식과 이데올로기를 재생산하는 직접적 헤게모니 기구들이다. 그것은 교육제도, 교회, 및 언론 등에서 주로 행사된다. (주진호, "그람시의 헤게모니론과 교육에 관한 연구," 51)

6장 "지식인-교육-역사"의 문제

1. 지 식 인

그람시의 『옥중수고2』에서 "역사와 문화의 문제"는 역사적 이해와 사회 변화 전략에서 "누가 지식과 문화를 장악하느냐"가 가장 결정적인 요소임을 보여주는 장이다. 그람시는 이러한 지식을 창출하는 자를 '지식인'이라고 부른다.

가. 지식인의 형성 : 전통적 지식인 vs 유기적 지식인

그람시가 특히 주목한 학교의 기능은 바로 「지식인의 형성」이라는 글에서 다루어지고 있는 지식인 형성 문제와 관련되어 있다. 그람시는 지식인을 기존의 전통적 지식인과 유기적 지식인으로 구분하고 있다. 전통적 지식인은 "정치적·사회적 형태의 변화에 의해서도 중단되지 않는 역사적 연속성을 표현하는 듯 보이는 지식인 범주"이다. 이들은 대체로 전통적 지배계급의 이익을 대변하는 데에 일조하게 된다. 그람시는, 이들 전통적 지식인들의 계급적 배경이 농촌과 도시의 중·소 부르주아지에 있다고 보았다

그러나 유기적 지식인들은 특정한 사회집단, 특히 계급과 유기적으로 연관을 맺고자 한다. 이들은 자신들을 창조해 낸 특정 집단에 대하여 동질성을 부여하고 경제적 분야뿐만 아니라 사회적·정치적 분야에서의 그 집단 자체의 역할에 대한 자각심을 불러일으킨다. 결국 공산주의자를 말한다. 그람시가 사회에서 실제로 지식인의 역할을 수행하는 사람들은 이들이다.

① 전통적 지식인

이 지식인 층은 이 집단들에 동질성을 부여하고 경제적 분야뿐만 아니라 사회적·정치적 분야에서의 그 집단 자체의 역할에 대한 자각을 불러일으킨다. 자본주의적 기업가는 그 자신과 더불어 산업 기술자, 정치경제의 전문가, 새로운 문화, 새로운 법률체계 등의 조직가를 창조한다. …

② 유기적 지식인

모든 새로운 계급이 그 자신과 함께 창출하고 자신의 발전과정 속에서 엄선하여 형성하는 '유기적' 지식인들은 대부분의 경우, 새로운 계급이 드러내는 새로운 사회적 유형의 초기적인 활동의 부분적 측면을 수행하는 '전문화된 사람들'이라는 사실을 볼 수 있다. (그람시, 『옥중수고2』, 13-14)

③ 정치정당의 지식인

그러므로 모든 사람은 지식인이지만, 모든 사람이 사회에서 지식인의 기능을 하는 것은 아니라고 말할 수 있다. (그람시, 『옥중수고2』, 18)

나. 그람시의 '지식인'의 개략

그람시가 『옥중수고』에서 말하는 지식인(intellettuale) 개념은 우리가 흔히 생각하는 '학자'나 '교수' 같은 전문 지식인보다 훨씬 넓고 정치적으로 적극적인 의미를 갖는다. 그는 지식인을 사회적 기능과 계급적 위치로 정의했다. 이에 대해 일반화된 정리(챗GPT)는 다음과 같다.

① 모든 사람은 잠재적으로 '지식인'

그람시는 "모든 인간은 지식인이다"라고 말한다. 다만 모든 사람이 사회에서 지식인으로 기능하는 것은 아니다고 덧붙인다. 지식인은 단순히 지식을 소유하는 것이 아니라, 사회와 역사 속에서 특정한 역할을 수행해야 한다.

② 전통적 지식인 vs 유기적 지식인

구분	특 징
전통적 지식인	자신을 '독립적'이고 '중립적'이라고 생각하지만, 실제로는 기존 지배질서의 유지에 기여 – 성직자, 학자, 문인, 법률가 등 전통적으로 권력과 결합해온 집단
유기적 지식인	특정 계급(특히 신흥 계급)의 이해와 밀접하게 연결되어, 계급의 세계관과 조직 전략을 대중 속에 확산한다. 경제·정치·문화 영역을 통합해 새로운 헤게모니를 구축한다.

③ 지식인의 사회적 기능

먼저, 세계관 조직자로서 대중의 삶을 이해하고 해석하는 틀을 제공한다. 두 번째, 정치적·문화적 중개자로서, 엘리트와 대중, 이론과 실천을 연결한다. 세 번째, 헤게모니 구축자로서 단순한 지식 전달이 아니라, 동의(consenso)를 창출하여 지배 또는 대항 헤게모니를 형성한다.

④ 계급과 지식인

모든 계급은 자신의 유기적 지식인을 필요로 한다. 예컨대, 산업 자본가 계급은 기술자, 경영자, 경제학자, 경영학 교수 등을 통해 자신의 경제·정치 질서를 정당화한다. 노동자 계급도 자신만의 유기적 지식인을 길러야 하고, 이를 통해 문화·언론·교육 영역까지 영향력을 확대해야 한다.

⑤ 지식인

"모든 인간은 지식인이지만, 모든 인간이 사회에서 지식인 역할을 하는 것은 아니다. (…) 지식인은 사회적 집단의 '조직자'이며, 그 집단의 통일성을 유지하고, 그것을 역사 속에서 주도하는 기능을 수행한다."(챗GPT, 지식인, 2025.8.9.)

다. 대항 헤게모니의 산출과 지식인 재산출

지식인은 단순한 지식 전달자가 아니라, 헤게모니의 엔지니어이다. 유기적 지식인 없이는 대항 헤게모니도 불가능하다. 전통적 지식인은 기존 헤게모니를 유지하는 역할, 유기적 지식인은 새 헤게모니를 만드는 역할을 한다. 지식인과 헤게모니의 상호작용에 대한 일반적 정리(챗GPT)는 다음과 같다.

①계급	계급은 자신의 지배나 도전을 위해 반드시 유기적 지식인을 필요로 한다.
②유기적 지식인의 형성	유기적 지식인은 계급의 세계관·이익을 체계화하고 대중과 연결한다. 해당 계급의 세계관·가치관·전략을 조직적으로 만들고, 이것을 대중 속에 퍼뜨린다.
③시민사회장악	문화·교육·언론·종교 등 시민사회를 장악한다. 이 활동은 주로 시민사회 영역(학교, 언론, 문화, 종교 등)에서 이루어져 '동의'를 생산한다.

④헤게모니 구축	이런 '동의'는 헤게모니로 나타난다. 즉, 강제(force)가 아니라 자발적 복종을 기반으로 한 지배가 이루어지게 한다.

⑤정치권력 장악 및 유지	일단 헤게모니를 장악하면 정치국가를 통해 권력을 유지하고, 그 과정에서 새로운 지식인층을 계속 재생산한다.

⤷　　다시 새로운 지식인 계층을 재생산한다.

(챗GPT, 지식인과 헤게모니, 2025.8.9.)

2. 교육 : 헤게모니 구축의 핵심수단

가. 교육

그람시가 『옥중수고 2』에서 말하는 "교육에 관하여"는 단순히 지식 전달이나 기술 훈련을 넘어서, "사회 변혁과 헤게모니 구축의 핵심 수단"으로 다루어진다. 그는 교육을 개인 발달뿐 아니라 계급투쟁과 문화적 패권 형성의 전략적 장치로 보았다. 이에 대해 일반화된 정리(챗GPT)는 다음과 같다.

① 교육의 사회적·정치적 성격

교육은 중립적이지 않다. 항상 특정 세계관과 가치 체계를 재생산하거나 새롭게 만드는 기능을 한다. 기존 지배계급은 교육제도를 통해 기존 헤게모니를 강화하였다. 피지배계급이 대항 헤게모니를 구축하려면, 자신의 교육기관, 문화활동, 지식인 양성체계를 만들어야 한다.

② 학교의 두 가지 유형

유형	특징	문제점/가능성
전문학교	기술, 실무 중심	노동력 재생산, 즉 기존 경제 구조 유지에 기여
고전적 인문교육	역사·철학·문학 등	사회 전체의 비판적 사고를 키울 수 있지만, 지배층 특권 유지 수단이 될 수도 있음

그람시는 '전문교육+인문교육의 결합'이 필요하다고 보았다. 노동자 계

급도 비판적·창의적 능력을 키워야 한다.

③ '형성(formation)'과 '지도'로서의 교육

교육은 단순 지식 주입이 아니라 인간을 형성하는 과정이다. 교사는 지식을 가르치는 것뿐 아니라 세계관을 지도하는 역할을 한다. 따라서 교육자는 지식인의 한 유형으로서 헤게모니 투쟁에 참여한다.

④ 학교와 시민사회

학교는 시민사회의 핵심 장치 중 하나이다. 정치적 강제가 아니라 동의를 생산하는 장이므로, 교육을 장악하는 것은 헤게모니 장악의 필수 조건이다. 신흥 계급(노동계급)이 권력을 잡으려면, 기존 국가기구만이 아니라 교육제도 전체를 변혁해야 한다. "학교는 단순한 지식 전달 기관이 아니라, 특정한 사회 질서를 재생산하는 장치다. 새로운 사회를 만들고자 한다면, 새로운 학교를 만들고, 새로운 지식인을 길러야 한다."(챗GPT, 교육, 2025.8.9.)

그람시에게 교육은 계급투쟁의 문화적 전선이다. 기존 지배질서를 깨고 새로운 헤게모니를 만들려면, 교육제도 개혁과 새로운 지식인 양성이 필수이다.

나. 헤게모니 장치로서의 학교와 교회

그람시에 의하면, 기존의 국가를 비롯한 집권세력과 정당은 기존의 시민사회를 통해서 자신들의 헤게모니를 산출해내고 있다. 이대 가장 중요한 기관이 학교와 교회인데, 학교의 역할이 갈수록 증대하고 있다. 그래서 그람시는 학교의 역할에 대한 논의를 집중적으로 수행한다. 그런데, 우리는 이 학교 내에 교회를 포함시켜서 생각해야 할 것이다.

그람시는 사회를 정치사회(협의의 국가)와 시민사회로 나누어 이해하고 있다. 이 가운데 학교는 기본적으로 시민사회에 속한다. 학교는 시민사회의 여러 장치들 가운데 하나이다. 그런데 케비어(Kebir, 이철규 역,

1994: 66)가 지적했듯이 그람시의 시민사회 개념은 광의의 문화와 유사한 의미를 가지기 때문에, 학교는 다른 시민사회의 조직들—신문, 잡지, 출판사, 사설 교육 기관 등—과 함께 문화조직으로 여겨진다. 그리고 그 참여자 수를 기준으로 했을 때 학교는 교회와 함께 가장 큰 문화조직이다(Gramsci, 이상훈 역, 1999b: 184).

다. 핵심적 문화조직으로서의 학교

이러한 점을 고려한다면, 그람시의 사회변혁 사상에서 학교는 핵심적인 문화조직이 된다고 볼 수 있을 것이다. 그람시에 의하면, 지배계급은 정치사회의 도구인 법과 함께, 시민사회의 도구인 학교를 통해서 국가를 통치한다. 여기에서 국민적 동의라는 헤게모니를 산출하는 도구는 학교인 것이다. 그리고 이때 법은 강압적이고 소극적으로 교육 기능을 수행한다. 그람시가 보기에 학교는 기본적으로 지배계급의 이익에 조응하는 헤게모니 장치인 것이다.

그람시에 따르면, 학교는 법과 함께 "특정 유형의 문명과 시민을 …… 창출·유지하"고, "어떤 관습과 태도는 없애며 다른 것들은 확산시키고자"하기 위한 국가(광의의 국가)의 도구이다(290). 이러한 견해는 광의의 국가가 지닌 일반적 특성에 대한 글 「국가」에서 다시 한 번 드러난다. 그람시에 따르면, 국가는 사회 구성원들을 생산력 발전 수준과 지배계급의 이익에 조응하는 문화적·도덕적 수준에 도달하게 해야 하는데, 이 과정에서 학교는 능동적으로 교육 기능을 수행하며, 법정은 강압적이고 소극적으로 교육 기능을 수행한다. 학교는 다른 사적 활동 장치들과 함께 지배계급의 정치적·문화적 헤게모니 장치를 형성한다(Gramsci, 1971: 258).

[비판] 대한민국에서도 좌파들이 교회와 학교를 집중공략하였는데, 그것은 그람시의 『옥중수고』의 영향 때문인 것으로 보인다.

3. 역 사

가. "이탈리아 역사에 대한 수고"에 대한 개략

그람시의 『옥중수고』에서 다뤄지는 "이탈리아 역사에 대한 수고"는 특히 이탈리아 통일 과정인 리소르지멘토(Risorgimento)와 그 정치문화적 의의에 대한 비판적 해석으로 구성돼 있다. 핵심은 리소르지멘토를 '수동혁명'으로 이해하는 시각이다. 이에 대해 일반화된 정리(챗GPT)는 다음과 같다.

① 수동혁명(Passive Revolution)으로의 재해석
그람시는 이탈리아 부르주아지가 프랑스의 혁명과 달리, 대중적 동원 없이 정치적 구조를 '위에서부터' 빠르게 재편했다고 분석합니다. 그는 이를 '수동혁명'이라고 부르면서, "대중의 정치적 경험을 거치지 않는 혁명"으로 규정한다. (위키백과)
② 이탈리아 혁명의 '불완전성'
리소르지멘토는 경제적 변화와 정치 통일을 가져왔지만, 기층 농민과 남부 피지배층의 참여는 배제된 혁명이었다고 본다. (위키백과)
이로 인해 헤게모니 구축에 실패했으며, 이후 파시즘 시대의 기반이 형성되는 구조적 약점을 드러냈다.
③ 지식인 계급과 문화적 리더십 부재
그람시는 이탈리아 지배계급이 유기적 지식인을 형성하지 못했기 때문에, 문화적·이데올로기적 지도력을 확보하는 데 실패했다고 지적한다. 즉, 정치적 통일은 이뤄졌지만, 문화적 통합과 동의 기반은 약했다는 분석이다. (챗GPT, 이탈리아 역사에 대한 수고, 2025.8.9.)

그람시에게 『이탈리아 역사에 대한 수고』는 정치적 통일과 사회적 동의가 불일치할 때 발생하는 위기 상황을 분석한 비판적 사례이다. 즉, 정치 혁명은 일어났지만, 문화·이데올로기 혁명은 부족했으며, 이는 후일 역사적 퇴행을 초래했다는 분석적 시각을 보여준다.

나. 그람시가 이탈리아의 역사를 재해석 하는 이유

그람시는 이탈리아의 역사를 자신의 관점에서 새롭게 저술한다. 이것은 역사가의 관점에 따라 역사가 어떻게 새롭게 나타나는 지를 보여주기 위한 대목이다. 그람시는 역사책을 혁명가의 관점에서 새롭게 저술하길 원하고 있는 것이다.

다. 대항 헤게모니의 산출로서의 역사

역사책은 자라나는 세대들에게 아주 깊은 영향을 미친다. 그렇게 한번 형성된 역사관은 그의 평생에 영향을 미친다. 그람시는 여기에 주목하고 있는 것이다.

이 『옥중수고』의 영향인지 우리나라의 경우에도 사회주의 좌파들이 교육계에 들어가 우리나라의 역사를 그들의 관점에 따라 저술하였다. 그 특성은 우리나라 역사책에서 '공산주의'를 모두 지워버린 것이다. 특히 근세초기의 역사 속에서 공산주의의 만행을 모두 빼버렸다. 특히 독립운동 시기부터 이승만의 건국과 그 이후에 이르기까지의 역사기록들에서 공산주의의 악행을 모두 빼어 버렸다.

이것도 또 하나의 "대항 헤게모니"의 산출이다. 대항 헤게모니의 산출은 자칫 이와 같은 역사왜곡으로 발전할 수도 있다. 대한민국은 이렇게 왜곡된 역사로 인한 큰 홍역을 치르고 있다.

2부   루이 알튀세르의
사회 구조주의

1장 알튀세르의 생애와 사상

1. 루이 알튀세르의 생애(1918-1990)

가. 1918-1944년, 출생-청년기 중의 포로생활

루이 알튀세르는 1918년 알제리에서 탄생하여 청소년기에 은행원 아버지를 따라 프랑스로 이주하였다. 그는 1940년 징집되었다가 포로가 되어 전쟁이 끝날 때까지 포로수용소에 있었다. 그는 전쟁이 끝나자 다시 학업을 계속하여 교수 자격을 획득하였다.

① 1918년, 알제리 비르망드레스에서 출생

루이 알튀세르는 1918년 10월 16일 알제리의 비르망드레스에서 태어났다. 그의 아버지는 은행직원으로서 이곳으로 발령받아 근무했다. (후에 알제리 은행의 마르세유 지점장이 되었다.)

② 마르세유에서 중등교육

알튀세르는 마르세유에서 중등교육을 받았다.

③ 1939-1944년(21-26세), 파리고등사범학교 입학, 징집, 포로

그는 리용의 고등사범학교(ENS) 준비학교를 졸업했는데, 거기서 장 기통, 장 라크루아, 조제프 우르에게 배웠다. 1939년 7월 파리고등사범학교 입학자격시험에 합격했다. 같은 해 9월에 징집되었으며, 군대가 패주해 포로가 되었고, 독일의 포로수용소에서 5년을 보내게 된다. (에티엔 발리바르, 『마르크스를 위하여』 알튀세르 약전, 448)

나. 1945-1948년(27-31세), ENS에서 철학 공부(석사)와 교사 임명

알튀세르는 한창 젊은 나이인 1939-1944년(21-26세)에 군 포로생활을 하였다. 그리고 귀환한 후, 고등사범학교(ENS)에서 1945-1948년(27-31세)에 4년 동안 철학공부를 하고 석사학위를 받은 후 교수자격을 취득하였다. 이때 『헤겔 철학에서의 내용 개념』으로 논문을 썼다. 사실 알튀세르도

고등사범학교를 졸업하여 석사학위에 머문 것을 볼 때, 마르크스 처럼 정통 철학에 대한 충분한 공부의 기회를 갖지 못한 것같다. 알튀세르는 이 고등사범학교에서 1980년(62세)까지 강의를 하였다.

① 1945-1948년(27-30세), ENS에서 철학을 공부와 교수자격 취득

수용소에서 귀환한 후 1945년부터 1948년까지 ENS에서 철학을 공부했고, 1947년 가스통 바슐라르의 지도 아래 「헤겔 철학에서의 내용 개념」이라는 논문으로 국가 석사학위를 받았고, 1948년 교수 자격을 취득했다. 자크 마르탱(1941년 입학, 헤겔과 헤르만 헤세를 번역했고, 1963년 자살했으며 알튀세르가 그에게 『마르크스를 위하여』를 헌정했다), 미셸 푸코(1946년 입학)와 친밀한 우정을 나누었고 지적으로 의기투합했다.

② 1945년, 엘렌느 리트망과의 만남

1945년, 훗날의 아내이자 그의 일생에 결정적인 영향을 준 엘렌느 리트망을 만난다. 후에 알튀세르는 그의 정신질환으로 이 아내를 교살하게 된다.

③ 1948년, ENS 철학 교수 자격시험 복습교사로 임명

1948년, ENS 철학 교수 자격시험 복습교사로 임명되었다. (에티엔 발리바르, 『마르크스를 위하여』 알튀세르 약전, 449)

다. 1948-1959년(30-41세), 프랑스 공산당 가입과 일반 철학활동

알튀세르는 41세에 이르기까지 좌경화된 글보다는 일반적인 논문을 쓰고, 학문활동도 『몽테스키외, 정치와 역사』를 출간할 정도로 크게 영향력을 갖지 않았다. 그는 철학에 관심이 많은 일반적인 고등학교 교사였다.

① 1948년(30세), 프랑스 공산당 가입

1948년, 프랑스 공산당에 가입했다. 그는 특히 '평화운동'에서 적극적으로 활동했다.

② 교사활동

1948년에 고등 사범학교 철학과 지도 교사로 임명되었고, 후에 조교를 거쳐 강사로 승진하였다. 그가 가르친 학생들 가운데는 미셸 푸코, 미셸 베레, 피에르 부르디외, 미셸 세르, 자크 데리다, 알랭 바디우 등이 있다. 1950년에는 문학부 사무국장을 겸직하였다. (문성원, 『철학의 시추』)

③ 1949년, 기독교 논문기고

1949년, 알튀세르는 – 그는 청소년기에 열렬한 카톨릭 신자였고 카톨릭 청소년 조직들의 회원이었으며, 전후에는 몇 년간 '노동 사제'운동과 진밀한 관련을 맺었다 – 『사로잡힌 복음』(잡지 『교회의 청년』 10호)에 "오늘날 인간에게 복음이 선포되는가?"라는 질문에 답해 기독교의 역사적 상황에 대한 논문을 기고했다.

④ 1950년대, 논문발표

1950년대 그는 주로 『철학교육 평론』에 논문 몇 편을 발표했다. 특히 『역사의 객관성에 관하여 폴 리쾨르에게 보내는 편지』를 발표했다.

⑤ 1959년, 『몽테스키외, 정치와 역사』 출간

1959년에는 첫 저서 『몽테스키외, 정치와 역사』를 장 라크루아가 책임 편집하는 총서로 출간했다. (에티엔 발리바르, 『마르크스를 위하여』 알튀세르 약전, 450-451)

라. 1956년(38세)부터 정신분석 치료 시작

알튀세르에 대한 평가에 있어서 매우 중요한 변수라고 말할 수 있는 것이 있는데, 그것은 그가 평생토록 정신적 질환을 앓았다는 것이다. 1948년(30세)부터 조울증으로 고통을 받다가, 1956년(38세)부터 정신분석 치료를 받기 시작하였다. 그는 1980년(62세) 그의 아내를 교살하였는데, 정신병으로 인한 것으로 판정받았다. 결국 알튀세르는 정신병을 가지고 철학을 하였던 것이다.

루디네스코에 따르면, 알튀세르가 르네 디아트킨 박사에게 정신분석 치료를 받기 시작한 것은 1956년(38세)이었다. 디아트킨은 1987년(69세)

경까지 알튀세르 치료에 전념하게 된다. (에티엔 발리바르, 『마르크스를 위하여』 알튀세르 약전, 452)

마. 1960-1965년(42-47세), 마르크스 철학으로 경도된 시기

알튀세르는 1960년대 들어서 포이엘바하로부터 시작하여 마르크스의 서적들을 연구하기 시작했다. 이제 그 동안 그의 열심히던 유신론을 저버리고, 정식 무신론자로 들어서기 시작했다. 본격적으로 포이엘바하와 마르크스주의자가 되기 시작한 것이다. 이때 『마르크스를 위하여』와 『자본을 읽자』(5인)를 출간하여 공산주의 사상가로 등장하게 된 것이다. 특히 이 시기에 라캉이 자신이 근무하던 ENS에 와서 강의를 하게 되었는데, 이때 라캉에게서 많은 영향을 받았다. 그래서 알튀세르의 철학에는 구조주의적인 색채가 두드러진다.

① 1960년(42세), 『포이엘바하, 철학적 선언들』 출간
1960년, 포이엘바하 저작들을 편역하고 「해설」을 붙인 『포이엘바하, 철학적 선언들』을 이폴리트가 책임 편집하는 총서로 번역, 출간했다.
② 1961년(43세), 「청년 마르크스에 대하여」 발표
1961년, 「청년 마르크스에 대하여」를 『라 팡세』에 발표하였다. 이 글은 마르크스에 대한 알튀세르적 독해의 첫 선언이었다.
③ 1964년(46세), 「프로이트와 라캉」 발표
1964년, 「프로이트와 라캉」을 발표했다. 이 논문은 프랑스에서 마르크스주의와 정신분석학의 관계를 근원적으로 변화시키게 된다. 같은 해에 알튀세르는 '프랑스 정신분석협회'에서 축출된 라캉을 ENS에 초청해 세미나를 계속하도록 했다. 라캉은 이 첫 해의 세미나에서 스피노자를 원용했고, 『정신분석의 네 가지 근본개념』을 작성했다.
④ 1965년(47세), 『마르크스를 위하여』와 『자본을 읽자』(5인) 출간
1965년, 『마르크스를 위하여』(1961-1964년 사이의 논문 모음집)와 『자본을 읽자』(5인 공저)를 출간함으로써 프랑수아 마스페로 출판사에서 '이

론' 총서를 출범시켰다. 이 두 저작은 전 세계에서 번역되었으며, 격렬한 비판을 받기도 했지만 또한 "마르크스 주의의 재출발"(알랭 바디우)로서 환영 받기도 했다. 이 저작들은 20년간 마르크스주의적 논쟁에 중대한 영향을 끼쳤다. 이 저작들은 이미 1961년의 논문 「청년 마르크스에 대하여」에 의해 제기된 논쟁을 공산당 내에서 격화시켰다.(에티엔 발리바르, 『마르크스를 위하여』 알튀세르 약전, 452)

이 두 저작은 당시의 정세 속에서 국내외에 큰 반향을 불러일으켰다. 이 저작들에서 주장한 '인식론적 단절', '이론적 반 인간주의' 등은 '과잉 결정', '구조적 인과성', '문제틀' 등의 개념과 함께 많은 논란의 대상이 되었다. 이 두 저작을 통해 알튀세르는 구조주의적 개념틀을 마르크스주의에 도입한 대표적 인물로 부각된다.(문성원, 『철학의 시추』)

바. 1966-1969년(48-51세)년, 공산주의자로서의 왕성한 활동기

알튀세르는 48-51세 즈음에는 왕성한 공산주의 활동을 하였다. 그리고 그의 이러한 활동은 1968년 5월 혁명에 많은 영향을 끼친다. 5월 혁명때, 그는 정신병으로 재입원을 한다. 이 시기의 이듬해에 「이데올로기와 이데올로기적 국가 장치들」에 대한 논문을 써서 "이데올로기는 개인들을 주체들로 호명한다"는 유명한 말을 남긴다.

① 1966년(48세), 공산주의 철학자 회의와 공산주의 논문들

1966년 1월, 알튀세르가 불참한 가운데, 슈와지-르-루아에서 소집된 공산주의 철학자 회의는 "이론적 반인간주의"에 대한 당의 공식 철학자 로제 가로디의 규탄 논고를 청취했다. 루이 아라공이 주재한 "아르장퇴유 중앙위원회"에서 가로디의 테제와 알튀세르의 테제는 형식적으로 "무승부 판정"을 받았다.

뤼시앵 세브(ENS 재학 초기 알튀세르 문하생이었으며, 오랫동안 그의 친구)가 당지도부에 가장 가까운 철학자가 된다.

같은 해, 알튀세르는 UJCML(맑스-레닌주의-마오주의 공산주의 청년동

맹)의 기관지 『마르크스-레닌주의 연구』에 「문화명령에 대하여」라는 논문을 익명으로 발표했다. 1966년, 그는 이 해에 특히 "『사회계약론』에 대하여"와, "추상적인 것의 화가 크레모니니"라는 논문들을 발표했다.

② 1967-1968년(49-50세), 68혁명에 영향을 미치는 활동들

1967년, 알튀세르는 소련 잡지 『철학의 문제들』에 「마르크스주의 철학의 역사적 임무」라는 긴 논문을 기고했으나 거절 당했다. 이 논문은 1968년 헝가리에서 출판되었다.

1967-68년, 알튀세르는 ENS에서 "과학자들을 위한 철학강의"를 조직했다. 강의는 5월 사태로 중단되었다.

반면, 1968년 2월 24일, 〈프랑스 철학회〉에서 발표한 발표문 "레닌과 철학"에서 철학은 "이론에서의 정치"로 재정의 된다.

③ 1968년 5월, 5월 혁명 때, 알튀세르는 우울증으로 재입원

1968년 5월, 알튀세르는 우울증 증상으로 다시 입원했고 (5월 혁명의 중심지였던) 라탱 지구에 없었다.

④ 1969년(51세), 「이데올로기와 이데올로기적 국가 장치들」 논문

1969년에 착수한 "국가, 법, 상부구조"에 대한 미완성 저작에서 발췌한 「이데올로기와 이데올로기적 국가 장치들」의 논문에서 알튀세르는 다음과 같은 해석을 제출한다. "이데올로기는 개인들을 주체들로 호명한다. 그 결과 주체들은 '움직인다', '나쁜 주체들'을 제외하고 그들 중 압도적 다수는 '스스로 움직인다'."(에티엔 발리바르, 『마르크스를 위하여』 알튀세르 약전, 453)

⑤ 1973년(55세), 존 루이스와의 논쟁 등

1973년에는 영국 공산당원 존 루이스와 벌인 논쟁을 담은 「존 루이스에 대한 답변」을 내놓았다. 1974년에는 「자기비판의 요소들」을 출판하였고,

⑥ 1975년(57세), 박사학위 획득

1975년에는 이제까지의 업적으로 피카르디 대학에서 국가 박사학위를 획득하였다. 1976년 논문집 「입장」을 출간하였다.

⑦ 1975년(57세), 엘렌느 리트망과 결혼

같은 해 30년간 사귀고 같이 지내온 엘렌느 리트망과 결혼하였다. (문성원, 『철학의 시추』)

사. 불운한 말년

알튀세르는 그의 마련을 불운하게 보내었는데, 젊을 때부터 그를 괴롭혀 온 우울증 증세가 악화되어 그의 아내를 교살하는 사태가 발생한다. 이 일 후로 그는 병원과 집을 오가며 살다가 심장 쇠약으로 사망하였다.

① 1977년(59세), 마르크스주의의 위기를 거론
1977년 알튀세르는 마르크스주의의 위기를 거론하기 시작하였고,
② 1978년(60세), "당 내에서 더 이상 지속될 수 없는 것" 연재
1978년에는 『르 몽드』지에 "당 내에서 더 이상 지속될 수 없는 것"이라는 글을 연재하였다.
③ 1980년(62세), 아내 교살
1980년에는 젊을 때부터 그를 괴롭혀 온 우울증 증세가 악화되어 그해 11월 16일 아내 엘렌느를 교사하는 사태에까지 이르렀다. 정신 감정을 받은 결과 무죄 판정을 받았으나,
④ 1990년(72세), 사망
그 사건 이후 병원과 집을 오가는 불운한 말년을 보내다가 1990년 10월 22일 심장 쇠약으로 사망하였다. (문성원, 『철학의 시추』)

한편, 알튀세르가 1978년 『르 몽드』지에 발표한 글, "공산당 내에 더 이상 지속되어선 안 될 것"의 핵심 내용은 다음과 같다:

① 위계적·관료적 조직 구조의 문제점
알튀세르는 프랑스 공산당(PCF)의 구조가 사실상 국가 권력 구조를 모방하는 관료주의적 체계라며 비판한다. 이로 인해 당내에서 하위 조직이나 당원들의 의견이 위로 전달되지 않고, 모든 것이 '위에서 아래로' 결

정된다는 점을 강조한다. "더 이상 아래에서 위로 아무것도 올라오지 않았다. 모든 것이 위에서 왔다."

② "의회적 크레티니즘"의 재현

정치 참여가 단순히 선거와 의회적 대표주의로 환원되는 것을 '의회적 크레티니즘'(crétinisme parlementaire)이라 명명하며, 이는 당 내부에서도 마찬가지로 작동한다고 본다. 즉, 당원들의 토론과 의견 형성은 형식적으로만 허용되고, 실제 결정을 내리는 것은 최고위층이라는 지적이다.

③ 당의 형태와 계급투쟁의 탈연결

알튀세르는 당이 계급투쟁의 유기적 주체가 아닌, 자본주의 국가 기구와 유사한 조직으로 변질되었다고 진단한다. 이러한 구조는 혁명적 실천과 이론적 전략 수립을 저해하며, 이로 인해 실제 '운동'이 가능하지 않게 된다는 점을 강조한다.

알튀세르는 공산주의의 실상을 이때에 이르러서야 인식하였다. 공산주의는 민중 민주주의인데, 사실은 프롤레타리아 독재이며, 기업가의 모든 재산을 노동자의 이름으로 빼앗은 후, 그것을 유지하기 위해 공산당이 전제정치를 하는 것을 말한다. 생산수단의 사회화는 공산독재를 통해서만 유지된다. 자본가의 기술과 재산을 공산당이 빼앗았을 뿐이다. 알튀세르는 이 민중 민주주의의 곧 사회주의를 자유 민주주의로 착각을 하였다. 그는 이것을 그의 말년에 비로소 인식하였을 뿐이다.

2. 알튀세르의 사상

가. 알튀세르의 저술들

알튀세르의 사상은 오직 마르크스주의 사상이다. 그 내용은 주로 『마르크스를 위하여』(1965)에 대거 집약되어 있고, 『자본론을 읽다』(1965)에 서론과 1장에서 두 편 정도의 에세이가 있다. 이 양자는 서로 중첩되어 있다. 그리고 『이데올로기와 이데올로기적 국가장치들』(1970)의 에세이가 존재한다. 우리는 『마르크스를 위하여』와 『이데올로기와 이데올로기적 국가장치들』을 결합하여 알튀세르 사상의 주제들을 다음과 같이 요약할 수 있다.

주 제	설 명
인식론적 단절	초기 철학적·인본주의적 마르크스와 성숙 마르크스의 과학적 마르크스 사이 인식론적 단절 강조 (『마르크스를 위하여』 1장, 2장, 『자본론』 1장)
역사적 유물론의 변증법	역사·사회 구조 분석, 구조적 인과성, 과잉결정 개념 도입, 계급·경제·이데올로기 층위 분석 (『마르크스를 위하여』 6장, 『자본론을 읽다』 2장,)
모순과 과잉결정	모순과 과잉결정의 변증법 (『마르크스를 위하여』 3장, 『자본론을 읽다』 6장)
인간주의 vs 과학적 사회주의	인간 본질·주체 중심 역사 해석 거부, 구조 중심 사회 분석, 이데올로기와 주체 관계의 과학적 이해 (『마르크스를 위하여』 7장, 『자본론을 읽다』 7장)
이데올로기	국가 이데올로기와 사회–구조주의로서의 마르크스와 알튀세르 이해 (『이데올로기와 이데올로기적 국가장치들』)

우리는 알튀세르의 『마르크스를 위하여』, 『자본을 읽다』, 「이데올로기와 이데올로기적 국가장치들」 등의 글을 일단 공정한 관점에서 바라볼 필요가 있다. 왜냐면 알튀세르는 마르크스 철학 자체에 커다란 한계를 가지고 있는데, 이것을 아무런 의심 없이 무차별적으로 수용하고 있기 때문이다. 따라서 우리는 알튀세르의 사상을 소개하되, 그 반대편의 논리도 함께 소개하고자 한다.

나. 인식론적 단절의 본질 : 유신론 vs 무신론

마르크스의 선생은 헤겔이라기 보다 포이엘바하이다. 그리고 마르크스가 포이엘바하에게서 배운 것은 "신에 대한 불신앙"이었다. 그리고 이 '불신앙'

은 인간 안에 있는 정신의 기능에 대한 간과로 나타났다. '과학'이란 이 인간의 정신에서 출현한다. 근세철학은 이에 대한 연구였으며, 그 정점에 칸트의 세 비판서가 존재한다. 그리고 이 개별적 자아의 정신에서 역사의 변화를 이루어내는 '절대정신'이 추적되는 것이다. 이것이 헤겔 철학이다.

포이엘바하는 『기독교의 본질』에서 이 절대정신 혹은 신은 존재하지 않는다고 선언을 하게 된다. 인간의 신에 대한 믿음이란, 인간이 자신의 의식 속에 자신의 상상력을 투사해서 신을 만들어내고, 그것을 신이라고 믿는다는 것이다. 여기서 포이엘바하의 큰 실수가 존재하는데, 우리 마음속에 생성되는 이 신에 대한 믿음은 실제에서 온다는 것이다. 그래서 그 믿음은 표적으로까지 나타나는 것이다. 그것은 곧 예수 그리스도의 생애에서 절정을 이루었다. 예수 그리스도의 표적은 그가 스스로 이 신을 스스로 만들어 낸 것이 아니다는 논증이다. 마르크스는 이 포이엘바하의 신지식을 고스란히 물려받았다. 그리고 그 때부터 기존의 전통학문에서 떨어져 나가버렸다.

마르크스는 전통 학문에 대한 단절로 인하여 스스로 연구를 했는데, 역사를 연구하다 보니 모든 역사의 변곡점마다 생산수단의 변화가 있었다. 이 생산수단(토대)의 변화에 따라서 상부구조의 새로운 문화와 제도가 출현하였다. 이것을 체계화한 것이 "역사적 유물론"이다.

마르크스와 알튀세르에게 있어서는 "정신의 변화에 따라 역사가 변한다"는 이론이 결국 관념론이고, "생산양식(혹은 생산수단)의 변화에 따라 역사가 변한다"가 곧 과학이며, 사회과학의 출현이라는 것이다. 이것이 곧 알튀세르가 말하는 "마르크스의 인식론적 단절"이다. 우리는 이제 이 양자를 먼저 엄밀히 분별해 보아야 한다.

① 인식론적 단절의 본질 : 유물론인가, 유신론인가?
마르크스는 경제적 토대인 생산수단의 변화에 의해 상부구조가 변하면서 역사의 변화가 있었다고 말한다. 헤겔에 의하면 역사변화의 주체는 정신 혹은 절대정신이었다. 알튀세르는 마르크스의 주장을 과학이라고 말하고, 기존의 헤겔적 역사관에 대해서는 관념론이라고 말하며, 이것을

인식론적 단절이라고 말한다.

② 생산수단의 변화의 이면에 존재하는 것 : 정신

역사의 변천 이면에 무엇이 존재하는가? 마르크스는 생산수단의 변화가 상부구조의 제도와 문화와 사상의 변화를 가져왔다고 말한다. 그런데, 생산수단의 변화는 무엇인가? 그것은 과학의 발견으로 말미암는데, 과학은 인간의 정신에 의해 나타난 것이다. 근세철학은 이것을 주제로 나타난 학문체계였다. 마르크스나 알튀세르는 이것을 지금 생략하고 있다. 인식론적 단절로서의 유물론은 무신론에 빠져서 이 정신의 기능을 간과하고 있다. 인식론적 단절로서의 유물론은 전통적 입장에서는 틀린 이론이다.

③ 상부구조의 변화의 주체는?

이렇게 정신에 의해 생산수단의 변화가 일어나면, 이제 생산관계의 변화가 일어나고, 그 다음에는 상부구조의 법률, 제도, 문화, 사상의 변화가 일어난다. 마르크스 주의자들은 이것을 정신이라고 지칭한다. 리차드 로티와 같은 철학자는 이 주장을 인용하여 이와 같이 물질에서 정신이 출현했다고 주장하기도 한다. 그런데, 그것은 그렇지 않다. 그것은 정신이 아니라 정신적인 것이 출현한 것이다. 정신이 변화된 생산력 등을 보고 거기에 맞추어서 온갖 제도와 법률과 문화를 변화시킨 것이다. 물질에서 정신이 파생된 것이 아니라, 정신이 물질의 변화를 보고 상부구조를 변화를 시킨 것이다. 상부구조의 변화에도 여전히 정신이 존재한다.

④ 인식론적 단절의 본질 : 무신론으로의 퇴보

정신의 현상을 무시하고, 오직 물질의 변화만으로 모든 것을 논하겠다는 것이 마르크스의 유물론이며, 여기에 '인식론적 단절'이라는 이름을 붙인 것이다. 이것은 유신론을 버리고 무신론으로 퇴보한 것을 의미한다. 이렇게 인식론적 단절의 본질은 형이상학적 진리를 외면을 당한 것으로 보아야 하는데, 알튀세르는 이것을 도리어 '인식론적 단절'이라는 이름을 붙여서 철학도들의 분별을 흐리게 하고 있다. (필자)

다. 역사적 유물론의 변증법적 이해 : 생산수단의 변화

마르크스는 『자본론』 등에서 생산수단의 변화와 이에 따른 사회제도의 변화를 고대세계로부터 시작해서 중세와 근세에 이르기까지 열거한다. 고대세계에서는 청동기 시대에서 철기의 발명으로 이제 완전히 새로운 역사가 전개된다. 중세에는 맷돌이나 물공이(수차) 등의 발명으로 새로운 농노 제도가 수립된다. 근세는 증기기관 등의 발명으로 산업혁명이라는 세기적인 사건이 일어나며, 자본주의의 성립을 가져왔다. 그런데 이러한 산업혁명의 생산수단의 변화는 어마어마한 생산관계의 변화를 야기 시킨다.

자본주의에는 하나의 중요한 모순이 존재하는데, 그것은 자본가와 노동자의 대립이었다. 이 양자의 대립을 보니 1인 1표제의 민주주의 체제에서 자본가는 곧 노동자들의 반발로 몰락할 위기에 처해 있었다. 이 자본가의 몰락에 대한 예견은 마치 과학에 가까운 숙명처럼 보인다. 그래서 이제는 새로운 생산관계가 요청되면서 자본주의의 다음 세대로서 공산주의를 예견한다. 그리고 필연성에 대해 과학적 사회주의라는 이름을 부여한다.

① 생산수단의 변화에 따른 시대의 변화
마르크스는 시대별로 생산수단의 변화가 시대의 변화를 이끌었다. 석기에서 청동기로, 청동기에서 철기로, 농작법의 발견으로 고대에서 중세로, 과학의 발견으로 중세는 산업혁명의 근세로 이동을 한다. 이 산업혁명의 하부구조에서 출현한 상부구조가 자본주의이다. 여기에서 또 다른 시대로 이동하려면, 또 다른 역사적인 생산수단이 출현하여야 한다.
② 생산관계의 변화에 따른 자본주의와 공산주의의 논리전개
그런데 마르크스는 아무런 생산수단의 변화가 없이 생산관계의 부조화를 말하며, 자본주의 다음의 세대는 공산주의라고 말한다. 자본주의와 공산주의는 그 생산관계의 부화일 뿐이다. 이것은 그 자본주의 안에서 "정립-반정립-종합"으로 해결해야 할 문제이지, 새로운 세계를 요구하는 것은 아니다. 그것은 오히려 케인즈의 수정 자본주의라든지, 복지 자본주의라는 형태로 종합을 이루고 있다. 오히려 산업혁명 이후의 새로운

세대는 가상현실의 IT라든가, 금융시장이라든가 하는 새로운 생산수단의 변화가 다음의 시대를 도래하게 한다.

③ 새로운 변증법적 원리 : 모순과 과잉결정

마르크스와 알튀세르는 자본주의의 생산관계에 적용되는 변증법에 대해서는 헤겔의 "정립-반정립-종합"의 테제를 적용하는 것이 아니라, "모순-과잉결정"의 새로운 변증법적 원리를 적용한다. 헤겔의 변증법은 기존의 제도가 유지되며, 발전하여 고양된다. 그런데 마르크스와 알튀세르는 이것은 관념론적 철학으로서 틀렸다고 주장하며, 새로운 유물론적 변증법을 주장하는 것이다. (필자)

라. 생산관계의 변증법 : 모순과 과잉결정

알튀세르는 마르크스의 변증법이 헤겔의 변증법이나 단순한 경제결정론과 다르다고 본다. 헤겔의 변증법은 기존의 시스템을 파괴하는 것이 아니라 고양을 이루는 부정(반정립)이다. 그래서 "정립-반정립-종합"의 테제를 적용한다. 그러나 마르크스나 알튀세르의 변증법은 "모순-과잉결정"의 새로운 변증법적 원리를 적용되는데, 여기에서 '과잉결정'은 혁명과 자본주의 체제 전복을 의미한다. 그리고 그 대표적인 사례가 1917년 레닌의 볼쉐비키 혁명이다.

① 헤겔 변증법에 대한 부정

마르크스와 알튀세르는 헤겔 변증법을 부정하는 데에 수많은 지면을 할애하며, 곳곳에서 헤겔 변증법에 대한 반박을 한다. 그것은 관념론이라고 말한다. 그러나 유물론에서의 부정은 그렇게 단순한 시정으로 되지 않는다. 그것은 혁명으로서 제도자체의 변화를 의미한다.

② 생산관계내의 원리

마르크스의 변증법은 생산수단에 대한 변증법적 적용이 아니라, 생산관계에 적용되는 변증법이다. 이때 헤겔변증법의 "정립-반정립-종합"을 마르크스는 "(정립-)모순-과잉결정"으로 전개한다. 여기에서의 '과잉결정'은 혁명을 의미한다.

③ 과학적 사회주의

마르크스와 알튀세르는 위의 "모순과 과잉결정"이 유물론적 변증법이라고 말한다. 여기서 '변증법'이라는 용어는 '법칙'이라는 것을 의미한다. 이 법칙이라는 용어는 헤겔의 '변증법'에서 이미 획득한 지위이다. 이제 그들은 이 지위를 이용하되, 그 내용을 변화시키고자 한다. 그리고 그 이유는 헤겔의 변증법은 관념에 대한 변증법이므로, 고양 차원에 머물 수 있다. 그러나 유물론적 변증법은 사실에 관한 것이므로 헤겔 변증법과는 다르다. 그래서 이 자본주의 사회의 '모순'이 '과잉결정'의 공산주의 혁명으로 까지 나타나는 것에 대해서 과학적 법칙성까지 부여한다.(필자)

마. 인간주의 vs 과학적 사회주의

알튀세르는 마르크스의 철학이 초기에는 인도주의적이었는데, 1845년 『독일 이데올로기』 이후에는 유물론적 변증법의 과학적 사회주의로 발전하였다고 말한다. 그래서 이 과학적 사회주의 시대의 마르크스의 논리는 "모순과 과잉결정"의 과학적 법칙의 일환으로 사변을 전개한다는 것이다. 이것은 공산주의 투쟁이 이제 더 이상 인도적 차원에 머물 것이 아니라, 자본주의 내에서 일어나는 공산주의 혁명은 이제 과학이지 감상적 인도주의가 아니다. 공산주의 실천은 인도주의의 도덕적 차원을 넘어서서 과학이며 법칙이다.

① 절대 이념 : 경제적 평등 vs 소유의 자유

공산주의를 선택하는 사람들은 평등을 절대적 가치로 여기는 자들이다. 그들은 평등한 사회를 유토피아라고 생각한다. 루소는 그의 『인간 불평등 기원론』에서 인간이 문명 이전 자연 상태에서는 비교적 평등하고 자유로운 삶을 살았다고 본다. 이때 인간은 단순한 욕구(자기보존, 연민)에 따라 살아가며, 사유재산이나 복잡한 사회제도, 계급이 없었다. 그러나 농업과 금속의 발명, 특히 사유재산의 출현이 불평등의 시작점이라고 루소는 강조한다. 그런데, 이것은 그의 상상이었다. 이 루소에게 영향을 가장 크게 받은 인물이 마르크스이다. 이들은 이 유토피아의 세계를 절대진리로 받아들인다.

② 모순-과잉결정의 필연성

알튀세르는 이 평등사회의 실현을 위해서 "모순-과잉결정"을 필연적 사실로 받아들인다. 헤겔의 변증법을 이렇게 변개를 시킨다. 그리고 이러한 공산사회의 도래에다 과학적 사회주의라는 이름을 붙이는 것이다. 과학적 사회주의라는 이름은 엥겔스가 맨 먼저 사용하였다.

③ 소유의 자유가 유린 될 때

헤겔의 『법철학』에 의하면, '대상(물질)의식'이 '자기(정신)의식'에게 소유를 당할 때, 변증법적 고양(부정을 통한 승귀)가 일어난다. 즉 소유의 자유에서 이와 같은 고양이 일어나는 것이다. 과학적 발견이 이로 말미암았다. 애덤 스미스는 분업에 의하여 이윤을 추구할 수 있는 시장이 존재할 때(시장경제), 여기에서 과학기술과 창의성이 살아나며, 그 결과 산업혁명이 일어났다. 그러나 이 소유의 자유가 유린을 당하면, 정신의 모든 창의성은 사라지고, 원시사회로 퇴보해 버리는 것이다. (필자)

바. 이데올로기와 사회-구조주의 : 호명체제

알튀세르 당시에 대륙에는 구조주의 철학이 유행하였다. 즉 의식 이면에서 작용하는 어떤 구조에 대해 말하기 시작했던 것이다. 위에서 언급한 '과잉결정'이라는 용어는 알튀세르그 구조주의 철학자 프로이트의 무의식에서 가져온 개념이다. 그런데, 마르크스는 상부구조의 이데올로기가 토대(하부구조)의 경제구조에서 출현하였다고 말하였다. 여기에서 이데올로기란 우리의 무의식 속에 잠재한 어떤 사상으로서, 우리의 모든 의식들은 사유활동을 할 때, 이 이데올로기의 영향을 받고 있다는 것이다. 이런 차원에서 마르크스와 알튀세르의 '상부구조'의 '이데올로기'도 또한 사회 구조주의 일환으로 해석될 수 있다는 것이다.

① 국가 이데올로기

알튀세르는 국가가 지배계급의 착취를 정당화하기 위해서 각종 이데올로기를 산출한다는 것이다. 그 대표적인 이데올로기 산출기관이 학교, 가족, 종교, 언론, 문화, 정당, 노조 등이다. 이 중에서도 학교의 역할이 가장 크다.

② 이데올로기의 역할

이러한 이데올로기는 각 사람의 마음 속에 무의식적으로 하나의 사상계를 이루어 모든 의식적 판단을 할 때, 그 판단의 기준이자 도구가 되는 것이다. 사람들은 이렇게 교육받은 이데올로기로 사고하고 생각한다는 것이다. 뒤에서 경찰이 '어이'하고 부르면, 여기에 무의식적으로 반응을 하여 돌아보듯이 그 명령에 순응을 한다는 것이다.

③ 사회-구조주의 철학

따라서 이러한 이데올로기의 역할에 대해서는 마땅히 사회 구조주의 철학이라고 불러야 한다. 따라서 마르크스나 알튀세르의 이데올로기는 사회 구조주의 철학의 범주에 포함되는 것이다.

④ 어긋난 사회구조주의 철학

마르크스와 알튀세로는 우리의 모든 학교 교육을 지배계급이 인위적으로 통치를 원활하게 하기 위해서 만들어낸 인위적 이데올로기라고 말한다. 그러나 우리의 양심은 이에 대한 분별을 한다. 특히 자유 민주주의 국가에서의 이데올로기는 모두 가족사랑과 나라사랑에 기반을 둔 건전한 이데올로기들이다. (필자)

알튀세르는 자신이 구조주의 철학자라고 불리는 것을 반대하였다. 사실 그의 호명테제는 자본주의 체제에서 형성된 이데올로기를 반대하기 위한 논리였다.

2장 인식론적 단절

1. 인식론적 단절의 의미

알튀세르의 『마르크스를 위하여』 서론은 마르크스의 인식론적 단절(혹은 절단)의 의미를 설명한다고 말할 수 있다. 마르크스주의 철학과 관념론 철학의 분기점을 이룬 마르크스의 『독일 이데올로기』에서 인식론적 단절이 일어났으며, 인식론적 단절이란 "기존의 관념론을 폐기한 새로운 형태의 마르크스식 인식론"을 말한다. (참조 : 어떤 사람은 '인식론적 단절'이라는 용어를 사용하며, 어떤 사람은 '인식론적 절단'이라는 용어를 사용하는데, '단절'이 더 가깝다.)

가. 마르크스주의 철학과 관념론 철학의 분기점

알튀세르는 마르크스 철학과 그의 선대들의 철학과의 차이를 추적한다. 마르크스는 18세때 베를린 대학 1학년으로 편입해 들어갔는데, 이때는 헤겔은 이미 사망하였고, 그의 후예들이 헤겔철학을 가르치고 있었다. 젊은 마르크스는 헤겔철학의 난해함으로 인해 큰 곤욕을 치렀고, 이에 대한 해설자로서 포이엘바하를 알게 된 것이다.

헤겔은 『정신분석학』과 『대논리학』 등으로 유명하였는데, 인간의 정신이 절대정신으로까지 고양되는 것을 설명하였다. 그리고 역사발전의 주체는 바로이 '절대정신'이라고 말하였다. 그런데 헤겔철학의 가장 큰 문제는 그 최초의 출발점이 '대상(물질)'이었다. 여기에서 좌파 헤겔철학이 탄생하였으며, 그곳에 포이엘바하와 바우어와 요하네스가 있었다. 그 중 포이엘바하는 얼마 후(1841년)에 헤겔철학의 "대상의식-자기의식-정신"의 체계를 이용하여 인간 특히 예수 그리스도가 이 방식으로 신을 만들어 내었다는 공식을 세웠다. 그 내용이 포이엘바하의 『기독교의 본질』이다.

이러한 사상이 고스란히 마르크스에게 간 것이다. 이제 마르크스에게 더이상 역사의 주체로서 헤겔의 절대정신을 생각할 필요가 없다. 마르크스는 단순히 역사를 관찰하기 시작한 것이다. 그러면서 『독일 이데올로기』에서 "역사적 유물론"을 말하게 된 것이다. 그리고 알튀세르는 이 『독일 이데올로기』의 "역사적 유물론"의 관점을 "인식론적 단절"이라고 표현하고 있다. 알튀세르의 다음의 발언은 이 내용을 기반으로 하고 있다.

① 마르크스주의 철학의 특수성

마르크스주의 철학이란 무엇인가? 그것은 이론적으로 존재권리를 가지고 있는가? 그리고 그것이 권리를 가지고 존재한다면 그 특수성을 어떻게 정의할 것인가? 이 본질적 질문은 겉모양은 역사적이지만 실제로는 이론적인 질문, 청년 마르크스의 저작들에 대한 독해와 해석이라는 질문 속에서 실천적으로 제기되었다. …

② 헤겔과 포이엘바하의 철학들 사이의 관계들

마르크스주의 철학과 그것의 특수성이라는 질문을 청년 마르크스의 저작들과 관련해 제기한다는 것은 필연적으로, 마르크스와 그가 동조했거나 거쳐 간 철학들, 즉 헤겔과 포이엘바하의 철학들 사이의 관계들이라는 질문을 제기한다는 것을 뜻하며, 따라서 그것과 마르크스의 차이라는 질문을 제기한다는 것을 뜻한다. …

③ 인식론적 단절의 존재여부

따라서 마르크스주의 철학의 특유한 차이라는 질문은 마르크스의 지적 발전 속에 철학에 대한 새로운 이해(관념)의 출현을 가리키는 인식론적 단절이 존재했는지 여부에 대한 질문의 형태를 취했고, 또한 상관적으로 이 단절의 구체적 장소는 어디인가라는 질문이 제기되었다. 바로 이러한 질문의 장 속에서 청년 마르크스의 저작들에 대한 연구는 이론적인 결정적 중요성과 역사적인 결정적 중요성을 갖게 되었다.

④ 인식론 단절의 장소 :『독일 이데올로기』(1845년)

물론, 단절의 존재를 입증하고 그 장소를 정하기 위해서는 마르크스가 이 단절("우리의 과어의 철학적 의식의 청산")을 증언하고 1845년의 『독일 이데올로기』의 수준에 위치시킨 구절을, 시험해야 할, 무효화하거나 확인해야 할 선언으로서 받아들이는 수밖에 없었다.

(알튀세르, 『마르크스를 위하여』, 서관모 역, 63-65)

[평가] 역사적 유물론의 철학적 본질문제

진실은 유물론과 유신론의 인식론 문제가 아니다. 역사의 진행이 실제로 정신적인 것에 의한 것이냐, 아니면 물질적인 것에 의한 것이냐의 진위여부부터 가려야 한다. 따라서 "인식론의 단절"은 이것부터 먼저 따져야 한다.

마르크스는 지금 물질영역으로서의 생산수단의 변화에 따라 그것의 상부구조인 역사가 달라진다고 말한다. 그러나 이 생산수단의 변화 이면에는 인간의 정신이 존재한다. 마르크스가 결정적으로 언급하고 있는 것은 산업혁명이라는 생산수단의 변화이다. 그런데, 그 산업혁명의 생산수단의 변화는 모두 과학의 발견으로 말미암았다. 근세철학자들은 이 위대한 과학의 발견을 추적했는데, 그 과학의 발견은 인간의 정신에서 나왔다. 그래서 칸트는 심지어 "인간의 정신을 자연법칙의 산출자"라고까지 말하였으며, 이것을 "코페르니쿠스적 전회"라고 말한다. 그는 이것을 그의 『순수이성비판』에서 논증하였다. 그리고 이것의 연장선에 헤겔의 역사의 추동자로서의 '절대정신'의 관념론이 존재하는 것이다. 따라서 마르크스의 유물사관의 이면에는 이렇게 인간의 정신이 있다. 이 양자가 함께 논의될 때 온전하여 진다.

그런데, 알튀세르는 유물론만 추앙하고, 기존의 유신론은 모두 틀린 것으로 간주하려 한다. 마르크스나 알튀세르는 이 근세철학의 전통을 폄하할 수 없다. 도리어 전통철학의 입장에서 볼 때, 마르크스의 철학은 단순한 사회학일 뿐이다. 마르크스 철학에 어떤 형이상학적 요소는 존재하지 않기 때문이다.

나. '인식론적 단절' : 『독일이데올로기』의 역사적 유물론

마르크스는 그의 청년기(1836년, 18세)에 헤겔을 이해하기 위해 온갖 몸부림을 치다가 요양원에 입원을 하기까지 하였다. 그리고 그곳에서 좌파 헤겔학도들의 모임은 박사클럽을 접하고 포이엘바하를 알게 되었다. 이 포이

엘바하는 훗날 『기독교의 본질』(1841년) 신은 인간의 자기의식이 스스로 만들어낸 것이다는 논리를 세운다. 이 박사클럽의 시기부터 마르크스에게 이제 기존의 정신 혹은 관념에 의한 역사의 변화는 이제 그의 눈밖으로 멀어지기 시작했다. 이것이 마르크스의 대학생활이었다.

그후 마르크스는 〈라인신문〉 편집주임(1842-1843년, 24-25세))을 하면서 노동자와 농노들을 대변하기 시작하였다. 이 시기에 마르크스는 자신의 경제적 지식의 부족을 절감하였다. 그러다가 1843년 독일에서 추방을 당하여 프랑스 파리로 이주하였는데, 이때부터 경제를 연구하기 시작하였다. 이때부터 그는 당시의 프루동과 같은 원시공산주의 사상을 접하게 되었다. 이 시기에 마르크스는 『포이엘바하에 관한 테제』(1845)에서 포이엘바하의 『기독교 본질』(1841년)에 나타난 '유물론'과 종교는 인간이 자아가 자기 안에 있는 자기의식을 대상 의식화하여 만들어낸 것이는 설명에 대해 열광하였다. 이제 『포이엘바하에 관한 테제』에서 그를 넘어서고자 한다. 그 철학은 자연과 세상에 대해 유물론적 해설만 있을 뿐이다. 마르크스는 여기에 인간의 역사적, 사회적 실천의 입장을 도입해야 한다고 말한다. 여기에서 유물사관의 빛이 보인다. 이 시기에 『경제학 · 철학 초고』(1845년)도 저술하였는데, "노동의 소외"가 주제였는데, 모든 상품은 노동자가 만들고 소유는 자본가가 한다는 것이었다.

마르크스는 1845년에 또 다시 프랑스에서 추방을 당하여 벨기에 브리셀에 이르게 되었는데, 여기에서 엥겔스와 함께 역사를 물질의 변화로 보는 유물론적 역사관의 책인 『독일이데올로기』(1845-1846년)을 저술하게 되었다. 지금 이것을 알튀세르는 마르크스에게 일어난 "인식론적 단절"이라고 말하고 있는 것이다.

모호하지 않은 하나의 '인식론적 단절'이 마르크스의 저작 속에서, 마르크스 자신이 위치시킨 지점, 즉 자신의 과거의 철학적(이데올로기적) 의식에 대한 비판을 구성하는 『독일 이데올로기』 속에 분명히 일어난다. 단 몇 개의 구절들에 불과한 『포이엘바하에 대한 테제들』은 이 단절의 앞쪽 끝자락을 이룬다. 이것은 과거의 의식과 과거의 언어 속에서, 따라서 필연적으로 불균형적이고 모호한 개념들과 정식들 속에서, 이미 새로운 이론적 의식이 뚫고 나온 지점이다. (알튀세르, 『마르크스를 위하여』, 서관모 역, 66-67)

[평가] 자본론 vs 국부론 : 역사적 유물론의 경제학적 정통성 문제

마르크스는 유물사관은 『독일 이데올로기』에서 처음 논의되었다. 물질의 변화를 통해서만 역사의 변화를 추적하였다. 헤겔의 관념론을 버리고, 역사의 변화를 새롭게 추적한 것이다.

역사의 변화는 생산수단의 변화로 말미암았다. 역사의 분기점마다 생산수단의 변화가 있었다. 이 ①생산수단의 변화가 ②생산관계의 변화를 일으키고, 그 위의 ③상부구조로서의 각종 제도와 문화와 사상의 변화를 초래하였다. 이것이 마르크스 유물사관의 핵심이다. 우리는 앞에서 ①생산수단의 변화는 정신의 변증법으로 말미암았음을 확인하였다.

마르크스는 그의 변증법을 ①생산수단의 변화에서는 전혀 언급하지 않는다. 마르크스가 『독일이데올로기』에서 역사변화의 원리로서 말하는 것은 ②생산관계의 변화에서 일어나는 변증법적 현상이다. 마르크스가 역사의 면면을 보았을 때, 인류의 계급은 생산수단을 장악한 자의 지배계급(부르주아)과 여기에 종속된 피지배계급의 노동자(프롤레타리아)로 구분되어 변증법적 발전을 하고 있었다.

마르크스는 그의 『자본론』에서 ②생산관계의 변화에서 일어나는 변증법을 깊이 있게 언급하였다. 그는 이 지배계급과 피지배계급 사이의 모순을 "노동가치설"을 통해서 설명하였다. 한 상품의 가치는 오직 노동의 가치라는 것이다. 자본가는 상품의 모든 잉여가치를 착취하고 있다는 것이다. 그것이 "잉여가치설"이다. 이것이 모순을 일으키고, 과잉결정에 이르러서 결국 혁명으로 귀착된다는 것이다. 이것이 마르크스의 "역사적 유물론의 변증법"이다.

마르크스의 이러한 철학에 대해 반대의 관점을 가진 학자와 그의 저술이

존재하는데, 그것은 애덤 스미스의 『국부론』이다. 마르크스는 훗날 평생토록 이 『국부론』을 연구하며, 이에 대한 비판서로서 『자본론』을 내었다. 이 『국부론』은 산업혁명의 본질을 설명하고 있는데, 어느 사회에 시장이 존재하여 그곳에서 이윤추구가 허용될 경우, 어떤 한 사람의 창의성이나 기술이 사업화가 되더라는 것이다. 그래서 그곳에서 기업이 생겨나고 일자리가 생겨나며, 무수한 상품들이 대량으로 생겨나더라는 것이다. 그리고 그것이 산업혁명이었으며, 이 산업혁명은 일시에 온 인류의 가난을 면하게 하였다. 여기에서의 상품의 가치는 "노동"만이 아니라, "자본+기술+노동" 혹은 "자본(기술)+노동"이다. 그리고 이 "자본과 기술"에 부여되는 댓가를 이윤이라고 칭하는 것이다.

마르크스는 자본가와 노동자를 분석할 때, 자본가 뒤에 있는 정신이 일으키는 창의성과 기술을 무시했기 때문에 이런 분석이 나왔다. 일찌기 헤겔은 모든 창의성(정신의 활동)은 '정신(자기의식)'이 '물질(대상의식)'을 '소유'할 때, 여기에서 출현한다고 하였다. 이것이 헤겔 변증법의 출발점이다. 그리고 여기에서의 '소유'는 곧 '시장경제'를 통한 '이윤추구'를 합법화하는 것이었다. 즉, '소유'가 모든 자유 중에서 맨 상위의 자리를 차지한다. 이 '소유의 자유'가 이러한 '창의성, 기술'의 발견을 가져왔고, 여기에 자본이 투자되어 산업화를 일으켰던 것이다. 우리의 '정신'은 '소유의 자유' 속에서 창의성을 발휘한다. 이러한 정신적 원리가 상품의 가치 뒤에 자리잡고 있었던 것이다. 마르크스는 '인식론적 단절'으로서 모든 분석에서 '관념' 혹은 '정신'을 제거시켜 버린 결과 상품의 가치를 오직 노동으로만 보게 된 것이다. 얼핏 보면, 상품의 가치는 노동인 것처럼 보이지만, 그 이면에 기술과 자본이 존재한다.

다. 인식론적 단절을 전후한 시기구분

알튀세르는 마르크스의 저작들을 마치 '교의'처럼 어떤 절대적인 사상처럼 간주한다. 그래서 이 『독일 이데올로기』(1845년)를 전후한 마르크스의 사상들을 고찰하고자 한다.

이 '인식론적 단절'은 따라서 마르크스의 사상을 두 개의 주요한 큰 시기, 1845년의 단절에 선행하는 아직 이데올로기적인 시기와 1845년의 단절 이후의 과학적 시기로 가른다. 두 번째 시기는 다시 두 소시기, 이론적 성숙중의 소시기와 이론적 성숙의 소시기로 나눌 수 있다.(알튀세르, 『마르크스를 위하여』, 서관모 역, 68)

그 시기를 알튀세르는 대략 다음과 같이 구분한다.

① 청년 마르크스(1840년대 초중반):
헤겔철학·포이어바흐적 인간주의를 추구하며, 노동소외론이 그 중심을 이룬다. 이 시기의 저술로서 『경제학·철학 수고』(1844), 『독일 이데올로기』(1845) 초기부가 여기에 해당한다. 철학적·이데올로기적 단계이다.
② 단절 시점: 1845년 전후,
『포이어바흐에 관한 테제』·『독일 이데올로기』 무렵인데, 인간 본질·소외 같은 철학적 범주를 버리고, 구조·관계 중심의 과학적 방법으로 전환한다.
③ 성숙한 마르크스(1857~):
과학적 역사유물론을 중심으로 한 저술로서, 『정치경제학 비판을 위하여 서문』, 『자본론』 등이 있는데, 생산양식(수단)·생산관계·경제구조 분석을 중심으로 다룬다.(챗GPT, 마르크스 시기구분, 2025.8.15)

2. 포이엘바하의 "철학적 선언들"

알튀세르의 『마르크스를 위하여』의 1장의 제목은 포이엘바하의 "철학적 선언들"인데, 그 내용은 마르크스의 인식론적 단절의 배경을 말해주고 있다. 마르크스는 왜 기존의 관념론을 버렸는가에 대한 설명인 셈이다.

가. "철학적 선언들"의 갖는 의미

알튀세르는 『마르크스를 위하여』의 1장을 시작하면서 "왜 제목을 '철학적 선언들'이라고 붙였는가?"라고 말하면서 그 이유를 설명한다. 알튀세르는 포이엘바하의 철학을 '새 철학'이라고 한다. 이 '새 철학'이 당시의 모든 젊은 이들을 일깨워서, 그 정신을 예속된 그 무엇에서 해방시켰다고 말한다. 여기에서 '그 무엇'은 바로 '신'이다. 포이엘바하는 『기독교의 본질』에서 신은 인간이 자기의식을 투사해서 만들었다고 말했는데, 그 원리를 헤겔의 "대상의식-자기의식-이성(-정신-절대정신)"의 전개를 원용하여 가설을 세운다. 젊은이들은 이제 이 말에 따라 자신들이 신의 이성 혹은 그 자리에 오르게 된다. 포이엘바하는 이것을 지금 인간 이성의 해방이라고 말하는 것이다. 종교와 신학에 종속된 인간 이성을 그 지배로부터 풀어내어 인간 자신과 감각적 현실 세계를 사유의 중심에 놓자는 것이었다. 당시에 독일(프로이센)은 기독교국가로서 왕권에 신적권위를 주어 자유를 억압했는데, 이에 대한 반항의 논리를 제공했던 것이다. 다음의 해방은 일차적으로 신으로부터의 인간 정신 혹은 이성의 해방이었다. 알튀세르는 그 내용을 다음과 같이 말한다.

① 신으로부터 인류의 해방

포이엘바하의 『철학의 개혁을 위한 잠정적 테제들』과 『미래 철학의 원리들』의 서문을 읽어 보시기 바란다. 이 텍스트들은 인간을 속박들로부터 해방할 저 이론적 계시의 열정적인 포고들이며 진정한 선언이다. 포이엘바하는 인류를 향해 말을 한다. 그는 보편적 역사의 장막을 찢어버리고, 신화와 거짓말들을 파괴하며, 인간에게 인간의 진리(진실)를 드러내 보이고 돌려준다. 때가 무르익었다. 인류는 자신에게 자기 존재의 소유권을 부여해줄 임박한 혁명을 잉태하고 있다. 인간들이 마침내 이를 의식하면, 그들은 현실에서 자신의 진실한 존재들, 즉 자유롭고 평등하고 형제애적인 존재들이 될 것이다.

② 전제정치에 이용된 당시의 기독교

이런 담론들은 저자에게 분명히 선언들이다. 특히 1840년대에 '독일적 빈곤'의 모순들과 청년 헤겔파 철학의 모순들 속에서 논쟁하던 급진적인 젊은 지식인들에게 그러하다. 왜 1840년대인가?…프로이센의 봉건적이며 전제적인 질서의 종언, 검열의 폐지, 교회의 이성화, 요컨대 정치적·지적·종교적 자유 체제의 수립이라는 희망을. 그러나 '자유주의적'이라 불렸던 이 왕위 계승권자는 왕위를 차지해 프리드리히 빌헬름 4세가 되자마자 독재를 시작했다. 그들의 모든 희망을 정초하고 요약해 주던 이론이 공고해지고 강화된 전제성을 만들어 냈다. 역사는 원리적으로는 이성이요 자유였다. 그러나 사실에서는 역사는 몰이성과 예속일 뿐이었다. 사실의 교훈을, 이 모순 자체를 받아들여야 했다.

③ 인류를 신으로부터 해방시켜준 『기독교의 본질』

하지만 이 모순을 어떻게 사고할 것인가? 바로 그때에 『기독교의 본질』(1841년)과 뒤이어 팸플릿 『철학의 개혁을 위한 잠정적 테제들』이 출간되었다. 이 텍스트들은 인류를 해방하지는 못했지만 청년 헤겔파를 그들의 이론적 궁지로부터 탈출시켜 주었다. 그들이 인간과 인간의 역사에 대해 제기한 극적인 질문에 대해 포이엘바하는 정확히 대답해 주었다.

④ '새 철학'으로서의 포이엘바하

그것도 그들이 가장 혼란에 빠져 있던 시점에서, 그 안도와 그 열광의 반향이 40년이 지난 후 엥겔스에게서 보인다!(필자: 국제인터내셔널의 창립을 말하는 것으로 보인다) 포이엘바하는 헤겔과 모든 사변철학을 백지화한 바로 그 '새 철학'이었다. 이 '새 철학'은 철학이 머리로 서게 한 세상을 발 위에 세웠고_ 모든 소외와 모든 환상들을 폭로하면서 그 이유들을 설명했으며, 역사의 몰이성에 대해 바로 이성의 이름으로 사고하고 비판할 수 있게 해주었고, 마침내 관념과 사실을 화해시켰으며, 세계의 모순의 필연성과 세계 해방의 필연성을 이해시켰다. 바로 그래서, 노년 엥겔스가 인정해야 했듯이, 청년 헤겔파는 "모두 포이엘바하 주의자"였던 것이다. 그래서 그들은 포이엘바하의 책들을 미래의 길을 선포하는 선언들로서 받아들였던 것이다.

⑤ 철학적 선언이 된 포이엘바하의 사상들

나는 그것은 무엇보다도 철학적 선언들이었다는 것을 덧붙인다. 왜냐하면 너무나도 명백하게도 모든 것이 아직 철학 속에서 전개되었기 때문이다. 그러나 철학적 사건들은 또한 역사적 사건들이게 된다. (알튀세르, 『마르크스를 위하여』, 서관모 역, 86-88)

나. [비판] 포이엘바하의 『기독교의 본질』에 대한 비판

포이엘바하의 『기독교의 본질』에 의하면, 기독교는 예수 그리스도가 창시하였는데 예수는 자신의 의식 속에서 신에 대한 대상의식을 설정하였다. 그리고 이 대상의식을 자기의식으로 고양을 시키며, 그것을 신이라고 믿었다. 그래서 예수 그리스도의 기적은 신학적·초자연적 사건으로서가 아니라 인간의 소망·감정·도덕 이상이 투사된 상징으로 해석되며, 그러한 신화는 후대의 기독교 공동체가 지어낸 것이라고 말한다. 기적을 믿는 것은 곧 인간이 자신의 힘과 소망을 외부의 '신'이라는 형상으로 전가한 것이다. 결국 그는 기적을 믿지 않았다.

우리는 어딘가에서 얻게 된 우리의 신 지식을 우리의 의식 속에 반영하여 떠올리며 신의 존재를 믿는다. 포이엘바하는 바로 이 모습을 가리켜서 신은 우리의 의식이 만들어낸 것이다고 말한 것이다. 그런데, 관건은 이 신지식에 대한 표적이 외부로부터 침투해 들어온다는 것이다. 그것에 대한 경험이 기적이다. 예수께 하늘을 우러러 기도하고, "나사로야 나오라"고 명령을 하자, 죽은 나사로가 살아났다. 한번은 디베랴 바다 위의 배위에서 모두가 광풍으로 죽게 되었을 때 "바람아, 잔잔하라"고 명령을 하자, 광풍이 멎어서 모든 배에 탄 자들이 건너편에 이르게 되었다. 또한 군대 귀신들린 자가 나오자, 예수께서 "군대귀신아, 나오라"고 하자, 그 귀신들이 돼지떼에 들어가 몰살을 당하였다. 이러한 이적은 예수 그리스도 이전의 시기에도 수없이 이어졌다. 예수 그리스도 이후에도 역사 속에서 수없이 일어났다. 이러한 표적은 내안에 있는 신에 대한 의식과 그 의식 이면에 연합하여 있는 신의 존재가 행한 것이다. 현대 철학중에서 분석철학은 특히 이러한 우리의 관념과 연결된 지시체(존재)에 대해 집중적으로 추적하였다. 철학은 실재론을 말하고 있다.

진정한 사실에 대한 확인이 중요하다. 프로이센 당시 정부는 헤겔을 국가 철학자로 옹위한 후, 기독교의 철학을 이용하여 전 국민을 통치하였다. 그것은 옳지 않다. 그런데, 그 옳지 않은 행위로 인하여서 신의 존재를 부정하는 것은 옳지 않다. 신의 존재를 부정하는 것을 인간 이성의 해방이라고 말하면 안 된다. 인간의 신의 존재에 대한 믿음으로 모든 어려움을 헤쳐 나간다. 신은 양심명령을 하기 때문에 진정한 신앙인이 국가의 통치자가 되면, 그 나라에 자유가 온다. 신앙의 진리가 현재 드러난 악에 의해 좌우되는 것은 아니다. 포이엘바하의 철학은 '새 철학'이 아니라, '이단사상'이다. 현재의 모든 신학이나 철학은 포이엘바하의 철학을 이렇게 분명하게 정하고 있다. 알튀세르는 이러한 철학을 거의 '교의'처럼 받들고 있다.

다. 포이엘바하의 텍스트들이 갖는 마르크스에게 갖는 의미

알튀세르는 포이엘바하의 영향 아래에 있었던 청년 마르크스를 소개한다. 한편, 포이엘바하의 철학은 온통 종교비판·신학비판·사변철학비판이었다. 마르크스는 이것을 고스란히 수용하였다. 그리고 더 나아가 그는 소외된 인간들의 구체적 삶에 사로잡혀 있었다. 이것이 알튀세르가 바라보는 청년 마르크스의 사상이다.

① 포이엘바하의 영향 아래에 있었던 마르크스
마르크스의 경우 1842년에서 1844년(24–26세)사이의 용어들이 포이엘바하적일 뿐만 아니라, 더욱 더 중요한 것으로서, 철학적 문제설정의 바탕이 포이엘바하적이다.··· 물론 마르크스가 고찰한 주제들은 포이엘바하의 직접적인 관심사를 넘어선다. 그러나 이론적 도식들과 문제설정은 동일한 것들이다. 마르크스 자신의 표현을 빌리자면, 마르크스는 이 문제설정을 1845년에서야 진정으로 "청산했다". 『독일 이데올로기』는 포이엘

바하의 철학, 포이엘바하의 영향과의 의식적·확정적 단절을 가리키는 첫 번째 텍스트이다. … (알튀세르, 『마르크스를 위하여』, 88-89)

② 포이엘바하의 철학 : 종교비판·신학비판·사변철학비판

포이엘바하의 경우에 모든 것은 종교비판과 신학비판 속에서, 신학의 세속적 가장물인 사변철학 속에서 전개될 뿐이다.

③ 마르크스의 관심사 : 소외된 인간들의 구체적 삶

그와 반대로 청년 마르크스는 정치에, 이어 정치가 그것의 하늘에 불과한 것에, 즉 소외된 인간들의 구체적 삶에 사로 잡혀 있었다. … (알튀세르, 『마르크스를 위하여』, 91)

3. 청년 마르크스에 대하여 : 이론의 문제들

가. 인식론적 단절의 영역들

알튀세르가 『마르크스를 위하여』 2장 〈청년 마르크스〉에서 말하는 "인식론적 단절"은 마르크스 사상의 전개 과정에서, 초기(청년기)와 후기에 걸쳐 일어나는 질적으로 다른 인식의 전환을 가리킨다. 알튀세르는 이 단절을 단순한 '점진적 발전'이나 '사상적 성숙'이 아니라, 사상의 문제설정 자체가 바뀌는 과학적 혁명으로 본다.

알튀세르에게 '인식론적 단절'의 구체적 사례는 바로 '인간 본질·소외'라는 철학적·인도주의적 개념 체계에서 '생산양식·생산관계·계급투쟁'이라는 과학적 개념 체계로의 전환이다. 그는 『독일 이데올로기』를 기점으로 마르크스가 더 이상 철학자(청년기)가 아니라 과학자(성숙기)로 활동했다고 본다. 이에 대해 일반화된 정리(챗GPT)는 다음과 같다.

① 철학적 범주의 단절

이전의 청년 마르크스는 헤겔 변증법, 포이어바흐적 유물론, 인도주의적·본질주의적이라는 범주를 사용한다. 예컨대, "인간 본질(인간의 소외, 본질 회복)" 같은 개념이 그러하며, 현실 비판은 "인간 본질의 상실

과 회복"이라는 도덕·철학의 틀에서 이해된다.

반면, 이후의 성숙기의 마르크스는 정치경제학 비판, 생산양식·생산관계·계급투쟁 같은 과학적 범주를 사용한다. 인간 본질 대신 사회적 관계, 특히 생산관계로 분석의 초점을 전환한다. 소외 개념도 "인간의 본질"에서 "자본주의적 생산관계"의 구조로 재해석한다.

② 문제설정(problematic)의 단절

알튀세르는 "문제설정의 교체"를 인식론적 단절의 핵심으로 본다. 청년 마르크스 이전에는, 문제를 '인간과 세계의 관계', '의식과 현실의 일치'로 설정하였다. 예컨대, "인간이 자기 본질을 되찾는 길"을 찾는 것이 철학이었다.

이후에는 문제를 "사회구성체의 구조와 운동법칙"으로 설정하였다. 예컨대, "자본주의 생산양식의 법칙"을 과학적으로 분석하였다.

③ 방법론의 단절

청년 마르크스 이전에는 변증법적-인도주의적 유물론에서 추상적·철학적 유물론을 추구하였다. 이 시기에는 포이엘바하적 감각적 직관에 따라 역사 전개를 인간 본질의 전개로 보는 관점을 지니고 있었다. 반면 청년 마르크스 이후에는, 역사유물론에 따라 구체적인 생산관계를 분석하며, 과학적 개념을 도입하였다. 예컨대, '상품형태 분석', '잉여가치 개념' 등이다.

④ 저작들

청년기 저작은 『경제학·철학 초고』(1844), 『헤겔 법철학 비판』, 『성스러운 가족』 등이 있는데, 인간주의, 소외론, 본질주의를 추구한다..

성숙기 전환점은 『독일 이데올로기』(1845-46) 이후로서, "인간" 대신 "사회구성체"와 "생산양식"이 중심이 된다.

완성기는 『자본론』(1867)을 통해 나타나는데, 정치경제학 비판을 통한 과학적 분석이다.(챗GPT, 인식론적 단절, 2025.8.15.)

다. 무신론적 관점으로의 전향

마르크스의 "인식론적 단절"에 대해 많은 학자들은 그가 무신론자로 전환한 것에 주목한다. 그의 무신론자로의 전향이 위와 같은 새로운 관점의 학문, 특히 "역사적 유물론"을 가져왔다는 것이다.

① 포이엘바하에서 이전된 유물론

나는 완성된 마르크스주의가 다른 중개적 저자, 예컨대 포이엘바하에게 행한 '준거의 이전(사유의 '참조 기준'을 점점 멀리 옮겨가는 과정)'을 자주 관찰할 수 있다는 것을 덧붙이고자 한다. 포이엘바하는 '유물론적'이라고 판단되는 만큼, 그는 두 번째 준거중심으로 사용될 수 있었고, 또 결국 그(포이엘바하) 자신의 판결에 의해 또는 그 자신의 '진리성'에 의해 '유물론적'이라고 선언된 요소들을, 청년 마르크스의 저작들 속에서, 말하자면 부수생산할 수 있었다. 이렇게 하여 주어-술어의 전도, 사변철학에 대한 포이엘바하적 비판, 종교비판, 자신의 생산물들 속에 대상화된 인간 본질 등이 '유물론적'이라고 선언되었다. …

② 1844년의 『경제학철학 초고』에 나타난 유물론적 과학적 사회주의

…마르크스가 언제 유물론자가 아니었을 수 있는지를 결정하는 것이 어렵게 된다. 예컨대 얀에게 1844년의 『경제학철학 초고』는 "아직 일련의 추상적 요소들"을 담고 있기는 하지만, "과학적 사회주의의 탄생"을 표시한다. 파지트노프에게 『경제학철학 초고』는 "사회과학들에서 마르크스가 이룬 결정적 전환점을 형성한다. 거기에 마르크스주의의 이론적 전제들이 놓여 있다. 라피네에 따르면, 몇몇 유물론적 요소들이 자연발생적으로 출현할 뿐인 〈라인신문〉의 논설들과는 달리 『경제학철학 초고』는 마르크스가 유물론으로 의식적으로 이행했음을 증명하며", 실제로 "마르크스의 헤겔 비판은 유물론적 입장들에서 출발한다".

③ 마르크스가 유물론자(무신론자)가 된 시기는 1841년

샤프는 단호하게 "우리는 (엥겔스의 훗날의 이야기들을 통해서) 마르크스가 1841년(23세)에 유물론자가 되었다는 것을 안다"라고 한다. (알튀세르, 『마르크스를 위하여』, 112-113)

3장 유물론적 변증법에 대하여

1. 이데올로기적 변증법 vs 유물론적 변증법

가. 「유물론적 변증법에 대하여」의 개략

알튀세르의 『마르크스를 위하여』 6장 「유물론적 변증법에 대하여」는 마르크스의 변증법을 헤겔로부터 어떻게 구분하고, 또 그것을 과학적·유물론적 방법론으로 정식화할 수 있는지를 설명하는 데 집중하고 있다. 우리는 그 목차를 다음과 같이 재구성하여 소개하고자 한다.

기존 목차	재구성 목차
1. 실천적 해법과 이론적 문제, 왜 이론인가?	1. 이데올로기적 변증법 vs 유물론적 변증법
2. 작동중인 이론적 혁명	
3. 이론적 실천의 과정	
4. 이미 주어진 구조화된 복잡한 전체	2. 변증법적 대상 : 이미 주어진 구조화된 복잡한 전체
5. 지배과계를 갖는 구조 : 모순과 과잉결정	3. 변증법적 원리 : 모순과 과잉결정

한편, 알튀세르는 〈유물론적 변증법에 대하여〉를 소개할 때, 그 원래의 내용은 모두 생략을 해버리고, 그 내용을 독자들이 숙지하고 있는 것처럼 간주하고, 자신의 일방적인 이야기를 논리 없이 끌어간다. 그래서 그 내용을 이해하기 위해서는 그 이론적 배경을 미리 알아야 한다. 이에 따라 이 책에서는 그 원래의 〈유물론적 변증법〉을 개략적으로 소개하면서 알튀세르의 말을 삽입하였다.

그리고 원래 마르크스의 〈유물론적 변증법〉은 유물론적으로만 역사적 사실을 바라본 나머지, 정신적인 요소는 모두 제거되어 있다. 오히려 정신적인 부분은 헤겔의 변증법 속에 들어 있다. 따라서 헤겔의 변증법을 함께 소개할 필요가 있다. 헤겔은 『정신분석학』에서 정신의 변증법을 말하였다. 그런데, 마르크스는 이 헤겔 변증법을 사실의 세계에 적용한 후 무조건적인 비판을 한다. 이 글에서는 오히려 헤겔 변증법은 정신이 역사에 영향을 미친 국면(특히 과학의 발견)에 적용하였다.

나. "실천적 해법과 이론적 문제"의 개략

알튀세르의 『마르크스를 위하여』 6장 〈유물론적 변증법〉에서 먼저 "1. 실천적 해법과 이론적 문제"를 말한다. 이 이야기는 결국 〈유물론적 변증법〉의 이론과 실천에 관한 문제이다.

알튀세르는 헤겔의 변증법은 "관념의 자기전개"인데 반하여, 마르크스의 변증법은 "물질적 사건의 자기 전개"라고 말한다. 그러면서 마르크스 변증법의 이론과 실천에 관한 이야기를 전개한다. 그런데, 이때 마르크스는 끝없이 헤겔의 변증법과 자신의 변증법을 비교한다. 이에 대해 일반화된 정리(챗GPT)는 다음과 같다.

① 문제 제기

알튀세르는 마르크스주의 철학(유물론적 변증법)이 직면한 문제를 '실천적 해법'과 "이론적 문제"의 구별로 출발한다. 당시 공산당 내부에서는 "마르크스주의는 유물론적 변증법을 갖고 있다"라는 식의 실천적 확신이 있었지만, 이것이 이론적으로 충분히 정식화된 것은 아니었다. 즉, 실천에서는 적용되고 있지만, 철학적으로 체계화되지 않은 상태라는 점이 강조된 것이다.

② 실천적 해법

"실천적 해법"이란, 마르크스주의자들이 혁명적 정치·이론 활동 속에서 이미 변증법을 사용하고 있었다는 사실을 의미한다. 예컨대, 계급투쟁 분석, 사회 모순의 인식, 혁명 전략에서의 적용이다. 그러나 이런 사용은 철학적·개념적 차원에서 자기 이론화되지 않은 채 이루어졌다.

③ 이론적 문제

실천에서의 적용이 곧 변증법 자체의 이론적 정당화는 아니다. 따라서 "마르크스주의의 변증법이 무엇인가?"라는 철학적 질문은 여전히 이론적 문제로 남는다. 알튀세르는 이 대목에서 "변증법이란 단순히 '변화'의 법칙이나 '대립의 통일'이라는 추상적 원리가 아니다"라고 비판한다. 그가 겨냥하는 것은 헤겔의 관념론적 변증법과, 이를 단순히 '뒤집어' 마르크스에게 적용했다고 보는 2차적 해석(통속적 마르크스주의)이다.

④ 알튀세르의 입장

유물론적 변증법은 단순히 헤겔의 변증법을 전도시킨 것이 아니다. 오히려 마르크스에게서 발견되는 변증법은 완전히 새로운 문제의식과 과학적 토대 위에서 등장한다. 그러므로 마르크스주의 변증법은 "헤겔의 변증법을 비판적으로 극복한 것"이지, 단순히 동일 구조의 반전이 아니다.

⑤ 비교 도식

헤겔 변증법	마르크스 변증법(유물론적 변증법)
관념론 (정신의 자기전개, 절대정신)	유물론 (물질적조건, 사회적생산관계)
모순은 "정신/이념"의 자기모순 → 자기부정 → 지양	모순은 구체적 사회·역사적 실재 속에서 발생 (계급모순, 생산력−생산관계의 모순)
전체성의 회복, 절대정신의 완성	필연적 변혁(혁명), 새로운 사회적 형식의 출현
추상적·형이상학적 "대립의 통일"	과학적·구체적 "구조적 모순의 전개"
역사 = 이념(정신)의 자기실현	역사=생산양식의 전환, 계급투쟁의 과정
모순은 최종적으로 상위의 통일 속에서 "지양"됨	모순은 실재적 역사과정 속에서 구체적 형태로 전개·변형됨(해소·폭발·재구성)
사유의 자기완성	과학적 이론(역사유물론)에 토대를 둔 실천의 지도

(챗GPT, 실천적 해법과 이론적 문제, 2025. 8. 17.)

한편, 알튀세르의 『마르크스를 위하여』의 "1. 실천적 해법과 이론적 문제" 등에는 헤겔의 정신현상으로서의 변증법(이데올로기적 변증법)과 마르크스의 유물 변증법의 내용 자체가 생략되어 있다. 즉. 이론 부분이 모두 생략된 것이다. 그래서 우리는 이 양자의 이론적 내용부터 면밀히 살펴야 한다. 그래야 그 다음을 이해할 수 있다.

다. 실천적 해법과 이론적 문제

마르크스나 알튀세르에 의하면, 헤겔의 변증법은 관념 속에서 일어난다. 그러나 마르크스의 유물론적 변증법은 구조와 실천의 물질적 운동이다. 이것이 이 양자의 변증법의 가장 큰 차이이다.

그래서 마르크스의 변증법은 명령적 조건들(실천)에 의해 지배되는 이론들로서, 실천을 요구하는 이론이다. 그리고 마르크스의 이론에는 이미 실천이 존재하고 있다. 그리고 이제 오늘날 우리의 관심은 그 이론과 실천 사이를 메꾸는 일만 남은 것이다. 즉 마르크스의 유물론적 변증법은 헤겔 변증법의 전도라는 것이다. 우리는 먼저 그 헤겔변증법의 전도로서의 마르크스 변증법에 대한 이해가 필요하다. 그런데, 알튀세르는 그 내용을 여기서 소개하지는 않는다. 그러면서 알튀세르는 단순히 마르크스 변증법의 이론과 실천의 주제를 매우 번거롭게(이해하기 어렵게) 말한다.

① 헤겔 변증법의 전도로서의 마르크스의 유물론적 변증법
나의 최근 연구가 제기한 문제, 즉 마르크스에 의한 헤겔의 변증법의 전도(轉倒)를 구성하는 것은 무엇이며, 마르크스주의 변증법을 헤겔 변증법과 구별하는 특유한 차이는 어떠한 것인가 하는 문제는 이론적 문제이다.
② 이론적 문제 : 명령적 조건들(실천)에 의해 지배되기 때문
…이것이 이론적 문제라고 말하는 것은, 여기서 문제 되는 것이 하나의 단순한 상상적 어려움이 아니라 문제의 형태로, 즉 명령적 조건들에 의해 지배되는 형태로 제기된 현실적으로 존재하는 어려움이라는 것을 함축한다. 여기서 명령적 조건들이란 그 속에서 문제가 제기되는 (이론적) 지식들의 장(場)의 정의, 문제가 제기되는(설치되는) 정확한 장소의 정의, 문제를 제기하기 위해 필요한 개념들에 대한 정의와 같은 조건들을 뜻한다.
③ 이론적 실천 : 실천을 요구하는 이론
문제의 제기, 검토, 그리고 해결만이, 즉 우리가 앞으로 개입할 이론적

실천만이 그런 조건들이 존중된다는 증거를 제공할 수 있을 것이다. 그런데 바로 이 경우에, 문제와 이론적 해법의 형태로 진술되어야 하는 것이 이미 마르크스주의의 실천 속에 존재한다.

④ 이론에 이미 존재하는 마르크스주의적 실천

마르크스주의적 실천은 이 '어려움'에 직면했고, 이 어려움이 상상적인 것이 아니라 현실적인 것임을 입증했을 뿐 아니라, 나아가 이 어려움을 자기 자신의 한계들 내에서 '청산'하고 사실상 극복했다. 우리의 이론적 문제의 해법은 이미, 오래 전부터, 마르크스주의적 실천 속에 실천적 상태로 존재했다. 우리의 문제를 제기하고 해결하는 것은 따라서 마르크스주의적 실천이 자신의 발전 과정에서 만나 그 존재를 알렸고 그것이 존재한다는 것을 스스로 고백함으로써 청산한 하나의 현실적 어려움에 부여한 실천적 상태로 존재하는 '해법'을 최종적으로 이론적으로 진술한다는 것을 말한다.

⑤ 우리의 관심 : 이론과 실천 사이의 간격을 메꾸는 것

따라서 우리의 관심은 이론과 실천 사이의 '간격'을 정확한 지점에서 메꾸는 것일 뿐이다. 상상적인 또는 주관적인 문제를 마르크스주의에 투여하고 '과잉경험론'의 문제들이나 심지어 철학자가 한 개념에 대한 개인적 관계들 속에서 겪는 어려움이라고 마르크스가 부른 것을 '해소'하도록 마르크스주의에 요구하자는 것이 결코 아니다. 그렇다. 제기된 문제는 마르크스주의적 실천에 의해 알려진 어려움의 형태로 존재한다(존재했다). 따라서 그것을 이론적으로 진술하기만 하면 된다. 그렇지만 실천적 상태로 존재하는 해법에 대한 이 단순한 이론적 진술은 자명한 것이 아니다. 이 진술은 현실적인 이론적 노동, 즉 이 실천적 해소의 특유한 개념 또는 지식을 가공해 낼 뿐만 아니라 존재할 수 있는 혼동들, 환상들, 이데올로기적 근사치들을 (그것들의 뿌리에까지 이르는) 근원적 비판을 통해 실질적으로 파기하는 현실적인 이론적 노동을 요구한다. 이 단순한 이론적 '진술'은 따라서, 단일한 운동 속에서, 지식의 생산과 동시에 환상에 대한 비판을 내포한다. (알튀세르, 『마르크스를 위하여』,

284-286)

우리는 이제 헤겔의 변증법과 마르크스의 변증법을 이해하여야 한다. 후대에서 보기로는 헤겔의 변증법은 헤겔 자신의 말처럼 "정신에 관한 변증법"(알튀세르는 "이데올로기적 변증법"이라 함)이며, 마르크스의 변증법은 "물질에 관한 변증법"인데, 마르크스는 이것을 유물론적 입장과 동일선상에 놓고 비판을 한다. 그런데, 우리는 헤겔 변증법은 정신의 영역에 마르크스의 변증법은 물질의 영역에 귀속시키는 것이 타당해 보인다.

라. 이론 : 이데올로기적 변증법 vs 유물론적 변증법에 대한 이해

변증법은 흔히 "보편적 운동의 법칙"으로 이해되었으나, 알튀세르는 이런 이해가 헤겔적 전통에 묶여 있다고 비판한다. 그는 마르크스의 변증법을 헤겔의 변증법과 단절시키는 것이 과학적 사회주의의 핵심이라고 제시한다.

마르크스의 변증법은 헤겔의 변증법을 "뒤집은 것"이 아니라, 질적으로 다른 것임을 강조한다. 흔히 말하는 "정립-반정립-종합" 구조가 마르크스에게서는 성립하지 않는다. 변증법은 더 이상 "정신의 자기 운동"이 아니라, "물질적 현실(구조)의 운동"이다.

헤겔 변증법은 '정-반-합'(부정의 부정)을 통해 절대정신으로 귀결되는 총체성의 철학이다. 여기서 사회적 모순은 단일한 원리(정신의 자기 운동)에 의해 환원된다. 알튀세르는 이것을 "이데올로기적 변증법"이라 부른다. 이에 반해, 마르크스가 취한 길은 이와 질적으로 다른 "유물론적 변증법"이라고 말한다. 마르크스는 그의 변증법을 구체적인 삶에다 적용시키고자 한다. 그리고 그 구체적인 삶 속에서 변증법이 작동을 하고 있다고 말하는 것이다. 마르크스는 『자본론』에서 유물론적 변증법을 제시했다. 이것은 물질적인 세계에 대한 이해를 바탕으로 사회적 현상을 변증법적으로 분석하는 방법론이다. 마르크스의 유물론적 변증법은 이 세 가지 주요 요소로 구성된다. 이에 대해 일반화된 정리(챗GPT)는 다음과 같다.

① 상품의 변동성 (Commodity Fetishism, 상품 물신주의)

마르크스는 그의 『자본론』에서 상품이 시장에서 교환되는 과정에서 사람들의 의식 속에 페티시즘(화신화)을 형성한다고 주장했다. 사람들은 상품이 가지는 가치 대신에 상품 자체에 환상을 두며, 이로 인해 사회적인 관계가 유물들 간의 상호작용으로부터 파생된 것임을 이해하지 못한다고 보았다.

② 생산 수단과 생산 관계의 변동

마르크스는 사회 구조의 핵심을 이루는 것은 이렇게 물신화된 상품에 대한 '생산 수단(기계, 공장 등)'과 '생산 관계(노동력과의 관계, 소유권 등)'라고 보았다. 이러한 생산 수단과 생산 관계의 변동이 사회 구조의 전반적인 변화를 가져온다고 주장했다.

　　[경제적 토대] ―――――▶ [상부구조]

　　(생산력 · 생산관계)　　　(정치 · 법 · 이데올로기)

이때, 유물론적 변증법에 의하면, 토대가 상부구조를 변증법적으로 '규정/제약'한다

③ 역사적인 발전 단계의 이해

마르크스는 역사를 특정한 발전 단계로 나누어 생산 수단과 생산 관계의 특징을 강조했다. 예를 들어, 노예 사회, 봉건 사회, 자본주의 등의 단계에서 각기 다른 경제 구조와 사회적 관계가 지배했다고 주장했다.

이러한 유물론적 변증법은 사회 현상을 오로지 이 물질과 생산 수단, 생산 관계의 관점에서 바라보는 것을 강조하며, 이것을 통해 역사적인 변화와 사회의 모순을 해석하고자 했다.

[출처] 챗GPT의 유물론적 변증법

한편, 위의 세 가지의 내용은 『마르크스를 위하여』의 〈유물론적 변증법에 대하여〉에는 나오지 않는다. 알튀세르는 위의 내용을 모두가 알고 있다는 전제하에 알튀세로 자신의 이야기를 전개하고 있다. 따라서 위의 이야기를 숙지하지 않으면, 이 책을 도무지 이해할 수 없다.

그런데, 우리는 마르크스와 알튀세르의 이야기를 무비판적으로 들을 수는 없다. 그들은 틀린 전제를 가지고 이론을 펼치고 있을 수 있기 때문이다. 그래서 다음의 비판을 함께 이해하고 "유물변증법에 대하여"를 이해하여야 한다. 다음의 내용은 자유진영 입장에서의 "헤겔의 정신 변증법"과 "마르크스의 유물 변증법"에 대한 해설이다.

① [평가1] 상품의 변동성(상품 물신주의)에 대한 이해
산업혁명 이전에 인류에게 상품은 농산물이 고작이었다. 그래서 국부로서 중농주의가 유행하였는데, 이것은 토지에서 산출되는 상품이었다. 그러다가 과학기술이 나오며 제조업이 일어났다. 새로운 생산품이 인간의 정신에서 출현하여 나왔는데, 이것이 온갖 종류의 상품이었다. 마르크스의 관찰에 의하면, 이것은 거의 물신(物神)의 경지에 이르렀다. 그런데, 이 물신은 어떻게 출현하였나?
이 상품은 인간 정신의 산물이었다. 먼저 인간의 정신 속에서 과학기술이 출현하였다. 처음에 이 과학에 대한 발견이 시작되었을 때, 이것을 제일 먼저 알아본 이들이 근세 철학자들이었다. 이들은 "데카르트의 합리론 – 영국의 경험론 – 칸트의 관념론"으로 발전하였다. 칸트의 관념론에서 헤겔은 정신의 현상으로서 "정립–반정립–종합"으로 이동하는 변증법을 발견하였다.
이러한 과학이 기술로 발전하고 산업과 접목이 되면서, 섬유업을 중심으로 증기가 발명이 되고, 증기기관이 발명이 되며, 기계 공업이 출현하였고, 교통이 발달하며, 나중에는 전기까지 발명이 되었다. 그러면서 무수히 많은 상품들이 쏟아져 나왔으며, 이것은 일시에 인류의 가난이라는 숙제를 해결해 버렸다.
여기에 적용되는 과학적 원리는 "정립–반정립–종합"으로 작용하는 "정신의 변증법"이다. 알튀세르는 헤겔의 변증법 혹은 근세철학을 이데올로기로 파악하였지만, 그들은 정신으로부터 출현하여 나오는 변증법적 과학의 원리를 말하였던 것이다. (필자)

② [평가2] 생산 수단과 생산 관계의 변동

결국 자본가들에 의해서 과학기술이 생산수단으로 등장을 한 것이다. 그래서 자본주의의 그 자본은 돈의 덩어리가 아니라, 과학기술이 탑재된 자본이다. 이들이 공장을 마련하고, 기계장치를 마련하고, 원재료를 구입하여 기업이라는 노동자들의 일자리를 만들어내었다. 이것이 생산수단이다. 따라서 생산수단에는 정신작용의 결과물로서의 과학기술이 접목되어 있다. 생산수단의 주체로서 자본가가 등장을 하고, 이 생산수단에 참여하는 자로서 노동자가 등장을 하였다. 그래서 이 양자가 생산관계를 이루었다. 이때 자본가는 일거리가 없는 무소득자에게 일자리를 주었으며, 자본가는 상품판매 후의 이윤을 취하였다.

양 당사자 간에 서로의 이기심으로 충돌이 발생하였는데, 마르크스는 이 것을 모순이라고 표현한다. 이 양자는 서로 갈등을 하면서도 서로 간에는 공생관계로서의 관계를 이어나간다. 그런데, 이때 마르크스는 상품의 가치는 오직 노동만의 가치라는 '노동가치설'을 말하며, 자본가의 잉여는 노동자의 몫이라고 말하는 '잉여가치설'을 표방하며, 자본가가 노동자를 그의 영혼까지 상품으로 취급한다는 이론을 내세웠다. 그래서 모순이 과잉결정의 상태에 이르렀음을 선언하고, 모든 노동자들에게 자본주의를 파괴할 것을 명령하였다. 여기에서 나타난 '모순'과 '과잉결정'이 곧 마르크스가 말하는 '유물론적 변증법'이다. 자본가와 노동자는 서로 충돌하여 자본주의는 파국에 이르고, 사회주의가 설 수 밖에 없다. 이렇게 모순에서 과잉결정에 이르는 것은 거의 숙명과도 같아서 이것은 과학이다. 그래서 마르크스는 이 사회주의 성립이론을 '과학적 사회주의'라고 부른다. 마르크스가 말하는 '과학적 사회주의'와 '유물론적 변증법'이 작동하는 자리는 바로 이 생산관계의 측면이다. 생산수단과 관련하여서는 오히려 헤겔의 '정신 변증법'이 더 잘 부합한다. 마르크스는 이 생산수단에 관한 것은 논하지 않는다. 생산관계에 있어서 자본주의 사회의 모순이 계속 점증하여 과잉결정에 이르러 사회주의가 되는 것이 곧 과학적 사회주의이다. 마르크스는 이러한 모순-과잉결정의 필연을 '경제주의(절대적 유물론)'라고 표현하였다. 그런데, 그람시나 알튀세르는 이제 이 '과잉결정'을 만들어 내자고 말한다. 이것은 혁명이지 과학이 아니다. 사회주의는 이제 과학적 사회주의라고 말하면 안 된다.(필자)

[평가3] 역사발전 단계의 이해

『자본론』 등에서 마르크스의 유물사관을 보면, 역사를 특정한 발전 단계로 나눌 때, 생산 수단의 변화가 시대의 변화를 가져오고 생산 관계의 변화를 가져왔다. 예를 들어, 노예 사회, 봉건 사회, 자본주의 등의 단계에서 일차적으로 생산수단의 변화가 일차적으로 등장한다. 그리고 그 다음에 노예제, 농노제, 노동자 등의 사회적 관계가 출현하였다.

이때 자본주의 다음의 세대를 언급하려면 일차적으로 생산수단의 변하가 초래된 후에 그에 맞추어서 자본주의와 다른 새로운 제도가 나타난다. 그런데, 마르크스는 이러한 새로운 생산수단의 변화를 말하지 않고, 공산주의의 필연적 도래를 언급하며, 과학적 사회주의라는 이름을 자신의 이론에 갖다가 붙인다. 이것은 타당하지 않다.

마르크스는 고대-중세-근세를 생산수단의 변화와 맞추어서 언급한 후, 자본주의에서 공산주의로의 이행과 관련해서는 생산관계의 모순과 과잉결정을 삽입한다. 이것은 속임수일 수 있다. 앞에서 살펴본 바와 같이 생산관계의 모순은 조정에 이르는 것이지 과잉결정에 이르지 않는다. 과잉결정이라는 것은 그 기업이 사라지는 것을 말하는데, 그러면 노동자는 일자리를 잃는다. "정립-반정립-종합"에서 자본주의가 정립이라면, 공산주의는 반정립에 속한다. 이때의 반정립은 종합을 위한 반정립이다. 그래서 종합은 정립이 조정을 이룬 것으로서 수정자본주의라든가, 복지 자본주의가 여기에 속한다. 이것이 현재 드러난 역사적 사실이다.(필자)

마. 실천

『마르크스를 위하여』 6장 〈유물론적 변증법에 대하여〉의 "2.작동중인 이론적 혁명"에서 알튀세르가 말하는 '실천'은 단순히 개인적 행동 수준의 "무엇을 하라"는 지침이 아니다. 그는 '실천'을 훨씬 더 넓고 이론적인 범주로 정의한다. 알튀세르가 말하는 '실천'에 대해 이에 대해 일반화된 정리(챗GPT)는 다음과 같다.

① 여러 형태의 실천
실천에는 여러 형태가 존재한다. 먼저, 경제적 실천은 생산력과 생산관계 속에서 이루어지는 활동을 말한다. 두 번째, 정치적 실천은 계급투쟁, 혁명 전략 등 사회 변혁을 겨냥한 활동이다. 세 번째, 이데올로기적 실천은 사람들의 의식·가치관을 형성하는 활동이다. 네 번째, 이론적 실천은 개념을 생산하고, 과학적 지식을 구축하는 활동이다.

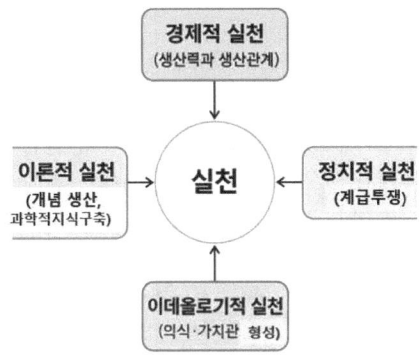

② '실천적 해법'의 의미
마르크스주의자들은 이미 혁명운동과 이론 작업에서 변증법을 '쓰고 있었다'는 것이다. 즉, 계급투쟁 분석이나 사회모순 인식 같은 방식으로 실천 속에서 변증법은 작동하고 있었지만, 철학적으로는 이것을 개념화·정식화하지 못한 상태라는 것이다.
③ 따라서 "무엇을 실천하라"는 명령이라기보다는
정치적 실천은 구체적 역사 조건 속 계급투쟁을 조직하고 분석하는 것이다. 이론적 실천은 마르크스주의 변증법 자체를 과학적으로 개념화·

정립하는 것이다. 알튀세르는 이론적 실천의 중요성을 특히 강조한다. 단순히 행동에 머무르지 않고, 그것을 과학적 이론으로 구성해야 한다는 것이다.

결국 알튀세르가 말하는 '실천'은 "구체적 역사적 조건 속에서 계급투쟁과 사회변화를 수행하는 정치적·경제적 실천"과 동시에 "그것을 과학적으로 사유하고 개념화하는 이론적 실천"을 가리킨다. 즉, "무엇을 실천하라"가 아니라 이미 존재하는 실천을 어떻게 이론적으로 정당화하고 과학화할 것인가가 핵심 과제인 것이다.(챗GPT, 무엇을 실천할 것인가, 2025. 8. 17.)

2. 변증법의 대상 : 이미 주어진 구조화된 복잡한 전체

가. 마르크스의 "유물론적 변증법"

앞에서 살펴본 바와 같이 마르크스의 유물론적 변증법이 적용되는 대상에서 '생산수단'은 여기에서 제외된다. 마르크스는 오직 '생산관계'에 국한하여 설명한다. '생산수단'은 앞에서 살펴본 것처럼 '과학적 발견'이라는 정신적 행위에 의해서 좌우된다. 헤겔의 정신의 변증법은 오히려 이것을 말하고 있다. 이런 측면에서 우리는 마르크스의 진의를 의심한다. 우리는 마르크스가 그의 『자본론』에서 "중요한 원리들을 제거시켜 버린 것"[6]을 확인하였는데, 여기에서 또 다시 그러한 의심을 불러일으킬 만한 모습이 보인다.

산업혁명시에 이러한 과학적 발견으로 인해 생산수단의 변화가 어마어마하게 일어났다. 그 결과 유럽대륙에 인류의 기근을 해결하는 산업이 일어났다. 마르크스의 변증법은 이 부분은 제외된다. 이러한 생산수단의 변화로 인해 많은 노동자들의 일자리가 생겨났다. 그러면서 자본가와 노동자 사이의 생산관계가 발생한 것이다. 이제 여기부터가 마르크스의 "유물론적 변증법"이다.

---

6) 『국부론』에 의하면, 상품의 가치는 "자본(기술 포함)+노동"인데, 『자본론』은 오직 "노동가치설"만을 주장한다.

마르크스의 "유물론적 변증법"은 오직 생산관계에 적용된 변증법이다. 이 것은 생산관계로서 가시적으로 목격되는 존재들에 대한 변증법적 이론이므로 "유물론적 변증법"이다. 생산관계에 참여한 모든 이해관계자들은 그 본질이 인간이다. 모든 인간들의 본능이 그러하듯이 자신들의 생존을 위해 자기중심적인 사고를 한다. 그래서 이 양자에 충돌이 발생하는 것은 당연하다. 이것을 가리켜서 마르크스는 모순이라고 한다. 마르크스의 유물론적 변증법은 결국 이 "모순 내의 원리"를 규명하고자 한 것이다.

그리고 이 모순의 골을 깊어만 간다. 자본가가 많은 기득권을 가지고 있기 때문에 이 모순은 복잡하게 확장되고 결국 서로 화해할 수 없는 "과잉결정의 상태"에 이르게 된다. 그러면서 혁명으로 귀착된다. 그리고 이 양자의 모순을 해결 될 수 없이 파국에 이르는 것이 거의 숙명이므로 여기에 '과학'이라는 이름을 붙인다. 그래서 이 마르크스의 유물론적 변증법은 "과학적 사회주의"이다. 이 이름은 엥겔스가 맨 먼저 사용한 명칭인데, 스스로가 스스로에게 붙은 이름이다.

『마르크스를 위하여』에서 말하는 〈유물론적 변증법에 대하여〉에서는 위의 내용 중에서 이러한 "변증법의 대상"을 "4.이미 주어진 구조화된 복잡한 전체(사회구성체)"의 이름으로 소개하고 있으며, 그 내부의 변증법의 원리로서 "5.모순과 과잉결정"의 이름으로 소개하고 있다.

나. 변증법적 대상 : 이미 주어진 구조화된 복잡한 전체

〈유물론적 변증법에 대하여〉에서 말하는 "이미 주어진 구조화된 복잡한 전체"는 다음과 같은 맥락에서 이해할 수 있다.

① '사회 전체'에 대한 이해 방식

그는 사회를 단순한 부분들의 합이나 단일한 중심에서 환원적으로 설명할 수 없다고 본다. 사회는 이미 구조화된 복잡한 전체이며, 여기서 구조(구조적 관계)가 각 요소의 기능과 위상을 규정한다.

② 경제 결정의 복잡성

경제가 "최종심급에서" 사회를 결정하지만, 직접적·단선적으로 작동하지 않는다. 정치, 이데올로기, 법, 철학 등은 상대적 자율성을 가지며, 서로 영향을 주고받는다. 따라서 사회는 단순 결정이 아닌 과잉결정된 구조를 가진다.

③ 역사적 총체에 대한 관점

마르크스주의적 역사 이해는 헤겔처럼 '모순의 단일한 발전 법칙'으로 환원할 수 없다. 현실의 사회 전체는 언제나 복수의 모순이 상호작용하며 형성하는 구조적 장(場)이다. 즉, "이미 주어진 구조화된 전체"란 역사적 과정 속에서 끊임없이 변동하지만, 한 시점에서는 일정한 구조를 이루고 있는 복잡하게 조직된 사회적 총체를 뜻한다.

④ 변증법적 의미

변증법은 이 구조를 단순화하거나 하나의 모순으로 환원하지 않고, 복잡성·이질성·상대적 자율성을 인정하면서 그것이 어떻게 운동하고 변화하는지를 파악하는 것이다. (챗GPT, 주어진 구조화된 전체, 2025. 8. 17)

정리하면, 알튀세르가 말하는 "이미 주어진 구조화된 전체"는 경제, 정치, 이데올로기 등의 상이한 수준이 상호작용하며 특정한 지배관계를 이루는 사회적 구조 전체를 말한다. 단순 집합이 아니라 구조적 관계망이다. 경제가 최종심급에서 결정하되, 중간 매개와 과잉결정을 통해 복잡하게 작동하는 총체이다.

다. 변증법적 활동 : 사물 자체의 본질에 대한 모순탐구

변증법의 대상은 이미 주어진 구조적 전체이다. 사회는 단순한 사건들의 총합이 아니라, 복잡하게 구조화된 전체이다. 이 전체는 경제·정치·이데올로기 등 다양한 층위로 구성되어 있다. 변증법은 이 구조적 전체의 운동 법칙을 탐구하는 것이다.

마르크스의 변증법은 복수의 모순, 다층적 구조, 특수한 지배 관계 속에서 작동한다. 역사적 전체는 단순히 "하나의 모순"이 아니라, 경제적 모순, 정치적 모순, 이데올로기적 모순 등이 서로 다른 시간성과 효과를 가지며 얽혀 있다.

① 변증법은 사물 자체의 본질 속에 있는 모순을 탐구하는 것
변증법은 "사물 자체의 본질 속에 있는 모순을 탐구하는 것이다" 또는 같은 말이지만, "대립물들의 동일성의 이론"이다. 바로 이를 통해 "변증법의 핵심이 이해되겠지만, 그러나 이것은 설명과 전개를 필요로 한다"라고 레닌은 말한다.

② 모순의 특수성
마오는 이 텍스트들을 인용하고 "설명과 전개로", 즉 그 '핵심'의 내용으로, 요컨대 모순의 특수성에 대한 정의로 나아간다. 여기서 우리는 갑자기 아주 주목해야 할 세 가지 개념과 만나게 된다. 두 개는 구별 개념이다. (a)주요 모순과 부차 모순들의 구별. (b)모순의 주요 측면과 부차적 측면의 구별. 끝으로 (c)모순의 불균등 발전. 이 개념들은 "이렇게 되어 있군"의 양식으로 제시된다. 이 개념들은 마르크스주의 변증법에 본질적인데 왜냐하면 그것들은 마르크스주의 변증법에 특유한 것이기 때문이라고들 말한다. 이런 주장들의 깊은 이론적 근거를 찾는 일은 우리의 몫이다. (알튀세르, 『마르크스를 위하여』, 335-336)

마르크스는 이렇게 변증법적 대상으로서의 사회구성체를 설정한 후, 그 내부의 '모순'을 탐구하기 시작한다. 그리고 그렇게 탐구된 '모순'과 그 모순의 '과잉결정'이 그의 변증법적 원리이다.

3. 변증법적 원리 : 모순과 과잉결정

이 모순과 과잉결정이 곧 변증법이 작동하는 원리이다. 우리는 이것을 다음 장에서 다시 살펴볼 것이다. 따라서 여기에서는 개략적인 내용만 살펴보

도록 한다.

가. "지배관계를 갖는 구조: 모순과 과잉결정"의 개략

알튀세르 『마르크스를 위하여』(Pour Marx) 6장 〈유물론적 변증법에 대하여〉 중 "지배관계를 갖는 구조: 모순과 과잉결정"은 알튀세르 사상의 핵심 중 하나인 '과잉결정(overdétermination)' 개념이 본격적으로 제시되는 곳이다. 이에 대해 일반화된 정리(챗GPT)는 다음과 같다.

① 마르크스적 모순

고전적 마르크스주의는 사회를 "토대(경제)↔상부구조(정치·이데올로기)"의 구도로 보고, 사회 발전의 원동력을 "생산력과 생산관계의 모순"(필자: 엄밀히는 "생산관계의 모순")에서 찾았다. 그러나 이때의 모순은 추상적·일반적 수준에서 정의된 것일 뿐, 현실에서는 단순히 경제적 모순 하나로만 드러나지 않는다.

② 모순의 구체적 현실화

실제 사회는 여러 층위(경제, 정치, 이데올로기 등)가 얽혀 있는 구조적 전체이다. 따라서 모순도 단순한 경제적 대립이 아니라, 이 다양한 층위 속에서 복합적으로 작동한다. 즉, 현실의 모순은 "순수한 경제적 모순"이 아니라, 이미 여러 조건에 의해 변형되고 중층화된 모순이다.

③ 과잉결정(Overdetermination)

알튀세르는 이 점을 설명하기 위해 프로이트의 개념을 빌려 "과잉결정"이라는 용어를 사용한다. 과잉결정이란, 한 모순은 다른 모순들에 의해 '결정되고 또 결정받으며', 중층적으로 형성된다는 것이다. 즉, 사회적 총체에서 경제적 모순은 언제나 정치적, 이데올로기적, 문화적 모순들과 얽혀 나타난다. 예컨대, 러시아 혁명(1917)은 단순히 "자본 vs 노동"의 모순만이 아니라, 제국주의 전쟁, 농민 문제, 국가 기구의 취약성, 민족 문제 등 여러 요소가 겹쳐져 혁명이 '가능한' 상황을 만든 것이다.

④ 지배적 모순과 2차적 모순

하지만 알튀세르는 동시에 "모든 모순이 동등하지 않다"는 점도 강조한다. 사회 구조는 언제나 "지배적 모순"(contradiction dominante)을 중심으로 조직되며, 다른 모순들은 그 지배적 모순에 종속·변형 된다. 즉, 특정 시기에는 경제적 모순이 주도적일 수 있지만, 다른 시기에는 정치적 모순(예: 국가 위기, 전쟁)이 결정적 역할을 할 수도 있다.

⑤ 변증법의 유물론적 전환

여기서 알튀세르가 말하고자 하는 건, 헤겔적 변증법과 달리, 마르크스적 변증법은 "추상적 모순 → 발전" 도식이 아니라, "구체적이고 구조화된 전체 속에서 다수의 모순들이 과잉결정된 방식으로 작동한다"는 것이다. 따라서 변증법은 "이미 주어진 복잡한 구조 전체"에 대한 분석으로 전환되어야 한다.

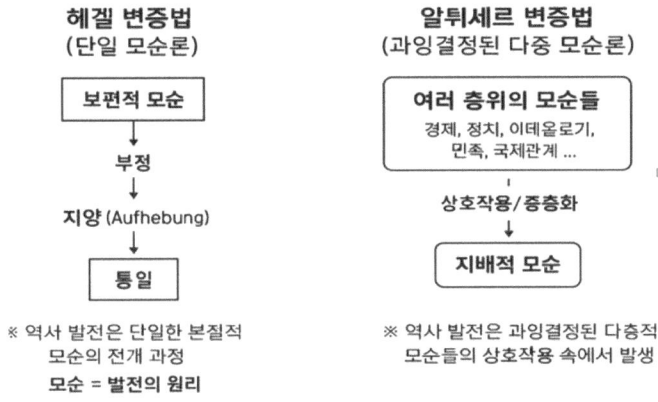

(챗GPT, 지배관계를 갖는 구조: 모순과 과잉결정, 2025. 8. 19.)

알튀세르에 의하면, 변증법은 "일원적 모순론"에서 벗어나, 현실의 다층적이고 복합적인 구조를 분석하는 과학적 방법으로 정립되어야 한다. 일원적 모순론은 헤겔과 마르크스 모두에게 해당된다. 이러한 하부구조의 생산관계와 상부구조내의 여러 모순들이 복합적으로 작용하여 과잉결정의 상태에 이른다. 이 내용이 "알튀세르 철학의 기여부분"이다. 안토니오 그람시나 알튀세르는 상부구조를 그 분석의 대상에 넣었다는 것이다.

나. 모순 : 모순들의 불균등 발전의 법칙

알튀세르가 〈유물론적 변증법에 대하여〉(≪마르크스를 위하여≫ 수록)에서 "5. 지배관계를 갖는 구조: 모순과 과잉결정"부분에서 말하는 "모순"개념은, 흔히 단순한 1차원적 대립을 의미하는 것이 아니라, 구조적·복합적 모순을 가리키고 있다.

사회의 여러 층위는 동등하지 않고, 일정한 지배–종속 관계를 맺고 있다. 경제가 최종 심급에서 지배적이지만, 정치나 이데올로기 역시 상대적 자율성을 가진다. 즉, 구조는 단순한 반영 관계가 아니라, 복합적 지배 관계로 이루어져 있다. 어떤 시기에는 특정 모순이 다른 모순들에 대해 지배적 역할을 수행한다. 그러나 이 지배적 모순은 고정적이 아니라, 역사적 상황에 따라 이동한다. 따라서 사회 전체는 "이미 주어진 구조화된 복잡한 전체"이며, 모순은 그 내부에서 "과잉결정"의 방식으로 구체적으로 작동한다. 이에 대해 일반화된 정리(챗GPT)는 다음과 같다.

① 고전적 모순 이해와의 차이
전통적(특히 헤겔식) 변증법에서는 모순이 하나의 본질적 대립, 예컨대 주인/노예, 정/반의 형태로 주어진다고 보았다. 마르크스주의 내부에서도 경제적 모순(예: 생산력과 생산관계의 모순, 자본과 노동의 모순)이 모든 것을 단순하게 "궁극적으로"설명하는 것처럼 이해되는 경향이 있었다. 알튀세르는 이 단순한 환원주의를 비판한다.
② 알튀세르의 "모순"이해
사회 전체는 단일한 모순만으로 설명되지 않고, 다양한 모순들이 동시에 존재하며 서로 얽혀 있다. 그러나 이 다양한 모순들은 단순히 나열된 것이 아니라, "지배적 모순(dominant contradiction)"과 "비지배적 모순들" 사이에 위계적 구조를 이루고 있다. 따라서 사회의 구조적 총체성 안에서, 하나의 지배적 모순이 전체의 운동을 규정하면서도, 다른 모순들의 작용과 "과잉결정(overdetermination)"을 통해 구체적인 역사적

양상을 만들어 내는 것이다.

③ "모순"과 "과잉결정"의 연결

모순은 단순히 두 항의 대립이 아니라, 여러 층위에서 작동하는 모순들의 결절점이다. 예컨대, 자본주의 사회에서는 경제적 모순(자본/노동)이 지배적이지만, 그것은 정치적, 이데올로기적, 민족적, 국제적 모순들과 얽혀 특정한 역사적 상황을 산출한다. 이 얽힘과 변형이 바로 "과잉결정"이라는 개념이다. 즉, 어떤 모순도 순수하게 "그 자체로만" 작용하지 않고, 다른 모순들에 의해 형성되고 규정됨을 뜻한다.(챗GPT, 모순, 2025.8.19.)

알튀세르에게서 '모순'은 단순한 양극 대립이 아니라, 복수의 모순들이 구조적 위계 속에서 얽혀 있는 것이다. 특정 사회 전체를 구조적으로 규정하는 지배적 모순이 있으며, 다른 모순들과 상호작용을 통해 구체적인 형태를 취한다. 따라서 모순은 언제나 과잉결정 된 모순으로만 역사 속에서 존재한다. 즉, 알튀세르가 강조하는 '모순'은 경제적 환원주의를 넘어서, 구조적 총체성 안에서 작동하는 복합적이고 과잉결정 된 모순이다.

다. 과잉결정의 개념 : 모순의 효과성과 과잉결정

마르크스적 변증법에서 모순은 단순한 대립이 아니라, 각 사회적 장치(경제·정치·이데올로기)를 통해 구체적으로 효과를 발휘한다. 즉, 경제적 모순은 단순히 '기초'로서 상부구조를 기계적으로 결정하지 않고, 정치적·이데올로기적 모순들과 얽히며, 특정 국면에서 혁명적 폭발을 가능하게 한다. 이것이 알튀세르가 말하는 '과잉결정'의 핵심이다.

역사적 사건은 단일 원인으로 설명되지 않는다. 여러 층위의 모순이 중첩·응축·전환되면서 사건을 결정한다. 혁명은 '경제적 모순' 하나가 아니라, 여러 모순의 과잉결정의 산물이다.

① 개념의 출발점

알튀세르는 정신분석(프로이트)에서 온 개념을 차용했다. 프로이트에게서 "과잉결정"은 하나의 증상이 단일 원인에서 나오지 않고, 여러 무의식적 원인들이 겹쳐 작용해 나타난다는 걸 뜻했다. 알튀세르는 이걸 사회 분석에 적용해서, 역사적 사건이나 사회적 모순은 단일 원인으로 설명될 수 없고, 복수의 모순들이 겹쳐서 특정한 결과를 낳는다고 보았다.

② 경제적 환원주의 비판

전통적 마르크스주의에서는 "경제적 모순(생산력과 생산관계의 모순)"이 최종적이고 단일한 원인으로 모든 사회 변화를 설명한다고 봤다. 하지만 알튀세르는 이런 환원주의적 이해를 비판하고, 경제가 "최종 심급에서 결정한다" 하더라도, 현실에서는 정치적, 이데올로기적, 민족적, 국제적 요인들이 모두 중층적으로 작용한다고 주장했다.

③ 과잉결정의 의미

알튀세르에게서 "과잉결정된 모순"이란, 단순한 A ↔ B의 모순이 아니라, 여러 모순들이 한 지점에 겹쳐서 폭발하거나 특정 사건을 만들어내는 것이다. 따라서 역사적 사건(예: 혁명)은 단순히 경제 모순의 자동적 결과가 아니라, 정치적·이데올로기적 모순이 중첩되어 현실에서 구체화된 결과물이다.

```
┌─────────────────────────────────────┐
│        프로이트 (정신분석)            │
│ - '증상'은 단일 원인에서 나오지 않는다 │
│ - 여러 무의식적 갈등·요인들이 겹쳐     │
│   하나의 증상으로 나타남              │
└─────────────────────────────────────┘
                  ↓
┌─────────────────────────────────────┐
│        전통적 마르크스주의            │
│ - 사회 변동의 '궁극적 원인' =         │
│   경제적 모순(생산력 ↔ 생산관계)       │
│ - 다른 모순(정치·이데올로기·민족 문제)은 │
│   2차적이고 파생적                    │
└─────────────────────────────────────┘
                  ↓
┌─────────────────────────────────────┐
│       알튀세르 (구조적 유물론)         │
│ - 사회 전체는 다층적 구조(경제·         │
│   정치·이데올로기)가 중첩              │
│ - 경제가 '최종 심급에서' 결정'하지만    │
│ - 현실 사건은 항상 다른 모순들과 얽혀 나타 │
│ - 즉, 역사적 사건 = 모순들의 '과잉결정된' │
│   산물                               │
└─────────────────────────────────────┘
```

④ 예시 : 러시아 혁명

1917년 러시아 혁명은 단순히 "자본/노동"의 모순 때문만이 아니었다. 후진적 농업경제, 제1차 세계대전, 제정 러시아의 정치적 억압, 민족 문제, 사회주의 정당들의 조직력 등이 모두 겹쳐서 "가장 약한 고리"였던 러시아에서 혁명이 폭발했다. 이것이 바로 알튀세르가 말하는 "모순의 과잉결정"의 전형적인 사례이다.

〈유물론적 변증법에 대하여〉의 "과잉결정"은, 모순은 항상 복합적·중층적으로 규정된다는 인식이다. 경제적 모순이 최종적으로 결정력을 가지지만, 현실에서는 정치·이데올로기·국제관계 등 다른 모순들에 의해 "과잉결정"된 형태로만 나타난다. 따라서 "역사적 변화 = 단일 원인의 결과"가 아니라, 복수 모순들의 구조적 결합의 산물이다.

라. [비판]"레닌의 러시아 혁명"은 과학적 사회주의인가, 재앙적 혁명인가?

알튀세르는 러시아 혁명을 "모순-과잉결정-러시아혁명"의 도식으로 그 필연성을 설명하며, 이 "모순-과잉결정-혁명"의 변증법적 과정을 과학적 사회주의라고 말한다. 이 자본주의 사회의 '모순'이 '변증법적 원리(과학)'를 따라 '과잉결정'의 '혁명'에 이른다는 것이다. 그런데, 러시아를 제외한 모든 자본주의 국가에서는 이 혁명이 일어나지 않았다. 도리어 수정 자본주의와 복지 자본주의 시대를 열었다.

먼저, 자본주의 사회에서의 '경제적 모순'은 항상 '조정'을 일으킨다. 이 기반이 무너지면, 노동자의 일자리가 사라지기 때문이다. 그래서 모든 자본주의 국가에서는 오늘날의 수정 자본주의 혹은 복지 자본주의라는 시대를 열었다.

두 번째, '과잉결정'의 '혁명'은 항상 경제적 모순에서 일어나지 않았고, 다른 복합적 요소들에 의해 일어났는데, 그것은 지배계급의 죄악에 대한 심판 차원에서 일어났다. 그래서 지배계급이 파괴되고, 모든 재산이 몰수되며, 노동자가 중심이 된 새로운 국가가 건설되었다. 러시아의 죄악에 심판이 임한 것이다. 그래서, 그러한 국가는 경제붕괴라는 재앙 속으로 들어간다.[7] 이러한 파괴적인 혁명을 변증법적 역사발전이라고 말할 수 없다.

세 번째, 자본주의 시대 이후의 새로운 시대는 생산수단의 변화와 함께 도래한다. 자본주의-공산주의는 생산관계의 변화인데, 여기에서 공산주의는 그 나라의 재앙이다. (필자)

---

7) 중국경제 : 최근 중국경제의 약진을 공산주의의 새로운 모습으로 바라보는 경향이 존재한다. 그러나, 면밀히 검토해보면, 이 중국공산주의는 세계 경제의 붕괴라는 화약고로 작용하고 있다. 그들은 공산주의를 숨기고 자본주의 세계에 들어와 세계 제조업 생태계를 교란시키고 있다. 그들은 국가가 개인들이 경쟁하는 자유시장경제체제에 들어와서 모든 주변국들의 개인기업들을 도태시키고 있다. 이것은 종말적 재앙의 일환이다.

4장 모순과 과잉결정

1. 헤겔 변증법의 전도

가. 헤겔 변증법의 마르크스적 전도

알튀세르의 『마르크스를 위하여』의 3장 "모순과 과잉결정"을 시작하기에 앞서 "헤겔 변증법에 대한 마르크스의 전도"를 먼저 말한다. 그것은 경제의 하부구조 내에서 존재하는 모순과 상부구조 내에 존재하는 모순이 서로 결합을 하여 혁명으로 이어진다는 것을 설명하기 위해서 였다. 따라서 "모순과 과잉결정"을 이해하기 위해서는 전도된 헤겔의 변증법을 먼저 이해해야 한다.

알튀세르가 『마르크스를 위하여』에서 말하는 "헤겔 변증법에 대한 전도"는, 마르크스가 헤겔의 변증법을 그대로 폐기한 것이 아니라, 그 방향과 토대를 거꾸로 뒤집어 재구성했다는 뜻이다. 알튀세르는 다음과 같이 말한다.

① 거꾸로 서있는 헤겔의 변증법
"헤겔의 경우에 변증법은 거꾸로 서 있다. 그 신비적 외피 속에서 합리적 핵심을 찾아 내려면 그것을 전도해야 한다"라는 잘 알려진 구절에서 '전도'라는 정식은 직설적인 것일 뿐 아니라 은유적이기까지 하며, 문제를 해결하려는 만큼이나 또한 제기한다는 의견을 제시하고자 한다. (알튀세르, 『마르크스를 위하여』, 161)
② 현실세계에 적용한 마르크스의 변증법
이를 좀더 자세히 살펴보기로 하자. 일단 변증법이 관념론적 외피로부터 추출되면 그것은 "헤겔 변증법의 정반대"가 된다. 이는 변증법이 헤겔의 이상화되고 전도된 세계에 관련되기를 그만두고 이제는 마르크스에게 와서 현실세계에 적용되리라는 것을 의미하는가? 바로 이런 의미에서 헤겔은 "변증법의 일반적 운동 형태들을 최초로 포괄적이고 의식적인 방식으로 서술한" 인물이었다. 따라서 관건은 헤겔에게서 변증법을 되찾아

서 그것을 이념이 아닌 삶에 적용하는 것이었다. '전도'는 변증법의 '방향'의 전도가 될 것이다. 그러나 이런 방향의 전도는 실상 변증법을 손대지 않은 채로 놓아둘 것이다. (알튀세르, 『마르크스를 위하여』, 164)

③ 신비적 변증법 vs 합리적 변증법

마르크스는 "변증법이 헤겔의 수중에서 기만을 겪었다"라고까지 말하며, 이 기만적 측면과 신비화된 형태에 대해서 말하고, 정확히 헤겔 변증법의 이 신비화된 형태에 자신의 변증법의 합리적 형상을 대립시킨다. (알튀세르, 『마르크스를 위하여』, 167)

그 내용을 체계적으로 설명하면 다음과 같다.

① 헤겔 변증법의 기본

헤겔은 역사와 현실을 정신(이념)의 자기전개 과정으로 본다. 현실 세계의 변화는 절대정신의 자기 전개라는 형이상학적 틀 안에서 설명된다. 따라서 역사 운동의 궁극적 주체는 사유, 이념, 정신이다.

② 마르크스의 '전도'

마르크스는 『정치경제학 비판 서문』(1859)과 『자본론』 서문 등에서 "헤겔의 변증법은 거꾸로 서 있으니, 나는 그것을 다시 바로 세웠다"라고 표현하였다. 정신에서 물질이 아니라, 물질에서 정신이다. 역사 발전의 원동력은 '사유'가 아니라 '물질적 생산과 사회적 관계'이다. "존재가 의식을 규정한다"는 유물론 원칙에 따라 변증법을 재해석하였다.

③ 알튀세르의 해석

『마르크스를 위하여』에서 알튀세르는 이 '전도'를 단순히 '정신을 물질로 바꿨다'는 얕은 해석으로 보지 않는다. 그는 이렇게 본다.

먼저, 형이상학적 주체의 제거이다. 헤겔의 변증법에서는 모든 운동이 하나의 '전체(절대정신)' 속에 통합되지만, 마르크스 변증법에서는 역사 발전의 주체로서 초월적 '정신'이 사라진다.

두 번째, 구체적 역사과정의 복수성이다. 헤겔은 역사를 하나의 필연적 발전사로 통일하지만, 마르크스는 다양한 사회구성체의 고유한 운동 법칙을 인정한다.

세 번째, 과학적 유물론으로의 전환이다. 변증법은 더 이상 철학적 사변이 아니라, 역사적·경제적 분석의 과학적 방법론이 된다.

④ 간단한 비유

헤겔은 "정신이 스스로를 드러내려고 역사라는 무대에서 연극을 한다."고 말한다. 반면 마르크스는 "배우는 정신이 아니라, 인간들이 먹고 살기 위해 벌이는 물질적 활동이다. 이 활동이 역사 무대를 만든다."

- 헤겔 변증법의 마르크스적 전도 -

구분	헤겔 변증법	마르크스 변증법 (전도)
철학적 출발점	절대정신(관념) → 물질 세계	물질적 현실(생산, 노동) → 사상·관념
역사 발전 원리	관념의 자기 전개과정	물질적 조건과 생산관계의 변화
원인-결과관계	정신이 물질을 규정	물질이 정신을 규정
역사 이해 방식	역사 = 절대정신의 자기인식	역사 = 생산력·생산관계의 변증법적 운동
변증법 적용대상	사유(논리)와 개념발전	현실 사회와 역사적 변화
주체	절대정신의 자기운동	계급 투쟁과 인간의 실천
결과	관념의 자기완성(절대지)	사회의 물질적 변혁과 해방

나. "모순과 과잉결정"의 개략

알튀세르는 마르크스의 변증법이 헤겔의 변증법이나 단순한 경제결정론과 다르다고 본다. 특히 혁명적 상황이 발생하는 과정을 설명하려면, 모순을 경제와 다른 요소들로 단순화하여 생각하는 것으로는 부족하다고 말한다. 레닌이 러시아 혁명을 분석할 때 사용한 "구체적 모순 분석"이 여기에 중요한 참조점이 된다. 이에 대해 일반화된 정리(챗GPT)는 다음과 같다.

① 모순(Contradiction)

마르크스의 '모순'은 계급모순으로서 생산력과 생산관계의 모순을 말한다. 그러나 알튀세르는 모순이 단선적·단일 수준으로 작동하지 않는다고 지적한다. 사회구성체는 복수의 모순, 즉 경제·정치·이데올로기·국제 환경 등이 상호작용하는 구조이다.

② 과잉결정(Overdetermination)

과잉결정은 프로이트의 정신분석학 용어에서 차용한 개념으로서, 하나의 사건·현상은 단일 원인이 아니라 여러 원인들이 중첩·교차해 결정된다는 것이다. 사회혁명도 기본 모순(경제적)이 다른 모순들(정치·민족·이데올로기·국제정세 등)에 의해 '과잉결정'된 결과로 발생한다. 즉, 경제적 모순이 항상 정치적·이데올로기적 형태로 구체화되어 나타난다.

③ 경제 결정의 '최종심'

경제가 최종심(최종 인과성)을 결정하긴 하지만, 실제 역사적 시점에서는 정치·이데올로기·문화적 요인들이 현실 결정에서 더 강하게 작용할 수 있다. 예컨대, 1917년 러시아의 경우, 경제적 낙후, 제1차 세계대전, 민족 문제, 국가 구조의 취약성 등이 중첩을 이루었다.

④ 헤겔과의 차이

헤겔의 변증법은 단일 모순이 자기 전개를 통해 해소가 된다. 그런데, 마르크스(알튀세르 해석)의 경우, 다수의 모순이 구조 속에서 상호작용하며 발전한다. 그래서 단일 직선이 아니라, 복합적 역사과정이다.

⑤ 혁명 이해

혁명은 단순히 '경제 위기는 정치 위기'가 아니라, 복합적 모순의 결합점에서 폭발한다. 이 결합점은 구조의 각 층위(경제·정치·이데올로기)에서의 모순들이 한 시점에 동시에 고조될 때 형성된다.

"경제는 최종심에서 결정한다. 그러나 이 '최종심'은 결코 고립적으로 작동하지 않으며, 항상 정치와 이데올로기의 특수한 효과를 통해서만 작동한다."(챗GPT, 모순과 과잉결정, 2025.8.15.)

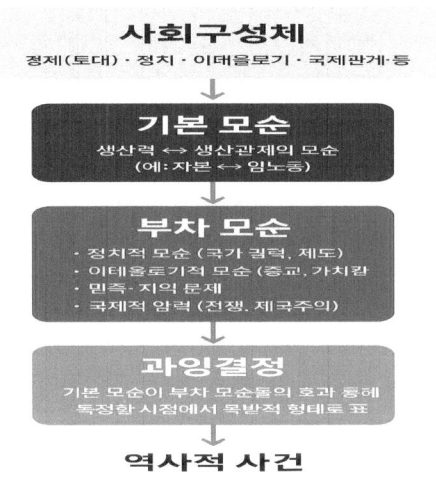

다. "모순과 과잉결정 이론"을 통한 "유물사관" 비판

헤겔의 변증법을 개조한 마르크스식 전도 개념에는 중요한 한계가 존재한다. 마르크스의 "유물사관"에 의하면, 생산수단의 변화에 의해 역사가 변하며, 그 결과 자본주의 다음은 공산주의라고 말한다. 그런데, 정작 마르크스의 이론을 보면, 생산수단의 변화가 아니라, 생산관계에 의한 변화로서의 "모순과 과잉결정이론"을 통해 자본주의 다음 시대로서 공산주의를 말하고 있다. 이것은 서로 모순되는 이론이다.

먼저, 헤겔 변증법을 전도한 마르크스의 유물사관 도식에서 역사발전의 원리는 생산수단의 변화에서 촉발된다. 그 결과 고대 노예제에서 중세 농노제로, 중세 농노제에서 근현대의 자본주의로 이행해 왔다. 그 다음 세대가 도래하기 위해서는 생산수단의 변화가 있어야 한다. 이 생산수단의 변화는 정신의 작용이다. 특히 과학의 발견은 정신에 의한 것임이 근세철학자들을 통해 논증이 되었다. 따라서 먼저 유물론 자체가 하나의 오류 혹은 누락에서 출발한다.

두 번째, 공산주의에 과학적 사회주의라는 이름을 붙이기 위해서는 새로운 생산수단의 상부구조로서 공산주의가 나타날 때 붙여야 하는 이름이다. 따라서 공산주의를 "과학적 사회주의"라고 불러서는 안 된다.

세 번째, 알튀세르의 "모순과 과잉결정" 이론은 공산주의 혁명의 논리를 말하고 있다. 그런데, 그 논리를 보면, 생산수단의 변화가 아니라, 자본주의 내의 모순에서 시작되어 그것을 시정하는 것으로 종료된다. 통치자의 부조리가 극에 달하여, 모순들이 중첩되어서 일어나는 혁명이론이 "모순과 과잉결정이론"이며, 이것은 부정이 축적되었을 때 일어나는 혁명논리이지 과학이 아니다. 이것이 사회주의 혁명의 본질이다. 여기에 과학적 사회주의라는 이름을 붙일 수는 없다. 과학적이라는 이름은 생산수단의 변화와 함께 사용되어야 하는 이름이다.

네 번째, 한 나라의 정치가들 혹은 국민들이 기본적인 도덕질서를 준수하여 자유민주주의를 수호한다고 할 경우, 여기에서는 모순은 존재할 지언정 과잉결정의 혁명은 일어나지 않는다. 그러나 그 나라가 부패하여 과잉결정으로 인한 공산주의 혁명이 일어나 성공할 경우, 그것은 그 나라에 대한 심판이며 재앙이지 그것을 역사의 발전이라고 말할 수 없다. 따라서 "모순과 과잉결정이론"은 공산주의 혁명을 위한 논리이지, 역사발전의 선한 이야기가 아니다. (필자)

2. 모 순

가. 레닌의 "가장 약한 고리"

『마르크스를 위하여』 3장 〈모순과 과잉결정〉은 알튀세르가 마르크스의 변증법을 재해석하는 핵심 논문이다. 여기서 알튀세르는 특히 '모순' 개념을 레닌의 해석을 거쳐 '과잉결정(overdétermination)' 개념으로 확장한다.

알튀세르는 마르크스의 '모순' 개념을 설명하기 위해 레닌의 "가장 약한 고리"에 대한 이야기를 먼저 한다.

"가장 약한 고리"라는 레닌주의적 주제를 분명한 예로 삼아 마르크스주

의적 모순 개념을 잠시 생각해 보겠다. …(알튀세르, 『마르크스를 위하여』, 170)

알튀세르가 『마르크스를 위하여』에서 말하는 "레닌의 가장 약한 고리"는 레닌의 유명한 "제국주의 사슬의 가장 약한 고리" 개념을 이론적으로 재해석한 부분이다. 알튀세르는 이 개념을 원용하여 모순의 개념을 설명한다. 이에 대해 일반화된 정리(챗GPT)는 다음과 같다.

① 레닌의 원래 의미

레닌은 제국주의 시대의 세계 자본주의 체제를 하나의 '사슬'로 보고, 이 사슬은 여러 국가·민족 단위의 고리로 이루어져 있다고 보았다. 각 고리의 '강도'는 경제적·정치적 조건, 계급 투쟁 수준 등에 따라 달랐다. 이때, 혁명은 반드시 가장 발전된 나라에서 먼저 일어나는 게 아니라, 이 사슬에서 "가장 약한 고리(혁명 조건이 가장 성숙한 국가)"에서 먼저 끊어진다고 주장하였다. 실제로 러시아가 당시 자본주의의 '약한 고리'였다고 보고, 거기서 혁명이 먼저 일어났다고 분석하였다.

② 알튀세르의 재해석

알튀세르는 레닌의 이 개념을 단순한 정치·전략 개념으로만 보지 않고, 이론적 방법론으로 확장했다. 즉, 역사 유물론의 '비균등 발전' 개념과 연결하여 사회 각 요소(경제, 정치, 이데올로기)는 서로 다른 속도·리듬으로 발전하며, 모순이 가장 격렬하게 집중되는 지점이 '약한 고리'가 된다. 약한 고리는 전체 구조의 취약점을 드러내는 자리이자, 혁명적 돌파구가 되는 자리이다. 따라서 혁명 전략은 단일한 법칙이 아니라, 구체적 역사·구조 분석을 통해 그 '고리'를 찾아내야 한다.

③ 『마르크스를 위하여』에서의 '약한 고리'

약한 고리는 필연적으로 존재한다. 그러나 어디가 약한 고리인지는 분석 없이는 알 수 없다. 약한 고리는 전체 구조적 모순의 압축된 표현이다. 단지 '가장 뒤처진 국가'라는 뜻이 아니다. 레닌의 방법은 과학적 역사

분석의 한 사례이며, 경제결정론을 피하고, 정치와 이데올로기의 상대적 자율성을 인정한 것이다. 이것은 혁명의 보편적 도식이 아니라, 구체적 상황 분석에 따라 다르게 드러난다.(챗GPT, 약한고리, 2025. 8. 15.)

결국, 약한 고리이론은 "구조(세계 자본주의) → 불균등 발전 → 모순의 집중 → 약한 고리 → 혁명 발생"으로 도식화된다.

나. 러시아 혁명이 승리한 이유 ; 여러 가지의 복합적인 이유들

알튀세르는 "왜 러시아에서 혁명이 가능했고, 왜 러시아에서 혁명이 승리했는가? 러시아에서 혁명은 러시아를 넘어서는 이유 때문에 가능했다"고 말한다.

"가장 약한 고리 이론"은 확실히 혁명당에 대한 레닌의 이론 속에서 레닌을 인도했으며, 또한 혁명 자체에 대한 레닌의 고찰을 고취했다. 왜 러시아에서 혁명이 가능했고, 왜 러시아에서 혁명이 승리했는가? 러시아에서 혁명은 러시아를 넘어서는 이유 때문에 가능했다.(알튀세르, 『마르크스를 위하여』, 171)

그리고 그 여러 가지 이유들을 다음과 같이 나열한다. 그리고 그러한 여러 이유들이 중첩되어서 약한 고리를 이루게 된 것이었다.

① 제국주의 전쟁의 발발과 인류의 혁명적인 상황

그것은 제국주의 전쟁의 발발과 더불어 인류가 객관적으로 혁명적인 상황에 들어섰기 때문이다. 제국주의는 낡은 자본주의의 '평화적' 외모를 깨버렸다. 산업 독점체들의 집중과 산업 독점체들의 금융 독점체들에로의 종속은 노동 착취와 식민지 착취를 가중시켰다. 독점체들 간의 경쟁은 전쟁을 피할 수 없게 만들었다. 그러나 바로 이 전쟁이 수많은 대중들과 나아가 그들로부터 징병이 이루어진 식민지 인민들을 끝없는 고통

속에 몰아넣었고. 엄청난 숫자의 병사들을 대량 학살 속에, 그러나 또한 역사 속에 집어던졌다. 모든 나라에서 전쟁 경험과 전쟁의 공포는 자본주의적 착취에 대항하는 한 세기 전체에 걸친 긴 저항의 중계소와 계시자로서 역할을 했다. 그것은 또한 이 저항에 마침내 충격적인 자명성과 행동의 실질적 수단들을 제공함으로서 저항의 집중점으로서 복무했다.

② '가장 낙후한' 나라인 러시아에서만 혁명의 승리

그러나 유럽의 대부분의 인민 대중을 사로잡은 이런 결말은 유럽에서 '가장 낙후한' 나라인 러시아에서만 혁명의 승리를 초래했다. 왜 이런 역설적 예외가 벌어졌는가? 그 근본적인 이유는 바로 러시아가 가장 약한 고리였다는 데 있다.

③ 세계대전

세계대전은 이 취약성을 악화시키고 심화시켰다. 그러나 이 취약성이 전쟁 때문인 것만은 아니다.

④ 1905년의 혁명, 차르 치하의 취약성

1905년 혁명이 그 실패 속에서도 이미 차르 치하 러시아의 취약성을 입증했고 그 정도를 드러내 주었다. 그 취약성은 한 국가 내에서 당시 가능했던 모든 역사적 모순들의 축적과 심화라는 특유한 양상에서 초래된 것이다.

⑤ 봉건적 착취체제의 모순들 : 농민 반란

이 역사적 모순들은, 20세기의 여명기에 사제들의 사기 행각에 도움을 받아 방대한 규모의 '미개한' 농민 대중을 짓눌렀고 위기가 격화될수록 더욱 잔학해진 봉건적 착취체제의 모순들이었다. 이것은 특이하게 농민 반란을 노동자 혁명에 접근시킨 상황이었다.

⑥ 자본주의적 착취의 모순들

대도시와 그 근교, 광산지역, 유전지역 등에서 광범위하게 발달한 자본주의적·제국주의적 착취의 모순들, 인민 전체에 부과된 식민지 착취 및 식민지 전쟁의 모순들.

⑦ 농촌의 중세적 상태

농촌의 중세적 상태 사이의 거대한 모순.

⑧ 계급투쟁의 심화

착취자와 피착취자 사이에서 뿐만 아니라 지배계급들 내부에서도 벌어지는 나라 전체에 걸친 계급투쟁의 심화.

⑨ 차르체제 하의 러시아 혁명 엘리트의 '선진적' 성격

이상의 모순들에, 사건들의 세부 수준에서, 러시아에서 내적·외적 모순들이 이렇게 '얽히는 것' 밖에서는 이해될 수 없는 다음과 같은 또 다른 '예외적' 정황들이 추가된다. 즉, 차르체제의 탄압하에서 망명할 수 밖에 없었고, 그리하여 망명지에서 서유럽 노동자 계급의 정치적 경험의 유산을 이어받고 스스로 '교육한' 러시아 혁명 엘리트의 '선진적' 성격.

⑩ 소비에트 대중들의 정치적 조직의 새로운 형태

일반적으로 모든 심각한 위기의 시기에 그러하듯이 계급 관계를 생생하게 드러내 주고 결정화시킨, 그리고 또한 소비에트라는 대중들의 정치적 조직의 새로운 형태를 발견하게 해준 1905년 혁명이라는 '마지막 총연습'.

⑪ 프랑스와 영국 부르주아지의 지원

이상의 것들에 못지않게 독특한 마지막 정황으로, 제국주의 국민들의 피로가 볼셰비키로 하여금 역사 속에서 '돌파구'를 열 수 있도록 제공한 뜻밖의 '휴식'과, 차르를 쫓아내고자 결정적 순간에 혁명놀이를 한 프랑스와 영국 부르주아지의 의도된 것은 아니지만 효과적이었던 지원.

⑫ 러시아의 특권적 상황

요컨대 가능한 혁명을 앞둔 러시아의 특권적 상황은 그 세부적 정황들에 이르기까지 다른 나라에서는 찾아 볼 수 없었던 역사적 모순들의 축적과 격화에 기인한다. 러시아는 제국주의 세계에 비해 적어도 한 세기가 뒤늦었으면서도 동시에 그 첨병이었다. (알튀세르, 『마르크스를 위하여』, 171-174)

다. 모순들의 축적

알튀세르는 레닌의 약한 고리를 역사적 모순들의 축적이며 거대한 모순이라고 말한다. 일반적인 모순으로는 혁명을 초래할 수 없다. 이 모순이 '능동적'인 단절의 원리가 되기 위해서는, '정황들'과 '흐름들'이 하나의 단절의 통일성 속으로 '융합'되도록 축적되어야 한다. 이 모순들에는 생산관계, 상부구조, 국제정세로부터 도출되는 근본모순들이 있다. 이 모순들은 여러 심급들이 있으며, 이러한 모순들은 통일성을 재구성하며 완성된다. 그래서 결국 모순들이 축적되어 과잉결정 상태에 이르게 된다.

① 약한고리, 역사적 모순들의 축적(거대한 모순)

자본주의 발전의 불균등성은 1914년 전쟁을 통해 러시아 혁명으로 귀결한다. 그 이유는 인류 앞에 열린 혁명의 시기에 러시아가 제국주의 국가들의 사슬의 가장 약한 고리였기 때문이고, 러시아에 당시 가능했던 가장 많은 양의 역사적 모순들이 축적되었기 때문이며, 러시아가 가장 뒤쳐졌으면서도 가장 앞선 국민이었는데, 이것은 분열된 그 지배계급들이 회피할 수도 해결할 수도 없었던 거대한 모순이었기 때문이다. 달리 표현하면, 러시아는 프롤레타리아 혁명의 전야에 부르주아 혁명에 지체되어 있었고, 따라서 두 혁명을 동시에 잉태하고 있었으며, 하나를 미룬다 해도 다른 하나를 억제할 수 없었다. …(알튀세르, 『마르크스를 위하여』, 175)

② 혁명을 초래할 수 없는 일반적 모순

그렇다면 이런 실천적 실험들과 그것들에 대한 이론적 해설들을 어떻게 요약할 것인가? 마르크스주의적인 혁명적 경험은 다음과 같은 것을 입증한다고 말하는 수밖에 없을 것이다. 즉, 일반적 모순은 혁명이 "당면 과제로 되어 있는" 상황을 규정하는 데는 충분할지라도, 결코 그 자신의 단순한 직접적 힘으로 "혁명적 상황"을 초래할 수는 없고, 하물며 혁명적 단절의 상황과 혁명의 승리를 초래할 수는 있는 것은 더욱 아니라는 것 말이다.

③ 모순들의 융합과 축적

이 모순이 강한 의미에서 '능동적'으로 되기 위해서는, 즉 단절의 원리가 되기 위해서는, '정황들'과 '흐름들'이, 그 기원과 방향이 어떠하든 간에, 하나의 단절의 통일성 속으로 '융합'되도록 축적되어야 한다. 이런 단절의 통일성이 형성되는 것은 이 '정황들'과 '흐름들'이 인민 대중의 거대한 대다수를 지도적 계급들이 방어할 능력을 상실한 체제에 대한 공격에 집결시키는 결과를 달성할 때이다. 이런 상황은 근본적 조건들이 "단일의 국민적 위기" 속으로 '융합할' 것을 전제할 뿐만 아니라, 별도로 고려된 각 조건 자체가 또한 모순들의 '축적'으로 '융합'할 것을 전제한다. 달리 어떻게, 계급들로 분할된 인민 대중이, 의식적으로 또는 의식하지 못한 가운데, 기존 체제에 대한 총공격에 함께 투신할 수 있었겠는가? (알튀세르, 『마르크스를 위하여』, 177-178)

④ 생산관계, 상부구조, 국제정세로부터 도출되는 근본모순

물론 이 시대를 지배하는 근본모순은 이런 모든 모순들 속에서, 그리고 이 모순들의 '융합' 속에서까지, 작동하고 있다. 그렇지만 엄밀히 말해서 이 '모순들'과 그것들의 '융합'이 근본모순의 순수한 현상에 불과한 것이라고 주장할 수 없다. 왜냐하면 '융합'을 달성하는 '정황들'과 '흐름들'은 모순의 항들 가운데 하나이면서 동시에 이 모순의 존재조건이기도 한 생산관계들로부터 도출된다. 그것들은 고유한 견고성과 효력을 지닌 심급들인 상부구조들로부터, 자기 특유의 역할을 행사하는 결정으로서 개입하는 국제정세 자체로부터 도출된다.

⑤ 통일성을 재구성하며 완성하는 여러 심급들

즉, 작용 중인 각각의 심급을 구성하는 '차이들'은 하나의 현실적 통일성 속으로 "뒤섞여 들어가는" 것이지만, 하나의 순수한 현상으로서 하나의 단순한 모순의 내적 통일성 속으로 '해소'되는 것이 아니다. 혁명적 단절의 이런 '융합' 속에서 이 심급들이 구성하는 통일성은 이 심급들의 본질에 따라 그리고 이 심급들의 고유한 효력에 따라, 즉 이 심급들의 본모습으로부터 그리고 이 심급들의 행위의 특유한 양태들에 따라 구성된다. 이 심급들은 이 통일성을 구성하면서 자신들을 작동시키는 근본적

통일성을 재구성하고 완성한다.

⑥ 과잉결정 되는 모순들

그러면서 이 심급들은 이 근본적 통일성의 다음과 같은 본성을 지시해 준다. 즉 '모순'은 자신이 그 속에서 작용하는 사회적 몸체 전체의 구조로부터 분리될 수 없고, 자신의 실존의 형식적 조건들로부터 분리될 수 없으며, 자신이 지배하는 심급들로부터도 분리될 수 없다. 따라서 모순은 그 자체가, 그 핵심에서, 이 심급들에 의해 영향 받으며, 하나의 동일한 운동 속에서 결정적이면서 또한 결정되고, 자신이 작동시키는, 사회구성체의 다양한 수준들과 다양한 심급들에 의해 결정된다. 우리는 모순은 그 원리상 과잉결정된다고 말할 수 있을 것이다.(알튀세르, 『마르크스를 위하여』, 179-180)

이 모순들이 과잉결정의 상태에 이르러야 혁명이 발생한다. 그래서 이러한 과잉결정의 상태를 이해하기 위해서 먼저 사회구성체에 대한 이해가 필요하다.

3. 사회구성체에 대한 이해

가. 과잉결정에 이르지 않는 헤겔의 모순

알튀세르에 의하면, 헤겔의 모순은 과잉결정 되지 않는다. 헤겔적 모순의 단순성은 한 민족의 이런 내적 원리의 단순성의 반영에 불과한 것, 다시 말해 한 민족의 물질적 현실이 아니라 가장 추상적인 이데올로기의 반영에 불과한 것이기 때문이다. 그런데 헤겔의 모순들 중에서 물질적 생활(시민사회, 즉 경제)이 헤겔의 경우 이성의 간지(奸智)에 불과한 것이지만, 마르크스에게는 정치적-이데올로기적인 것의 본질이 경제적인 것이 된다. 이것은 이제 과잉결정에 이르게 한다.

① 실제로 과잉결정 되지 않는 헤겔의 모순

사실 헤겔 모순은, 비록 종종 과잉결정 된다는 겉모양을 띰에도 불구하고, 결코 실제로 과잉결정 되지 않는다. 예컨대 의식의 '경험들'과 절대지의 도래에서 정점에 이르는 이 '경험들'의 변증법을 기술하는 『정신현상학』에서 모순은 단순한 것으로 나타나지 않고 반대로 대단히 복잡한 것으로 나타난다. 엄밀히 말해 오직 첫 번째 모순인 감성적 확신과 그것의 지(知)사이의 모순만이 단순하다고 말할 수 있다. 그러나 의식의 생산의 변증법 속으로 전진해 나가면 나갈수록 의식은 더욱 풍부해지고 의식의 모순은 더욱 복잡해진다. 그렇지만 이런 복잡성은 실제적 과잉결정의 복잡성이 아니라, 과잉결정의 겉모양만을 갖는 누적적 내부화의 복잡성이라는 것을 우리는 드러낼 수 있을 것이다.(알튀세르, 『마르크스를 위하여』, 181)

② 헤겔적 모순의 단순성

헤겔적 모순의 단순성은 한 민족의 이런 내적 원리의 단순성의 반영에 불과한 것, 다시 말해 한 민족의 물질적 현실이 아니라 가장 추상적인 이데올로기의 반영에 불과한 것이기 때문이다. 그리하여 또한 헤겔은 고대 동양 세계로부터 오늘날에 이르는 보편사를 '변증법적'인 것으로, 즉 단순한 모순의 원리의 단순한 작용에 의해 움직이는 것으로 우리에게 제시할 수 있었다. 이 때문에 사실상 헤겔에게는 진정한 단절이, 현실적 역사의 실제적 종말이 없고, 또한 근원적 시작도 없다. 이 때문에 헤겔의 역사철학은 한결같이 '변증법적' 변이들로만 가득 차 있다.(알튀세르, 『마르크스를 위하여』, 184)

③ 이성의 간지에 불과한 헤겔의 모순

헤겔의 경우에 물질적 생활(시민사회, 즉 경제)은 이성의 간지(奸智)에 불과한 것으로, 자율성의 겉모습 속에서 자신에게 낯선 법칙에 의해 움직여진다. 이 법칙이란 물질적 생활의 존재 조건이기도 한 물질적 생활의 목적, 즉 국가, 따라서 정신적 생활을 말한다.

④ 마르크스 : 정치적-이데올로기적인 것의 본질이 경제의 본질

그런데 여기에도 외견상 마르크스를 탄생시키는 모습을 취하면서 헤겔

을 전도하는 하나의 방식이 있다. 그것은 바로, 시민사회와 국가, 경제와 정치 – 이데올로기라는 헤겔의 용어들을 전도하는, 즉 이 용어들을 보존하는 방식이다. 단 본질을 현상으로 전화시키고, 현상을 본질로 전화시키면서, 달리 말해 이성의 간지를 반대 방향으로 작동시키면서 말이다. 헤겔에게 경제의 본질이 정치적–이데올로기적인 것인 반면, 마르크스에게는 정치적–이데올로기적인 것의 본질이 경제적인 것이 된 것이다. (알튀세르, 『마르크스를 위하여』, 191)

나. 마르크스의 경제주의 : 헤겔의 전도

알튀세르의 마르크스에 의하면, 헤겔의 변증법에는 혁명이 존재하지 않는다. 관념의 변화와 이성의 변화일 뿐이다. 알튀세르는 이것을 '이성의 간지(奸)'라고 표현한다. 이때 마르크스는 정치적인 것, 이데올로기적인 것은 그것들의 '진리'인 경제적인 것의 순수한 현상에 불과하다. 한 민족을 이해하기 위한 유일한 원리가 물질적 삶, 경제라는 단순한 원리에 의해 대체되는 것이다. 마르크스는 맷돌, 물레방아, 증기기관의 생산수단이 역사의 분기점에 서있다. 즉 경제구조의 변화에 의해 정치적인 것, 이데올로기적인 것의 변화를 맞게 되었다. 헤겔 변증법의 정확한 짝을 갖게 된 것이다. 여기에서 헤겔 변증법의 전도가 일어난 것이다. 알튀세르는 이것을 가리켜서 철학적–경제학적 현상학으로서의 마르크스 철학이 출현한 것으로 보고 있다.

① 경제적인 것의 순수한 현상에 불과한 정치적·이데올로기적인 것
정치적인 것, 이데올로기적인 것은 그것들의 '진리'인 경제적인 것의 순수한 현상에 불과하게 될 것이다.… 한 역사적 민족의 모든 규정들의 이해 가능성의 유일한 원리가 되는 물질적 삶, 경제라는 단순한 원리에 의해 대체되는 것이다.
② 경제의 짝으로서의 정치적·이데올로기적인 것
희화인가? 맷돌, 물레방아, 증기기관에 대한 마르크스의 유명한 구절을 자구 그대로 받아들이거나 맥락에서 분리해 받아들이면 바로 이런 방향

으로 나아가게 된다. 이런 유혹의 지평에서 우리는 헤겔 변증법의 정확한 짝을 갖게 된다. …

③ 마르크스의 역사적 유물론

이런 유혹은 역사의 변증법을 계기적 생산양식들을 발생시키는 변증법으로, 즉 극단적으로는 생산의 상이한 기술들로 근원적으로 환원하는 것으로 귀결한다. 마르크스주의의 역사에서 이런 유혹들은 경제주의 그리고 기술주의라는 고유한 이름으로 등장한다. …

④ 헤겔 변증법의 전도로서의 마르크스 철학

이제 외관상의 엄밀성 속에서 '전도'라는 허구를 유지하는 것은 결정적으로 불가능하다. 왜냐하면 실은 마르크스는 사회에 대한 헤겔적 모델의 용어들을 '전도'하면서 그 용어들을 보존하지 않았기 때문이다. 마르크스는 이 용어들과는 아주 먼 관계만을 가질 뿐인 다른 용어들을 대체했다. 게다가 그는 그에 앞선 시기에 이 용어들 사이를 지배하던 관계를 뒤 엎었다. 마르크스의 경우에는 용어들과 동시에 그 용어들 간의 관계의 성격과 의미가 변화한다.

우선 용어들이 더 이상 동일하지 않다. 물론 마르크스는 아직도 '시민사회'에 대해 말한다. 그러나 이는 과거에 대한 암시를 통해 자신의 발견의 장소를 드러내기 위한 것이었지, 그 개념을 다시 취하기 위한 것이 아니었다.

⑤ 철학적-경제학적 현상학으로서의 마르크스 철학

정치철학의 추상적 형태들 하에서 그리고 18세기 정치경제학의 좀더 구체적인 형태들 하에서, 경제적 행동들의 기술과 근거부여, 요컨대 일종의 철학적-경제학적 현상학이 모습을 드러낸 것이다. (알튀세르, 『마르크스를 위하여』, 192-193)

다. 경제 구조를 기반으로 한 재해석

알튀세르에 의하면, 마르크스는 혁명으로는 이르지 않는 헤겔의 모순에 대한 연구, 혹은 시민사회 등의 모순에 대한 연구 속에서 그 근원으로서 경제구조를 발견한 것처럼 말한다. 마르크스는 기본적으로 혁명가였기 때문에 그의 관심사는 이 세계의 해부학적 구조와 그 변증법이었다. 그러는 가운데 그는 시민사회의 근간으로서 그 이면의 경제구조를 발견한 것이었다. 그리고 이것의 연장으로서 국가의 기능에 대한 발견도 있었다.

① 마르크스의 관심사 : 이 세계의 해부학적 구조와 그 변증법

그에게 중요한 것은 이 세계의 "(해부학적) 구조, 그리고 이 구조의 변이의 변증법"이었다. 바로 이 때문에 '시민사회'의 개념은 마르크스에게서 사라진다.

② 시민사회에서 발견된 경제구조

바로 그 때문에 마르크스는 추상적인 경제적 현실 자체를 특정한 사회구성체의 생산양식이라는 더 구체적이고 더 깊은 현실의 효과로서 이해한다. 그리하여 개인적인 경제적 행동들이 최초로 자신들의 존재조건에 의해 헤아려지게 된다. 생산력들의 발전 정도, 생산관계들의 상태, 이제는 이것들이 마르크스의 근본적 개념들이다. '시민사회'는 마르크스에게 이 개념들의 장소를 가리켜 주었지만, 이 개념들의 재료를 공급해 주지는 않았음을 인정해야 한다. 대체 헤겔의 어디에서 이 모든 것을 발견할 수 있는가?

③ 경제를 통한 국가의 개념 재 이해

국가에 관련해서는 마르크스가 헤겔과 같은 내용을 결코 갖지 않았다는 것을 입증하기가 너무도 쉽다. 물론 국가가 더 이상 "이념의 현실"일 수 없다는 이유 때문만이 아니라, 무엇보다도 국가가 착취자들로 이루어진 지배계급에 복무하는 강제의 도구로서 체계적으로 사고되었기 때문이다. 여기서도 마르크스는 국가의 속성들에 대한 '기술'과 승화의 저변에서 새로운 개념을 발견한다. 그것은 생산관계들과 직접 관련되는 사회계급 개념… 사회계급개념이다. 이렇게 새로운 개념을 개입시킨 것, 이것으느 국가의 본질을 밑에서 꼭대기까지 개작하는 것이었다. 이제 국가는 더 이상 인간 집단들의 위에 있는 것이 아니라 지배계급에 복무하는 것이

되고, 예술, 종교, 철학으로 하여금 지배계급의 이해에 복무하게 만드는 것이 되며, 게다가 국가 자신이 지배적인 것으로 만든 관념들과 주제들로부터 예술, 종교, 철학이 구성되도록 강제하는 것이 되며, 따라서 시민사회의 '진리', 또는 다른 어떤 것의 진리, 심지어 경제의 '진리'이기를 그치고, 한 사회 계급의 행위와 지배의 수단이 된다. 등등.(알튀세르, 『마르크스를 위하여』, 195-196)

라. 하부구조와 상부구조의 출현

알튀세르는 마르크스에 의해 일어난 용어들의 의미 발견과 아울러서 이 용어들 사이의 관계의 변화가 초래되었다고 말한다. 그것은 구조와 상부구조로의 새로운 배열로서, 한편에서는 구조(경제적 토대, 즉 생산력들과 생산관계들)로, 다른 한편에서는 상부구조(국가와 모든 법률적·정치적·이데올로기적 형태들)로 배열된다. 경제를 중심으로 한 결정적 심급들 간의 관계로 새로운 이해가 주어진 것이다. 마르크스는 우리에게 "사슬의 양쪽 끝"만을 제시하면서 이 둘 사이에서 한편으로 (경제적) 생산양식에 의한 최종 심급에서의 결정과 다른 한편으로 상부구조들의 상대적 자율성과 특유한 효력을 찾으라고 한다. 이로써 마르크스는 "~의 현상-본질-진리"라는 헤겔식 주제와 결별을 하게 된다.

① 마르크스에 의해 일어난 용어들 사이 관계의 변화
그렇지만 변하는 것은 용어들만이 아니다. 용어들 사이의 관계들 자체가 변한다. 이것을 새로운 용어들의 증가가 야기하는 역할들의 새로운 기술적 배분으로 생각해서는 안 될 것이다. 실제로 새로운 용어들은 어떻게 배열되는가?
② 구조와 상부구조로의 새로운 배열
한편에서는 구조(경제적 토대, 즉 생산력들과 생산관계들)로, 다른 한편에서는 상부구조(국가와 모든 법률적·정치적·이데올로기적 형태들)로 배열된다.

③ 새로운 이해 : 경제를 중심으로 한 결정적 심급들 간의 관계

그러나 우리는 범주들의 이 두 배열 사이에 헤겔적 관계(헤겔이 시민사회와 국가 사이에 부과하는 관계) 자체, 즉 "~의 진리"라는 개념으로 승화된 현상에 대한 본질의 관계를 유지하려 할 수 있음을 이미 보았다. 헤겔에게 국가는 "시민사회의 진리"이고, 시민사회는 이성의 간지의 작용 덕분에 국가 속에서 완성되는 국가의 현상에 불과하다. 너무도 깔끔한 이 도식에게는 안됐지만, 사실은 그렇지 않다. 마르크스의 경우에 경제적인 것과 정치적인 것의 암묵적 동일화(~의 현상-본질-진리)는 모든 사회구성체의 본질을 구성하는 구조-상부구조 복합체 속에서 결정적 심급들 간의 관계라는 새로운 이해로 대체된다. 구조와 상부구조 사이의 이 특유한 관계들이 아직도 이론적으로 탐구되고 정교하게 구상되어야 할 가치가 있다는 데에는 의문의 여지가 없다.

④ 최종심급에서의 결정

그렇지만 마르크스는 우리에게 "사슬의 양쪽 끝"만을 제시하면서 이 둘 사이에서 한편으로 (경제적) 생산양식에 의한 최종 심급에서의 결정과 다른 한편으로 상부구조들의 상대적 자율성과 특유한 효력을 찾으라고 한다.

⑤ "~의 현상-본질-진리"라는 헤겔식 주제와 결별

이를 통해 마르크스는 자기의식(이데올로기)에 의한 설명이라는 헤겔적 주제 및 "~의 현상-본질-진리"라는 헤겔식 주제와 분명히 결별한다. 진정으로 우리는 새로운 용어들 사이의 새로운 관계를 다루게 된다.(알튀세르, 『마르크스를 위하여』, 196-198)

4. 과잉결정

알튀세르가 『마르크스를 위하여』에서 말하는 '과잉결정'은, 단순히 하나의 원인에 의해 어떤 사회 현상이 결정되는 것이 아니라, 여러 층위와 요소들이 중첩되어 하나의 사건이나 변화를 만들어낸다.

가. '과잉결정'의 개략

알튀세르가 『마르크스를 위하여』에서 말하는 '과잉결정'은, 단순히 하나의 원인에 의해 어떤 사회 현상이 결정되는 것이 아니라, 여러 층위와 요소들이 중첩되어 하나의 사건이나 변화를 만들어낸다. 이에 대해 일반화된 정리(챗GPT)는 다음과 같다.

① 개념의 배경

프로이트는 꿈의 내용이 여러 무의식적 요인들에 의해 '과잉결정'된다고 보았다. 알튀세르는 이것을 역사와 사회 분석에 적용하였다. "혁명이나 역사적 사건은 단일 원인의 필연적 귀결이 아니라, 여러 모순들이 특정한 방식으로 결합하여 발생한다."

② 단일 모순론의 한계 비판

고전적 마르크스주의에서는 "기본 모순 = 생산력과 생산관계의 모순"이 모든 것을 최종적으로 결정한다고 보았다. 그러나 알튀세르는 혁명이나 위기가 발생할 때, 이 기본 모순 외에도 정치, 이데올로기, 국제 정세, 역사적 조건 등이 모두 작용한다고 지적하였다.

③ 모순들의 결합

모든 사회형태에는 여러 모순이 존재한다. 경제적 모순, 정치적 모순, 이데올로기적 모순, 민족·국제 관계의 모순 등이다. 이러한 모순들은 동시에, 상호작용하며 특정 시점에 '집중'될 수 있다. 특정 시점에 이 모순들이 서로 영향을 증폭시키며 폭발할 때, 혁명 같은 사건이 발생한다.

④ "가장 약한 고리"와의 관계

레닌이 말한 "제국주의 체제의 가장 약한 고리" 개념을 해석하면서, 알튀세르는 이것을 과잉결정의 사례로 보았다. 러시아 혁명은 세계 체제의 가장 발전된 나라가 아닌, 여러 모순이 복합적으로 집중된 "약한 고리"에서 발생하였다.

⑤ 과잉결정의 구조적 특징

경제가 최종 심급(the last instance)에서 결정하긴 하지만, 현실에서의 작동은 복잡한 다중 결정 과정을 거친다. 따라서 혁명은 '경제 모순' 하나만으로 설명할 수 없고, 정치·이데올로기·문화·국제적 조건이 모두 중첩된 복합 결정이어야 한다.

알튀세르에게서 역사적 변화는 "모순들의 결합"이며, 그 결합은 항상 구체적·특수한 조건에서만 발생한다.(챗GPT, 과잉결정, 2025. 8. 16.)

즉, 과잉결정은 사회 사건(특히 혁명)은 하나의 원인으로 환원될 수 없으며, 여러 층위의 모순들이 특정 조건에서 중첩·집중·증폭되어 발생하는 현상이다. 경제는 '최종적' 결정력을 가지지만, 그 외 모든 층위의 모순이 서로 얽혀 결과를 낳는다.

나. 최종심급 : 경제가 역사의 경로를 최종심급에서 결정

알튀세르는 엥겔스의 말을 인용하여 경제구조가 최종심급으로서의 미치는 영향을 설명한다. 생산 곧 경제가 최종심급에서 결정적 요인이다. 경제적 요인이 유일한 결정적 요인이라고 말하지 않는다. 엥겔스는 경제적 상태는 토대이며, 상부구조의 다양한 요인들이 이에 의해 결정된다. 프로이센의 경우에도 그러하였다. 경제가 역사의 경로를 최종심급에서 결정한다.

① 생산은 최종심급에서 결정적 요인

1890년에 이것이 새로운 관계라는 것을 이해하지 못한 젊은 경제학자들에 반대해 논점을 다시 분명히 한 노년 엥겔스의 말을 들어보자. 생산은 결정적 요인이지만, 오직 "최종심급에서"그러하다. "마르크스도 나도 그 이상의 것을 주장한 적이 없습니다.""이 구절을 곡해해" 경제적 요인이 유일한 결정적 요인이라고 말하는 이는 이 구절을 "아무것도 말하지 않는, 추상적인, 부조리한 구절도 변화시키는 것이 됩니다."

② 상부구조를 결정하는 토대로서의 경제적 상태

엥겔스는 다음과 같이 설명한다. "경제적 상태는 토대입니다. 그러나 상부구조의 다양한 요인들 - 계급투쟁의 정치적 형태들과 계급투쟁의 결과들 -, 전투가 끝난 후 승리한 계급이 제정한 제도들 즉 법적 형태들, 그리고 이 모든 현실적 투쟁들이 거기 참가한 이들의 두뇌에 반영된 것들, 즉 정치적·법적·철학적 이론들과 종교적 견해들, 그리고 이 견해들의 교리 체계로의 발전 등도 마찬가지로 역사적 투쟁들의 경과에 영향을 끼치며, 많은 경우에 특히 역사적 투쟁들의 형태를 결정합니다."

③ 프로이센 국가의 사례

이 '형태'라는 말을 강한 의미로 받아들여 형식적인 것과는 전혀 다른 것을 지시하게 해야 한다. 엥겔스의 말을 더 들어보자. "프로이센 국가도 역시 역사적인 원인들, 최종 심급에서 경제적인 원인들에 의해 성립했고 계속 발전했습니다. 그러나 북부 독일의 수많은 소국들 중에서 바로 브란덴부르크가 남북의 경제적·언어적 차이를, 종교개혁 이후에는 종교적 차이까지를 구현하는 강대국이 되도록 결정한 것은 경제적 필연성일 뿐 다른 어떤 요인들도 아니라고 한다면, 그것은 실로 편협하고 고루한 주장이라고 할 수밖에 없습니다."

④ 경제가 역사의 경로를 최종심급에서 결정

따라서 여기 사슬의 양쪽 끝이 있다. 경제가 역사의 경로를 결정한다. 그러나 최종심급에서 그러하다. (알튀세르, 『마르크스를 위하여』, 198-199)

다. 과잉결정 : 종합적으로 작용하는 경제의 변증법

알튀세르는 엥겔스를 인용하여 최종시급으로서의 경제에 의한 결정과 다른 고유한 결정들 사이에 서로 엉켜있다고 말한다. 경제적인 것에 의한 최종 심급에서의 결정에 의해 다른 결정들도 효력있는 결정들이 되며, 이것들이 축적이 되기 시작한다. 그리고 이러한 축적들이 환원불가능한 현실적 실존으로 드러날 때 과잉결정이 성립한다. 이것이 곧 종합적으로 작용하는 경제의 변증법이며, 과잉결정의 보편성이라고 말할 수 있다.

① 최종심급과 고유한 결정들 사이의 관계

엥겔스는 기꺼이 말한다. 그러나 이 경로는 상부구조의 다양한 형태들, 지역적 전통들, 국제적 정황들의 세계를 통해 관철된다. 나는 이 검토에서 최종 심급, 즉 경제에 의한 결정과, 상부구조들, 국민적 전통들, 국제적 사건들에 의해 부과되는 고유한 결정들 사이의 관계에 대해 엥겔스가 제안하는 이론적 해법은 제쳐 두려한다.

② 최종심급의 결정에 대한 효력있는 결정들의 축적

여기서는 단지 그것으로부터 경제적인 것에 의한 최종 심급에서의 결정에 대한 효력있는 결정들의 축적이라고 불러야 할 것을 취하는 것으로 족하다.

③ 과잉결정의 성립 : 토대와 연결되었을 때

내가 제출한 과잉결정이라는 표현이 바로 여기서 명확해 질 것으로 보이는데, 왜냐하면 과잉결정의 존재를, 그 핵심에서, 비록 우리의 설명이 아직 지시적인 것에 머문다 하더라도, 그것의 토대에 연관시켰기 때문이다.

④ 환원불가능한 현실적 실존을 인정할 때 과잉결정의 성립

상부구조의 형태들과 국내적·국제적 정세의 현실적 실존, 대부분의 특수하고 자율적이며 따라서 순수 현상으로 환원 불가능한 현실적 실존을 인정하자마자 이 과잉결정은 불가피한 것, 사고 가능한 것이 된다.

④ 과잉결정의 보편성 : 종합적으로 작용하는 경제의 변증법

따라서 끝까지 밀고 나가서 다음과 같이 말해야 한다. 이 과잉결정은 역사의 언뜻 보아 유일무이하거나 일탈적인 상황들(예:독일)에 관련된 것이 아니라 보편적인 것이라고, 경제의 변증법은 결코 순수한 상태로 작동하지 않는다고, 역사 속에서 상부구조들 등의 이 심급들이 자신의 과업이 완수된 후에는 각자 길을 비켜서는 것을, 또는 시간이 도래함에 따라 경제 폐하가 변증법의 왕도를 걸어 나가도록 하기 위해 이 경제의 순수한 현상으로서 흩어져 버리는 것을 목격할 수는 결코 없다고 말이다. 처음 순간에도 마지막 순간에도, '최종 심급'의 고독한 시간의 종은

결코 울리지 않는다. (알튀세르, 『마르크스를 위하여』, 199- 201)

라. 상부구조들에 대한 연구의 필요성

알튀세르는 과잉결정 되지 않은 '순수하고 단순한' 모순은 무의미하다고 말한다. 만일 어떤 혁명이 필요하다면, 과잉결정에 까지 이르러야 한다. 이 과잉결정은 경제구조와 관련한 상부구조의 문제이다. 이에 따라 알튀세르는 상부구조의 고유한 본질에 대한 이론의 정교제작이 필요하다고 말한다. 이에 대한 연구는 그람시 외에는 한 적이 없다.

① 과잉결정 되지 않은 '순수하고 단순한' 모순의 무의미성
요컨대, 엥겔스가 경제주의적 '구절'에 대해 말했듯이, 과잉결정 되지 않은 '순수하고 단순한' 모순이라는 관념은 "공허한, 추상적이고 부조리한 구절"이다. …
② 상부구조의 고유한 본질에 대한 이론의 정교제작 필요성
마르크스가 우리에게 일반적 원리들과 구체적 예들을 제공했고 사회주의적·공산주의적 운동의 역사의 정치적 실천 전체가 구체적인 '경험적 안내서'의 무궁한 저수지를 형성하고 있음에도 불구하고, 상부구조들 및 다른 '정황들'의 특유한 효력에 대한 이론은 대부분 앞으로 정교제작해야 할 상태에 있다고 말해야 할 것이기 때문이다. 또한 그것들의 효력에 대한 이론에 앞서서, 또는 그와 동시에, 상부구조의 특유한 요소들의 고유한 본질에 대한 이론을 정교제작해야 할 것이다. …
③ 부족했던 상부구조에 대한 연구
마르크스와 레닌 이래 누가 이 영역에 대한 탐사를 진정으로 시도했거나 속행했는가? 내가 알기로는 그람시 밖에 없다. 그렇지만 이런 과업은 무엇보다도 상부구조들의 실존과 본성에 기반을 둔 마르크스주의적 모순의 과잉결정의 성격에 대해 내가 제시한 이 근사치 보다는 더 정확한 명제들의 형태로라도 진술하기 위해서는 필수적인 것이다. (알튀세르, 『마르크스를 위하여』, 201-202)

5. 비판 : 과학적 사회주의 라는 명칭의 오류

가. 헤겔 변증법에 대한 전도로서의 마르크스 변증법

마르크스와 알튀세르는 헤겔 변증법을 차용을 하면서도 헤겔변증법과는 다르다는 것을 극구 주장한다. 헤겔 변증법은 관념에 대한 변증법이며, 마르크스 변증법은 사물과 같은 사실에 근거한 유물론적 변증법이라고 한다.

그러면서 이 양자의 차이를 극명하게 비교하는데, 헤겔 변증법은 "정립-반정립-종합"의 변증법적 발전을 이루는데 반하여, 역사적 유물론은 "정립-모순-과잉결정"을 말한다. 여기에서 과잉결정이란 혁명을 통한 자본주의의 붕괴(공산주의의 성립)를 말한다. 알튀세르의 관점에서는 1917년의 레닌의 러시아 혁명이 곧 과잉결정이다. 따라서 반드시 자본주의는 파국을 맡고 공산주의가 실현된다. 이것이 마르크스의 역사적 유물론에서 말하는 역사 변증법으로서, 이것은 과학이자 법칙이자 숙명이라는 것이다. 그래서 이것을 과학적 사회주의라고 말한다.

마르크스나 알튀세르가 헤겔 변증법을 과도하게 공격하는 이유는 바로 위의 논리를 사수하려하기 때문이다. 헤겔의 변증법은 발전과정이다. 어떤 정립된 테제가 있다면, 이에 대한 반대 테제가 나오고, 이것을 수용함을 통해서 종합적 테제가 나오는 것이다. 우리의 정신은 이와 같이 사고하며, 사물에게도 이것이 동일하게 적용된다는 것이다. 그러면 이때 성립하는 공식은 "자본주의-모순(공산주의 사상)-수정(복지)자본주의"이다. 자본주의의 모순이 자본주의 사회를 붕괴로 이끌지 않고, 좀더 나은 자본주의로 이끈다는 것이다.

나. "사회관계-모순-과잉결정(혁명)" vs "사회관계-모순-조정(발전)"

마르크스의 유물론적 변증법은 "사회관계-모순-과잉결정(혁명)"인데 반하여, 헤겔의 변증법은 "생산관계-모순-조정(발전)"이다. 이때 전자에서 말하는 것처럼 "생산관계-모순-과잉결정"으로 사회가 진전이 이루어졌을 때, 그 사회는 어떻게 되는가? 혁명은 "경제적 평등"이라는 미명 하에 자본가의 기업, 곧 "소유의 자유"를 노동자들이 빼앗는 것을 말한다. 그러면 그 기업이 온전할 것인가? 현대 사회에서 이러한 현상이 발생했을 때, 기업가는 기업을 모두 처분하고 다른 나라로 떠나 버린다. 그러면 나중에는 그 기업에 노조만 덩그러니 남는다. 노동자들의 일자리만 사라진 셈이 된다. 이 공산주의 혁명이 성공한 나라는 순식간에 망해버린다. 따라서 물질의 변증법의 경우에도 "생산관계-모순-조정(발전)"이 "선한 법칙"이다는 것을 알 수 있다. "생산관계-모순-과잉결정"에서는 기업 자체가 성립할 수 없다.

다. 러시아 혁명의 사례 : 부패에 대한 심판논리

1917년 러시아 혁명만이 "생산관계-모순-과잉결정(혁명)"으로 이어진 유일한 사례이다. 그것도 경제적 이유로 인해 그와 같은 혁명이 성공한 것이 아니라, 러시아 차르체제의 뿌리 깊은 죄악 때문이었다.

따라서 "생산관계-모순-과잉결정(혁명)"의 변증법은 공산주의 혁명을 위한 논리이다. 부패한 정권과 싸울 때, 그 반대세력을 규합하는 원리로 사용되었던 것이다. "생산관계-모순-과잉결정(혁명)"은 변증법적 순리가 아니라, 그 나라의 부패에 대한 심판의 논리인 것이다.

"생산관계-모순-과잉결정(혁명)"은 법칙이 아니다. 이 흐름은 한 나라가 부패하여 심판이 진행될 경우 이루어지는 예외적 논리이다. 오히려 "생산관계-모순-조정(발전)"이 정상적인 법칙이다.

라. 과학적 사회주의 라는 명칭의 오류

"생산관계-모순-과잉결정"의 유물론적 변증법은 정상적인 원리가 아니라 비정상적인 상황에서의 혁명논리이며, 오히려 변증법적 원리는 오히려 "생산관계-모순-조정(발전)"이다. 따라서 전자에 과학적 사회주의라는 이름을 붙여서는 안 된다.

5장   마르크스주의와 인간주의

1. 사회주의적 인간주의의 두 형태

가. "마르크스주의와 인간주의"에 대한 개략

알튀세르의 『마르크스를 위하여』 7장 「마르크스주의와 인간주의」는 마르크스 사상에서 흔히 오해되거나 강조되는 "인간주의(humanisme)"를 비판적으로 검토하는 글이다. 핵심 요지를 단계별로 정리하면 다음과 같다.

① 문제 제기: '인간주의적' 마르크스 해석 비판

1950~60년대 서구 마르크스주의자들(특히 유고슬라비아 프락시스 그룹, 사르트르 등)은 마르크스를 인간주의 철학자로 해석하며, '인간의 본질' '소외된 인간의 해방' 같은 주제를 강조했다. 알튀세르는 이런 흐름을 이데올로기적이라 보고, 과학적 마르크스주의와 구분해야 한다고 주장한다. 그는 마르크스 사상의 전개에서 인식론적 단절 개념을 사용하며, "청년 마르크스(인간주의·철학적)↔성숙한 마르크스(과학적·역사유물론)"를 엄격히 구별해야 한다고 본다.

② '인간' 개념에 대한 비판

'인간'이라는 추상적 본질 개념은 역사적·사회적 관계를 가리기 때문에 과학적 분석에 방해가 된다. 마르크스의 『경제학·철학 초고(1844)』 같은 초기 저작에서 나타나는 소외론·본질론적 인간주의는 아직 헤겔·포이어바흐의 영향을 받고 있다. 반면, 『독일 이데올로기』 이후 마르크스는 '인간 본질' 대신 생산관계 속의 위치와 계급으로 분석하며, 인간을 역사적·구조적 범주로 본다.

③ 마르크스주의는 인간주의가 아닌 과학이다

알튀세르는 역사유물론을 인간의 본질론적 해방 담론이 아니라, 사회구조의 과학적 분석으로 이해해야 한다고 주장한다. 인간은 주체적 기초가 아니라, 생산양식과 사회구조가 규정하는 효과(effect)로 파악되기 때문이다. 따라서 '인간주의'는 과학이 아니라 정치적·이데올로기적 기능을 갖는 표어에 불과하며, 과학적 분석의 도구로 쓸 수는 없다.

④ 인간주의의 정치적 기능 인정

알튀세르는 인간주의를 전적으로 폐기하진 않는다. 정치적·실천적 맥락에서 '인간 해방'이나 '인권' 등의 슬로건은 대중 동원이나 해방운동의 이데올로기로는 유용할 수 있다고 본다. 그러나 이것을 이론적 분석(과학)과 혼동하면 안 된다고 강조한다.

결론적으로, 마르크스주의는 인간 본질론적 사상에서 출발했지만, 성숙한 마르크스는 '인간'이 아니라 생산양식과 계급관계 분석에 기초한 과학으로 전환하였다. 따라서 마르크스주의 이론에서 '인간' 대신 "사회구조, 계급투쟁, 생산관계"가 분석의 중심이 되어야 한다는 것을 말한다.

나. "마르크스주의와 인간주의"의 역사적 배경이해

알튀세르가 『마르크스를 위하여』라는 책을 쓴 시점은 1965년경이다. 이 책의 배경은 소련 공산주의이다. 따라서 이 소련의 경제사를 모르면 이 책을 판단할 수 없다.

소련은 1917년 볼셰비키 혁명이 성공을 거둔 후, 1922년경부터 스탈린의 계획경제의 독재가 실행되었다. 어마어마한 희생을 감수하며, 계획경제를 당차게 밀어붙였다. 스탈린 계획경제가 이렇게 실행될 때, 아이러니 하게도 서방 자본주의에서는 '경제대공황'을 맞았다. 이때 소련의 경제발전이 체계적으로 진행되는 것을 보고, 서방 세계에서는 대규모로 소련으로 산업시찰을 갔다. 그러다가 서방세계에서는 정부가 경기변동에 개입하는 케인즈의 유효수요의 원리의 발견으로 경제 대공황을 해결하였다. 그러자 서방경제가 비약적으로 발전을 하였다. 특히 자동차 등의 각종 소비재와 내구재에 있어서 계획경제로는 시장경제를 따라올 수가 없었다. 그래서 이내 소련 경제는 시들기 시작하였다. 스탈린이 1953년경 사망함에 따라 흐루시초프가 스탈린의 정책을 이어받아 1956년부터 1964년까지 통치를 하며 최선의 노력을 기울였는데, 이상하게 시들해지는 소련 경제를 어떻게 해볼 재간이 없었다. 그 다음 브레즈네프 체제로 가다가 더 이상 소련 경제는 버티지 못하고, 고르바쵸프와 옐친의 때에 소련 연방을 해체하기에 이르렀다. 그때 1991년 12월이었다.

알튀세르가 소련을 추앙하면서 『마르크스를 위하여』를 썼는데, 그때가 1965년경이었다. 아직 소련의 실체가 드러나지 않은 때였다. 알튀세르는 경제에 대한 아무것도 모르면서 이 소련을 추앙했던 것이다. 이 책은 마치 공산주의 혁명이 소련을 통해서 이루어졌고, 소련은 유토피아가 달성된 것으로 묘사를 하고 있다. 이것을 알고 다음의 글을 접해야 한다.

다. 사회주의적 인간주의와 소련 공산주의

자본주의 체제하의 사회주의 운동은 "각자의 노동에 따라 정당한 배분을 해달라"가 투쟁이슈였다. 그런데, 이제 공산주의가 실현이 되면, 이제 더 이상 생존을 위한 투쟁은 하지 않고, 이제 "각자의 능력에 따라 일하고, 각자의 필요에 따라 배분을 받는 사회" 속에 살게 된다. 알튀세르가 글을 쓰는 시점인 1965년경에는 소련에 그러한 경제가 실현된 것이다. 이때 소련은 또한 "(그것이 얼마나 실현되었는지는 모르지만)모든 것을 인간을 위해"라는 구호를 내걸었다고 알튀세르는 말한다.

그래서 결국 소련의 성립이 갖는 의미는 "사회주의적 인간주의의 실현"이라고 보아야 한다. 사실 혁명적 투쟁의 목적은 항상 착취 종식이었으며, 또한 이에 따른 인간 해방이었다. 알튀세르에 의하면, 이렇게 성립된 소련은 이제 당분간 프롤레타리아 독재가 1922년 경부터 약 40여년 동안 실행되었다. 이 시기는 거대한 투쟁의 도정에서, "사회주의적 인간주의"가 개인의 자유라는 용어로 표현되기보다는 계급의 독재라는 용어로 표현되었다. 알튀세르는 스탈린과 후르쉬쵸프의 독재의 시기를 이렇게 해석하고 있다.

그리고 이제 알튀세르는 이 『마르크스를 위하여』를 쓰는 시점인 1960년경에 소련 공산주의는 이제 두 번째 국면을 맞고 있다고 말한다. 소련 사람들은, 이제 소련에서 적대적 계급들은 소멸했고, 프롤레타리아 독재는 그 기능을 완수했으며, 소련 국가는 더 이상 계급의 국가가 아니라 전 인민의 국가(각 개인의 국가)라고 말한다는 것이다. 실제로 이제 소련에서 사람들은 계급적 구별이 없는 존재로, 즉 인격들로 취급된다. 알튀세르는 "이러한 상황 속에서 이제 계급적 인간주의라는 주제를 대체해 인격 중심의 사회주의적 인간주의라는 새로운 주제가 들어섰다"고 말한다.

① "각자의 필요에 따라"가 실현된 소련

사회주의적 '인간주의'는 당면의제이다. "각자의 노동에 따라"를 강조하는 사회주의로부터, "각자의 필요에 따라"로 옮겨가는 시기에 접어든 소련은 "모든 것을 인간을 위해"라는 구호를 내걸고, 개인의 자유, 합법성의 존중, 개인의 존엄성이라는 새로운 주제들을 도입했다.

② 소련의 성립이 갖는 의미 : 사회주의적 인간주의의 실현

노동자당들에서는 사회주의적 인간주의의 실현을 찬양하고, 『자본』에서, 그리고 점점 더 자주 청년 마르크스의 저작들에서 사회주의적 인간주의의 이론적 정당성을 찾고 있다.

③ 인간주의의 실현인 사회주의

이것은 역사적 사건이다. 우리는 심지어 사회주의적 인간주의가 공산주의자들과 사회민주주의자들 사이의 대화를 가능하게 하고 더 나아가 전쟁과 비참을 거부하는 '선한 의지의' 사람들과 더욱 폭넓은 교환을 할 수 있도록 하기에 충분히 안심이 되고 매력 있는 주제가 아닌지 자문해 볼 수 있다. 오늘날 인간주의의 대로는 사회주의로 나아가는 것처럼 보인다.

④ 혁명적 투쟁의 목적 : 착취 종식과 인간해방

사실 혁명적 투쟁의 목적은 항상 착취 종식과 따라서 인간 해방이었다. 그러나 혁명적 투쟁은, 그 최초의 역사적 국면에서, 마르크스가 예견한 것처럼 계급들의 투쟁의 형태를 취해야만 했다. 그리하여 혁명적 인간주의는 하나의 '계급적 인간주의', 즉 '프롤레타리아 인간주의'일 수 밖에 없었다. 인간에 대한 착취의 종식은 계급적 착취의 종식을 뜻했다.

⑤ 인간해방을 위한 프롤레타리아 독재

인간의 해방은 노동자 계급의 해방을, 무엇보다도 프롤레타리아트의 독재에 의한 노동자계급의 해방을 뜻했다. 40년이 넘도록 소련에서는, 거대한 투쟁의 도정에서, "사회주의적 인간주의"가 개인의 자유라는 용어로 표현되기보다는 계급의 독재라는 용어로 표현되었다.

⑥ 프롤레타리아 독재의 종언과 두 번째 역사적 국면

프롤레타리아 독재의 종언은 소련에서 두 번째 역사적 국면을 열었다. 소련 사람들은, 소련에서 적대적 계급들은 소멸했고, 프롤레타리아 독재는 그 기능을 완수했으며, 소련 국가는 더 이상 계급의 국가가 아니라 전 인민의 국가(각 개인의 국가)라고 말한다. 실제로 이제 소련에서 사람들은 계급적 구별이 없는 존재로, 즉 인격들로 취급된다. 이데올로기 속에서, 이제 계급적 인간주의라는 주제를 대체해 인격 중심의 사회주의적 인간주의라는 주제가 들어섰다. (알튀세르, 『마르크스를 위하여』, 385-387)

[평가] 1965년 당시의 소련 공산주의 경제의 실상

『마르크스를 위하여』의 위의 본문은 1965년 당시의 소련의 경제상황을 말한 것이다. 알튀세르는 소련 경제의 비참함은 하나도 모르고 있다. 소련 경제는 1950년경부터 한계를 맞았다. 그리고 흐루쉬쵸프는 한번더 경제발전을 위해 각고의 노력을 경주했으나, 생명력을 잃어버린 소련 경제를 거의 포기해 버렸다. 그래서 1964년경 결국 정적들에 의해 실각을 했다. 그리고 그 후로도 계속 힘없이 추락하다가 결국 소련은 1991년도에 해체를 하게 된다.

당시 소련 경제는 철의 장막 속에 갇혀 있었다. 외부에서는 아무도 모른다. 결국 이러한 시기에 해당하는 1965년도에 알튀세르는 위와 같은 글을 쓰고 있었던 것이다.

라. 사회주의적 인간주의 두 형태 : 계급적 인간주의 & 인격적 인간주의

알튀세르는 『마르크스를 위하여』를 1965년에 저술할 때, 소련에서의 공산

주의가 1922년도에 실현된 이래 40여 년이 지난 지금은 완성이 된 것으로 프랑스 독자들에게 소개하고 있다. 소련 공산주의는 유토피아를 실현된 것으로 소개를 하고 있다. 프랑스 68혁명은 좌파들의 혁명이었는데, 당시에 프랑스 사람들은 공산주의를 열망하였다. 이때 프랑스의 자유주의가 꺾였다. 이때의 철학자들이 알튀세르, 마르쿠제 등의 공산주의자들과, 푸코, 들뢰즈 등의 포스트 모더니즘 철학자들이었다. 알튀세르는 다음의 글을 쓸 때, 그가 과연 소련을 가보고 글을 썼는지 매우 의구심이 간다. 다음의 글은 현실과 완전히 달랐기 때문이다. 알튀세르는 인간주의에는 두 가지 인간주의가 있는데, 이제 막 프롤레타리아 혁명이 성공을 이룬 곳(당시의 중국)에서는 계급적 인간주의 곧 프롤레타리아 독재의 인간주의가 실행이 된다. 그리고 공산주의가 어느 정도 진행된 곳에서는 인격 중심의 인간주의가 실행된다. 이 인격 중심의 인간주의는 자본주의 세계의 그 인간주의와 크게 다르지 않다. 결국 소련의 자유화는 공산주의 천년의 꿈이 이루어진 것이다. 알튀세르는 완전히 대국민 사기극을 펼쳤던 것이다.

① 계급적 인간주의 & 인격 중심의 인간주의

10년 전에는 사회주의적 인간주의가 계급적 인간주의라는 유일한 형태로 존재했다. 오늘날에는 사회주의적 인간주의의 두 형태가 존재한다. 즉 프롤레타리아 독재가 아직 실행되고 있는 곳(중국 등)에는 계급적 인간주의가 존재하고, 프롤레타리아 독재가 지양된 곳(소련)에는 (사회주의적인) 인격 중심의 인간주의가 있다. 이 두 형태는 두 개의 필연적인 역사적 국면에 상응한다. '계급적' 인간주의는 '인격' 중심의 인간주의 속에서 자기 자신의 실현된 미래를 바라볼 수 있다.

② 프롤레타리아 독재가 사라진 소련

역사에서 이루어진 이런 변형은 정신들에서 이루어진 몇몇 변형들을 조명해 준다. 사회 민주주의자들이 인격 중심의 (부르주아) '인간주의'의 이름으로 기각하는, 그리고 사회 민주주의자들을 공산주의자들에 완강하게 대립시키는 프롤레타리아 독재가 소련에서는 지양되었다. 더욱 좋은 것은, 서방에서는 프롤레타리아 독재가 평화적이고 단기적인 형태들을 취할 수 있으리라고 예견할 수 있다는 점이다.

③ 사회주의적 인간주의와 부르주아적 인간주의와의 만남

이제부터 사회주의적 인간주의와 부르주아적 또는 기독교적인 자유주의적 인간주의라는 두 가지 인격 중심의 '인간주의'의 만남이 윤곽을 드러낼 것이다.

④ 소련의 자유화 : 천년의 꿈의 완성

소련의 '자유화'는 두 번째 인간주의를 보장한다. 사회주의적 인간주의는 자신을 모순들에 대한 비판으로 간주할 뿐 아니라 또한, 그리고 무엇보다도, 부르주아 인간주의의 '가장 고귀한' 열망들의 달성으로 간주할 수 있다. 사회주의적 인간주의 속에서 인류는 과거의 기독교적이고 부르주아적인 인간주의들의 밑그림 속에서 모습을 드러냈던 자신의 천년의 꿈이 마침내 실현된 것을 발견할 것이다. 인간 속에서 그리고 인간들 사이에서 마침내 인간의 통치가 도래할 것이다.

⑤ 완성된 자연주의로서의 공산주의

그것을 통해, 『1844년 수고』 속에 갇혀 있던 마르크스의 다음과 같은 예언자적 약속이 완수될 것이다. "공산주의…인간에 의한 인간 본질의 영유, 완성된 자연주의로서의 이 공산주의 = 인간주의."(알튀세르, 『마르크스를 위하여』, 387-388)

[평가] 1965년 당시의 비참한 소련 경제

1965년 당시의 소련은 비참하기가 그지없었다. 이미 스탈린이 사망할 당시부터 소련의 공산주의 시들시들 말라갔는데, 흐루시쵸프도 경제개혁을 위해 그의 재임기간 동안 몸부림을 쳤다. 그런데 이미 소련 경제는 식물경제가 되어 버렸던 것이다. 길거리에는 배급을 받기 위해 사람들이 맥이 빠진 상태에서 줄을 서있고, 소련에는 아무런 희망이 존재하지 않았던 것이다. 러시아를 비롯한 15개의 소비에트 연방 모두에게 이 현상이 왔다. 그러다가 1991년도에 소련 경제는 붕괴되어 버리고, 소비에트연방은 해체되었다. 이것이 당시 소련의 상황이었는데, 이 소련을 놓고 알튀세르는 천년의 꿈(『경제학·철학 초고』의 소망)이 완성되었으며, 완성된 자연주의로서의 공산주의를 말하고 있다. 프랑스의 대학생들과 노동자들은 알튀세르와 마르쿠제의 말에 완전히 속아서 프랑스 좌파들의 68혁명이 뛰어들었다.

2. 사회주의적 인간주의의 두 단계

가. 사회주의적-인간주의에 대한 이해

알튀세르는 사회주의적-인간주의라는 용어에는 혼동이 존재한다고 말한다. 즉 사회주의라는 용어는 과학적 용어임에 비해 인간주의라는 용어는 이데올로기적 용어라는 것이다. 그래서 이 양자가 결합된 상태에서는 현실인식의 수단이 제공되지 않는다는 것이다. 그래서 우리는 마르크스의 청년기까지(『독일 이데올로기』의 유물사관)의 인간주의와 그 이후의 인간주의를 살펴볼 필요가 존재한다.

① 과학으로서의 사회주의와 이데올로기로서의 인간주의
이 사회주의적-인간주의라는 쌍에는 놀랄 만한 이론적 불균등성이 정확히 함축되어 있다. 즉 마르크스주의적 이해(관념)의 맥락 속에서 '사회주의' 개념은 실로 과학적 개념임에 비해, 인간주의 개념은 이데올로기적 개념이기 때문이다.
② 현존 현실들을 인식할 수단을 제공하지 않는 사회주의적 인간주의
그렇지만 밝혀 두자. 우리는 사회주의적 인간주의 개념이 지시하고자 하는 현실을 거부하려는 것이 아니라, 이 개념의 이론적 가치를 명확히 하려 한다. 인간주의 개념이 (과학적 개념이 아니라) 이데올로기적 개념이라고 말할 때에, 우리는 한편으로 이 개념이 현존 현실들의 총화를 지시한다는 것을 확언하면서도 다른 한편 과학적 개념과는 달리 이 개념은 현존 현실들을 인식할 수단을 제공하지 않는다는 것을 확언한다.
③ 마르크스의 청년기 인간주의와 그 이후의 인간주의

그것은 (이데올로기적) 양식으로 몇몇 현존하는 것들을 지시하지만 그것들의 본질을 제시하지는 않는다. 이 두 차원을 혼동한다는 것은 일체의 인식을 스스로 금하는 것이고 혼란을 지속시키는 것이며 오류들에 빠질 위험에 처하는 것이리라.

이 점을 명료히 하기 위해 나는, 자신(마르크스)의 청년기(1840-1845, 22-27세)에 이론적 기초로 이용되었던 인간 철학을 근원적으로 비판하는 대가를 치르고서야 역사에 대한 과학적 이론에 이를 수 있었던 마르크스의 경험을 간략히 원용하고자 한다. 나는 '이론적 기초'라는 말을 엄밀한 의미로 사용한다. 청년 마르크스에게 '인간'이란 비참과 예종을 고발하는 단순한 외침인 것만은 아니었다. '인간'은 그의 세계관과 그의 실천적 태도의 이론적 원리였다. '인간의 본질'은 역사에 대한 엄밀한 이론과 동시에 수미일관한 정치적 기초를 이루었다.

이 점은 마르크스의 인간주의적 시기의 두 단계 속에서 드러난다. (알튀세르, 『마르크스를 위하여』, 389-390)

알튀세르는 『마르크스를 위하여』 7장 〈마르크스주의와 인간주의〉에서 마르크스 사상사를 설명할 때 마르크스의 청년기의 인간주의도 단일한 덩어리가 아니라 두 단계로 나눌 수 있다고 본다.

나. 첫 번째 단계 : 정치적·철학적 인간주의 (1842ᵂ~1843)

알튀세르가 말하는 "마르크스의 인간주의적 시기의 두 단계" 중에서 청년 마르크스의 첫 번째 단계를 소개하면 다음과 같다. 이 시기에 마르크스는 헤겔과 포이엘바하의 영향을 받아 인간을 보편적 존재, "자유로운 종적 존재"로 상정한다. 이에 대해 일반화된 정리(챗GPT)는 다음과 같다.

① 주요 저작 : 《헤겔 법철학 비판 서설》, 《유대인 문제에 대하여》
② 이 시기의 특징
이 시기에 마르크스는 헤겔과 포이엘바하의 영향을 받아 인간을 보편적

존재, "자유로운 종적 존재"로 상정한다. 소외를 국가·법·종교의 억압으로 주로 파악한다. 사회 구조보다는 정치·법·종교 제도 개혁에 초점을 둔 윤리적·철학적 자유론에 가깝다.

③ 《헤겔 법철학 비판 서설》

"인간은 국가를 위해 존재하는 것이 아니라, 국가는 인간을 위해 존재한다."는 문장에서처럼 인간 중심의 정치적 인간주의 사상이 잘 드러난다.

④ 《유대인 문제에 대하여》

"인간의 해방은 종교적 해방을 넘어서는 보편적 인간의 해방이다."고 말하여 여전히 '보편적 인간' 개념이 핵심을 이룬다.(챗GPT, 청년마르크스의 첫 번째 단계, 2025.8.23.)

다. 두 번째 단계: 경제학적 인간주의 (1844~1845)

마르크스 청년기의 두 번째 단계는 경제학적 인간주의 단계로서 노동·사적 소유·소외라는 경제학적 범주가 등장한다. 인간을 "노동하는 존재"로 보고, 자본주의를 노동의 소외라는 개념으로 비판한다. 이에 대해 일반화된 정리(챗GPT)는 다음과 같다.

① 주요 저작 : 《1844년 경제학·철학 초고》

② 이 시기의 특징

노동·사적 소유·소외라는 경제학적 범주가 등장한다. 인간을 "노동하는 존재"로 보고, 자본주의를 노동의 소외라는 개념으로 비판한다. 그러나 여전히 본질/소외/회복이라는 포이엘바하적 인간주의 언어를 사용한다. 즉, 경제 분석이 등장했지만 철학적-인간주의적 틀을 완전히 벗어나지 못한 과도기적 단계이다.

③ 《1844 초고(경제학 철학 초고)》

"노동자는 자신의 노동에서 소외되어, 노동은 그에게서 외적인 것이며, 그가 자신을 부인하는 것이 된다." "인간의 본질은 사회적·종적 존재이다. 자본주의에서 이 본질은 소외되어 있다."고 말하여 인간 본질 개념이 여전히 핵심을 이루고 있다.(챗GPT, 청년마르크스의 두 번 째 단계, 2025.8.23.)

라. 알튀세르의 해석 : 이론과 이데올로기의 구분

알튀세르는 위의 두 단계를 모두 "인간주의적 시기"로 묶지만, 이것을 이데올로기적 단계로 규정한다. 이에 대해 일반화된 정리(챗GPT)는 다음과 같다.

① 청년기의 인간주의 : 이데올로기적 담론에 머묾
청년기의 인간주의는 과학적 개념이 아니라 윤리적·철학적 비판 언어를 사용한다. 즉 "이데올로기적 담론"에 머물렀다고 본다.
② 인식론적 단절 이후에는 과학적 범주로 전환
그런데, 인식론적 단절(1845~46, 《독일 이데올로기》) 이후, 마르크스는 인간 본질·소외 회복 같은 개념을 버리고, 생산양식·생산관계·계급투쟁과 같은 과학적 범주로 사회 분석을 전환한다.
③ 이후의 인간주의 : 대중 동원을 위한 이데올로기적 도구
이후 나타나는 '인간주의'(예: 20세기 공산당에서 쓰는 인도적 인간주의)는 과학적 범주가 아니라 정치·대중 동원의 이데올로기적 도구라고 해석한다.(챗GPT, 이론과 이데올로기의 구분, 2025.8.23.)

즉, 알튀세르는 마르크스의 청년기의 인간주의는 "철학·윤리 담론(이데올로기)"이며, 성숙기에는 "과학적 역사유물론(생산양식 분석)"이고, 그 이후 인간주의는 "정치 실천을 위한 이데올로기적 도구"일 뿐이다.

3. 과학적 역사유물론의 인간주의

가. 과학적 역사 유물론의 인간주의

알튀세르가 말하는 성숙기의 마르크스는 흔히 '반(反)휴머니즘적'이라고

불리지만, 이건 단순히 '인간을 부정한다'는 뜻이 아니다. 과학적 역사유물론으로 넘어간 뒤에도 '인간 해방'이라는 목적은 남아 있지만, 그 표현 방식과 이론적 위치가 달라진다는 점을 이해해야 한다. 이에 대해 일반화된 정리(챗GPT)는 다음과 같다.

① 알튀세르가 본 "성숙기의 인간주의"란 무엇인가?

성숙기 마르크스(『독일 이데올로기』 이후)는 더 이상 "인간 본질"이나 "소외된 인간의 회복" 같은 철학적–윤리적 언어를 쓰지 않는다. 대신 역사유물론을 통해 사회를 생산양식·생산관계·계급투쟁이라는 구조적 범주로 분석한다. 여기서 인간은 추상적 본질이 아니라 구체적 사회적 관계 속 위치로 규정된다. "인간이 본질을 갖는다"가 아니라, "인간은 특정한 생산관계 안에서 형성되는 사회적 존재"라는 것이다.

이런 관점에서 보면, 성숙기의 '인간주의'는 철학적 개념이 아니라 역사적·구조적 분석을 바탕으로 한 실천적 해방 목표로 이해할 수 있어.

② 이론(과학)으로서의 인간주의

알튀세르는 두 가지 층위를 구분한다. 하나는 이론(과학)으로서, 사회 변혁을 분석·설명할 때는 '인간 본질'이 아니라 "생산력·생산관계·계급 구조의 운동 법칙"을 다룬다. 즉, 해방을 위해선 "인간이 소외됐다"라는 추상적 진단보다 구체적인 구조 분석이 필요하다는 것이다.

③ 이데올로기(정치적·윤리적)로서의 인간주의

하지만 대중을 동원하거나 정치적 실천을 위해서는 인간 해방·평등·자유 같은 언어가 여전히 중요하다. 알튀세르는 이것을 '인간주의적 이데올로기'라고 부르고, 이것이 사회주의 건설 과정에서 중요한 역할을 할 수 있다고 본다. 즉, 성숙기 마르크스의 인간주의는 과학적 분석에 내재한 게 아니라, 정치적·실천적 수준에서 작동한다는 것이다.

④ 과학적 역사유물론과 연결된 인간 해방 구상

성숙기의 마르크스에게서 인간 해방은 "본질 회복"이 아니라 "생산수단 소유 관계와 계급 억압을 폐지하는 과정"에서 달성된다. 즉, 인간의 자

유와 해방은 특정한 사회구조(자본주의)가 폐지되고, 새로운 생산양식
(사회주의/공산주의)에서 실현되는 역사적·구조적 결과라는 것이다.

이런 관점은 '철학적 인간주의'처럼 추상적인 이상이 아니라, 구체적인
역사과학 분석을 통해 가능한 변혁 전략과 연결된다.(챗GPT, 과학적 역
사유물론의 인간주의, 2025.8.23.)

요약하자면, 성숙기의 인간주의는 "본질 회복" 같은 철학적 개념이 아니
라, "과학적 역사유물론 분석에 기초한 실천적 목표"이다. 인간 해방의 조건
을 사회구조 변혁(생산양식 전환)으로 파악한다. 따라서 알튀세르는 "이론적
으로는 반(反)휴머니즘, 실천적으로는 인간 해방을 위한 휴머니즘"이라는
이중적 태도를 강조한다.

나. '인도주의(도덕)'을 넘어 '과학'으로 승화하는 '공산주의 투쟁'

인간에 대한 이런 새로운 이론은 실천적 재영유의 정치라는 새로운 유
형의 정치적 행위의 근거가 된다. 단순한 국가이성에 대한 호소는 사라
진다. 정치는 더 이상 단순한 이론적 비판이나 자유 언론에 의한 이성
의 건립이기를 멈추고, 인간에 의한 인간의 본질의 실천적 재영유가 된
다. 왜냐하면 국가는 종교와 마찬가지로 분명히 인간이지만, 박탈된 인
간이기 때문이다. 인간은 시민(또는 국가) 그리고 사적 인간이라는 두
추상물로 분열되어 있다. 국가라는 하늘에서 '시민의 권리' 속에서, 인간
은 '인간의 권리'라는 땅에서 박탈당한 인간적 공동체를 상상적으로 산
다. 또한 혁명은 더 이상 단지 정치적 혁명(국가의 자유주의적 합리적
개혁)인 것이 아니라, 돈과 권력과 신이라는 가상적 형태 속에서 소외된
인간의 본질을 인간에게 반환하는 '인간적(공산주의적)' 혁명일 것이다.
이때부터 이 실천적 혁명은 철학과 프롤레타리아트의 공동 과업이 될
것인데, 왜냐하면 철학 속에서 인간이 이론적으로 긍정되고 프롤레타리
아트 속에서 인간이 실천적으로 부정되기 때문이다. 프롤레타리아트 속

으로 철학이 침투하는 것은 자기 자신의 부정에 대항하는 자기 긍정의 의식적인 반란일 것이며, 비인간적 조건들에 대항하는 인간의 반란일 것이다. 그리하여 프롤레타리아트는 자기 자신의 부정을 부정할 것이며 공산주의 속에서 자신을 소유할 것이다. 혁명은 소외에 내재하는 논리의 실천 바로 그것이다. 혁명은 여태까지 무장해제되었던 비판이 프롤레타리아트 속에서 자신의 무기를 인지하는 계기이다. 비판은 프롤레타리아트에게 프롤레타리아트의 본질에 대한 이론을 제공한다. 역으로 프롤레타리아트는 비판에 대한 자신의 무장력을 제공한다. 이 무장력은, 각자가 자기 자신과 동맹해 이루는 하나의 동일한 힘이다. 따라서 프롤레타리아트와 철학의 혁명적 동맹은, 여기서 다시, 인간의 본질 속에서 조인된다.(알튀세르, 『마르크스를 위하여』, 395-396)

다. 알튀세르의 "과학적 역사유물론"이라는 용어의 사용에 대하여

마르크스는 『자본』 서문에서 "나는 여기서 부르주아 사회의 운동 법칙을 과학적으로 탐구하고자 한다"고 말한다. 그런데, 우리는 앞에서도 언급하였지만, 마르크스의 역사적 유물론이 왜 과학인지의 분별이 중요하다.

일단 일반적으로 '과학적 역사유물론'에서 말하는 '과학'이란, 일상적인 자연과학과 같은 의미가 아니라 사회·역사를 연구하는 방식의 질적 전환을 가리킨다. 알튀세르나 마르크스 전통에서 이걸 과학이라고 부르는 이유는 다음과 같다. 이에 대해 일반화된 정리(챗GPT)는 다음과 같다.

① 마르크스 이전의 역사 이해 : 철학·윤리·인간 본질 중심
헤겔이나 포이엘바하, 청년 마르크스 시절의 역사 이해는 주로 인간 본질, 소외, 자유, 도덕적 이상 같은 철학적·윤리적 범주를 사용했다. 이런 설명은 사회 변화를 인간 의식이나 본질의 변화로 이해하는 경향이 있었고, 구조적·물질적 분석은 부족했다.
② 마르크스 이후의 전환: 사회구조를 법칙적으로 분석
마르크스가 역사유물론을 '과학'이라고 부른 이유는, 이제 역사·사회 변

화를 다음과 같은 구체적·객관적 구조 분석으로 접근했기 때문이다.

(a)먼저, 역사 발전의 원동력은 인간 본질이나 도덕적 진보가 아니라, 생산력(기술·노동)과 생산관계(소유·지배 구조)의 모순이 발전을 이끈다는 분석이다.

(b)두 번째, 변화의 메커니즘에 있어서 계급투쟁과 사회적 갈등은 우연한 사건이 아니라, 특정 생산양식 내 모순이 심화될 때 필연적으로 나타나는 구조적 현상이라고 본다.

(c)세 번째, 방법론적 전환으로서, 추상적 철학 담론에서 벗어나 경제·사회 구조를 실증적으로 연구하고, 사회 변동의 법칙성을 파악하려는 시도였다. 즉, 여기서 '과학'은 자연과학처럼 실험 가능한 법칙을 의미한다기보다는, 사회·역사를 분석할 때 경험적 자료와 구조적 개념을 통해 체계적으로 인과를 밝히는 방법론을 가리킨다.

③ 알튀세르의 강조 : 과학 vs 이데올로기 구분

알튀세르는 특히 "과학적 역사유물론"을 강조하면서 철학적 인간주의·윤리 담론은 '이데올로기'이고, 계급·생산양식·사회구조를 분석하는 역사유물론은 '과학'이라고 구분했다.

과학적 역사유물론은 인간의 본질이나 자유 같은 추상 개념 없이도 사회 구조와 변동을 설명할 수 있다. 예컨대, "자본주의가 어떻게 위기를 겪고 사회주의로 이행하는가?"를 도덕적 선악이 아니라, 경제 구조의 내적 모순과 계급투쟁의 법칙성으로 설명한다.(챗GPT, 과학이라는 용어사용에 대하여, 2025. 8. 23.)

즉, "과학"이라고 부르는 것은, 역사를 도덕·윤리·본질론적으로가 아니라 구체적이고 구조적인 인과 분석으로 파악하는 방법론적 전환을 뜻한다. 그런데 정작 공산주의자들은 이 과학적이라는 용어를 마치 어떤 사회적 자연법칙처럼 용어혼돈을 일으키고 있다.

라. 역사적 유물론에 '과학'이라는 용어사용에 대한 비판

칼 포퍼(Karl Popper)는 『열린 사회와 그 적들』에서 마르크스주의를 과학이 아니라 "반증 불가능한 예언(예측 불가능한 역사주의)"이라고 비판하였다. 역사 발전 법칙을 과학 법칙처럼 주장하는 것은 "유사(가장된)과학" (pseudoscience)이라고 하였다. 아이작 벌린(Isaiah Berlin)은 마르크스주의가 역사를 필연적 법칙으로 환원하는 경향을 비판하면서, 다양한 인간 가치와 우연성을 무시한다고 지적하였다. 과연 "역사적 유물론"을 과학이라고 주장할 수 있을까? 일단 과학은 전통적으로 법칙적 엄밀성을 말하고, 논증이 가능해야 한다. 구체적인 사물을 분석하였다고 해서 그것을 과학이라고 말할 수는 없다.

① 구체적 사물분석에 대하여
마르크스는 토대 중에서도 '생산수단'과 '생산관계'의 연관성을 분석하고, 이 토대에서 산출되는 상부구조로서의 각종 '이데올로기'를 분석하였다. 이런 측면에서 이러한 분석의 대상들을 유물론이라는 용어를 사용하며, 구체적인 대상들의 관계를 분석한 것이다. 그러면서 헤겔의 변증법은 관념에 대한 분석이다고 비판을 하였다.
② 헤겔 변증법의 법칙성의 원용
마르크스는 이들 대상들 간의 변화법칙을 분석할 때, 헤겔의 변증법을 변용하여 사용하였다. 철학사 속에서 헤겔의 변증법은 거의 법칙으로 통한다. 정신은 일단 변증법적으로 기능을 한다. 즉 "정립-반정립-종합"의 변증법적 활동을 하며, 완전한 것을 발견해 낸다. 마르크스는 이 변화의 법칙을 사회구조 속에서 찾았으며, 나름대로 이것을 발견하여 "자본주의의 모순은 결국 혁명으로 폭발하여 공산주의로 이행한다"고 말한 것이다.
③ "모순-과잉결정"의 변증법
결국 마르크스의 "역사적 유물론"의 변증법은 "모순-과잉결정"의 변증법인 것이다. 알튀세르가 이것을 구체적으로 드러나게 하였던 것이다. 그래서 결국 마르크스의 역사적 유물론에서의 과학이란 이 "모순-과잉결

정의 변증법"인 것이다.

④ "모순-과잉결정 변증법"을 과학이라고 부를 수 있을까?

칼 포퍼나 아이작 벌린은 결국 이것을 비판한 것이다. 도리어 사회구조도 "모순-과잉결정"이 아니라, "정립-반정립-종합"으로 이행하며, "모순-과잉결정"이 성립하는 때에는 기존 사회에 죄가 관영하여서 역사적 심판이 일어날 때에나 성립되었다. "모순-과잉결정"은 변증법적 발전이 아니라, 그 나라에 대한 하나님의 심판과 파국을 의미했던 것이다. 마르크스나 알튀세르는 이러한 비극을 과학이라고 말했던 것이다. 소련은 이렇게하여 파국에 이르렀다. 그 통치자들은 부유할지 모르나, 모든 국민들은 가난에 빠져있다. (필자)

마르크스의 역사적 유물론은 결국 "모순-과잉결정"의 변증법을 말하는데, 이것은 엄밀성도 떨어지고, 논증도 되지 않으며, 그 결과가 파괴적이다. 이 공산주의 폭력혁명에 참여하는 것을 과학이며, 법칙이라고 말하고 있는 것이다. 이것이 공산주의의 실체이다.

6장 이데올로기와 국가장치들

1. 이데올로기적 국가장치들

가. "이데올로기와 이데올로기적 국가장치들"의 개략

알튀세르는 1970년 『라 팡세』지 151호에 "이데올로기와 이데올로기적 국가장치들"을 발표하였다. 이 주장은 후에 푸코, 들뢰즈, 가타리, 데리다, 지젝 등의 구조주의 철학자들에게 영향을 미쳤다. 이에 대해 일반화된 정리(챗GPT)는 다음과 같다.

① 억압적 국가장치와 이데올로기적 국가장치

알튀세르는 마르크스의 국가론(국가는 지배계급의 억압도구)을 발전시켜, 국가장치를 두 가지로 구분한다: 먼저, 억압적 국가장치로서 경찰(Repressive State Apparatus, RSA), 군대, 법원, 감옥 등 물리적 폭력과 강제력을 행사하는 장치이다. 직접적으로 폭력을 통해 지배계급의 이익을 보장한다. 두 번째, 이데올로기적 국가장치(Ideological State Apparatus, ISA)로서, 학교, 가족, 종교, 언론, 문화, 정당, 노조 등이다. 물리적 강제보다는 이데올로기를 통해 사람들의 '동의'를 획득하여 지배를 재생산한다.

② 자본주의에서 ISA의 결정적 역할

봉건제에서 종교가 중심적 ISA였다면, 자본주의 사회에서 가장 중요한 ISA는 '학교'라고 강조한다. 학교는 개인들에게 지식만 전달하는 게 아니라, 규율·복종·국가와 자본주의 질서에 필요한 가치관을 내면화시킨다. 즉, 학교 교육은 지배질서 재생산의 핵심 메커니즘이다.

③ 이데올로기의 기능 : 재생산

자본주의 체제가 존속하려면, 단순히 생산수단만이 아니라 생산관계도 재생산되어야 한다. 이데올로기는 사람들을 "자신의 위치에 맞는 주체(subject)"로 형성하여, 자본주의적 생산관계를 재생산한다. 따라서 이데올로기는 단순히 거짓 의식이 아니라, 사회가 스스로를 지속시키는 조건이다.

④ 호명(Interpellation) 이론

알튀세르는 이데올로기가 작동하는 방식을 '호명'(interpellation) 개념으로 설명한다. 예컨대, 경찰이 "야, 당신!" 하고 부를 때, 개인은 뒤돌아보며 자신이 그 '당신'임을 인정한다. 이렇게 개인은 이데올로기에 의해 주체로 구성된다. 즉, 주체는 원래부터 있는 게 아니라, 이데올로기의 호명 속에서 만들어지는 것이다.

⑤ 철학적 함의

알튀세르는 이 글을 통해 "이데올로기 = 허위의식"이라는 고전적 이해를 넘어선다. 이데올로기는 현실 속에서 실제로 작동하는 사회적 관계의 '구조'이며, 인간은 그 구조 안에서 주체로 형성된다. 따라서 이데올로기는 부정해야 할 단순한 '환상'이 아니라, 현실적으로 작동하는 물질적 실천이다.(챗GPT, 이데올로기와 이데올로기적 국가장치들, 2025.8.20.)

나. 생산양식의 재생산과 지배 이데올로기

마르크스주의에서 생산양식과 생산력 및 생산관계의 관계는 다음과 같이 정의된다. "생산양식=생산력(생산수단+노동력)+생산관계"이며, 이 각각에 대해서 재생산이 요구된다. 따라서, 생산이 지속적으로 이어지기 위해서는 "생산조건의 재생산=생산수단의 재생산+노동력의 재생산+생산관계의 재생산"으로 이어져야 한다.[8]

여기에서 중요한 것 중의 하나가 '노동력의 재생산'인데, '노동력의 재생산'은 물질적인 수단, 즉 임금에 의해서 보장된다. 그리고 이에 대한 자격을 위해서 '학교교육의 체계'가 있다. 이곳에서는 "지배계급에 의해 세워진 질서의 규칙들, 즉 지배적 이데올로기에 대한 복종의 재생산"을 필수적인 지식들을 가르치기도 한다.[9] 이에 대해 알튀세르는 다음과 같이 표현한다.

---

8) 배세진, "마르크스주의 이데올로기론의 재구성…," 78.
9) 배세진, "마르크스주의 이데올로기론의 재구성…," 78.

노동력의 재생산은 그 자격의 재생산만이 아니라, 동시에 세워진 질서의 규칙들에 대한 복종의 재생산을, 즉 노동자들에게 있어서는 지배적 이데올로기에 대한 복종의 재생산을, 한편 착취와 억압의 대리자들에게 있어서는 (그들이 또한 '말을 통해' 지배계급의 지배를 보장하기 위하여) 지배 이데올로기를 잘 다루는 능력의 재생산을 요구한다. 달리 말하면, 학교(그러나 또한 교회와 같은 국가의 여타 국방부 직할부대 및 기관, 또는 군대와 같은 여타 장치들)는 '노-하우'를, 그러나 지배 이데올로기에 대한 종속이나 그 '실천'의 지배권을 보장하는 형태 속에서 가르친다. (알튀세르, 「이데올로기와 이데올로기적 국가장치들」, 1970/1991, 80)[10]

다. 이데올로기적 국가장치들

마르크스에 의하면, 사회구성체는 토대인 하부구조와 법, 국가, 이데올로기로서의 상부구조의 2층 건물과 같은 구조로 되어있다. 이때 고전적 마르크스 주의에서 국가는 억압적 장치로 인식된다.

알튀세르는 여기에 새로운 개념의 추가가 필요하다고 하며, 국가가 국가권력과 국가장치의 결합으로 정의 내려진다고 말하며, 여기에서의 국가장치에는 이데올로기적 국가장치(Appareils idéologiques d'Etat, AIE, 영어로는 ISA)가 추가되어야 한다고 말한다. 그리고 AIE의 종류를 "종교 AIE, 교육 AIE, 가족 AIE, 법률AIE, 정치 AIE, 조합 AIE, 커뮤니케이션 AIE, 문화 AIE 등"이다.[11] 그 내용을 배세진은 다음과 같이 요약한다.

모든 국가장치는 그것이 억압적이든 이데올로기적이든 폭력과 동시에 이데올로기에 의해 '기능'하지만, 그러나 이데올로기적 국가장치들과 (억

---

10) Althusser, Louis. (1970). Idéologie et appareils idéologiques d'Etat. 김동수 역. (1991). 「이데올로기와 이데올로기적 국가장치들」, 『아미앵에서의 주장』 서울: 솔.(재인용 이하 동일: 배세진, 마르크스주의 이데올로기론의 재구성 : 알튀세르와 발리바르의 논의를 중심으로, 연세대학교 커뮤니케이션대학원 2013 국내석사)
11) 배세진, "마르크스주의 이데올로기론의 재구성…," 79-80.

압적) 국가장치의 혼동을 막아주는 아주 중요한 차이를 가지고 있다. 그것은 (억압적) 국가장치의 경우, 주로 (물리적인 것을 포함한) 억압에 의해 기능하며 부차적으로 이데올로기에 의해 기능한다(순수히 억압적인 장치란 존재하지 않는다)는 것이다. …마찬가지로, 그러나 역으로 다음과 같이 말해야 한다 ; 이데올로기적 국가장치들의 경우 주로 이데올로기에 의해 기능하며, 부차적으로 억압에 의해 기능한다.(알튀세르, 「이데올로기와 이데올로기적 국가장치들」, 1970/1991, 90)

라. 지배 이데올로기와 이데올로기적 국가장치들의 관계

알튀세르에 의하면, 이와 같이 이데올로기적 국가장치들은 다양하게 존재하는데, 이 중에서 지배 이데올로기가 있으며, 이에 의해서 전체가 통일이 된다. 그리고 이 지배 이데올로기의 힘 없이 국가권력은 보유될 수 없다. 즉 AIE가 계급투쟁의 쟁점이며 장소인 것이다. 그리고 그에 의하면, 이 지배 이데올로기는 중세 때에는 교회였는데, 이제는 학교로 이동했다고 말한다.

이제 알튀세르는 "다종다양한 AIE들이 지배이데올로기 하에서 통일성을 구성하며, 어떠한 지배계급이든 AIE를 통해 행사되는 지배이데올로기의 힘 없이 국가권력을 보유할 수 없다고 지적한다. 그리고 알튀세르의 이러한 설명을 통해서 우리는 AIE가 계급투쟁(지배계급에 의한 계급투쟁이든, 피지배계급이 벌이는 계급투쟁이든)의 쟁점이며 장소라는 점을 쉽게 알 수 있다.(알튀세르, 「이데올로기와 이데올로기적 국가장치들」, 1970/1991, 92-93).

전(前)자본주의적인 시기에는 교회라는 하나의 지배적인 AIE가 존재했는데, 자본주의적인 시기에는 (위에서 노동력의 자질의 보증이 더 이상 생산현장 안에서가 아니라 학교에서 이루어진다고 지적했듯) 교육 AIE가 교회를 대신하여 지배적인 AIE의 역할을 맡는다. 그렇기 때문에 전(前)자본주의 시기부터 자본주의 시기까지 핵심적인 AIE로 기능해온 가족 AIE를 고려해보았을 때, 지배적인 AIE는 교회-가족 쌍에서 학교-가족 쌍으로 이전했다. (알튀세르, 「이데올로기와 이데올로기적 국가장치들」, 1970/ 1991, 97-99)

2. 이데올로기에 대하여

가. 알튀세르의 이데올로기에 대한 '무의식'으로서의 이해

마르크스는 「독일 이데올로기」에서 이데올로기와 철학을 사라져야 할 환상, 허구, 상상적인 구성물로 규정했다. 이러한 차원에서 "이데올로기는 역사를 갖지 않는다"라고 말하였던 것이다. 그런데, 알튀세르는 마르크스의 "이데올로기는 역사를 갖지 않는다"라는 말을 다른 각도의 긍정적인 해석을 하는데, 그는 이 이데올로기가 '무의식'이기 때문에 그러하다고 하면서, 이 '무의식'을 프로이트의 '무의식'과 연결시킨다. 프로이트에게 이 '무의식'은 주체인 것이다. 그 내용은 다음과 같다.

나는 "이데올로기는 역사를 갖지 않는다"는 우리의 명제가 프로이트의 "무의식은 영원하다: 즉 역사를 갖지 않는다"는 명제와 직접적인 연관을 가질 수 있으며 가져야 한다 (전혀 자의적인 방식이 아니라 반대로 이론적으로 필수적인 방식으로 -왜냐하면 이 두 명제 사이에는 유기적인 연관이 있기 때문이다)고 말하고자 한다. 만일 영원하다는 것이, 모든 (시간적) 역사에 대해 초월적인 것을 의미하는 것이 아니라, 모든 역사에 걸쳐 어디서나 나타나고 역사를 관통한다는 것, 따라서 그 형태에 있어 변함없다는 것을 의미한다면, 나는 프로이트의 표현을 한마디 다시 취하면서 (무의식과 정확히 마찬가지로) 이데올로기는 영원하다고 쓰고자 한다. 그리고 덧붙이자면, 내게는 이러한 접근이 무의식의 영원성은 이데올로기 일반의 영원성과 무관하지 않다는 사실에 의해 이론적으로 정당화되는 것 같다. (알튀세르, 「이데올로기와 이데올로기적 국가장치들」, 1970/1991, 106)

그리고 이제 알튀세르는 이데올로기에 대한 부정적인 테제와 긍정적인 테제를 제시한다.

나. 테제1 : 현실적인 존재와의 상상적 관계의 표상으로서의 이데올로기

먼저 알튀세르는 이데올로기의 부정적인 측면으로서 "이데올로기는 개인들이 자신들의 현실적인 존재조건들과 맺고 있는 상상적 관계를 표상, 재현, 상연한다(테제1)"고 말한다. 즉 개인들은 현실을 있는 그대로 바라보지 못한다고 한다. (알튀세르, 「이데올로기와 이데올로기적 국가장치들」, 107) 그리고 그 이유를 다음의 두 가지라고 말한다.

그 중에 첫 번째 대답은 사람들이 자신들에게 복종하도록 만들기 위해 사제들과 군주들이 거짓말을 지어냈다는 대답이다. 두 번째 대답은 이데올로기가 현실의 조건들을 왜곡하는 것은 "인간들이 현실의 삶에서 물질적으로 소외된 데서 비롯한 결과"라고 말한다.[12]

결국 중요한 것은 "이데올로기 속에서 '사람들이' '표상하는' 것은 그들의 실재 존재조건이나 실재 세계가 아니라, 무엇보다 이 존재조건에 대한 그들의 관계이다. 실재 세계에 대한 모든 상상적 표상의 중심에 있는 것은 바로 이 관계이다"고 한다. 이 실재세계와의 관계를 상상하여 표현한 것이 이데올로기이다는 것이다. 그리고 여기에는 현실에서의 물질적 소외가 깊이 반영되어 실재 세계를 왜곡하고 있다.

> 이데올로기 속에서 '사람들이' '표상하는' 것은 그들의 실재 존재조건이나 실재 세계가 아니다. 이데올로기 속에서 그들에게 표상되는 것은 무엇보다 이 존재조건에 대한 그들의 관계다. 실재 세계에 대한 모든 이데올로기적, 따라서 상상적 표상의 중심에 있는 것은 바로 이 관계다. 실재 세계에 대한 이데올로기적 표상의 상상적 왜곡을 설명할 '원인'이 포함되어 있는 것도 바로 이 관계 속이다. 아니 차라리, 원인이라는 말을 제

---

12) 배세진, "마르크스주의 이데올로기론의 재구성…," 84.

처두기 위해 모든 이데올로기 속에서 관찰할 수 있는(만일 사람이 그 진실 속에서 체험하지 않는다면) 모든 상상적 왜곡의 기반은 바로 이 관계의 상상적 본성이라는 테제를 제기해야 한다. (알튀세르, 「이데올로기와 이데올로기적 국가장치들」, 1970/1991, 109).

다. 테제2: 물질적 존재를 갖는 이데올로기

우선 알튀세르는 "'사고들'과 '표상들'이 정신적이지 않고 물질적인 존재"라고 주장한다. 그리고 "이데올로기는 항상 장치 속에, 그리고 그 관행 혹은 관행들 속에 존재한다. 이 존재는 물질적이다"라고 주장한다.

물론 장치와 그 관행들 속에 있는 이데올로기의 물질적 존재는 도로나 총의 물질적 존재와 같은 양태를 가지지 않는다. 그러나, 우리가 네오-아리스토텔레스주의자로 취급될지라도(마르크스는 아리스토텔레스에 매우 깊은 존경심을 보냈음에 주의하자), 우리는 다음과 같이 말할 것이다: "물질은 여러 가지 의미로 표현된다"또는 차라리, 그것은 최종심에서 '물리적' 물질에 뿌리박은 다양한 양태들로 존재한다. (알튀세르, 「이데올로기와 이데올로기적 국가장치들」, 1970/1991, 111)

라. 이데올로기 속에서 살아가는 개인들

이제 알튀세르는 이제 모든 개인들은 이 이데올로기 속에서 살아간다고 말한다. 개인들은 자신들이 상상하는 그 모든 상상적 관계로부터 자신의 존재를 부여받는다고 한다. 이제 모든 개인적인 주체는 그 이데올로기의 사고에 따라 행동해야 한다고 말한다.

… 우리는 이데올로기의 이데올로기적 표상은 그 자체 다음을 인식하도록 강제된다는 사실을 확인한다: 의식을 부여받고, 의식이 그에게 불어넣고 자유롭게 받아들이는 '사고들'을 믿는, 모든 '주체'는 '그의 사고들에 따라 행동'해야 한다는 것, 그러므로 그의 물질적 관행행위들 속에

자유로운 주체로서 자신의 고유한 사고들을 투여해야 한다는 것이다. (알튀세르, 「이데올로기와 이데올로기적 국가장치들」, 1970/1991, 112)

그리고 이 이데올로기는 물질적이며, 그 개인들의 믿음과 사고도 또한 물질적이고, 이것은 '이데올로기 장치'에 뿌리를 내리고 있다고 한다.

그러므로, 하나의 주체(이러저러한 개인)만을 고려하자면, 그의 믿음에 대한 사고들의 존재는 물질적이다: 그의 사고들이, 이 사고들이 유래하는 물질적인 이데올로기 장치에 의해 그 자신 규정되는 물질적 의례들에 의해 제한되는 물질적 관행들 속에 삽입된 물질적 행동이라는 면에서 그러하다. (알튀세르, 「이데올로기와 이데올로기적 국가장치들」, 1970/1991, 113-114)

그러므로 주체가 다음의 체계(실재적인 결정의 순서로 서술된)에 의해 작용 받은 만큼 움직인다는 것은 자명하다: 이데올로기는 물질적인 이데올로기 장치 속에 존재하며, 이데올로기 장치는 물질적 의례에 의해 제한되는 물질적 관행들을 규정한다: 물질적 관행들은 자신의 믿음에 따라 의식적으로 행동하는 주체의 물질적 행위 속에 존재한다. (알튀세르, 「이데올로기와 이데올로기적 국가장치들」, 1970/1991, 114)

마. 장치들(제도와 관행) 속에 존재하는 이데올로기

알튀세르에 의하면, 이데올로기는 '정신적 세계'나 '관념의 세계'에 존재하지 않는다. 이데올로기는 제도들 속에, 그리고 이 제도들의 관행 속에 존재한다. 바로 이러한 의미에서 우리는 이데올로기적 국가장치들이 그것들 각각의 물질적 장치 속에서, 그리고 그것들의 관행 속에서 그것들에 외부적인 이데올로기를 구현한다고 말할 수 있었던 것이다고 한다.

이데올로기는 '정신적 세계'로 이해된 '관념 세계' 속에 존재하지 않는다. 이데올로기는 제도들 속에, 그리고 이 제도들의 관행 속에 존재한다. 우리는 보다 정확히 다음과 같이 말하고 싶다. 즉 이데올로기는 장치들 속에, 그리고 이 장치들의 관행 속에 존재한다. 바로 이러한 의미에서 우리는 이데올로기적 국가장치들이 그것들 각각의 물질적 장치 속에서, 그리고 그것들의 관행 속에서 그것들에 외부적인 이데올로기를 구현한 다고 말할 수 있었던 것이다.

그때 우리는 이 이데올로기를 1차적 이데올로기라 불렀는데, 이제 국가 이데올로기라는 정식 이름으로 부를 수 있다. 국가 이데올로기는 지배 계급 혹은 지배 계급들의 본질적인 이데올로기적 테마들의 통일체이다. 물론 이 장치들과 그것들의 관행이 지닌 대상과 목표는 생산과 재생산 에서 노동의 사회적·기술적 분할의 직위들을 점유하는 개인들이다. 따 라서 이데올로기는 이러한 개인들의 관행 속에서 이데올로기적 장치들 과 그것들의 관행을 통해 존재한다. 나는 그들의 관행이라고 분명히 말 한다. 이것은 노동의 분할이 그들에게 할당하는 (생산적·과학적·이데올 로기적·정치적 따위의) 관행에 대한 '자연발생적'인 '관념들'을 포함한 이른바 '관념들'이나 '의견들'뿐 아니라, 그들의 '습관'이나 '의례,' 그러니 까 그들의 의식적인 혹은 무의식적인 현실적 행동들을 동시에 포함한다 (알튀세르, 「이데올로기와 이데올로기적 국가장치들」, 1995/2007, 242).

3. 호명테제 : 개인들을 주체로 호명하는 이데올로기

가. 주체들에 의한 이데올로기

알튀세르는 "이데올로기에 의하지 않고, 이데올로기 아래 있지 않은 관행 이란 없다"고 하며, 이 테제와 "주체에 의하지 않고 주체들과 관련하지 않 은 이데올로기는 없다"는 테제를 결합시키면서 알튀세르는 그의 '이데올로기 에 의한 호명테제'의 문제를 제기하고자 한다.

우리는 주체의 범주가 모든 이데올로기를 구성하는 것이라고 말한다. 그 러나 동시에 그리고 즉각 우리는 모든 이데올로기가 구체적 개인들을 주체로 '구성하는' 기능 ―그것이 이데올로기를 규정한다 ―을 가지는 한에서만, 주체의 범주는 모든 이데올로기를 구성한다라고 덧붙인다. 모든 이데올로기의 기능이 존재하는 것은 바로 이러한 이중의 구성작용 속에서다. 왜냐하면 이데올로기는 이데올로기의 기능이 존재하는 물질적 형태들 속에서의 기능 이외에 아무것도 아니기 때문이다.(알튀세르, 「이데올로기와 이데올로기적 국가장치들」, 1970/1991, 115-116)

나. 이데올로기의 호명

주체들이 만든 이데올로기가 하나의 관행이 되는데, 이 관행 아래에 속하지 않은 개인은 아무도 없다. 그리고, 이제는 이 관행이 각 개인들을 또 다른 주체들로 호명하는 것이다. 이때의 주체는 이데올로기에 종속된 주체이다.

나는 최초의 정식으로서, (주체라는 범주의 기능을 통해서) 모든 이데올로기는 구체적 개인들을 구체적 주체들로 호명한다고 말하고자 한다."(알튀세르, 「이데올로기와 이데올로기적 국가장치들」, 1970/1991, 118)
그러므로 우리는 이데올로기가 개인들 가운데서 주체들을 '징집'하거나 (그것은 모든 개인들을 징집한다), 우리가 호명이라고 부르는 이러한 매우 정확한 작용을 통해 개인들을 주체들로 '변형'시키는 방식으로 '활동'하고 '작용'함을 암시하는 것이다.(알튀세르, 「이데올로기와 이데올로기적 국가장치들」, 1970/1991, 118-119)
그러므로 이데올로기는 개인들을 주체들로 호명한다. 이데올로기가 영원하기 때문에, 이제 우리는 그 속에서 우리가 이데올로기의 기능을 표현한 바 있는 시간성이라는 형식을 제거해야 하며, 이데올로기는 항상-이미 개인들을 주체들로 호명했다고 말해야 한다. 보다 정확히 말하자면 개인들은 항상-이미 이데올로기에 의해 주체로 호명되었다. 이것은 우리를 필연적으로 마지막 명제로 이끈다: 개인들은 항상-이미 주체들이다. 그러므로 개인들은, 주체들에 비하여 '추상적'이다. 이 명제는 하나의 역설로 보일지도 모른다. (알튀세르, 『이데올로기와 이데올로기적 국가장치들』, 1970/ 1991, 120)

위의 호명테제와 관련하여 유명한 삽화가 알튀세르의 "이데올로기 장치들"에서 소개되는데, 그 내용을 배세진은 다음과 같이 소개한다.

"어이, 거기 당신!" 만약 우리가 상상하고 있는 이론적 장면이 거리에서 일어난다고 가정한다면, 호명된 개인은 뒤를 돌아본다. 이 180도의 간단한 돌아섬에 의해 그는 주체가 된다. 왜? 그는 호명이 '분명' 그에게 전달되었다는 것, '호명된 것은' (다른 사람이 아니라) '분명 그였다'는 것을 재-인지했기 때문이다.[13]

다. 상부구조를 하부구조에 연결시키는 특수한 장치

알튀세르에 의하면, 이러한 이데올로기적 국가장치들은 상부구조를 하부구조에 유기적으로 연결시키고, 그것을 하부구조 속에서 분명하게 작동시키는 특수한 장치이다는 것이다. 알튀세르는 이것을 자본주의적 사회구성체의 법률의 예를 들어서 설명한다.

우리의 테제가 옳다면, 그것은 지극히 중요한 하나의 현실을 제시한다. 이 현실은 자본주의적 사회구성체에서 법률적-도덕적 이데올로기와 이 이데올로기의 구현, 즉 법률적인 이데올로기적 국가장치가 수행하는 결정적 역할을 말한다. 법률적인 이데올로기적 국가장치는 상부구조를 하부구조에 유기적으로 연결시키고, 그것을 하부구조 속에서 분명하게 작동시키는 특수한 장치이다. (알튀세르. 『재생산에 대하여』, 김웅권 역. 서울: 동문선, 1995/2007, 260)

라. 호명의 일반적 구조

---

13) 배세진, "마르크스주의 이데올로기론의 재구성…," 96.

호명의 원형적인 구조를 설명해주는 예로 알튀세르는 『신학-정치론』 17장
에 등장하는 히브리 신정 국가의 형성 과정에 대한 예화를 도입한다. 그 내
용은 다음과 같다.

> 우리는 '유일하고 절대적인' [대문자] '주체'의 이름으로 개인들을 주체로
> 호명하는 모든 이데올로기가 반사적인 것, 즉 거울구조, 그것도 이중으
> 로 반사적인 것임을 알게 된다. 이 반사의 이중성이 이데올로기를 구성
> 하며 그 기능을 보장한다. 이것이 의미하는 바는 다음과 같다: 모든 이
> 데올로기는 집중된 것이고, '절대적 주체'가 '중심'이라는 유일한 위치를
> 차지하고서, 주체가 자신의 이미지(현재의 혹은 미래의)를 응시할 수 있
> 는 '주체' 속에서 그들에게 문제가 되는 것은 바로 그들과 '그'라는 것,
> 그리고 모든 일이 '가족'('신성가족': '가족'은 본질적으로 신성하다) 안에
> 서 일어나기 때문에, "신이 그 속에서 그의 가족을 인지할 것"이라는
> 것, 다시 말해 '신'을 보증함으로써, (이데올로기가 주체들을 '주체'에 종
> 속시키는 이중의 반사적인 관계 속에서) 무수한 개인들을 주체로서 그의
> 주위에 호명한다 (알튀세르, 「이데올로기와 이데올로기적 국가장치들」,
> 1970/1991, 125)

위의 예화를 분석하여 알튀세르는 호명의 일반적인 구조를 설명하는데,
그것을 배세진은 다음과 같이 요약한다.

> 그러므로, 이러한 알튀세르의 거울구조에 대한 설명에 따를 때 호명의
> 일반적 구조는 다음과 같이 네 단계로 나누어질 수 있다. 첫째는 "'개인
> 들'의 주체들로의 호명." 둘째는 "그들의 [대문자] '주체'에의 종속." 셋째
> 는 "주체들과 [대문자] '주체'간의, 그리고 주체 자신들 간의 상호적인
> 인지, 그리하여 최종적으로 자기 자신에 의한 주체의 인지." 네 번째는
> "모든 것은 바로 이와 같으며, 그리고 주체들이 스스로 누구인지 또한
> 결과적으로 어떻게 될 것인지를 알아차린다[인지한다]는 조건하에서 만

사는 잘 될 것이다라는 절대적 보증 – '그대로 될 지어다.'"(알튀세르, 『이데올로기와 이데올로기적 국가장치들』, 1970/1991, 125-126)

여기서 만사가 잘 될거라는 말의 뜻은 이러한 4중의 체계 덕에 주체들은 스스로 잘 작동한다는 의미이다. 알튀세르가 강조하듯이 이러한 거울 구조에 의해 주체들은 대문자 주체에 복종함으로써 자유로운 주체로서 혼자서도 잘 작동하게 되는 것이다(알다시피 sujet에는 주체라는 뜻뿐만 아니라 신민이라는 뜻도 존재한다)(알튀세르, 『이데올로기와 이데올로기적 국가장치들』, 1970/1991, 126).

개인은 '주체'의 명령들에 자유롭게 종속되도록, 그러므로 그의 종속을 (자유롭게) 받아들이도록, 그러므로 종속의 제스처와 행위들을 "완전히 혼자서 수행하도록", (자유로운) 주체로 호명된다. 오직 종속에 의해서 그리고 종속을 위해서만 주체들은 존재하게 된다. 그것이 바로 그들이 '완전히 혼자서 활동하는' 이유다. (알튀세르, 『이데올로기와 이데올로기적 국가장치들』, 1970/1991, 127)

4. 구조주의적 마르크스주의 철학

우리는 알튀세르의 철학을 '구조주의적 마르크스 주의'라고 표현할 수 있다. 이것이 보편적으로 이해되는 알튀세르 철학의 성격이다. 엄밀히 말하면 알튀세르의 철학은 '구조주의 철학'이 아니며 '마르크스 철학'인데, 여기에 당시에 유행하던 '구조주의 철학의 성격'이 가미되었을 뿐이다. 알튀세르의 철학은 기본적으로 마르크스 사상을 답습하였을 뿐이다.

가. 알튀세르 철학의 구조주의적 성격

먼저, 어떤 철학이 구조주의 철학으로 불리우기 위해서는 그것이 '의식'의 '주체'로서의 성격을 가지고 있다. '구조주의'의 표면적인 가장 강력한 특징은 '의식'의 실질적이 '주체'이다. 내게 있는 '의식'이 나의 '주체'가 아니다. 이 '의식'의 주체가 따로 있는 것이다. 이러한 체계를 소쉬르는 '언어의 체계'를 말하였고, 이것을 라캉은 '상징계와 실재계'라고 말하였다. 한편, 이러한 구조로서 알튀세르는 그것을 '사회' 혹은 사회가 만들어낸 '이데올로기'라고 말한다.

① 언어 구조주의
'구조주의'라는 용어의 출현은 소쉬르의 '언어이론'에서 기인한다. 소쉬르는 언어가 랑그와 파롤로 구성이 되는데, 이때 랑그는 하나의 체계로서 파롤에 대해 자율적인 구조를 가지고 있으며, 이 랑그의 체계에 의해서 파롤이 지배를 당하고 있다는 것을 발견하였다. 파롤을 발생시키는 이 랑그라는 언어체계는 하나의 체계로서 일정한 구조를 이루고 있었다. 이것을 가리켜서 '언어-구조주의'라고 불렀다.

② 심리 구조주의
이에 대해 라캉은 이 '언어의 체계'에 프로이트가 발견한 무의식의 세계를 연결하고, 이 세계를 '상징계'와 '실재계'를 말하였으며, 이 '상징계'와 '실재계'에 의해 의식이 좌우된다. 우리는 이것을 '심리-구조주의'라고 부를 수 있겠다.

③ 신화 구조주의
언어의 이면에는 신화의 세계가 연결되어 있다. 언어와 신화의 작동원리가 동일하다. 그리고 분석철학에서는 이 언어에는 지시체가 존재한다고 말한다. 형이상학적 언어에는 형이상학적 세계와 연계된다. 이 신화 구조주의는 꿈과 같은 현상을 통해 우리에게 다가오는 것이다.

④ 사회 구조주의
우리의 '의식' 이면에 의식의 주체로서 자리 잡고 있는 체계를 '구조'라고 하며, 이에 대한 사유를 '구조주의'라고 말할 수 있다. 이러한 구조 혹은 체계로서 알튀세르는 '사회' 혹은 이 사회에서 출현시킨 '이데올로기'의 '호명'을 말한다. 따라서 그의 철학은 '사회-구조주의'라고 부를 수 있을 것이다. (필자)

나. 사회 이데올로기의 본질

알튀세르는 국가 이데올로기의 출처를 학교, 가족, 종교, 언론, 문화, 정당, 노조 등에서 산출되어 나오는 모든 교훈적인 가르침을 말한다. 이것은 모든 국가 구성원들에게 하나의 가치체계를 형성해주며, 사람들은 이렇게 형성된 가치관을 중심으로 모든 사유와 활동을 한다. 그리고 어떻게 보면, 이러한 이데올로기에 지배를 받고 있는 우리의 의식을 우리는 사회 구조주의라고 능히 부를 수 있다.

알튀세르는 이 국가 이데올로기를 지배계급만을 위한 이데올로기라고 말한다. 그러나 그것을 그렇게 말할 수는 없다. 그것은 국가를 유지하기 위한 하나의 가르침이다. 이러한 국가 이데올로기의 중심에는 절대자와 양심을 향한 신앙심이 있고, 나라사랑이 있으며, 가족사랑이 있고, 사회생활에서의 성실함이 있다. 이것이 있어야 한 국가가 유지된다. 이것은 지배계급이 착취를 위해 세운 제도가 아니다.

알튀세르는 이 국가 이데올로기를 무조건 악한 이데올로기라고 표현한다. 노동자들을 착취하기 위한 지배자들의 이데올로기라고만 말한다. 노동자의 입장에서 볼 때 학교, 가족, 종교, 언론, 문화, 정당, 노조 등의 모든 가르침은 지배자가 자신들의 기득권을 유지하기 위해 거짓으로 만들어낸 것이다. 그런데, 그런 가르침은 존재하지 않는다. 인생들에게는 양심이 기능을 하고 있어서 이것을 분별해 낸다. 소위 진정한 자유 민주주의 체제를 가진 국가는 모두 이와 같다. 우리는 자유 민주주의 국가에서의 국가 이데올로기는 선한 이데올로기라는 것을 알 수 있다.

그런데, 문제는 이 이데올로기는 알튀세르의 말처럼 어떤 혁명을 위해 만들어 낼 수 있다. 공산주의 이데올로기가 그렇다. 그들은 정신으로 하여금 창의성과 과학기술을 발휘하게 하는 소유의 자유보다, 경제적 평등을 우월한 가치로 여긴다. 그래서 이 경제적 평등의 세계를 열기 위해 그러한 이데올로기를 창안할 수 있다. 공산주의 이데올로기는 소유의 자유를 기반으로 한 자본주의를 혁명을 통해 전복하기 위해 평등 중심의 새로운 이데올로기를 생산해 낸다. 마르크스와 그람시와 알튀세르가 그 대표적 인물이다.

다. 사회-구조주의 철학자로서의 알튀세르 이해

알튀세르의 철학을 구조주의 철학자의 관점에서 그의 철학을 조명해 볼 수 있다. 다만 그는 자신을 끝까지 구조주의자로 부르기를 거부했고, "반(反)휴머니즘적 마르크스주의 철학자"로 남고자 했다는 점은 전제해야 한다. 다만, 우리는 그를 구조주의 철학의 관점에서 재이해하고자 할 뿐이다. 그는 이데올로기가 경제구조에서 출현한다고 하였다.

① 토대와 상부구조에서 출현하는 이데올로기

먼저, 알튀세르는 마르크스의 유물론적 역사관을 역사의 실체로 파악한다. 생산력(생산수단과 노동력)과 생산관계의 토대가 있으며, 여기에서 상부구조로서의 지배계급의 이데올로기가 출현한다.

② 개별적 구성원들이 사상과 가치관을 형성해 내는 이데올로기

이 이데올로기는 사상이며, 은연중에 모든 사회 구성원들의 가치관을 형성한다.

③ 이데올로기의 호명

이제 이 국가적 이데올로기가 각각의 개별적 주체들을 '호명'하는 것이다. 그리고 호명을 당하는 자는 여기에 응답을 한다. 즉, 국가적 이데올로기가 부여한 가치관에 따라 모든 개별적 주체들은 자신들의 삶의 양태를 결정하고 있는 것이다.

④ 호명에 따른 상부구조의 출현

이와 같이 하여 모든 개별적 자아의 정신들의 형성해 낸 상부구조가 존재한다. 이들의 삶의 양태는 이데올로기가 산출해 낸 것이다. (필자)

이런 관점에서 보면, 알튀세르의 구조주의는 마르크스의 그것임을 알 수 있다. 알튀세르의 구조주의는 사실은 마르크스의 구조주의이다.

라. 생산관계 이데올로기의 허구

인간의 사상 혹은 인간의 이데올로기는 원초적으로 인간의 욕구에 그 기반을 두고 있다. 이때 메슬로우는 인간의 욕구를 5단계로 구분하였는데, 이것을 3단계로 분류할 경우, 인간의 욕구는 생존 욕구, 사회적 욕구, 자아실현 욕구로 나뉜다.

먼저, 인간의 생존욕구는 생존을 위해 필수적인 욕구이다. 여기에 인간의 의·식·주는 매우 절실하다. 사실은 경제적 욕구가 여기에 해당한다. 그런데, 이 생존욕구는 인간 삶을 위한 필요조건이지 충분조건은 아니다. 이것을 없으면 불편하지만, 있다고 해서 그것 자체가 행복을 증진시키지는 않는다. 이 생존욕구가 해소되면, 인간은 이제 인간 자체의 가치를 비로소 추구하게 된다. 인류의 역사 가운데, 과학기술의 발견과 산업혁명은 이 문제를 대거 해소해내었다. 인간의 삶 속에 절대적인 빈곤을 해결한 것이다.

두 번째, 인간의 이러한 생존욕구가 어느 정도 만족을 이루면, 이제 인간들은 사회적 욕구를 추구한다. 이때 비로소 부모형제와 이웃이 보이기 시작하고, 나라가 보이기 시작한다. 도덕적 가치가 비로소 조명되기 시작한다. 그리고 이 도덕적 가치는 그 안에서 새로운 행복을 산출해낸다. 가족과의 행복, 공동체와의 행복, 여가를 이용한 행복들이 출현하기 시작한다.

세 번째, 인간의 욕구 중 최상위에 있는 욕구는 자아실현 욕구이다. 모든 인생들이 이 자아실현욕구를 최상위의 욕구로 삼고 있다. 자신의 존재이유를 찾는 것이다. 이 자아실현 욕구는 종교 속에서 발견되며, 혹은 나라사랑과 같은 도덕의 궁극적인 면에서 발견되고, 각종 과학기술의 연구활동 등에서 발견된다. 이 인간 안에 있는 이 자아실현 욕구가 인류의 역사를 발전시켰다.

한편, 위의 세 가지 욕구는 순차적으로 주어지는 것이 아니다. 서로 혼재되어 있는데, 오히려 인생의 본질을 알아 갈수록 그의 삶의 순서는 "생존

욕구—사회적 욕구—자아실현 욕구"가 아니라, 오히려 역으로 되어 있어서 인간의 양심은 "자아실현 욕구—사회적 욕구—생존욕구"의 순으로 작동한다. 왜냐면, 생존욕구는 인생들에게 참다운 행복을 주는 것이 아니기 때문이다. 이 욕구를 작동하는 기능은 우리의 양심이 한다. 우리 안에 있는 이 양심은 윤리와 도덕에 반영되어 있으며, 더 나아가 종교에 반영되어 있다. 이들은 물질적 욕구보다 인생의 가치에 더 많은 욕구가 투영된다. 인간들은 유한한 삶 속에서 영원을 추구하는 존재이기 때문이다.

마르크스의 생산관계 이데올로기는 위의 세 가지 욕구 중에서 생존욕구에 관한 것으로서 의식주의 문제가 해결되면, 크게 약화되는 욕구이다. 산업혁명으로 인류는 이 문제를 대거 해결하였다. 그렇게 해서 출현한 제도가 자유 민주주의의 자본주의 제도이다. 소유의 자유가 허용되자, 놀라운 창의성이 발휘되어서 온 인류를 기근에서 건져낸 것이다.

그런데, 그 기술과 자본으로 기업을 일군 자들이 부자가 되자, 이제 여기에 경제적 평등을 외치며, 이들의 재산을 사회화하자는 이슈가 출현했는데, 그것이 곧 공산·사회주의이다. 기업가로부터 소유의 자유를 뺏으면, 그래서 주인이 없는 기업이 되면, 그 기업은 곧 경쟁력을 상실하고 도산 상태에 이르게 된다. 왜냐면, 정신은 그 창조성을 소유의 자유 속에서 발휘하기 때문이다. 이 원리를 발견한 사람이 철학자로서는 『법 철학』을 저술한 헤겔이며, 경제학자로서는 『국부론』을 저술한 애덤 스미스이다.

마르크스는 애덤 스미스의 『국부론』 앞에서 정직하지 못했다. 그는 의도적으로 『국부론』에서 중요한 원리들을 모두 제거시킨 후에 『자본론』을 저술하였다. 모든 상품의 가치는 오직 노동으로 측정된다는 '노동가치설'의 속임수로 모든 노동자들을 속여 버렸다. 노동자들은 자신들의 입장을 대변해주자 무비판적으로 『자본론』을 추종하였다.

이들은 국가에 형성된 이데올로기를 생산관계 중심의 이데올로기로 새로 만들어 내고자 하였다. 그런데, 그런 성취는 하나도 이루어진 것이 없고,

오직 기존의 모든 이데올로기들, 특히 종교와 학교의 가르침들을 지배자가 인위적으로 만들어낸 거짓 이데올로기라고 주장하기 시작했다. 그래서 그들 안에 있는 이데올로기 지식의 이면에는 분노 외에는 아무것도 존재하지 않는다.

만일 그들의 혁명이 성공했다고 하자. 알튀세르가 말하는 것처럼 모순이 과잉결정의 상태에 이르러서 그 혁명이 성공했다고 하자. 알튀세르의 말에 의하면, 이 과잉결정도 경제적 모순으로 인해 생긴 것이 아니다. 오히려 사회의 타락으로 인하여 생긴 복합모순이었다. 이때 일어나는 혁명의 성공은 죄에 대한 심판으로서의 혁명 성공이지, 정상적인 이데올리기로서의 혁명 성공은 아니다. 그래서 그 혁명이 성공한 사회는 또 다시 모든 제조업이 사라지고, 극심한 빈곤 가운데 들어가게 된다. 오늘날 모든 공산주의 국가의 국민들은 가난 속에 빠져있다. 자신들의 자유를 상실하고 국가에 종속되어 있다. 이것이 마르크스와 알튀세르의 생산관계 이데올로기의 본질이다.

마. 구조주의적 마르크스주의 철학

구조주의의 출발은 소쉬르의 '언어이론'에서 이루어졌다. 따라서, 구조주의라고 불리우기 위해서는 소쉬르의 '언어이론'을 경유하여 판단해야 할 필요가 있다. 이때, '언어'는 '의식의 표현'이라고 말할 수 있다. 그래서 구조주의는 '언어의 이면' 혹은 '의식의 이면'에 존재하는 그 무엇이다. 이때 알튀세르는 '언어 이면'에 존재하는 '국가 이데올로기'를 말하고 있는 것이다. 이러한 접근 자체는 알튀세르를 구조주의 철학자라고 부를 수 있다.

알튀세르는 자신이 구조주의 철학자로 불리는 것을 거부하였다. 오히려 그는 '구조주의적 마르크스 주의자'로 불리우는 것이 타당하다. 그는 순수하게 사회-구조주의 철학을 말한 것이 아니라, 생산관계에 편중된 혁명논리를 말하였기 때문이다.

모름지기 정상적인 사회 구조주의 철학자라면, 먼저 다양한 이데올로기를 열거한 후, 그 다양한 이데올로기의 출처를 말하고, 그 출처를 분석해서 객관적인 사회 이데올로기를 제시하여야 한다. 그런데, 알튀세르는 마르크스

의 이론을 절대적으로 신봉하고, 오직 생산관계에서만 출현하는 모순과 이
것과 관련한 이데올로기만을 말하고 있다. 따라서 알튀세르는 사회구조주의
철학자로서의 면모는 갖추지 못하였고, 다만 구조주의적 마르크스주의자라
고 말하는 것이 타당해 보인다.

3부 헤르베르트 마르쿠제의 문화막시즘

1장 마르쿠제의 생애

1. 헤르베르트 마르쿠제의 생애(1898-1979년)

가. 1898-1918년(~20세), 군복무와 반전운동

헤르베르트 마르쿠제는 독일 베를린의 유대인 가정에서 출생하였다. 그는 고등학교를 졸업한 후, 군에 징집되었으나 시력이 나빠서 군복무를 하지 못하고, 독일에 머물렀다. 그는 반정운동을 위해 사회 민주당에 입당하였다. 『나무위키』는 다음과 같이 말한다.

① 1898년, 독일 베를린에서 출생한 유대인

헤르베르트 마르쿠제는 1898년 베를린에서 섬유 제조업체의 사장인 유대인 칼 마르쿠제와 그의 아내 게르트루드의 장남으로 태어났다. 중상류층 가정에서 그는 두 형제와 함께 자랐다.

② 1916년, 고등학교 졸업후 군 징집

1916년 고등학교를 졸업 한 후, 예비사단으로 징집되었지만 시력이 나빠서 독일에 머물렀다. 다름슈타트와 베를린의 비행선 교체 사단에서 군복무를 했다. 거기서 말 엉덩이를 닦는 일을 했다고 한다.

③ 반전운동을 위해 사회 민주당 입당과 탈당

이후 반전운동을 위해서 사회민주당(SPD)에 입당하여 군인 평의회에 선출되기도 했다. 하지만 1919년 초, 독일공산당의 독일혁명이 실패로 돌아가고, 그 주동자인 카를 리프크네히트와 로자 룩셈부르크가 비참하게 암살당하자, 우익 군사체제와 결탁한 사회민주당에 크게 실망하고 탈당을 한다.(『나무위키』, 마르쿠제, 2025. 8. 23.)

나. 1918-1921년(20-23세), 훔볼트 대학과 프라이부르크 대학 박사학위

마르쿠제는 독일 문학사를 전공하였는데, 훔볼트 대학교와 프라이부르크 대학에서 공부하였다. 그리고 프라이부르크 대학에서 독문학 박사학위를 취득하였다. 그리고 졸업후 잠시 출판업계에서 근무하였으며, 이때 결혼도 하였다.

① 독일문학사 전공
1918년 마르쿠제는 독일과 현대 독일 문학사를 전공으로, 철학과 경제학을 부전공으로 공부하기 시작했다.
② 훔볼트 대학교와 프라이부르크 대학
베를린의 훔볼트 대학교에서 4학기, 프라이부르크 대학교에서 4학기 동안 학업에 열중했다. 여기서 박사 학위 논문을 제출하고 독문학 박사학위를 땄다.
③ 취업 및 결혼
박사 학위를 마친 후 한동안 베를린의 출판 업계에서 일했다. 1924년에는 프라이부르크 대학에서 수학자이자 통계학자 소피 베르트하임과 만나 결혼을 했다. (『나무위키』, 마르쿠제, 2025. 8. 23.)

다. 1928-1932년(30-34세) 하이데거 조교후 헤겔로 전환

마르쿠제는 고등학교 때부터 반전운동에 관심을 가지고, 사회 민주당에 참여하였다. 그러다가 1928년(30세) 하이데거 교수의 조교가 되었는데, 얼마 되지 않아 헤겔 철학으로 전환을 하였다. 그러다가 1932년(34세)에 마르크스의 『경제학 철학 수고』의 '소외된 노동'에 깊은 영감을 받았다. 어떻게 보면 마르쿠제는 순수한 마르크스주의자일 수 있다. 그리고 그 해 말에 마르쿠제는 헤겔전문가로서 호르크하이머의 〈사회조사연구소〉의 비공식 연구원이 됐다. 마르쿠제의 임용은 프랑크푸르트학파가 취한 헤겔주의적 전환에서 중요한 역할을 했다. 이때부터 마르쿠제는 급격히 좌경화된 것으로 보인다.

① 1928년, 하이데거의 조교가 됨
1928년 마르쿠제는 엄청난 철학자가 독일에 나타났다는 소문을 듣고 하

이데거를 찾아가 그의 아래에서 수학한다. 후설의 후임이었던 하이데거의 조교가 된 마르쿠제는 한 때 자신이 추구해야 할 철학의 목표가 하이데거의 서구철학비판에 있었다고 보았다.

② 헤겔로 전환

하지만 전체주의적으로 관리되는 사회는 이제 도처에서 발흥하고 있었으므로 자신의 비판을 발전시키기 위해서 마르쿠제는 하이데거에서 헤겔로 방향을 바꿨다.

③ 1932년(34세) 『경제학 철학 수고』의 '소외된 노동'에 깊은 영감

1932년 마르크스-엥겔스 전집의 일부로 칼 마르크스의 《경제학 및 철학 수고》에 대한 초기 분석을 사회주의 잡지에 실었다. 그는 이시기에 청년 마르크스의 저술을 읽고 깊은 영감을 받았다. 그가 나중에 저술에서 마르크스를 언급 할 때마다 항상 '소외된 노동'을 출발점으로 하는 것을 보면 알 수 있다.

④ 호르크하이머의 사회조사연구소의 비공식 연구원

이 해 말에 마르쿠제는 '헤겔전문가'로서 호르크하이머의 사회조사연구소의 비공식 연구원이 됐다. 마르쿠제에 따르면, 나치 체제하에서 교수직을 절대 얻지 못하리라는 점을 알았기 때문에, 절망적인 심정에서 그나마 유대인을 받아주는 사회조사연구소에 참여할 수밖에 없었다고 한다. 마르쿠제의 임용은 프랑크푸르트학파가 취한 헤겔주의적 전환에서 중요한 역할을 했는데, 사실 아도르노보다 훨씬 먼저 부정적 사유의 힘을 현실화하고 이론화한 사람은 마르쿠제라고 할 수 있기 때문이다.(『나무위키』, 마르쿠제, 2025.8.23.)

라. 1933-1934년(35-36세), 〈사회 연구소〉 제네바 지부에서 활동

독일이 히틀러에게 넘어가자, 마르쿠제는 1933년 5월 독일을 떠나 스위스로 갔다. 이때 국가 전체주의에 협력하고 있는 하이데거를 비판하였다. 그곳에서 호르크하이머가 이끄는 〈사회조사연구소〉 제네바 지부에서 1년 동안 일했다. 1년후, 1934년 6월 말에 마르쿠제는 호르크하이머와 함께 미국

으로 가서 그곳에서 사회조사연구소 미국지부를 세웠다.

① 1933년 5월, 〈사회조사연구소〉 제네바 지부
독일의 권력이 히틀러에게 양도된 직후, 마르쿠제는 1933년 5월 독일을
떠나 스위스로 갔다. 에드문트 후설의 추천으로 그는 프랑크푸르트 암마
인을 떠나 제네바에 있는 호르크하이머가 이끄는 사회조사연구소 지부
에서 1년 동안 일했다.
② 1934년 6월, 미국 이민
1년후, 1934년 6월 말에 마르쿠제는 미국 이민 신청을 허가받았다.
③ 하이데거의 국가 전체주의 비판
1934년 사회 연구소의 저널에서 마르쿠제는 「국가 전체주의적 개념에서
자유주의와의 싸움」을 발표 했는데, 여기서 그는 국가 사회주의에 대한
하이데거의 입장을 다룬다. 하이데거는 그의 총장 연설에서 "과학은 국
민에게 봉사하는 데 전념해야 한다"고 명시하였으며, 하이데거는 1933
년 11월 프라이부르크 학생 신문에서 "총통 자신과 그 자신은 현재와
미래의 독일 현실과 그 법칙이다"라고 말한 것을 인용하며 하이데거를
비판했다.(『나무위키』, 마르쿠제, 2025.8.23.)

마. 1934-1941년(36-43세), 미국에서의 〈사회조사연구소〉 활동
마르쿠제는 1934년 〈사회조사연구소〉 뉴욕지부에 근무하며, 호르크하이머
다음의 2인자가 되었다. 1937년에는 호르크하이머와 함께 비평이론을 저술
하였다. 1941년에는 미국전략사무국에 입사하여 미국 정부를 도왔다.

① 〈사회조사연구소〉 뉴욕 지부근무 : 2인자 역할
마르쿠제는 뉴욕으로 이주한 〈사회조사연구소〉에서 비로소 온전한 회원
이 되었다. 호르크하이머는 마르쿠제에게 자신 다음으로 2인자 역할을
맡겼다.
② 1937년, 호르크하이머와 함께 비평이론 저술

1937년 그는 호르크하이머와 함께 철학 에세이와 비평 이론을 저술했다. 1940년에는 미국 시민이 되었다.

③ 1941년 5월, 호르크하이머의 로스엔젤레스 이주

호르크하이머는 그가 계획한 《계몽의 변증법》 체계를 완성하기 위해 1941년 5월 로스엔젤레스 서부로 이주했다. 아도르노도 여기에 참여했지만,

④ 미국전략사무국 입사

마르쿠제는 호르크하이머의 권유에 따라 뉴욕에 남았고, 미국 최초의 정보 기관인 미국 전략사무국(OSS)에 들어가서 미국정부를 도왔다.(『나무위키』, 마르쿠제, 2025.8.23.)

바. 1941-1951년(43-53세), 미국 전략사무국(OSS)에서의 근무

1941년부터 미국 전략사무국에서 근무하였는데, 민주적독일 건설을 위한 것이었다. 1946년에는 미국 국무부 산하 정보연구실에서 근무하였다. 이때 유럽지부장을 1951년까지 역임하기도 했다. CIA 전신이었던 이곳에서 근무한 것에 대해 훗날 좌파들로부터 비난을 받았는데, 이때 마르쿠제는 자신은 독일 파시즘을 공격하기 위한 일환이었다고 말하였다.

① 미국 전략사무국에서 근무 : 민주적독일 건설 일환

OSS에서 그는 파시즘을 패배시키기 위한 연구 및 분석 부서에서 일했다. 독일의 미래 군사 정부에 대한 포괄적인 프로그램의 일환으로, 이에 대한 배경 정보와 실질적인 조언을 제공하는 그룹이었다. 이 그룹에는 스튜어트 휴즈, 배링턴 무어, 폴 스위지, 칼 쇼스크, 프란츠 노이만 및 오토 키르히하이머 등 독일계 유대인 이민자와 미국 인문학 및 사회 과학자가 포함되어 있었다. 마르쿠제는 중부 유럽 섹션에서 노이만, 키르히하이머 등과 함께 정보분석가로서 일했으며, 에우게네 안데르손의 지시에 따라 다양한 정치 및 문화적 기원을 가진 40명의 전문가들과 함께 근무했다. 마르쿠제의 작업 중 하나는 민주적인 독일의 건설에 대한 것

이었다. 이 시기 호르크하이머에게 보낸 편지를 보면, 그는 자신의 역할이 "미국 국민, 언론, 영화, 선전 등에서 적을 어떻게 표현할 것인지 제안하는 것"이라고 설명했다.

② 1946년, 미국 국무부 산하 정보연구실에서 근무

그는 1946년에 설립된 OSS 후임 기관인 미국 국무부 산하 정보연구실에서도 근무했다.

③ 1951년까지, 유럽 지부장 역임

1951년까지 유럽 지부장을 역임하기도 했다. 그는 지시에 따라 세계 공산주의위원회(CWC)의 심리전에 대한 과학적 결과를 분석했는데, 이 때의 관찰과 분석은 소련 뿐만이 아니라 국제 공산주의 조직 외부의 공산당까지 포함하는 것이었다. 그는 이러한 광범위한 연구에서 냉전 체제 시대의 공산주의 이해와 미국 정부 기관의 전략적 논의에 대해서 분석하면서 데탕트 정책을 옹호하고 있다.

④ CIA 전신이었던 곳에서 일한 것에 대한 좌파들의 비난

훗날 마르쿠제는 CIA의 전신이었던 곳에서 일했다고 좌파들의 비난을 받는다. 마르쿠제는 이에 대해서, "나치체제를 무너뜨릴 수만 있다면 내가 할 수 있는 일은 뭐든지 하기 위해서" 그 일을 맡았다고 자신을 변호했다. 그리고 그는 한 인터뷰에서 "만일 내가 했던 일 때문에 비판자들이 나를 공격했다면, 당시 전쟁이 파시즘에 대한 전쟁이었다는 사실을 잊은 그들의 무지를 드러낼 뿐이다. 나는 내가 미국정부에 봉사했던 것에 전혀 수치심을 느낄 이유가 없다"라고 말했다. (『나무위키』, 마르쿠제, 2025. 8. 23.)

사. 1950-1965년(52-67세), 미국 대학에서의 교수활동과 저술활동

마르쿠제는 나치즘의 시기가 끝난 1950년경부터 철학과 저술활동을 본격적으로 시작하였다. 1955년, 『에로스와 문명』을 저술하였으며, 같은 해에 브랜다이스 대학의 철학·정치과학 교수가 되었다. 1964년, 『일차원적 인간』을 저술하였고, 같은 해 캘리포니아 대학 정치학 교수가 되었다. 그리고 1965

년에는 베를린 자유대학교 교수직을 수락하였다.

① 1950년, 철학과 저술활동으로 복귀

1950년에 마르쿠제는 워싱턴정신의학교에서 일련의 강의를 한다. 미국 정부를 도와 나치즘에 대항했던 긴 시기가 비로소 끝나고, 드디어 본업인 철학과 저술활동으로 돌아온 것이었다. 이 강연에서 마르쿠제는 에로스가 갖는 전복적 잠재력을 통해 비판이론이 견지했던 암울한 전망을 극복할 수 있다고 주장한다.

② 1955년, 『에로스와 문명』 저술

이는 1955년에 출간한 『에로스와 문명』의 기초가 된다. 그는 친구의 미망인 잉게 노이만과 재혼하면서, 이 책 『에로스와 문명』을 4년 전 암으로 죽은 첫 번째 아내 소피 베르트하임에게 헌사했다.

③ 1955년, 브랜다이스 대학 철학·정치과학 교수

같은 해(1955)에 그는 매사추세츠에 있는 브랜다이스 대학에서 철학 및 정치 과학 분야의 첫 번째 교수직을 받았다.

④ 1964년, 『일차원적 인간』 저술, 캘리포니아 대학 정치학 교수

1964년에는 그 유명한 『일차원적 인간』을 출간하고, 샌디에이고 캘리포니아 대학교의 정치학 교수가 되었다.

⑤ 1965년, 베를린 자유대학교 교수직 수락

그곳에서 가르치는 것 외에도 그는 1965년 베를린 자유대학교의 교수직을 받아들였다.(『나무위키』, 마르쿠제, 2025. 8. 23.)

아. 1968년(70세), 68혁명과 신좌파의 아버지

마르쿠제는 1968년, 68혁명이 벌어지자 마르쿠제의 책은 신좌파 학생들에게 어마어마한 인기를 얻었다. 그의 책 《구조와 사회의 추진력》, 《이성과 혁명》, 《일차원적 인간》은 학생 운동에 많은 영향을 끼쳤다. 그리고 신좌파의 아버지가 되었다.

① 프랑스 68혁명의 주역

1968년, 68혁명이 벌어지자 마르쿠제의 책은 신좌파 학생들에게 어마어마한 인기를 얻었다. 그의 책 《구조와 사회의 추진력》, 《이성과 혁명》, 《일차원적 인간》은 학생 운동에 많은 영향을 끼쳤다. 특히 마르쿠제는 베트남 전쟁 및 학생 운동에 대한 그의 성명을 통해, 학생운동의 영웅이라고 불리며 일순간에 락스타와 같은 환호를 받는 유명인사가 되었다. "마르쿠제가 왔다!"는 소리가 들리면 곧 주위가 쥐 죽은 듯이 조용해지면서, 사람들이 길을 내주기 위해 양쪽으로 갈라섰다. 학생들은 숨을 멈추고 그를 경외감에 차서 응시했다. 그가 자리에 앉자 비로소 그곳을 감싸고 있던 긴장이 풀리면서 북적거리고 시끄러워졌다. 마르쿠제는 "위대한 거부"라는 캐치 프레이즈로 국제 해방 운동을 다루면서, 베를린, 파리, 런던, 로마의 학생들에게 강의와 토론을 했으며, 버클리, 베를린, 프랑크푸르트, 뉴욕, 파리에서 혁명을 원하는 학생들은 그의 강의에서 가장 중요한 영감을 얻어 갔다.

② 신좌파의 아버지

그는 신좌파를 대표하는 인물이 되었다. 파리의 학생운동에서 수많은 사람들이 소위 "3M"이라 불리는, "Marx, Mao, Marcuse"라는 구호가 적힌 팻말을 들고 있을 정도였다. (『나무위키』, 마르쿠제, 2025. 8. 23.)

자. 비판철학자들과의 관계

아도르노가 있던 프랑크푸르트 대학도 68운동에 휩싸이고 있었다. 이때 아도르노와 학생들 간의 충돌이 있었고, 학생들 편에서 선 마르쿠제는 아도르노를 비판하였다. 이 시기에 아도르노는 사망하여 이 둘 사이의 화해는 이루어지지 않았지만, 그들의 연대감은 변함이 없었다. 하버마스와는 지속적인 우호적인 관계를 유지하였다.

① 아도르노와의 관계

이 시기 아도르노가 있던 독일 프랑크푸르트 대학도 68운동의 물결에 휩싸이고 있었다. 아도르노는 권위주의적 대학 체계가 바뀌어야 된다고 는 생각했지만, 학생들이 교원들에게 자아비판에 참여하라고 요구하면서 강의를 방해하는 것은 또 다른 권위주의적 태도라고 생각했기 때문에 학생들과 타협할 생각이 없었다. 급기야 아도르노는 연구소를 점거한 시 위대를 내보내기 위해서 경찰을 부르는 강수를 뒀다. 하지만 이런 태도 는 학생들의 강한 반발만 불러왔을 뿐이었다. 경찰을 부른 것에 실망한 마르쿠제는 "우리의 옛날 연구소는 더 이상 존재하지 않는다"며 아도르 노를 비난했으며, 아도르노는 "우리 사이의 깊은 차이"를 언급했다. 결 국 아도르노는 그를 비난하기 위해 윗옷을 벗은 여학생들에게 조롱을 받고는 충격을 받아 강의를 중단하는 사건을 겪고 만다. 이후 둘은 스 위스에서 만나 이 문제를 해결하고자 했지만, 아도르노가 심장마비로 갑 작스럽게 죽는 바람에 만남은 이루어지지 않았다. 아도르노의 사망 2주 후, 방송에서 마르쿠제는 차이점이 있다고 하더라도 그것은 "결코 약화 되지 않을 공통성과 연대성"에 근거한 것이라고 자신의 입장을 밝혔다.

② 하버마스와의 관계

이후 마르쿠제는 호르크하이머를 비롯한 비판이론가들을 여전히 비난하 기도 했지만, 학생들과의 분쟁에서 아도르노의 입장을 대변했던 하버마 스와는 죽을 때까지 우호적인 관계를 유지했다. (『나무위키』, 마르쿠제, 2025.8.23.)

차. 1965년(67세), 브랜다이스 대학과의 계약 종료와 은둔

시위 운동에서 그가 주요한 역할을 맡게 되자 미국 정치권의 압박으로 1965년 브랜다이스 대학과의 계약이 종료되었고, 심지어 그는 백인우월주의 단체인 KKK 단원에게 살해 위협을 받고 한동안 몸을 숨겨야만 했다. 그는 이러한 위험이 지속되자 1976년에 결혼한 세 번째 부인 에리카 쉬로버와 함께 로스엔젤레스의 집을 떠나서 캘리포니아 북부에 숨어 살았다.

① 1965년, 브랜다이스 대학과의 계약 종료

시위운동에서 그가 주요한 역할을 맡게 되자 미국 정치권이 반응하기 시작했다. 1965년 정치권의 압박으로 브랜다이스 대학과의 계약이 더 이상 갱신되지 않았으며, 심지어 그는 백인우월주의 단체인 KKK 단원에게 살해 위협을 받고 한동안 몸을 숨겨야만 했다.

② 1976년, 캘리포니아 북부에서 은둔

그는 이러한 위험이 지속되자 1976년에 결혼한 세 번째 부인 에리카 쉬로버와 함께 로스엔젤레스의 집을 떠나서 캘리포니아 북부에 숨어 살았다. 이런 와중에도 주지사 로널드 레이건은 선거 운동 도중 캘리포니아 대학에게 마르쿠제를 해고하라고 촉구하는 등 압박을 가했다. (『나무위키』, 마르쿠제, 2025. 8. 23.)

카. 1979년(81세), 독일 슈타른베르크에서 사망

마르쿠제는 1979년 독일 슈타른베르크에 있는 하버마스를 방문하던 도중 뇌졸중으로 사망했다.

마르쿠제는 1979년 독일 슈타른베르크에 있는 하버마스를 방문하던 도중 뇌졸중으로 사망했다. 그의 죽음 이후, 시신은 오스트리아에서 화장되었고 유골함은 그의 아내에 의해 미국으로 옮겨졌다. 그러나 유골은 묻히지 않고 잊혀졌고 2003년에야 유골의 소유권은 그녀의 아들 피터 마르쿠제와 그의 손자 해롤드에게 넘겨갔다. 이후 지인들의 설득에 의해 그들은 결국 마르쿠제를 그의 고향 베를린에 묻기로 결정했다. 장례식은 2003년 여름 베를린 미테에 있는 도로텐슈타트 묘지에서 언론의 큰 관심을 받으며 열렸으며, 그곳에서 수많은 저명한 인물들이 그의 마지막을 추모했다. 묘비는 건축 평론가이자 도시 계획가인 브루노 플리에르가 디자인했다. 이 비석은 앞에서 보면 강단에 놓여 있는 책상 모양이고, 옆에서 보면 1의 모양을 하고 있는데, 이는 마르쿠제의 주요 작품인 《일차원적 인간》을 연상시킨다. 장례식 전날, 1967년 마르쿠제가 했던 유명한 강의 '유토피아의 종말'을 했던 장소인 베를린 자유대학교 강당에서는 이 대학 철학연구소의 주최로 '헤르베르트 마르쿠제'의 철학을 주제로 하는 행사가 열렸다.(『나무위키』, 마르쿠제, 2025. 8. 23.)

2장 비판이론과 문화막시즘

1. 비판이론의 개략

가. 비판이론의 시대 구분

비판이론은 독일 프랑크푸르트학파의 철학을 가리킨다. 이들은 기본적으로 헤겔철학과 마르크스철학을 그 기반으로 하고 있다. 마르크스 이론으로 파시즘과 대항하려 하였고, 미국으로 도피하였을 때에는 마르크스 이론으로 자본주의를 비판하였다. 이들이 1세대 비판이론가들인데, 그 중 마르쿠제는 마르크스주의와 프로이트를 결합시켰다. 그래서 비판이론가들과 사상적 충돌이 발생하였다. 마르쿠제는 68혁명의 사상적 지도자가 되었다.

하버마스는 2세대 프랑크푸르트학파들인데, 이들도 기본적으로는 마르크스주의를 따르지만, 정통 마르크스주의와는 단절되었다고 보아야 된다.

특히 3세대 비판이론은 1990년대 이후에 해당하는데, 1991년의 소련의 붕괴가 비판이론에 전반적으로 큰 영향을 주었다.

한편, 이들의 철학은 포스트모더니즘으로 이어졌다. 이성을 비판하는 태도가 비판이론과 포스트모더니즘 철학의 중심을 이루고 있다.

① 1세대 프랑크푸르트학파

프랑크푸르트학파 1세대로는 보통 테오도어 아도르노, 막스 호르크하이머, 헤르베르트 마르쿠제 등이 꼽힌다. 〈계몽의 변증법〉, 〈도구적 이성 비판〉, 〈미학이론〉 등의 저작들이 대표적 저술들이다.

② 마르쿠제 : 마르크스와 프로이트의 결합

프랑크푸르트학파 중 한 명이었던, 마르쿠제는 미국으로 넘어간 후 비판이론과 거리를 두게 된다. 마르쿠제는 마르크스와 프로이트의 이론들을 결합하여 "이성으로 진보하는 폭발적 혁명 이론"을 주장하게 된다. 마르쿠제의 이러한 사상은 신좌파가 68운동을 일으키는 데에 결정적인 영향을 끼치게 되는데, 이는 이후 마르쿠제와 다른 프랑크푸르트 학자들과의 불화를 야기시키는 계기가 되었다.

③ 신좌익의 68운동

신좌익의 68운동이 일어나자, 프랑크푸르트 강의실 내의 비판이론 교수들과 행동을 요구하는 학생들 사이에 논쟁이 벌어졌다. 비판이론의 중심에 있었던 아도르노, 하버마스는 68운동의 극단적인 면모를 비판했으며, 오직 마르쿠제만이 이를 옹호하였다. 이러는 도중 아도르노의 수업에서 세 명의 여학생이 윗옷을 벗고 가슴을 드러내며 아도르노를 조롱하였고, 이에 아도르노는 충격을 받고 강의실을 나갔다. 몇 주 후 스위스에서 요양을 하던 아도르노가 심장마비로 죽음으로써 프랑크푸르트학파와 신좌파와의 악연은 끊어지게 된다.

④ 2세대 프랑크푸르트학파

프랑크푸르트학파 2세대라고 하면 사실상 위르겐 하버마스를 가리킨다고 보면 된다. 〈공론장의 구조변동〉과 〈의사소통행위이론〉 등이 대표적 저술이다.

⑤ 비판이론의 후신 : 3세대 프랑크푸르트학파와 포스트모더니즘 등

포스트모더니즘, 탈식민주의, 반인종주의 등이 대표적인 비판이론의 후신들로 꼽힌다. (“『나무위키』, 비판이론, 2025. 8. 24.”을 참조하여 필자가 재구성)

[보충] 비판이론의 시대구분

〈사회조사연구소〉 프랑크푸르트학파의 비판이론은 처음에는 독일 파시스트에 대한 비판으로 시작하였다. 그러다가 〈사회조사연구소〉의 구성원들이 나치의 핍박을 피하여 미국으로 이전하였고, 이 시기에 자본주의에 대한 비판으로 이어졌다. 당시 〈사회조사연구소〉의 핵심인물은 호르크하이머와 아도르노는 기본적으로 마르크스주의자로서 마르크스 철학으로 파시즘과 자본주의를 비판하였던 것이다.

그러다가 다시 활동무대를 유럽으로 옮겼으며, 마르쿠제는 신좌파가 주동하는 68혁명의 주요 협력자가 되었다. 마르쿠제와 알튀세르는 68혁명이 일

어나는데, 주요 사상적 기반을 제공하였다. 68혁명 당시 3M은 "마르크스, 마오쩌뚱, 마르쿠제"를 지칭한다. 문화막시즘 논쟁은 68운동에서 일어난다고 볼 수 있다. 프랑스 68운동은 신좌파들의 사상이 주동이 되어서 일어났다. 이때 알튀세르의 마르크스주의와 마르쿠제의 프로이트 이론과 결합된 좌파적 이론이 주요 동인으로 작용했기 때문이다. 그리고 후대의 좌파들은 이 마르쿠제의 이론을 적극 활용한다. 그래서 우익 사상가들은 마르쿠제를 문화막시즘으로 표현하려 한다.

그 다음 하버마스가 중심이 된 2세대 프랑크푸르트학파의 활동이 이어지는데, 하버마스도 또한 마르크스의 사상을 계승하고 있다. 그러나 이 시기부터는 이들은 마르크스주의와는 거리를 두기 시작한다.

한편, 이 비판이론은 이성을 비판하는 정서를 통해 파시즘과 자본주의를 부정하였는데, 이러한 이성을 비판하는 태도는 고스란히 포스트모더니즘 철학으로 이어진다.

나. 비판이론의 주제

프랑크푸르트학파의 〈비판이론〉은 일반적인 철학사상이 아니라 마르크스의 사상으로 자본주의 사회를 개혁하고자 하는 자들의 사상이다. 이러한 저자의 관점을 가지고 비판철학을 접해야 한다. 일반적인 철학적 관점과 관심으로 비판철학을 접하면, 서로 다른 세계를 바라보는 셈이 된다. 프랑크푸르트학파의 비판이론은 마르크스주의로 파시즘을 분석하고, 이어서 마르크스주의로 자본주의를 분석하여 비판한 철학이다.

프랑크푸르트학파의 〈비판이론〉은 호르크하이머가 1937년 「전통적 이론과 비판이론」에서 정식화한 이론적 입장을 중심으로 발전한 사상 전통을 가리킨다. 그래서 "비판이론 = 프랑크푸르트학파의 핵심 주제와 문제의식"이라고 보면 되는데, 그 비판의 기준은 "마르크스주의에 대한 옹호와 자본주의에 대한 비판"이다. 이것을 유념하여야 비판이론의 그 본질이 이해된다. (참조: 그렇다고 해서 이들이 소련식 정통 마르크스주의자라고 보면 안 되며, 순수한 이론적 마르크스주의자라고 보아야 한다. 이 시기는 아직 공산주의의 본질이 세계적으로 드러나지 않은 시기이다.) 이에 대해 일반화된 정리 (챗GPT)는 다음과 같다.

① 전통적이론 vs 비판이론 : 호르크하이머의 『전통적이론과 비판이론』
전통적 이론은 사회를 객관적으로 설명·예측하는 자연과학적 모델이며, 가치중립적 태도이다. 이에 비하여, 비판이론은 사회는 가치중립적으로 설명될 수 없으며, 이론은 "지배 구조를 드러내고 해방을 지향"해야 한다. 따라서 학문은 단순한 지식 축적이 아니라, 자기반성과 사회 변혁을 목표로 한다.(마르크스의 실천철학에서 차용)

② 계몽과 도구적 이성 비판 : 『계몽의 변증법』
도구적 이성에 대한 비판은 『계몽의 변증법』(아도르노·호르크하이머, 1947)에서 전개된 주제인데, 계몽은 인간을 해방시키려 했지만, 오히려 자연·인간을 지배하는 도구적 이성으로 전락하였다. 이성은 해방적 가능성을 잃고, 사회 지배·전체주의·자본주의적 억압에 봉사하게 되었다.(마르크스주의의 입장 대변)

③ 문화산업(Culture Industry) : 『계몽의 변증법』
대중문화(영화, 라디오, 잡지 등)는 단순한 오락이 아니라 체제 유지를 위한 이데올로기적 장치이다. "문화산업"은 개별적 사고를 억제하고 대중을 순응적으로 만들며, 자본주의 지배를 재생산한다.(마르크스의 이데올로기론을 답습)

④ 주체와 사회의 관계 : 아도르노 『부정변증법』
사회는 개인을 형성하고, 개인은 사회 구조 속에서 주체성을 억압당한다. 아도르노의 『부정변증법』은 사회를 하나의 합리적 전체로 종합할 수 없으며, 모순·부정성 속에서만 그 진리가 드러난다고 말한다. 프롬은 프로이트 심리학을 결합해, 자본주의가 어떻게 인간 심리를 지배하는지도 분석하였다.

⑤ 혁명과 변혁 전망에 대한 회의 : 마르쿠제 『일차원적 인간』
비판이론 철학자들은 고전적 마르크스주의의 프롤레타리아 혁명 전망에

비관적이라고 보았다. 자본주의는 오히려 더 정교하게 사람들을 지배하며, 대중은 체제에 순응하는 "일차원적 인간"(마르쿠제)으로 변해간다고 진단하였다.

⑥ 근대성·합리성에 대한 재평가

1세대(호르크하이머, 아도르노, 마르쿠제)에 의하면, 근대 합리성은 자기 파괴적이고, 매우 비관적이다.

2세대(하버마스)에 의하면, 의사소통적 합리성 속에 해방의 가능성이 있다고 보며, 민주주의·공론장 이론으로 발전한다.

3세대(프레이저, 호네트)는 인정, 정의, 젠더, 다문화, 글로벌 불평등 문제까지 확장한다.(챗GPT, 비판이론의 주제, 2025. 8. 24.)

프랑크푸르트학파의 〈비판이론〉은 마르크스주의에 기반을 사상체계로서 "학문은 지배계급의 이론으로서 가치중립적이지 않다. 사회 구조를 비판하고 해방을 지향해야 한다"는 문제의식을 가지고 있다.

다. 비판이론의 철학적 위치

프랑크푸르트학파의 비판이론은 철학이라기 보다는 사회학 혹은 사회철학이라는 표현이 더 적절하다. 우리는 철학을 좀더 엄밀하게 구분할 필요가 있다. 전통철학은 일반적으로 어떤 형이상학적 원리의 발견으로 이해되고 추구되어 왔다. 즉 보이지 않는 세계에 대한 원리의 발견이다. 그리고 또 하나는 실천적 철학이다. 그래서 철학은 다음과 같이 구분 될 수 있다.

먼저, 형이상학적 철학이다. 형이상학에는 두 가지가 있다고 볼 수 있는데, 하나는 신학으로서 이 경우는 성경이라는 특별계시를 연구하는 학문이다. 이 경우에는 그것을 입증하는 방법이 논리적이라기 보다는 먼저 표적을 통해 나타난 것을 통해 그 계시적 문장을 연구하는 것이다. 그런데, 이 지식을 더욱 확장시키려 할 경우에는 많은 한계가 따른다. 일단 그것을 무비판적으로 수용할 경우, 그것은 신앙고백의 형태를 갖게 된다.

두 번째, 형이상학적 철학으로서 우리가 일반적으로 알고 있는 철학 일반을 말한다. 이 철학 일반은 이성을 통해 형이상학적 세계를 추적하는 것이다. 그런데, 그것도 어떤 특별한 단초가 있어야 그것이 가능해진다. 그런데, 그것이 바로 우리의 '언어'와 '의식'이다. 이 '언어'와 '의식'은 서로 연결되어 있다. 동전의 앞뒤와도 같다. 이 언어에는 선험성이 존재한다. 그러면서도 우리가 그것을 구사하면서 경험을 한다. 우리는 언어적 경험을 통해서 그 이면의 선험성의 본질을 탐구하는 것이다. 이렇게 나타난 철학이 오늘날의 모든 현대철학이다. "근세철학(칸트·헤겔 포함)－현상학·생철학·실존주의 － 언어·심리·신화 구조주의 － 논리실증주의와 분석철학 등"이다. 이 철학들은 대부분 형이상학 세계를 이해하고 분석하는 데에 유용한 도구가 된다. 그래서 사실은 신학의 일파로 분류될 필요도 존재한다. 이러한 도구 없이 신학 혹은 신앙은 불가능하기 때문이다.

세 번째, 사회를 연구하는 학문으로서 사회학과 사회철학이 존재한다. 그 중에서도 일반적인 사회철학이 존재한다. 여기에서는 자본주의의 유익과 그 원리들을 제시한다. 제러미 벤담, 존 스튜어트 밀의 공리주의가 대표적인데, 핵심 논리는 "최대 다수의 최대 행복"이라는 원리이다. 시장경제는 개인의 효용을 극대화하고, 경쟁은 전체적 효율성을 높인다. 다만 밀은 노동자 권리·교육 확대를 강조하면서 자유방임을 일부 비판하기도 했다.

네 번째, 좌파에서 말하는 사회철학이 존재한다. 마르크스철학·비판철학·포스트모더니즘은 여기에 해당된다고 볼 수 있다. 이 철학들의 학문적 중립성은 잘 분별이 되지 않는다. 그러나 마르크스주의가 전제되어 있는 것은 확실하다. 왜냐면, 그 반대의 입장 혹은 긍정의 입장에서의 논의가 없기 때문이다. 이들은 '이성'이 잘못되었다고 말하는데, 그 근거는 존재하지 않는다. (필자)

2. 비판철학자들의 사상

가. 호르크하이머의 「전통적 이론과 비판이론」(1937년)

호르크하이머(Max Horkheimer)가 1937년에 발표한 「전통적 이론과 비판이론」은 프랑크푸르트학파의 핵심 개념인 〈비판이론〉을 정식으로 제시한 글이다. 이 논문은 단순히 학문 방법론의 차이를 논하는 게 아니라, "학문은 무엇을 위해 존재해야 하는가?"라는 근본 문제를 다루고 있다.

① 문제의식

당시 학계는 자연과학 모델을 따라, 사회과학도 객관적·가치중립적·설명적 학문으로 이해했다. 호르크하이머는 이를 '전통적 이론'이라고 부르고, 새로운 대안을 '비판이론'이라고 불렀다. 핵심 질문은 "이론은 단순히 설명하는가, 아니면 사회를 변혁하려 하는가?"였다.

② 전통적 이론 (Traditional Theory)

전통적 이론은 과학적 지식 모델을 따라 사회를 설명하려는 태도를 취했다. 특징으로서는 객관성과 중립성을 강조하였으며, 지식은 사실(facts)을 기술·예측하는 도구이고, 연구자는 사회적 이해관계에서 벗어난 것처럼 가정되었다. 이에 따라 전통적 이론은 사회의 지배와 모순을 드러내지 못하고, 결과적으로 현존 질서를 정당화하는 기능을 하게 되었다.

③ 비판이론 (Critical Theory)

비판이론은 마르크스의 유산을 계승한 사상적 태도이다. 그 특징은 사회적·역사적 맥락 속에서만 이론이 성립한다. 이론은 결코 중립적이지 않으며, 지배를 옹호하거나 해방을 지향하는 성격을 가진다. 그래서 학문의 과제는 단순한 설명이 아니라, 자기반성과 사회 변혁이다. 궁극적 지향점은 인간이 인간을 지배하지 않는, 해방된 사회를 건설하는 방향으로 가야 한다.

④ 인식론적 전환

전통적 이론은 자연과학 모델에 대해 사실을 설명하고 예측을 한다. 이

에 반하여 비판이론은 사회철학적 모델로서, 현실 비판과 해방을 지향한
다. 따라서 비판이론은 실천적 성격을 본질적으로 포함한다.

⑤ 의의

이 호르크하이머의 「전통적 이론과 비판이론」(1937년)은 프랑크푸르트학
파의 정체성을 규정하는 선언문적 성격을 지니고 있다. 이후 아도르노·
호르크하이머의 『계몽의 변증법』, 마르쿠제의 『일차원적 인간』, 하버마스
의 『의사소통 행위 이론』까지 이어지는 비판이론 전통의 출발점을 이루
고 있다. 현대 사회학, 정치철학, 페미니즘, 탈식민주의 연구에도 계속
영향을 주고 있다.

호르크하이머의 「전통적 이론과 비판이론」에 대한 평가

「전통적 이론과 비판이론」은 학문을 단순한 설명이 아니라, 지배 구조를
비판하고 해방을 지향하는 실천적 이론으로 규정한 텍스트이다. 이에 대해
서는 다음과 같은 비평적 평가가 존재한다.

먼저, 철학은 앞에서도 언급했다시피, 형이상학적 원리를 추구하는 학문
이다. 서구 사회에서는 이 철학이 실존주의·구조주의·분석철학·실용
주의 철학으로 전개되었다. 단순히 자연 속에서 어떤 원리를 도출해 내
는 것은 과학이라고 한다. 그런데, 호르크하이머는 기존의 전통적 철학
이 "자연과학 모델에 대한 사실을 설명하고 예측한다"고 말한다. 이것은
철학의 본질적인 측면이 아니다. 그것은 과학이다.

두 번째, 전통적 철학은 현실을 수용하고, 타당화시키는 철학이며, 비판
철학은 현실을 비판하는 철학이라고 말한다. 그런데, 실천철학은 이 양
자가 동시에 논의되어야 한다. 공리주의 철학은 자본주의의 효과성과 우
월성을 말하고 있다. 그러나 비판철학은 자본주의를 잘못되었다고 말한
다. 그러나 소련 공산주의의 효과성은 1991년 소련의 붕괴로 인하여 그
실체가 드러났다. 비판이론가들은 어떤 평등이라는 이룰 수 없는 유토피
아적인 환상을 가지고 세상을 판단하고 있다.

세 번째, 비판철학은 마르크스의 실천철학의 영향 아래에 있다. 이들이 정통 마르크스주의자들처럼 실제로 혁명을 하자는 것은 아니었으며, 이들은 순수한 의미에서 평등사회를 지향하였다. 어떤 의미에서 그들은 온건한 마르크스주의자들이었다. 그러나 모든 사물을 마르크스의 잘못된 기준으로 바라보는 것은 사실이다. 마르크스의 『자본론』 속의 '노동가치설'이 이들의 판단기준인데, 그것은 잘못된 기준으로서 상품의 가치는 '노동+자본(기술포함)'이다. 경제학의 본질을 모르는 사람들은 거의 마르크스의 『자본론』에 미혹된다. 마르크스 경제학은 국가경제를 파멸에 이르게 한다. 이들에게는 진정한 경제학적 지식을 가지지 못하고, 철학을 전개하고 있다. (필자)

나. 아도르노 · 호크하이머의 『계몽의 변증법』(1944년)

아도르노와 호크하이머의 『계몽의 변증법』(1944/47)은 책 전체가 "계몽이 왜 해방이 아니라 새로운 지배와 야만으로 귀결 되었는가"라는 문제를 다루고 있다. 『계몽의 변증법』은 1944년도에 저술되었는데, 나치의 패망연도가 1945년이며, 저자들은 미국으로 이전을 한 후에 저술하였다는 이해하여야 한다. 이들은 마르크스주의적 관점 하에서 자본주의를 비판하며, 나치의 파시즘을 비판하고 있다. 이에 대해 일반화된 정리(챗GPT)는 다음과 같다.

1장. '계몽'의 개념에 대하여 : 계몽은 인간 해방을 지향했지만, 오히려 자연 지배와 동일화 원리로 작동하며 새로운 억압을 낳았다. 신화와 계몽도 동일성 원리의 지배를 받고 있는데, 신화도 세계를 환원·지배하려 했고, 계몽도 마찬가지 방식으로 신화를 반복하고 있다. 그래서 계몽은 결국 자기 파괴적으로 전체주의와 파시즘으로 이어졌다.
2장. 호메로스의 오디세우스 – 계몽의 주체 : 오디세우스가 계몽적 주체의 원형으로 제시된다. 오디세우스는 생존을 위해 자연과 충동을 억제하고 계산적으로 통제하였다. 이와 같이 하여 자율적 주체를 형성하였다. 그러나 이 과정에서 주체는 이미 자기 억압과 지배를 내면화하였다.

3장. 주인과 노예 : 사회 지배 구조의 기원과 재생산 문제를 다룬다. 폭력과 지배가 문명의 심층 구조에 내재한다는 것을 보여준다. 인간관계에서의 권력과 복종이 계몽의 이성 속에서도 반복된다.

4장. 문화산업 - 계몽으로서의 대중기만 : 대중문화(영화·라디오·잡지 등)는 산업화된 상품이자 이데올로기적 장치이다. 문화산업은 개인의 자율적 사유를 억압하고, 순응적 대중을 재생산한다. 즉, 문화조차 해방이 아니라 지배를 강화하는 장치가 되어있다.

5장. 반(反)유대주의적 성향의 요소들 : 근대 이성과 합리성 속에서 야만과 차별(특히 반유대주의)이 어떻게 재생산되는가를 분석한다. 계몽의 산물인 합리성조차도 차별과 폭력으로 귀결될 수 있음을 보여준다. 아우슈비츠와 같은 파국은 계몽 이성의 그림자이다.(챗GPT, 계몽의 변증법, 2025.8.24.)

『계몽의 변증법』에서 '계몽'은 '이성'을 말한다. 특히 이성을 분석한 최고의 철학자인 하이데거가 히틀러의 '파시즘'을 용인하자, 독일 학계와 국민들이 모두 여기에 넘어가게 되었다. 저자가 독일에서 미국으로 이민을 왔을 때, 즉 자본주의 세계로 나아왔을 때. 그들은 '이성'이 상업적·도구적으로 변하여 각종 '문화산업'을 산출하며, 여기에 온 국민이 함몰되게 하였다고 말한다. 아도르노와 호르크하이머는 이러한 역할을 하는 이성을 "계몽의 동일성 원리"라고 말하며 비판을 하였다.

특히 자본주의 세계에서 계몽·이성이 '문화산업'을 산출해내는 것을 보고, 이것을 지배계급의 이데올로기이며, 여기에서 또 다시 주인과 노예의 관계가 이렇게 형성된 것이라고 말하였다. 그런데, 이것은 마르크스주의의 관점에서 미국사회를 바라본 것이다. 오늘날의 자본주의 사회의 풍요와 문화를 지배계급의 이데올로기로 보는 것은 보편적인 판단이 아니다.

다. 호르크하이머의 『도구적 이성비판』(1947년)

호르크하이머의 『도구적 이성 비판』(1947)은 그의 후기 철학을 대표하는 저작으로, 전반적으로 계몽 혹은 이성이 어떻게 인간 해방을 가져오지 못하고 오히려 억압적 합리성, 즉 "도구적 이성"으로 퇴락했는지를 분석한다. 장별 내용을 간략히 정리하면 다음과 같다.

1장. 합리성의 퇴락 : 서구 전통에서 이성이 어떻게 객관적·실질적 의미(진리, 정의, 선)에서 점차 도구적 기능(수단-목적 계산 능력)으로 축소되었는지 추적한다. 고대 그리스 철학에서는 이성이 인간 삶을 규율하는 보편적 규범이었으나, 근대 이후에는 주어진 목적을 효율적으로 달성하는 "기술적 계산"으로 변질되었다. 이로 인해 이성은 더 이상 인간 해방의 기준이 되지 못하고, 지배와 통제를 정당화하는 기능을 담당하게 된다.

2장. 주관적 이성과 도구적 이성 : '주관적 이성'은 개인적 생존과 이해관계 충족을 위한 계산적 사고를 한다. '도구적 이성' 모든 가치를 효율성과 유용성으로 환원하는 태도를 말한다. 이 두 가지가 결합해 사회 전반을 지배하며, 진리·정의 같은 객관적 가치는 무의미한 것으로 밀려난다. 결과적으로 이성은 가치판단을 회피하고, 단지 "성공 여부"만을 기준으로 작동한다.

3장. 이성과 신화 : 계몽은 신화에서 인간을 해방시키려 했지만, 역설적으로 신화적 사고와 닮은 구조를 되풀이하고 있다. 신화는 자연을 인간 의식의 도식으로 환원했고, 현대의 도구적 이성도 세계를 지배와 통제의 대상으로만 환원하였다. 따라서 계몽은 신화를 극복하는 동시에 또 다른 신화(지배와 동일화의 논리)를 산출한다.

4장. 도구적 합리성과 사회 : 자본주의 사회에서 도구적 이성은 경제 합리화(효율성, 생산성, 성장 논리)로 제도화되었다. 인간은 체제 내의 '기능적 단위'로 환원되고, 개인의 자유나 인격은 효율성의 이름으로 무시되고 있다. 민주주의 제도조차 도구적 이성의 논리에 의해 형식화될 수 있다.

5장. 문화와 이데올로기 : 문화 산업은 도구적 이성을 반영하는 대표적 장치이다. 예술과 문화는 인간적 성찰이나 자유의 매개가 아니라 대중 조작, 체제 순응, 소비 유도에 봉사하고 있다. 이데올로기로서의 문화는 도구적 합리성의 논리를 일상 속에 주입하며, 인간을 비판적 사고로부터 멀어지게 하고 있다.

6장. 결론 – 이성의 자기 파괴와 가능성 : 도구적 이성은 결국 이성 자체를 파괴하며, 전체주의·파시즘 같은 극단적 정치 형태로 드러난다. 그러나 호르크하이머는 이성을 완전히 부정하지 않았다. 이성이 자기비판적 성찰을 회복할 때, 다시금 해방적·객관적 의미를 지닌 합리성으로 회귀할 가능성을 남겨두었다.

정리하면, 『도구적 이성 비판』은 "이성이 어떻게 해방의 도구에서 지배의 도구로 전락했는가"라는 문제를 중심으로 논의된다. 호르크하이머에 의하면, 우리의 이성이 고대 세계에서는 이데아를 탐구하며, 선하고 객관적인 것들을 탐구하였다. 그리고 이것은 또한 예술적으로도 승화하였다. 그런데, 오늘날의 이성은 온통 경제적인 유익만을 취하는 도구적 이성으로 전락해 버렸다. 그 내용들을 소개하면 다음과 같다.

합리성(ratio)은 로고스(logos)와 함께 이성의 본래적 의미를 갖고 있다. 그런데 현대 사회에서 목적 달성을 위하여 이성이 수단으로 전락하면서 그것의 고유한 본질을 상실하고 만다. 수단화된 이성으로 인하여 이성의 고유한 본질을 상실하게 된 것이다. 이성은 고대로부터 이데아를 객관적으로 개념화할 수 있는 능력을 갖고 있었지만, 오늘날에는 절대적 객관성을 허상으로 몰아세우게 되면서 그 능력을 잃고 말았다. 다음은 호르크하이머가 이성에 객관적 능력을 잃게 되는 과정을 서술한 것이다. (Horkheimer, 1967/박구용 역, 2006: 21).

그러나 산업 시대에 와서는 국가의 통제를 뛰어넘는 자본주의의 영향으로 국가의 합리적 토대인 객관적 이성의 중요성은 옅어지게 되었다. 이제 인간의 사유에서 사물의 절대성을 판단하는 이성보다는 자신의 이익에 도움이 되는 것을 판단할 수 있는 주관적 이성이 우위를 점하게 되었다'(Horkheimer,1967/박구용 역, 2006: 39).

그리고 이성의 주관화와 형식화의 과정은 산업 사회의 등장과 맞물리면서 인간 활동의 모든 생산물을 상품으로 변화시켰다. 이를 '사물화'라고 하는데, 이것은 객관적 이성에 의해 수행되었던 기능들이 경제적 매커니즘에 더 큰 영향을 받으면서 변화가 일어나는 과정이다. 이러한 경향은 특히 예술 분야에서 목격할 수 있다.…예술은 이미 정치와 종교로부터 분리되었지만, 형이상학적 진리와도 분리되어 그것의 아우라를 잃어버린 채, 소비에 적합한 경험 또는 상품이 되어버렸다.…(Horkheimer,1967/박구용 역, 2006: 62)

호르크하이머는 이러한 상황에 대하여 이성이 질병에 걸린 것으로 진단하고 있다(Horkheimer, 1967/박구용 역, 2006: 217-218).

(김빛나, "교육학의 과학화 경향에 대한 비판이론적 고찰- 도구적 이성 개념을 중심으로", 동국대학교 대학원 교육학과(박사, 2019), 44-50)

[평가] 『도구적 이성 비판』에 대한 평가

호르크하이머는 물질중심의 자본주의 제도가 우리의 이성을 이렇게 망가뜨렸다고 말한다. 이것이 맞는 말인가? 우리는 이에 대해 다음과 같은 말을 할 수 있다.

고대 세계에서 그리스 철학자들은 우리의 이성을 이용하여 형이상학의 세계를 탐구하였다. 고대인들의 지혜는 신에 대한 탐구에 온통 이성을 활용하였다. 그것이 그들의 삶 자체였다. 그것은 중세에 까지 이어졌다. 근세에 이르러 과학이 발견되었다. 그러자 우리의 이성은 온통 과학적 발견에 몰두하였다. 그 결과 놀라운 과학의 발전을 가져왔다. 그리고 그러한 과학적 발견이 오늘날의 산업화를 이루었고, 인류의 가난의 문제가 해결 되었으며, 인구도 또한 비약적으로 증가하였다.

이 자본주의 사회에서 수많은 사람들이 자신들의 현실적인 삶을 위해서 각각 최선을 다하여 노력을 경주하고 있다. 학교에서 배우고, 그 다음 사회에 진출해서는 열심히 일을 하며, 창의성을 발휘하여 사업을 한다. 이것이 결국은 도구적 이성이다. 현실에서 열심히 살아가는 사람의 이성을 비판할 수 있는가?

공산주의 혁명으로 도구적 이성을 고대세계의 이성으로 바로잡을 수 있는가? 베네주엘라에서는 2017년에 공산주의 혁명이 일어나서 모든 것이 파괴되어 원시의 상태로 돌아갔다. 국민들은 해외로 뿔뿔이 흩어지고, 국민들은 다시 가난해 졌다. 공산주의가 도구적 이성을 고대세계의 고상한 이성으로 회복시키는가? (필자)

오늘날 많은 그리스도인들은 고대세계의 이성을 고스란히 간직하고, 그들의 신앙과 관련하여 이 이성을 잘 활용하고 있다. 또한 학교에서나 연구직에서 부지런히 과학적 탐구도 하고 있다. 그리고 현실에서는 사회인으로서 부지런히 창의성을 발휘하여 도구적 이성을 활용하여 살아가고 있다. 이성이 시대시대마다 적절하게 자신들의 특질을 잘 발휘한 것이다. 그리고 시대마다 이성들이 자신들의 소임에 맞게 어떤 시기에는 신앙과 철학적으로, 어떤 시기에는 과학적으로 활용되다가 오늘날에는 문화산업과 상업적으로 활용되고 있는 것이다.

라. 마르쿠제의 『일차원적 인간』(1964년)

마르쿠제는 자본주의에 의해 노동자들이 물질적 번영을 누리므로 "배고픔으로 해방"되었다고 해서 프롤레타리아 계급이 사라진 것은 아니라고 말한다. 노동자는 보다 더 많은 노동을 통하여 그의 고용주가 쉽게 얻을 수 있는 것들을 더 어렵게 획득한다. 기술이 발전한다고 해서 노동의 양은 결코 줄어들지 않는다. 이런 과정에서 대중문화가 광고하는 상품에 대한, 노동자들의 '일차원적'인 욕망 추구가 광범위하게 퍼진다. 부유한 서구의 선진산업 사회가 제공하는 자동차, 세탁기, 구김 없는 옷 사이에서 살아가는 사람들은, 상품에 집착하여 정작 자신의 진정한 삶에 대해서는 생각하지 않는, 정신적으로는 매우 빈곤한 상태가 된다. 이러한 일차원적 사회에서 우리는 자신을 소비재로 착각한다. 사람들은 자신을 상품으로 인식한다. 그들은 자신의 영혼을 자동차, 하이파이 스테레오세트, 복층 집과 부엌용품 등에서 찾는다. 대중문화가 이들로 하여금 일차원적 욕망을 추구하게 하였다. 이것이 자본주의의 본질이라는 것이다.

① 물질적 번영의 확산과 프롤레타리아 계급
선진산업사회에서는 물질적 번영이 점차 확산되어, 마르크스주의에서 혁명의 주체로 지목된 프롤레타리아 계급은 없어진다. 그렇다면 마르크스주의는 끝난 것이 아닌가? 그렇진 않을지 모른다. "배고픔과 비참함으로부터의 해방"이 반드시 종속과 타락으로부터의 해방으로 수렴되지는 않는다. 마르크스의 문제의식은 자본주의 체계에 의해 억압받는 노동자들의 구원에 있었고, 그것은 오늘날에도 유효하다.
② 여전히 존재하며 억압을 받고 있는 프롤레타리아 계급
노동자와 그의 고용주가 동일한 TV프로그램을 보고 동일한 휴양지를 방문한다는 것이 계급의 소멸을 말한다기보다는, 체제의 유지를 위한 욕구가 그 체제에 속한 모든 사람들에게 공유되고 있음을 보여줄 뿐이다. 이것은 노동자가 억압받지 않는다는 것을 말하지 않는다. 노동자는 보다 더 많은 노동을 통하여 그의 고용주가 쉽게 얻을 수 있는 것들을 어렵게 획득한다. 기술이 발전한다고 해서 노동의 양은 결코 줄어들지 않는다.…
③ 일차원적 욕망을 추구하게 하는 대중문화
이런 과정에서 대중문화가 광고하는 상품에 대한, 노동자들의 '일차원적'인 욕망 추구가 광범위하게 퍼진다. 그 결과, 부유한 서구의 선진산업사회가 제공하는 자동차, 세탁기, 구김 없는 옷 사이에서 살아가는 사람들은, 상품에 집착하여 정작 자신의 진정한 삶에 대해서는 생각하지 않는, 정신적으로는 매우 빈곤한 상태가 된다. 이러한 일차원적 사회에서 우리

는 자신을 소비재로 착각한다. "사람들은 자신을 상품으로 인식한다. 그들은 자신의 영혼을 자동차, 하이파이 스테레오세트, 복층 집과 부엌용품 등에서 찾는다."

④ 대중문화에 의해 일차원적으로 변해버린 개인들

일차원적 사회에서 인간은 진정한 개인이 될 자유가 없다. 마르쿠제의 주장에 의하면 이 사회의 구성원들은 자신의 진정한 욕구를 알지 못한다. 그들은 억압하는 사회의 특수한 이해관계 속에서 개인 각자에게 부여된 '거짓 욕구'만을 붙잡고 산다. 광고와 대중문화는 그 체제에서 살아가는 사람들을 세뇌하고 조작한다. 우리는 TV, 영화, 인터넷 등등에서 모두 예외 없이 이러한 상품 소비주의에 묶여있다. 상품은 거짓에 익숙해져버린 우리의 허위의식을 부풀리고, 상품에 담긴 주입식 의미들은 어느새 우리에게 삶의 방식으로 고정된다. 우리는 자유로워 보여도 사실 어디서나 족쇄를 차고 있는 것이다. 대중문화의 현란한 광고에 우리가 계속해서 속아주는 한, 우리 자신에게 좋은 것이 무엇인지를 알 수 있는 자유는 결코 우리에게 주어지지 않을 것이다. (나무위키, 마르쿠제, 2025.8.25.)

오늘날의 경제학에서는 '노동'과 '여가'를 서로 간의 대체재라고 규정한다. 사람들은 노동의 전문성을 높여서 짧은 시간을 노동에 투여하고, 나머지의 시간은 여가를 갖는다. 노동은 인생들에게 필수재일 수 있으며, 이 노동에는 노동의 즐거움도 따른다. '노동'과 '여가'가 균형이 이루어질 때, 삶의 만족도가 더욱 상승한다. 이러한 기회가 제공되는 공간이 자본주의 사회이다. 이것이 오히려 주된 관점인데, 마르쿠제는 여전히 노동을 고통스러운 것으로만 묘사한다.

마. 마르쿠제의 『에로스와 문명』(1955년)

마르쿠제의 『에로스와 문명』(1955)은 프로이트의 문명론을 재해석하면서, '억압 없는 문명'의 가능성을 단계적으로 탐구해 나가는 구조이다. 여기에서

'억압이 없는 문명'이란 이상적 공산주의를 의미한다. 이에 대해 일반화된 정리(챗GPT)는 다음과 같다.

〈서문〉 프로이트 문명론과 마르크스의 사회비판의 결합
『에로스와 문명』서문에서 마르쿠제는 저작의 목적을 제시하는데, 프로이트의 문명론과 마르크스의 사회비판을 결합하려는 시도임일 밝힌다. 핵심 문제는 "현대의 기술적 풍요 속에서 왜 여전히 억압이 지속되는가?"이다. 그러면서 "억압 없는 문명"이라는 가능성을 가정한다.
〈제1부〉 철학적 기초
제1장 프로이트의 문명론 : 이 장에서 마르쿠제는 프로이트의『문명 속의 불만』을 요약한다. 그래서 본능(에로스 vs. 타나토스)과 문명 유지 사이의 긴장을 말한다. 문명은 본능 억압 없이는 존속할 수 없다는 프로이트의 명제를 소개한다.
제2장 현실원리와 성과원리 : 프로이트의 "쾌락원리 ↔ 현실원리" 구도를 재해석한다. 산업사회에서는 '현실원리'가 성과원리로 변형되어, 생산성·효율성이 인간 삶을 지배한다. 이는 체제 유지에 필요한 잉여 억압을 산출한다.
제3장 노동, 시간, 억압 : 문명 유지의 조건으로서 강제노동, 규율, 시간의 억압을 분석한다. 노동은 생존을 위한 필연적 억압을 넘어, 체제를 정당화하는 강압적 수단이 된다. 현대 사회는 불필요한 노동을 양산하며 인간을 '성과의 노예'로 만든다.
제4장 자유의 가능성 : 기술적 발전이 필연적 억압을 줄일 수 있는 조건을 마련했음에도, 현실에서는 오히려 억압이 증대된다. 자본주의 사회에서는 풍요조차 체제 유지를 위한 억압 구조로 작동한다. 여기에서 마르쿠제는 해방의 조건은 이미 주어져 있다는 점을 강조한다.
〈제2부〉 새로운 문명의 전망
제5장 에로스와 문명 : 마르쿠제는 '에로스적 원리'의 해방적 가능성을 탐구한다. 억압적 노동 중심의 삶에서 해방되어, 욕망·놀이·미적 충동

이 사회적 삶을 구성하는 전망을 제시한다. 성적 해방을 단순한 방종이 아닌, 사회적 조직의 새로운 토대로 본다.

제6장 미적 차원과 놀이 충동 : 쉴러(Schiller)의 '놀이 충동' 개념과 연결하여, 미적 경험은 억압 없는 존재 방식을 예시한다고 말한다. 예술은 현실 사회에서 억압된 욕망이 표현되는 장이자, 해방적 문명의 예고편으로 기능한다.

제7장 기억과 억압 : 억압된 욕망은 개인적·집단적 무의식에 저장되어 있으며, 예술·문화 속에서 다시 드러난다. 문명 비판은 이 억압된 기억을 의식화하는 과정이기도 하다. 해방은 과거의 억압된 욕망과 충동의 회복을 포함한다.

제8장 유토피아적 전망 : 억압 없는 사회를 '유토피아'로 제시한다. 이는 현실을 떠난 환상이 아니라, 기술적 발전과 사회적 조건이 실제로 가능케 하는 전망으로 이해된다. 마르쿠제는 에로스의 충동이 사회적 삶의 원리로 자리 잡을 수 있음을 논증한다.

〈결 론〉 억압 없는 문명

'억압 없는 문명'은 단순한 이상이 아니라, 역사적·기술적 조건 위에서 현실적으로 가능한 가능성임을 주장한다. 성적 해방과 사회적 해방이 결합된 새로운 사회를 제시한다. 마르쿠제는 이 결론을 "해방의 유토피아"라고 부른다.(챗GPT, 에로스와 문명, 2025.8.25.)

3. 마르쿠제의 사상과 문화막시즘 논쟁

가. 68혁명 : 신좌파의 주도적 혁명

프랑스 5월 혁명 또는 프랑스의 68운동은 프랑스 샤를 드골 정부의 실정과 사회의 모순으로 인한 저항운동과 총파업 투쟁하며 기존의 가치와 질서에 저항한 사건이다.

① 68혁명의 발발 : 프랑스 전역의 학생과 파리 노동자 2/3 파업

처음에는 파리의 몇몇 대학교와 고등학교, 대학 행정부와 경찰에 대한 학생 봉기로 시작했다. 드골 정부는 경찰력을 동원해 저항을 진압하려고 했으나 이는 운동의 열기만 점화시키는 것에 지나지 않았으며, 라틴 지구의 경찰과의 가두 전투를 일으켰고, 결국 프랑스 전역의 학생과 파리 전 노동자의 2/3에 해당하는 노동자 총파업으로 이어졌다.

② 1968년 6월 총선과 드 골의 이듬해 퇴진

드 골 정부는 이러한 시위자들에 대항해서 군사력을 동원했고 의회를 해산했으며 1968년 6월 23일에는 다시 총선을 실시했다. 이즈음 정부는 붕괴되기 직전이었고 드 골은 독일군 주둔의 비행 기지로 잠시 피신하기까지 했으나, 혁명적인 상황은 지속되지 못했고 좌파연합인 노동총연맹과 프랑스 공산당의 실책으로 인해 노동자들은 복귀했다. 6월에 총선이 이루어지고 나서 드 골의 정당은 이전보다 더 힘을 얻게 되었다. 그러나 드 골은 이듬해 물러나고 말았다.…

② 신좌파의 출현

프랑스 공산당으로 대표되는 당시 구좌파들이 시위주도세력을 조롱하고 시위세력들은 프랑스 공산당에게 상당한 적대감을 표시했던 것은 유명하다. 68 혁명의 주도세력의 문제는 그것이 누구냐를 놓고 논란이 아주 없는 것은 아니나 대개 '신좌파' 즉, 신사회주의자들이 중심이었다고 할 수 있다. 문제는 이들이 '구좌파'와 어떻게 다르고 무엇이 같은가이다. … 중요한 것은 구좌파나 신좌파나 동일한 목적과 지향점을 가졌다는 사실이다. 마르크스주의적 사회주의는 마르크스가 《공산당선언》에서 각인시켜 놓았듯이 모든 인간의 해방 즉, 자유로운 인간들의 평등한 세상을 건설하는 것이었다. 그러나 현실사회주의와 구좌파는 만민평등에까지 나아가지 못하고 노동자 해방에서 멈추고 말았다. 스탈린식 공산주의는 비록 무상의료, 무상교육 등 복지제도를 최초로 도입하고 사회적 인권보장에 기여했으나, 관료주의와 자유의 억압으로 사회가 활력을 잃어버렸다. 신좌파가 "굶어죽을지라도 지루한 건 못참겠다"고 부르짖을 수밖에 없는 상황이었다.… 신좌파는 이를 발전적으로 계승하기 위해 혁명운동에 앞장섰다.

③ 신좌파의 투쟁영역 확대 : 정치·경제 뿐 아니라 문화영역까지

신좌파는 구좌파와 사실상 마찬가지로 소수 기득권자에 의한 대중의 정치, 경제적 억압과 착취를 단호히 반대했다. 그러나 신좌파는 구좌파와 달리, 억압과 착취의 개념을 더 넓게 해석해서, 문화적 착취, 관료적 억압, 성적 억압, 인종적 착취까지 모두 비판한 것이다. 요컨대 신좌파는 구좌파가 중시했던 경제적, 정치적 문제뿐 아니라, 여성억압, 아동학대, 대중문화 등 일상의 문제에도 관심을 기울였다.…

④ 혁명의 요구

생활 속 민주주의 또는 일체의 권위를 거부하는 평등주의를 제창했다; 서구는 대체로 정치적, 경제적 민주주의를 구현한 나라들로 이를 바탕으로 한 민주주의적 생활화의 요구는 일면 당연한 수순인듯 하다. 68 혁명 운동은 신좌파의 주도로 전통적 사회주의를 고무한 것은 사실이나 자본주의나 사회주의를 막론하고 억압적 권위주의에 대해서는 과감한 철퇴를 내렸다는 사실이다. 68 혁명의 정신적 지주였던 막스 호르크하이머는 후기 자본주의체제를 파시즘으로 규정했는데, 이런 현상은 가정으로까지 침투해 있었다.…

⑤ 자본주의 공격 : 비판이론의 마르크스주의 이슈로 공격

사람 사는 세상, 인간다운 삶을 요구했다. 68 혁명은 무엇보다 자본주의 생산체제를 넘어 그 소비체제의 물신주의, 물질숭배, 인간소외에 저항의 초점이 맞춰졌다. 과거의 강압이나 착취에 의한 인간 통제와는 달리 후기 자본주의는 여론조작과 조종을 통해 부드럽게 인간을 지배할 수 있었는데, 이것이 만천하에 폭로됨으로써 항거의 물결은 세차게 일었다. 68 혁명은 부의 증대, 경제 성장에 따른 과소비, 비인간화와 일상적 소외를 다양한 구호를 내걸고 정면으로 공략했다. "행동하라", "더 많이 소비하라, 더 빨리 죽으리니", "일하지 말라", "열정을 해방하라", "다른 세계는 가능하다", "불가능한 것을 요구하라", "금지를 금지하라", "파괴는 창조의 열정이다", "사랑할수록 더 많이 혁명한다", "굶주릴 지

라도 권태로운 것은 못 참는다", "선거는 아무것도 바꾸지 못 한다, 투쟁은 계속 된다" 이처럼 경제가 발전할수록 인간성이 황폐화되는 것을 목도하고 인간다운 세상의 건설을 위해 물질주의와 물질에 사람이 종속되는 삶을 거부하고 대지를 요동치는 몸부림을 쳤던 것이다.

⑥ 사상적 지도자 : 마르쿠제와 『에로스와 문명』

68 혁명에 이념적 근거를 제공한 헤르베르트 마르쿠제는 "억압이 없는 현실원칙"이 관철되는 이상사회의 실현을 확신하며 "두려움 없는 최고의 평등한 자유를 얻기 위한 투쟁"의 의미로 "위대한 거부"를 역설했다. 이는 혁명과 전복의 다른 이름이었다. …

⑦ 68혁명의 전개와 영향

파리 낭테르 대학이 학생들과의 대립으로 학교를 일시 폐쇄하자 이에 항의하여 소르본 대학의 학생들이 5월 3일 광장으로 나온 것을 기점으로 시작된, 파리에서의 학생, 노동자의 시위와 파업은 6월 들어 베를린과 로마로 퍼져나갔다. 학생들의 학교점거가 세계로 급속히 확산되었다. 영국도 미국도 사실상 마찬가지였다. 학생들의 거센 시위는 서구를 넘어 칠레, 우루과이, 아르헨티나, 멕시코 등에서도 발생했으며, 진압도중 수많은 생명을 잃는 참사를 빚었다. 아시아에서는 일본에서 혁명의 물결이 넘쳤다. 도쿄 오사카 등 주요대학에서 점거 투쟁이 벌어졌고 미군기지도 습격을 당했다. 미국에서는 베트남전쟁 반대에 더해 인종차별에 저항하는 사회운동으로 확대되었다. 이 같은 일련의 저항은 자본주의 진영에서만 있었던 것이 아니고 공산주의 진영이던 동구의 여러 나라에서도 요동쳤다. 68 혁명은 세계적 차원의 혁명이었던 것이다. …(위키백과, 68혁명, 2025.8.25.)

나. 68혁명의 주요사상 : 비판이론 + 포스트모더니즘

68혁명의 주요사상은 마르크스주의의 비판이론과 푸코 등을 중심으로 한 포스트모더니즘의 성 해방으로 표현할 수 있다. 그리고 이 양자를 하나로 결합시킨 인물이 마르쿠제이다. 마르쿠제의 『에로스와 문명』은 이 양자를 잘 종합하고 있다. 68혁명 당시 "3M"이라는 용어가 유행하였는데, "마르크스, 마오쩌뚱, 마르쿠제"이다. 68혁명에서 사상적으로는 마르쿠제의 철학이 중요한 역할을 하였다.

① 사상적 배경 : 비판이론 + 포스트모더니즘(후기 구조주의)

사상적으로는 195~60년대에 등장한 비판 이론과 (후기) 구조주의 사상이 68혁명의 토대가 되었다고 할 수 있다. 본래 대학생 좌파 사이의 이념은 언제나 마르크스-레닌주의였다. 일찍이 블라디미르 레닌은 청년층을 사회주의 혁명의 씨앗으로 보고 청년 세대의 공산주의 운동 참여를 장려한 바 있으며, 이 정서는 1950년대까지만 하더라도 유럽 대학생들에게 영향을 미쳤다. 그러나 전후의 경제적 풍족으로 서유럽의 공산화가 점차 어려워졌다. 또 1956년 헝가리 혁명 당시 소련군의 전차가 민주주의를 요구하는 헝가리 대학생 시위대를 짓밟아 버린 것은 공산주의라는 큰 이상을 향한 서유럽 청년 세대의 동경을 완전히 박살내고 말았다. 헝가리 혁명 이후 서유럽 청년 세대 사이에서는 마르크스-레닌주의에 대한 회의감이 확산되었으며, 이를 대체할 이론으로 비판 이론과 구조주의 사상이 부상했다.

② 독일의 비판이론

독일의 비판 이론 혹은 프랑크푸르트학파는 프랑크푸르트에 위치한 사회 조사 연구소 회원들이 내세운 일련의 신마르크스주의적 사회사상을 의미한다. 발터 벤야민, 테오도어 아도르노, 막스 호르크하이머, 지크프리트 크라카우어, 헤르베르트 마르쿠제를 대표적 비판 이론학파의 기수로 볼 수 있다. 이들은 어찌하여 나치당과 파시스트 세력이 공산당보다 우선하여 집권할 수 있었는지 분석했다. 2차 세계 대전 이후 발간된 명저인 아도르노와 호르크하이머 공저의 〈계몽의 변증법〉, 호르크하이머의 〈도구적 이성 비판〉, 마르쿠제의 〈일차원적 인간〉 등은 비슷한 내용을 담고 있다. …

② 프랑스 구조주의 철학자들

한편, 프랑스의 구조주의 철학자들도 비슷한 주장을 펼쳤다. 루이 알튀세르, 미셸 푸코, 질 들뢰즈, 자크 데리다, 롤랑 바르트, 자크 라캉 등을 기수로 하는 구조주의 철학은 인간이 살아가는 사회를 구조적인 면에서 접근하고자 한다. 이 중에서 68 혁명에 가장 직접적인 영향을 미친 알튀세르는 사회를 '이데올로기'의 차원에서 접근하고자 했다. 알튀세르에 의하면, 인간은 주체적으로 생각하기보다는 이데올로기에 의해 짜여진 틀에 맞추어 사고하게 된다. 우리 사회의 학교, 군대, 기업 등의 '사회 조직'은 그 조직에 맞추어 행동하는 바람직한 인간상을 제시하며, 도덕 교육은 개개인이 이를 받아들이도록 강요한다. 결국 사람들은 사회에 진출하기 이전부터 교육에 의하여 자발적으로 사회 시스템에 충성하는 것을 미덕으로 여기는 기계가 되고 만다. 이때 그러한 미덕을 결정하는 것은 자본주의와 같은 더 큰 사회적 구조이다. 알튀세르는 명철한 이성을 통해 이 사회 구조를 폭로하고, 이데올로기에 맞서 싸워야 한다고 주장한다. …(나무위키, 68혁명, 2025.8.25.)

③ 래디컬 페미니즘(급진적 여성주의) : 성 해방 등

68혁명은 페미니즘의 역사에서 가장 중요하고 영향력 있는 사건으로 여겨진다. … 페미니즘은 1968년 혁명을 계기로 폭발적으로 퍼져나가기 시작했다. 이를 "페미니즘의 두번째 물결"이라고 하기도 한다. 특히, 래디컬 페미니즘에 미친 영향력은 상상할 수 없을 정도로 크다. 애초에 래디컬 페미니즘이라는 이론 자체가 68혁명의 직접적인 영향 하에 형성되었으며, 래디컬 페미니즘 3대 고전인 〈성의 변증법〉, 〈여성, 거세당하다〉, 〈성 정치학〉이 모두 1968년 혁명 이후 3년도 안되는 기간 내에 출판되어 반향을 일으켰기 때문이다. 초기 래디컬 페미니즘은 성 해방주의, 가부장제 반대, 낙태 허용, 동성애 허용, 삽입 중심 섹스 반대, 남성 중심의 문화 변혁 등 68혁명 도중에 나온 의제들을 그대로 흡수하였다. (나무위키, 68혁명, 2025.8.25.)

다. 문화 막시즘 : PC이론과 차별금지법 이론적 기반제공

문화 막시즘이라는 용어는 마르쿠제의 "비판이론+성해방" 이론에서 출현하였다. 비판이론은 자본주의 내에서 '마르크스주의'를 접목시키는 개념이다. 이때 여기에 '성 개념'이 결합되었는데, 이것이 마르쿠제의 이론이다. 이 이론은 자연스럽게 포스트모더니즘과 이어진다. 그리고 이 포스트모더니즘의 창시자인 푸코는 '성 해방'에 대한 이론적 기반까지 마련하였다. 그런데, 나중에 자본주의 내의 사회주의 운동가들에게 그람시의 '진지전과 기동전'의 이론이 접목되기 시작하였는데, 그람시의 진지전은 한 국가의 도덕을 파괴시켜야 자본주의 내에서의 사회주의 혁명이 가능해진다는 논리가 있다. 마르쿠제의 "비판이론 과 성해방 이론"은 여기에 적절하였던 것이다. 그래서 보수진영에서는 마르쿠제의 이러한 이론을 문화 막시즘이라고 부르기 시작한 것이다.

① 68혁명 : 마르쿠제의 "비판이론+성해방" 이론

프랑스 68혁명의 사상적 기둥은 마르쿠제였으며, 그의 저술 『에로스와 문명』은 비판이론과 성혁명 이론을 서로 결합한 작품이다. 여기에서 비판이론은 마르크스주의를 말하며, 성혁명이론은 프로이트의 성(姓)이다. 이때 공산주의 사상과 성 해방이 서로 결합을 하였다. 이 후에 자본주의 사회 내에서의 공산주의 투쟁에는 성 해방이 주요개념으로 등장한다.

② 포스트모더니즘 : 푸코·들뢰즈·데리다

그리고 프로이트의 성 개념을 가장 충실하게 받아들인 인물이 푸코이다. 푸코는 프로이트의 성의 자유를 『성 이야기 1, 2, 3』을 통해 저술하였다. 그리고 이것을 직접 실행하여 동성애자가 되고, 나중에는 에이즈로 사망하기까지 하였다. 푸코는 포스트모더니즘의 선구자 혹은 창시자가 되었다. 그래서 결국 포스트모더니즘 철학자들도 대부분 그 내면에는 공산주의 사상이 깔려있다. 들뢰즈가 해체하려 했던 해체의 대상은 자본주의적 구조주의였다.

③ "PC이론"과 "차별금지법"

훗날, 이 마르쿠제의 이론은 "PC이론"과 "차별금지법"의 이론적 기반이 되었다. 이때의 보수주의 진영에서는 이 성해방 이론에 대해 깊은 의심을 가지고 있는데, 자본주의 내에서 사회주의 혁명을 하려는 자들이 이 성해방 이론을 그람시의 "진지전과 기동전"의 혁명이론에 적용을 하고 있다는 것이다. 그래서 한 국가를 파괴하기 위해서는 그 나라의 도덕을 무너뜨려야 하는데, 포스트모더니즘의 이론도 그 중의 하나이다는 것이다. 문화 막시즘이라는 이야기는 이렇게 마르쿠제 등의 이론이 "PC(정치적 올바름)이론"이나 "차별금지법"에서 사용되는 것에 대해 출현한 것으로 보인다. (필자)

라. 문화 막시즘 논쟁

"문화 막시즘"이라는 용어는 PC(Political Correctness, 정치적 올바름) 담론과 연결되면서 본격적으로 대중 정치 용어로 쓰이게 되었다. 이때 여기에는 다음과 같은 역사적 맥락이 있다. 이에 대해 일반화된 정리(챗GPT)는 다음과 같다.

① 초기 배경: 프랑크푸르트학파와 그람시
1920~30년대 프랑크푸르트학파(아도르노, 호르크하이머, 마르쿠제 등)와 안토니오 그람시(1891-1937년)의 헤게모니 이론은 "문화와 이데올로기가 자본주의 지배 재생산에 핵심적"이라고 분석했다. 그러나 이들의 연구를 '문화 막시즘'이라고 부른 것은 당대가 아니라 수십 년 후의 정치적 재해석이다.
② 미국에서의 전개: 1960-70년대
1960년대 미국의 신좌파(New Left), 흑인 해방운동, 여성운동, 성적 해방, 반전운동에 마르쿠제 같은 프랑크푸르트학파 학자가 이론적 정당성을 제공한다고 여겨졌다. 보수 진영에서는 이를 "기존 가치 질서를 무너뜨리는 좌파의 문화 전략"으로 이해하기 시작하였다. 하지만 이때는 아직 '문화막시즘'이라는 용어가 본격적으로 쓰이지 않았다.
③ 1980-90년대: PC 논쟁과 '문화막시즘'의 등극

1980년대 후반~1990년대 초, 미국 대학가에서 '정치적 올바름(PC)' 운동이 활발해졌다.(인종차별·성차별 언어 금지, 커리큘럼 다문화화, 소수자 권리 존중 등) 이때 보수 논객(특히 Allan Bloom의 『The Closing of the American Mind』(1987), Roger Kimball의 『Tenured Radicals』(1990)) 등이 이를 "좌파가 학문과 문화 영역을 장악해 서구 전통을 파괴하려는 프로젝트"로 규정하였다. 1990년대 미국의 보수·극우 담론 속에서, 프랑크푸르트학파→PC운동→다문화주의·페미니즘·성소수자 권리 운동을 일직선으로 연결해버리고, 이를 "Cultural Marxism(문화 막시즘)"이라는 낙인으로 명명하게 되었다.

④ 음모론적 확산

특히 1990년대 말, 미국과 유럽의 극우 지식인들과 인터넷 커뮤니티에서 "프랑크푸르트학파가 의도적으로 서구 전통(가족·기독교·국가)을 파괴하기 위해 PC·다문화주의를 퍼뜨렸다"라는 음모론이 퍼지게 되었다. 이때부터 '문화 막시즘'은 더 이상 학술적 개념이 아니라, PC·페미니즘·리버럴리즘 전반을 공격하는 정치적 프레임으로 자리 잡았다.

⑤ 정리 – PC와 문화 막시즘의 연결

먼저, PC 운동이 등장하였는데, 이것은 소수자 권리와 언어 규범을 바꾸려는 움직이었다. 이때 보수적 반발이 있었는데, 이것을 도리어 "자유 억압"이라 규정하였다. 이때 이론적 뿌리로서 프랑크푸르트학파를 소환하였으며, 이러한 PC를 포함한 문화·교육·가치관 변화를 모두 "좌파의 문화적 침투 전략"이라 명명하였다. 문화 막시즘 용어는 이렇게 확립되었다. 즉, '문화 막시즘'이라는 용어는 PC 담론을 비난하기 위해 1990년대 보수진영에서 본격적으로 만들어낸 정치적 수사이다. 학문적으로는 그런 개념이 없었고, 이후로는 주로 극우·보수 담론에서 PC 비판용 프레임으로만 쓰이고 있다.(챗GPT, 문화막시즘의 유래, 2025.8.26.)

[평가] 문화 막시즘 논쟁

과연 자본주의 내에 사회주의 혁명가가 존재하는지의 여부가 관건이다.

자본주의 사회 내에서 자유롭게 사는 대부분의 사람들은 사회주의의 존재를 이해하지도 못하고 인식하지도 못한다. 그런데, 실제로 자유진영 내에 사회주의 운동가들이 존재한다. 그리고 그들은 소수자들과 연합을 하며, 공산혁명을 꿈꾼다. 만일 그와 같은 사회주의자들의 세력들이 존재하여 성해방이나 역사왜곡 등을 통해 혁명을 실행하고 있다면, 그들이 활용하는 마르쿠제 등의 사상을 '문화 막시즘'이라고 칭할 수도 있을 것이다.

마르쿠제나 비판이론가들의 전통 마르크스주의자들의 그것과는 다르게 순수한 마르크스주의자였을 수 있다. 그럼에도 불구하고 그들의 철학사상이 공산혁명의 도구로 사용되고 있다면, '문화 막시즘'이라는 용어를 적용해도 좋을 것으로 보인다.

마르쿠제는 『에로스와 문명』(1955)에서 프로이트의 『문명 속의 불만』을 재해석하는데, 여기에서 프로이트는 "성(sex)과 문명"의 관계를 논했다. 마르쿠제는 '억압 없는 문명'과 '성'의 관계를 단계적으로 탐구해 나간다. 여기에서 '억압이 없는 문명' 속에서 '성'이 완성을 이루는데, 이 '억압이 없는 문명'은 공산주의를 말한다. 우리는 그 내용들을 구체적으로 검토해 보고자 한다.

3장 프로이트의 『문명과 불만』

1. 서론 : 프로이트의 본능이론

가. 본능과 문명

마르쿠제는 프로이트의 『문명과 불만』을 인간본능을 중심으로 한 쾌락의 원칙과 현실의 원칙간의 갈등관계라고 소개한다. 이때 프로이트는 이 양자 관계는 필요악이라고 받아들였다. 쾌락의 원칙을 포기한 만큼 문명의 진보가 이루어진다는 것이다. 그런데, 마르쿠제는 이러한 프로이트의 개념은 재검토될 필요가 있다고 말한다. 이 양자의 조화가 가능하다는 것이다. 그리고 그 조화가 이루어지는 곳이 마르쿠제가 꿈꾸는 지상의 유토피아이다.

① 문명 : 인간의 본능에 대한 억압에 기초
문명은 인간의 본능에 대한 영원한 억압에 기초하고 있다는 프로이트의 주장은 누구에게나 승인되어 왔다.… 프로이트 자신도 그러한 억압과 고통의 과정이 어쩔 수 없는 것이라고 생각한 듯하다.
② 문명과 양립할 수 없는 본능적 욕구
인간의 본능적 욕구의 자유로운 충족은 문명된 사회와는 양립할 수 없다.
③ 행복 : 만족의 포기와 유예
만족의 포기와 유예는 진보의 필요조건이다. "행복은 문화적 가치가 아니다"라고 프로이트는 말했다. 행복은 전시간의 작업 훈련과, 일부일처주의의 재생산과, 이미 확립된 법과 질서의 체계에 종속되어야 한다. 사회에 유용한 활동과 표현을 위한 리비도의 강제적 굴절이 문화이다.
④ 잘 성취되어진 만족
만족은 매우 잘 성취되었다고 볼 수 있다. 기술적으로 진전된 문명의 영역 안에서 자연은 실제로 완전히 정복되었고, 민중의 욕구가 이전의 어느 때보다도 크게 충족되었다.…

⑤ 고도한 문명 : 인간의 가장 효과적인 예속과 파괴

그러나 강렬한 진보는 강렬한 구속에 얽매여 있는 듯하다. …인간에 의한 인간의 가장 효과적인 예속과 파괴는 인류의 물질적·지적 성과가 정말로 자유로운 세계의 창조를 허용할 것 같은 바로 그 때에 그 고도한 문명 안에서 일어난다.

⑥ 억압이 문명의 본질인가?

억압은 그것이 불필요하게 되면 될수록 더욱 완강하게 유지될 것이다. 만일 억압이 진실로 문명의 본질에 속해야 하는 것이라면 문명의 희생에 대한 프로이트의 질문은 무의미하게 될 것이다. 다른 방도가 없을 것이기 때문이다.

⑦ 문명의 원칙에 대한 재논의

그러나 프로이트 자신의 이론이 문명과 억압의 동일시에 반대할 이유를 제공해준다. 그의 이론적인 성과에 근거해서 문제에 대한 논의는 다시 시작되어야 한다. 자유와 억압, 생산력과 파괴력, 지배와 진보의 상호관계가 과연 문명의 원칙을 구성하고 있는 것인가? 아니면, 이러한 상호관계는 인간의 현존재에 대한 특정한 역사적 조직의 결과에 지나지 않는 것인가?

⑧ 억압 없는 문명은 가능할 것인가?

프로이트의 개념에서 쾌락원칙과 현실원칙의 갈등은 그것이 인간의 본능구조를 억압으로 변형할 수밖에 없을 정도로 적대적인 것인가?… 억압 없는 문명이란 개념은 추상적이고 유토피아적인 공론으로 논의되어서는 안 될 것이다.… 그러한 근거를 밝히기 위해서 우리는 프로이트의 이론적인 개념을 사회역사적인 내용으로 다시 해석해 보아야 할 것이다. (마르쿠제, 『에로스와 문명』, 김인환 역, 나남 출판사, 21-23.)

인류 역사에 많은 만족이 성취되었다. 이것은 자본주의를 통한 인류 가난에 대한 해결을 말한다. 그런데, 이렇게 물질문명이 발달하는 데도 여전히 인류에게는 억압이 존재한다. 그렇다면 억압이 문명의 본질인가? 억압 없는 문명은 가능할 것인가?

우리는 결론을 먼저 알 수 있는데, 이 억압이 없는 문명이 공산사회에서 이루어진다는 것이 마르쿠제의 지향하는 논리였다. 공산주의를 한 번도 경험해 보지 못한 프랑스의 젊은이들에게 그것은 꿈과 같은 이야기였다. 그런데, 미래에 가보지 않은 세대들에게 그 말은 비판할 근거가 없었다. 소련이나 중국과 같은 경우를 통해서 그러한 세계가 온다면 어떻게 할 것인가? 소련이 망한다는 것을 어떻게 증명할 것인가? 위의 말에 당시의 모든 프랑스의 젊은이들과 노동자들이 다 넘어갔다.

나. 프로이트(1856-1939년) 본능이론의 변천사

프로이트(1856-1939년)의 본능은 원래 성욕본능의 단일 본능이론이었는데, 후반부에 이르러서는 성욕본능과 파괴본능으로 바뀌었다. 우리는 프로이트의 "본능이론의 변천사"를 먼저 알아볼 필요가 있다.

① 단일 본능 이론 (리비도 중심)

프로이트는 1905년(49세)에 《성욕에 관한 세 편의 에세이》를 쓰고, 1915년(59세)에 《본능과 본능의 운명》에서 본능은 성욕이다는 단일 본능이론을 제시한다. 핵심 내용은 "인간 행동의 근본 동인은 리비도(libido, 성적 에너지)이다." "모든 본능은 궁극적으로 성적 본능에서 파생한다." "유아기의 성적 발달(구강기-항문기-남근기 등)을 중심으로 인간 심리를 설명할 수 있다."

② 전환기 : 본능 이론의 위기

제1차 세계대전 직후(1918~1920년, 62-64세) 대표적인 몇 가지 현상에 의해 본능 이론에 위기가 온다. 대표적 증상으로는 전쟁 신경증(traumatic neuroses), 반복 강박(repetition compulsion) 등인데, 쾌락 원칙으로 설명되지 않는 충동이었다. 그래서 "쾌락 원칙만으로는 인간의 파괴적 행동을 설명할 수 없다"는 인식이 확산되었다. 그래서 새로운 본능 이론의 필요성이 대두되었다.

③ 후기 : 이중 본능 이론

1920년 이후에는 이중 본능이론으로 바뀌었는데, 그 대표적인 저작은 《쾌락 원칙을 넘어서》(1920), 《자아와 원초아》(1923), 《문명과 불만》(1930)에서 이다. 핵심내용은 인간 본능을 두 가지 근본 축으로 구분하였는데, 에로스와 타나토스였다. 이때 에로스(Eros, 생의 본능)는 자기 보존, 종족 보존, 창조, 결합, 사랑 등이다. 타나토스(Thanatos, 죽음 본능)는 파괴, 공격, 해체, 무생으로 회귀 등이다. 인간 행동은 이 두 충동의 긴장과 갈등 속에서 설명된다.

시기	저 작	본능이론단계	핵심 테제
1905	《성욕에 관한 세 편의 에세이》	단일 본능 이론(리비도 중심)	인간의 행동은 궁극적으로 성적 본능(리비도)에 의해 설명됨. 유아 성적 발달 단계(구강기·항문기·남근기) 제시.
1915	《본능과 본능의 운명》	단일 본능 이론의 심화	본능의 다양한 운명(전도, 반동형성, 승화 등)을 분석. 여전히 리비도 중심.
1918 ~ 1920	《임상 사례: 전쟁 신경증 연구》	전환기	쾌락 원칙만으로는 설명되지 않는 반복강박 현상을 발견. 본능 이론의 한계 인식.
1920	《쾌락 원칙을 넘어서》	이중 본능 이론의 등장	인간에게는 두 가지 근본 본능이 있음: 에로스(생명·결합) vs 타나토스(죽음·해체). 반복강박과 파괴적 충동을 타나토스로 설명.
1923	《자아와 원초아》	이중 본능 이론의 정교화	자아-원초아-초자아 구조 이론 속에 에로스·타나토스 개념을 통합. 본능 이론이 성격 구조와 연결됨.
1930	《문명과불만》	이중 본능의 사회적 적용	문명은 인간 본능(특히 타나토스)을 억압해 성립. 하지만 억압의 대가로 죄책감·불만이 증대. 인간 사회는 에로스와 타나토스의 긴장구조 위에 세워짐.

[평가1] "두 본능 한 실체"에 대한 "프로이트 이론 vs 기독교 이론"

프로이트의 이론에 대해서 중대한 질문이 요구된다. 프로이트는 처음에는 에로스의 한 본능을 말하다가 어느 시점부터 두 본능이론으로 바뀌었는데,

이 "에로스에서 타나토스가 출현한 것"으로 말한다. 그런데, 기독교에서는 처음부터 두 실체가 하나로서 존재한다. 혹은 세 실체의 삼분설을 취하기도 한다.

  기독교에서는 우리 인간을 "영-혼-육"으로 구분한 후 이 각각이 자신의 실체를 가지고 있으며, 영의 소욕이 '양심'이고, 육의 소욕이 '성욕'이며, 이 양자가 '의식(혼)' 속에 반영된다. 그래서 두 가지 소욕이 의식 속에서 서로 싸운다고 말한다. 그래서 '영의 소욕(양심)'의 소리가 '육의 소욕(성욕)'을 이기면, 이것을 절제라고 하고 이것이 지속되면 '성화' 혹은 '거룩'이라 한다. 그리고 이것이 기독교가 추구하는 윤리의 시작점이다. 이 거룩함 위에 각종 '사랑, 온유' 등의 덕목이 나타난다. 이렇게 처음 시작부터 두 소욕이 인간의 의식 속에서 작용하고 있었던 것이다. 이것은 철학의 세계에서도 마찬가지로 고대 그리스 세계로부터 계속 그러해왔다. 아리스토텔레스의 『니코마쿠스의 윤리학』은 육의 소욕은 이성으로부터 통제를 받아야 한다.
  프로이트는 인간의 본능을 '성욕' 하나로 본다. 그리고 '양심'은 후천적인 것으로 부모의 훈육이나 교육에 의해서 사회생활을 하다가 후천적으로 생겨난 것이라고 말한다. 프로이트는 인간 본능을 '리비도 혹은 에로스'라고 하였다. 그러다가 느닷없이 이 '리비도' 혹은 '에로스' 안에서 파괴본능으로서 '타나토스'가 파생되어 출현한다고 말하였다. 프로이트는 말년에는 두 본능을 주장하게 된 것이다.

  그런데, 이것은 기독교의 주장대로 두 실체가 처음부터 존재하였으며, 훗날에 프로이트가 이것을 발견한 것으로 보아야 한다. 왜냐하면, 에로스(본능)에서 서로 다른 본질의 타나토스(파괴)가 출현할 수는 없기 때문이다. 고대세계에서 이들 에로스와 타나토스는 천사들로 묘사되었는데, 이들은 두 천사 혹은 두 실체인 것이다. 그래서 타나토스가 처음부터 에로스와 함께 존재하다가 나중에 이 타나토스가 드러난 것으로 보아야 할 것이다.

[평가2] 기독교의 타락한 양심 : 프로이트의 타나토스

프로이트의 타나토스는 타락한 양심의 모습으로 보인다. 프로이트는 전쟁 후에 사람들의 본능 속에서 그 타나토스를 본능의 하나로서 발견하였다고 말한다.

프로이트 이론에서 본능은 '성욕'이고 '양심(절제)'은 슈퍼에고(초자아)인데, 이것이 '성욕'을 절제(제어)하여 신경증이 발생한 것이라고 말한다. 그래서 프로이트의 이론을 따르는 자는 양심의 소리를 짓밟아 버리고, 무절제한 성욕 속에 빠져든다. 그런데, 기독교 이론에 의하면, 이 무절제한 욕망(성욕)이 이렇게 방치되면, 그 욕망은 그의 양심을 파멸에 이르게 한다. 이것을 상처받은 양심, 혹은 화인 맞은 양심으로서 폭력적이게 된다. 그렇게 타락한 양심의 모습이 곧 타나토스라는 것이다. 이것이 기독교인들의 '타나토스'에 대한 설명이다.

위의 프로이트 사상에 깊이 빠져든 자가 푸코로 보인다. 푸코는 그의 철학 초기에는 "비이성적인 것 안에 존재하는 천재성"을 발견하려고 노력하였다. 그러다가 나중에는 『성 이야기 1, 2, 3』에서 프로이트 이론을 따라 갔다. 그의 사생활은 무절제한 성생활에 동성애에 까지 이르렀고, 이것을 스스럼 없이 나타내었다. 그는 에이즈에 걸려서 죽었는데, 훗날에는 깊은 후회를 하였다. 이 푸코의 철학이 바로 포스트모더니즘이며, 푸코가 포스트모더니즘의 창시자라고 볼 수 있다. 결국 푸코의 포스트모더니즘의 사상은 프로이트의 '성이론'에서 나온 것이다.

다. 기독교 이론과의 대조 : 두 실체의 결합으로서의 한 실체

프로이트의 『문명과 불만』에 의하면, 에로스(사랑·결합)는 문명을 형성하는 힘이다. 그리고 타나토스(공격성·파괴)는 문명 속에서 억압하는 힘이다. 그리고 억압은 죄책감과 불만을 일으킨다. 우리는 이것을 기독교의 분석방법과 함께 알아볼 필요가 있다.

① 프로이트의 "성욕-의식-양심" vs 기독교의 "양심 -의식-성욕"

먼저, 프로이트는 우리의 자아가 "본능(정욕, 이드)-자아(의식, 에고)-초자아(양심, 슈퍼에고)"로 구성 된다고 하였다. 이것은 기독교의 "영-혼-몸"의 3분법의 세 욕구와 비슷한데, 기독교에서는 "영의 소욕(양심)-의식-육의 소욕(정욕)"으로 말한다. 그리고 오히려 그 본능의 최상위에 '영의 소욕'을 두고 있으며, 이 '영의 소욕'으로 '육의 소욕'을 절제할 것을 말하고 있다. 그러나 프로이트는 '성욕'이 본능으로서 이것을 '절제' 곧 억누르면 '신경증'에 걸린다.

② 본능 : 프로이트의 성욕 vs 기독교의 양심

프로이트는 인간의 성욕(리비도)가 가장 깊은 상위 단계의 본능이고, 다른 것은 여기에서 파생된 것들이다. 특히 '초아자'의 '양심'은 후천적으로 부모의 훈육이나 교육 등을 통해서 생겨난 것이다. 본능에 속하지 않는다. 이에 반하여, 기독교에서는 인간은 "영과 육"으로 되어 있는데, 개인에게 '영의 소욕'이 '양심'이고, 육의 소욕이 '성욕'이다. 그리고 가장 본능적인 것은 '성욕'이 아니라 '양심'이다. 기독교는 '양심'은 선험적인 것이며, 하늘에서 내려온 것으로서 '영'의 소욕이다. 이것이 '영혼'의 본질이다.

③ 기독교의 죄책감 : 정욕이 영의 소욕(양심)을 이겼을 때

그리고 이 "육의소욕-성욕"은 끝없이 "영의 소욕 -양심"으로부터 절제를 당한다. 이 육의 소욕이 영의 소욕을 이기고, 정욕을 발생시키면, 이것을 양심을 거스르는 행위로서 죄라고 말한다. 이때 죄책감이 들어온다.

④ 프로이트의 죄책감 : 타나토스의 파괴적 행위

양심의 가책 혹은 죄책감을 프로이트는 그냥 단순히 '타나토스'라고 불렀으며, 본능의 일환이라고 말하였다. 이때 에로스로부터 타나토스가 출현하였다고 말한다. 그래서 두 본능 이론이 되는 것이다. 그렇다면, 타나토스는 왜 그토록 파괴적인가? 양심은 원래 그렇게 파괴적이지 않다. 그런데, 성욕을 허용하여 죄 가운데 사는 사람들은 그들의 양심이 상처를 받고, 파괴되어서 파괴적인 현상을 보인다. 항상 분노를 표출한다. 기독교에 의하면, 프로이트의 타나토스는 처음부터 존재하던 그의 양심

이 상처를 받고, 심지어는 화인을 맞아서 그 양심의 기능을 하지 못하고 파괴적이 된 것이다. 이것이 기독교적 관점에서의 판단이다. (필자)

[비판] 기독교인 관점에서의 프로이트의 오류

만일 위의 기독교의 논리가 맞다면, 프로이트에게는 심각한 오류가 존재한다. 프로이트는 양심을 훈육과 교육에 의해 부과된 억압기재이므로 벗어버려야 한다고 말한다. 그래서 프로이트를 좇는 자는 성욕에 자신을 방임한다. 이 이론에 가장 충실했던 사람은 푸코이며, 이것이 포스트모더니즘의 출발점이다. 이 죄를 먹고 마시면 타나토스가 기승을 발하여서 나중에 파괴적인 자아가 된다. 이것이 동성애자들의 말로이다.

① 기독교의 양심과 프로이트의 양심

먼저, 프로이트는 그의 사상의 초기 단계에서 본능을 '성욕' 하나로만 말했다. 그리고 '양심'은 부모의 훈육과 교육으로 인해 후천적으로 생성된 것이라고 말했다. 그래서 프로이트의 논리에 깊이 들어가면 마음껏 정욕의 죄를 지어도 된다. '양심'에 따라 '성욕'을 절제하면 신경증의 병에 걸린다. 기독교의 윤리와 정반대로 가고 있는 것이다.

② 기독교인의 양심 : 성화

기독교에서는 처음부터 '영의 소욕(양심)'과 '육의 소욕(성욕)'이 함께 있었다. 프로이트는 말년에 가서야 이것을 시인하였는데, 한 본능이 두 본능으로 변이되어서 라고 말한다. 기독교에서는 삶 속에서 프로이트가 신경증의 원인이라고 말했던 그 절제를 요구한다. 그래서 기독교에서는 어떤 개인이 영의 소욕으로 육의 소욕을 이겨내면, 즉 절제를 지켜내면, 그것을 가리켜서 성화 혹은 거룩함이라고 말한다. 이때 그의 정신이 고상해지고 강건해 진다. 이것이 기독교의 교리이다. 이 '양심'이 더욱 선천적으로 타고난 본능인데, 이것은 영원토록 이 세상을 떠날 때까지 꺼지지 않는 것을 보면 알 수 있다. 그러나 '성욕'은 일정한 노년의 때가 이르면 꺼져버린다.

③ 프로이트의 양심 : 타나토스(파괴, 타락)

반면, 프로이트는 처음부터 성욕으로 이 양심을 짓밟아 버렸다. 그러자 이제 이 양심이 화인을 맞아서 사나운 타락한 양심이 되어 버린 것이다. 프로이트가 말하는 타나토스는 바로 이것이다. 그 사람 안에서 끝없이 죄책감을 불러일으키고, 나중에는 파괴적인 불만을 일으킨다. 타락한 영혼이 된 것이다. (필자)

우리는 위의 실제를 알고 프로이트의 『문명과 불만』을 읽어야 하고, 마르쿠제의 『에로스와 문명』을 읽어야 한다. 프로이트는 중대한 오류를 범하였고, 그 이론에 충실한 푸코는 포스트모더니즘이라는 희한한 괴물을 만들어 내었다.

2. 정신분석의 은폐된 경향 : 현실원칙과 쾌락원칙

가. 인간의 역사는 본능(성적 본능)에 대한 억압의 역사

마르쿠제와 프로이트에 의하면 인간의 역사는 억압의 역사이다. 자신의 자연적인 본능 추구가 방임된다면, 그 본능의 원하는 바는 끝이 없어서 자신들의 세계를 파괴한다. 그것은 죽음과 마찬가지로 치명적이게 된다. 이러한 끝없는 본능의 욕구가 포기되지 않으면 문명은 시작되지 않는다. 프로이트에 의하면, 이러한 본능적 욕구는 성적인 욕구의 범주에 있다. 다시 말하면 성적인 본능적인 욕구의 충족이 효과적으로 포기되었을 때에 문명이 시작된다. 그래서 문화는 인간의 본능적인 실존까지 제약한다.

① 인간의 역사는 본능(성적본능)에 대한 억압의 역사

프로이트에 의하면 인간의 역사는 억압의 역사이다. 문화는 인간의 사회적인 실존 뿐 아니라 본능적인 실존까지, 인간존재의 일부뿐 아니라 인간본능의 구조자체까지 제약한다.

② 제약이 진보의 필요조건

그러나 이러한 제약이 진보의 필요조건이다. 인간 각자가 자신의 자연적인 본능을 추구하도록 방임한다면, 인간의 기본적인 본능은 지속적인 공동생활과 양립할 수 없다.

③ 자기 세계를 파괴하는 본능

본능들은 자기들이 상호협동하고 있는 바로 그 세계를 파괴한다. 억제되지 않은 에로스는 그것의 정반대인 죽음의 본능과 마찬가지로 치명적이다. 그것의 파괴력은 그것이 문화가 허용하지 않는 만족을 추구한다는 사실에서 기인한다. …

④ 본능에 대한 억압과 문명

일차적인 목적, 다시 말하면 욕구의 전면적인 충족이 효과적으로 포기되었을 때에 문명이 시작한다. (마르쿠제, 『에로스와 문명』, 29)

마르쿠제의 『에로스와 문명』을 이해하려면, 프로이트의 이론과 『문명과 불만』을 알아야 한다. 프로이트에 의하면, 리비도 곧 성적 본능은 모든 삶의 에너지이다. 그런데, 이것이 지나치면 안 된다고 말한다. 그렇다면, 뭔가 이 성적 본능 이면에 이 성적 본능을 관리하는 그 무엇이 있다는 것이다. 그럴 경우, 비로소 그 리비도는 자신 본연의 삶, 곧 '문명'에 대한 에너지를 발휘한다.

[평가] 통제하는 그 무엇에 대한 검토

그 삶의 에너지로서의 '리비도'를 관리하는 그것은 무엇인가? 기독교에서는 그것을 '양심'이라 하고 그것이 오히려 '리비도'보다 더 상위에 있는 본능이라고 한다. 프로이트는 말년에 이르러서 그것을 '타나토스'라고 하였는데, 이것은 에로스의 '변이'로 말미암았다고 말한다. 그래서 한 본능이 두 본능이 되었다고 말한다. 프로이트는 이것을 '본능의 변이'라고 말한다. 인간의 삶은 분명히 성욕만으로는 이루어지지 않는다. 그 성욕이 양심의 통제를 받고, 그 안에 있는 삶의 에너지로 밖으로 나타나야 한다. 이때 비로소 그의 삶이 정상적으로 영위된다. 이것이 '양심'의 존재를 말하는 기독교의 교리이다. 이것을 가리켜 프로이트는 "인간의 역사는 본능(성적 본능)에 대한 억압의 역사"라고 말한다. 결국 프로이트의 『문명과 불만』은 기독교의 『성경』과 대치를 이루고 있다.

나. 본능의 변이 : 현실원칙에 의한 본성의 변형

프로이트는 인간의 본능을 그의 초기 학문에서는 성적 욕구로 되어있다고 말하였다. 그런데, 후기에 이르러서는 인간의 본능을 성적욕구와 파괴욕구로 구성되어있다고 말한다. 프로이트에 의하면, 이것은 본능의 변이로 말미암은 것이다. 정신적인 구조의 변이를 말하고 있는 것이다. 그렇다면, 프로이트에 의하면, 본성의 근본적인 변형을 통해서 동물적인(에로스적, 성애적인) 인간이 인간다운(사회적) 인간이 된다.

프로이트에 의하면, 인간의 본능은 쾌락 혹은 성적인 쾌락이다. 그런데, 여기에 현실원칙이 압력을 가하게 된다. 그러면 이제 이 쾌락의 본능이 이것을 받아들이면서 어떤 변화를 가져온다. 즉, 현실원칙의 확립에 의해서 쾌락원칙 아래서는 동물적 충동의 다발에 지나지 않던 인간이 조직적 자아가 된다.

① 정신적인 구조의 변이로서의 본능의 변이

본능의 변이는 문명의 내부에서 일어나는 정신적인 구조의 변이이다. 외부현실의 영향 아래서 동물적인 충동은 인간의 본능이 된다. 유기체 안에서의 근원적인 위치와 기본적인 방향은 그대로 있지만 충동의 목적과 표명방식은 변화된다. 승화, 동일시, 투사, 억압, 내사와 같은 정신분석의 개념들은 본능의 변하기 쉬운 성질을 암시한다. 그러나 욕구와 만족과 본능을 형성하는 현실은 사회적이고 역사적인 세계이다. 본성의 근본적인 변형을 통해서 동물적인 인간은 인간다운 인간이 된다.…

② 쾌락원칙에서 현실원칙으로의 변용

프로이트는 이러한 변화를 쾌락원칙에서 현실원칙으로의 변용으로 설명했다.… 쾌락원칙에 의하여 지배되는 무의식은 "그것이 유일한 정신과정이었던 발달단계의 잔재인 태고의 기본과정으로 구성되어 있다. 그것은 오직 쾌락의 획득을 위해서 노력한다. 고통이 발생할 것 같은 어떠한 활동으로부터 정신활동은 뒷걸음질 친다. 그러나 억제되지 않은 쾌락원칙은 자연적·인간적 환경과 갈등을 일으킨다. 그러나 억제되지 않은 쾌락원칙은 자연적, 인간적 환경과 갈등을 일으킨다. 개인은 완전하고 고통 없는 욕구의 충족이란 불가능하다는 외상적 실정을 깨닫는다. 이러한 실망을 경험한 후에 새로운 정신적 기능의 원칙이 지배권을 획득한다. 현실원칙이 쾌락원칙에 대체된다. 인간은 지연되고 억제된 것이지만 확실한 쾌락을 위해서 순간적이고 불확실하고 파괴적인 쾌락을 포기한다. 포기와 억제를 통한 영구한 획득이기 때문에 프로이트는 현실원칙이 쾌락원칙을 내쫓거나 거부하는 것이 아니고 보호하고 수정하는 것이라고 말했다.

③ 쾌락의 내용까지도 변화시키는 현실원칙

그러나 정신분석의 해석은 현실원칙이 쾌락의 형태와 시기 뿐 아니라 바로 쾌락의 내용까지도 변화시키고 만다는 것을 드러낸다. …현실원칙의 확립에 의해서 쾌락원칙 아래서는 동물적 충동의 다발에 지나지 않던 인간이 조직적 자아가 된다. 조직적 자아는 유용한 것, 그 자신과 생활 환경에 해가 되지 않는 쾌락을 추구한다. 현실원칙 아래서 인간은 이성의 기능을 발달시킨다. … 인간은 주의와 기억과 판단의 능력을 획득한다. 그는 외부로부터 그에게 부과된 합리성에 의하여 조절되는 의식, 다시 말하면 생각하는 주체가 된다. (마르쿠제, 『에로스와 문명』, 30-32)

[평가1] 본능의 변화인가, 절제인가?

우리는 위의 프로이트의 본능의 변이에 대해 검토할 것이 있다. 쾌락의 원칙의 지배를 받고 있는 '성적인 쾌락'의 본능이 현실 원칙에 의해서 '고상한 쾌락'으로 변화되는가? 아니면, '성적인 쾌락'은 여전히 존재하는데, '현실원칙'으로서의 '양심'의 소리가 승리하여 '성적인 쾌락'이 그 이성(양심)의 지배하에 들어가는가? 이 양자를 분별하여야 한다. 프로이트는 전자이며,

기독교는 후자이다.

그런데, 프로이트도 이 양자는 영구히 적대적이다고 말한다. 그렇다면, 이 양자의 본질은 처음부터 두 실체였고, 앞으로도 두 실체로 보아야 할 것이다. 처음의 그 쾌락적 본능이 그 본능의 내용까지 거룩하고 성실하게 변해 버린다면, 인간은 더 이상 성적인 욕망의 절제를 위해 노력할 필요가 없다. 이것이 프로이트의 이론이다. 그러나 이 양자의 투쟁은 끝이 없다. 두 실체가 존재하기 때문이다. 그것은 기독교의 입장이다.

[평가2] 에로스에서 타나토스가 출현할 수 있는가?

프로이트는 에로스가 현실원칙을 접하면서 타나토스를 출현시킨다고 말한다. 프로이트는 지금 신화 속의 존재들을 이용하고 있다. 신화적 메타포에 의하면, 한 신화적 존재는 한 본질만 갖는다. 예컨대, 아프로디테는 모든 존재하는 것들에게 미를 나누어준다. 에로스는 에로스만 나누어준다. 타나토스는 타나토스만 나누어준다. 이것을 분유라고 하는데, 신화적 세계에서의 창조의 원리이다. 에로스에게서 타나토스가 나오지는 않는다. 어떤 한 개별자가 에로스를 나타내다가 타나토스적인 것이 나온다면, 그것은 시초부터 그 안에 존재하던 것이었다.

다. 영구히 적대적인 '쾌락의 원칙'과 '현실원칙'

그럼에도 불구하고, 프로이트의 생각에 의하면 문명은 절대로 자연상태를 소멸시킬 수 없다. 프로이트에 의하면, 현실원칙 아래서의 본능의 억압적 수정은 생존을 위한 영원하고 본원적인 투쟁에 의해서 강화되고 지지되어 오늘날까지 지속된다. 프로이트는 생존을 위한 본원적인 투쟁이 영구한 것이라고 생각하였고, 따라서 쾌락의 원칙과 현실원칙은 영구히 적대적이라고 믿었다.

① 결코 완전하지 않은 현실원칙

현실원칙이 인간의 발전과정에서 끊임없이 다시 확립되지 않으면 안 된다는 사실은 쾌락원칙에 대한 현실원칙의 승리가 결코 완전할 수도, 안전할 수도 없다는 것을 가리킨다.

② 계속 존재하는 쾌락의 원칙

프로이트의 생각에 의하면 문명은 절대로 자연상태를 소멸시킬 수 없다. 문명이 정복하고 억압하는 것, 다시 말하면 쾌락원칙의 요구는 문명자체 안에서 존재하기를 계속한다. 무의식은 패배한 쾌락원칙의 목적을 그대로 보존한다.

③ 억압된 자들의 귀환

외부의 현실에 위축되거나 자기의 목적을 달성할 수 없게 될 경우에라도 쾌락원칙의 힘은 무의식 가운데 생존할 뿐 아니라 여러 가지 방법으로 쾌락원칙에 대체된 현실에 영향을 미친다. 억압된 자들의 귀환은 문명의 금지되고 은폐된 역사를 형성한다. 이러한 역사의 탐구는 개인의 비밀뿐 아니라 문명의 비밀을 드러낸다. 프로이트의 개인심리학은 바로 그 본질에서 사회심리학이다. …

④ 영구히 적대적인 쾌락의 원칙과 현실원칙

프로이트에 의하면, 현실원칙 아래서의 본능의 억압적 수정은 생존을 위한 영원하고 본원적인 투쟁에 의해서 강화되고 지지되어 오늘날까지 지속된다. 희소성(ananke, 필연성)은 인간에게 본능의 충동을 자유롭게 충족시킬 수 없다는 것, 쾌락의 원칙 아래에서 살 수 없다는 것을 가르쳐 준다. 본능적 구조의 결정적인 수정을 강요하는 사회적 동기는 경제적인 동기이다. 각자의 노동이 없으면 사회는 성원의 생활을 유지하기에 충분한 수단을 소유할 수 없기 때문이다. … (그러나)프로이트는 생존을 위한 본원적인 투쟁이 영구한 것이라고 생각하였고, 따라서 쾌락의 원칙과 현실원칙은 영구히 적대적이라고 믿었다. 억압 없는 문명이 불가능하다는 생각은 프로이트 이론의 초석이 된다. (마르쿠제, 『에로스와 문명』, 34-35)

[평가] 두 실체의 공존

프로이트는 관찰에 의해서 에로스의 '쾌락의 원칙'과 타나토스의 '현실의 원칙'이 영구히 계속된다고 말한다. 이것은 두 실체가 공존하는 것이다. 프로이트에 의하면, 한 에로스가 한번은 현실의 원칙을 받아들여 사회생활에 성실하다가, 또 그 무의식 속에서는 여전히 쾌락의 원칙을 추구한다.

그런데, 기독교(로마서 7장)에 의하면, 이렇게 한 실체가 이리 갔다 저리 갔다 하는 것이 아니라, 여전히 두 실체가 존재하며, 한 '에고'(의식적 자아) 속에서 두 실체가 싸운다. 현실원칙을 받아들이는 '슈퍼에고'의 양심과 쾌락의 원칙에 근거한 '이드'의 성욕이 서로 싸우는 것이다. 이렇게 해서 이 두 실체가 영구히 그 투쟁을 계속하는 것이다. 기독교의 교리는 이 '양심'이 '성욕'을 이기는 도구를 제공한다. 기독교인들은 이 기독교의 '복음'만이 이 죄(성욕)을 이기는 능력을 제공한다고 말한다. 그래서 결국 프로이트는 기본교의 교리와 싸움을 하게 된 것이다. 이것이 프로이트 철학이 갖는 의미이다.

라. 사라지지 않는 금기된(성적) 욕망

마르쿠제가 소개하는 프로이트에 의하면, 이 무의식의 욕구는 결코 소멸시킬 수 없다. 의식이 금지하는 자유와 행복의 동일성이 무의식에 의해서 지지되고 있다. 이러한 진리는 의식이 아무리 쫓아내려 해도 마음 속에 끊임없이 되살아난다. 무의식은 문명의 성과에 기초하여 낙원이 다시 창조되어야 한다는 소망을 일으킨다. 마르쿠제는 이 세계를 소개하고자 하는 것이다.

① 욕망의 희생을 통한 자유의 한계
프로이트는 억압의 범위와 깊이를 제시하면서 인류의 금기된 욕망, 즉 자유와 필연이 일치되는 상태에 대한 요구를 확인한다. 발달된 의식과 그 의식이 만들어낸 세계에 존재하는 어떠한 자유도 욕구의 완전한 충족을 희생한 대가로 획득된 타협적이고 파생적인 자유이다.…
② 무의식 속의 성적 쾌락 : 완전한 만족

반대로 정신적 개성의 가장 깊고 가장 오래된 층인 무의식은 억압과 결핍이 없는 완전한 만족을 향한 충동이다. 무의식은 필연과 자유의 직접적인 일치이다.

③ 의식이 금지하는 자유와 행복을 지지하는 무의식

프로이트에 의하면, 의식이 금지하는 자유와 행복의 동일성이 무의식에 의해서 지지되고 있다. 이러한 진리는 의식이 아무리 쫓아내려 해도 마음 속에 끊임없이 되살아난다. 무의식은 개인의 발전단계에서 완전한 만족이 획득되었던 과거의 기억을 보존하고 있다. 그리고 그 과거는 계속해서 미래를 요구한다.

④ 무의식(성욕)이 요구하는 낙원

무의식은 문명의 성과에 기초하여 낙원이 다시 창조되어야 한다는 소망을 일으킨다. (마르쿠제, 『에로스와 문명』, 36-37)

[평가] 마르쿠제의 낙원 : 문화막시즘

프로이트는 『문명과 불만』에서 현실원칙과 쾌락원칙은 영구히 지속된다고 말한다. 그러면서 그 현실원칙의 쾌락원칙에 대한 억압이 곧 문명의 근원이라고 말한다. 그 현실원칙의 억압이 존재하지 않으면 개인도 문명도 발전할 수가 없다.

그런데, 이제 마르쿠제는 "무의식은 문명의 성과에 기초하여 낙원이 다시 창조되어야 한다는 소망을 일으킨다"고 말한다. 여기에서의 '문명의 성과'는 자본주의를 통한 인류기근의 해결을 말한다. 이렇게 인류기근의 해결은 곧 '현실원칙'에 대한 승리를 말한다.

이렇게 문명 혹은 자본주의 문명에 의해 '현실원칙'을 해결했다면, 이젠 '쾌락원칙'이 마음껏 발산되는 그러한 세상이 열려야하는 것이 아니냐고 말하고 있는 것이다. 그것이 곧 "무의식은 문명의 성과에 기초하여 낙원이 다시 창조되어야 한다는 소망을 일으킨다"는 말의 의미이다. 그리고 그러한 세계가 곧 공산주의라는 것이다. 이것이 마르쿠제의 '문화 막시즘'이다.

기독교 철학에서는 이에 대해 보이콧을 한다. '현실원칙'은 '양심'이 파악한 한 사례에 불과하다. 여전히 쾌락의 '성욕'은 '양심'의 통제 아래에 있어야 한다. 그것은 본능의 문제이지 현실의 문제가 전혀 아니다. 기독교에 의하면, 인간 자체가 "영+혼+육"으로 되어 있으며, 이 각각이 자신의 소욕을 가지고 있다. 영의 소욕은 '양심'이며, 육의 소욕은 '정욕'이고, 이 두 소욕이 혼의 의식 속에서 서로 싸운다. 우리 의식은 이 양자의 전투의 장이다. 그런데, 우리 영의 소욕은 이 육의 소욕을 이기지 못한다. 그 기원을 태초에 인류의 타락으로 말하고 있다. 이것을 회복시키는 존재가 예수 그리스도라고 말한다. 그래서 이 예수 그리스도를 받아들이면, 그 육의 소욕을 이기는 에너지가 하늘로부터 그의 양심에 주입된다. 이것은 인간 본성의 문제이지 현실의 문제가 아니다.

마르쿠제는 존재하지도 않는 이상한 세계, 곧 현실원칙이 모두 해소된 공산주의 세계, 그래서 마음껏 성욕을 즐길 수 있는 세계를 공산주의라고 제시하며, 프랑스의 젊은이들에게 제시하였다. 그래서 68혁명을 "공산주의와 프로이트주의"의 공연장으로 만들었다. 이 68혁명으로 인하여 프랑스의 정기(精氣, 민족의 정신과 기력)가 꺾여 버린 것 같다. 그 후로 프랑스는 세계무대에서 그 힘을 잃었다.

그리고 이 68혁명은 이제 서방세계에서 'PC(정치적 올바름)이론'으로 등장하며, 우리나라에서는 『차별금지법』으로 등장하고 있다. 그런데 이 이론을 주창하는 자들은 대부분 좌파운동을 하는 세력들이었다. 그래서 우리는 이 이론을 '문화 막시즘'이라고 부르는데, 그 이유는 이 이론이 그람시의 '네오 막시즘'과 사상적인 면에서 이어지기 때문이다. 그람시는 자본주의 사회를 타락 속에 빠뜨려서 도덕(나라사랑)을 무너뜨려야 공산주의 혁명이 성공을 한다고 말했기 때문이다. 우리가 마르쿠제의 "성해방+공산주의"이론을 문화 막시즘으로 부르는 이유가 바로 이것 때문이다.

3. 억압된 개인의 기원 : 에로스와 타나토스

가. 프로이트의 에로스와 타나토스의 관계

마르쿠제는 프로이트의 이드를 쾌락의 원칙에, 슈퍼에고를 현실의 원칙에 대입하고 있다. 한편 프로이트의 이드와 슈퍼에고는 발전의 초기 단계에서는 성본능(리비도)과 자아본능(자기보존)으로, 최후의 단계에서는 이것을 삶의 본능(에로스)과 죽음의 본능(타나토스)으로 묘사하며, 이 둘 간의 갈등으로 표현한다. 그럼에도 불구하고, 프로이트 이론의 성욕은 본능구조 안에서 그 우월한 위치를 그대로 유지했다. 성욕의 지배적인 역할은 프로이트가 생각한 바와 같이 정신과정의 본질에 뿌리를 박고 있다. 성욕은 이 쾌락의 원칙 아래서 움직이면서, 삶 자체를 유지하고 하는 본능이기도 하다.

① 인간의 자유(현실원칙)와 행복(쾌락원칙)의 운명
인간의 자유와 행복의 운명은 육체와 영혼, 자연과 문명이 참여하는 본능들의 투쟁 - 글자 그대로 삶과 죽음의 투쟁 - 에 의해서 결정되고 수행된다. …
② 두 개의 극 : 이드(쾌락원칙)와 초자아(현실원칙)
프로이트 이론의 다양한 단계를 통해서 정신과정은 무의식 구조와 의식구조란 반대항의 역동적인 통일로 나타난다. … 이원적인 구성은 이드, 자아, 초자아란 후기의 삼분법의 위상론에서도 우세하다. 매개되고 중복되는 요소들이 두 개의 극으로 향한다. 그것들은 자신의 현저한 표현을 쾌락원칙과 현실원칙이란 정신과정을 지배하는 두 개의 궁극적인 원칙 안에서 발견하였다.
③ 에로스와 티나토스 사이의 갈등
발전의 초기 단계에서, 프로이트의 이론은 성본능(리비도)과 자아(자기보존) 본능 사이의 적대관계 위에 건설된다. 최후의 단계에 와서 그것은 삶의 본능(에로스)과 죽음의 본능(티나토스) 사이의 갈등으로 집중된다.
④ 우월한 지위의 성욕
짧은 중간 기간에, 이원적 개념은 충만 된(자기애의) 리비도라는 가정으로 대체되었다. 프로이트 이론의 이 모든 수정과정을 통하여 성욕은 본

능구조 안에서 그 우월한 위치를 그대로 유지했다. 성욕의 지배적인 역할은 프로이트가 생각한 바와 같이 정신과정의 본질에 뿌리를 박고 있다.

⑤ 쾌락의 원칙 아래에서 지배를 받는 현실원칙의 삶의 본능

만일 일차적인 정신과정이 쾌락원칙의 지배를 받는다면, 이 원칙 아래서 움직이면서, 삶 자체를 유지하고 하는 본능은 삶의 본능이다. (마르쿠제, 『에로스와 문명』, 41-43)

[평가1] 두 실체 사이의 갈등

프로이트는 처음에는 에로스에서 타나토스가 출현했다고 말한다. 그래서 그 에로스 본능이 현실원칙을 수용하여 변이를 이룬다고 말한다. 그러다가 이제 위의 본문에서는 이 두 실체가 서로 갈등한다.

[평가2] 쾌락원칙에 의해 지배를 받는 삶의 본능

프로이트에 의하면, 인생들은 쾌락의 원칙에 의해 지배를 받는다. 즉 성욕의 지배를 받는다. 그 아래에서 현실원칙을 수용하는 삶 자체를 유지한다. 이것이 삶의 본능이다.

한편, 기독교인들은 복음의 능력으로 양심의 소리 혹은 현실원칙이 성욕을 지배하게 한다. 이것이 기독교 교리의 핵심이다. 기독교를 통해 복음을 취하게 되면, 양심에 놀라운 신적 능력이 임하여서 정욕을 다스린다. 그래서 현실에 충실한 사람이 된다. 그런데, 정욕이 그를 지배하면, 그는 결코 현실에 성실할 수 없다. 기독교는 '양심'이 '성욕' 위에 있게 하는 것이 인간의 본능의 완전한 회복이라고 말한다.

나. 성욕(리비도) 내의 자기보존 본능에서 출현한 파괴본능(타나토스)

프로이트의 초기이론에 의하면, 성욕 속에 자기보존 본능이 자리잡고 있는데, 이것은 개체유지를 위한 자기보존 본능이다. 그런데, 후기에 이르면 성욕 속에 있는 이 자기보존 본능이 삶의 본능 곧 생존을 위한 투쟁으로

변하며 파괴적이 된다.

성욕에 관한 프로이트의 초기개념은 삶의 본능(생존을 위한 투쟁)으로서의 에로스 개념에서는 멀리 떨어져 있다. 성의 본능은 자아(개체의 자기보존)본능과 병행하는 본능이다. 그러나 그의 후기에 이르면, 생존을 위한 투쟁으로서의 자기보존 본능 곧 삶의 본능은 에로스의 한 부분이며, 리비도의 성질을 지니고 있다. 이 안에서 개인의 개체유지를 위한 소중한 성역은 소멸한다. 본능의 활동은 이제 일반적인 성본능이거나 혹은 사회적으로 유용한 파괴본능의 활동으로 나타난다. 에로스의 성 본능과 죽음의 본능, 즉 두 개의 기본적인 본능이 된다.

① 프로이트 성욕에 대한 초기개념 : 삶의 본능 개념은 없음
그러나 성욕에 관한 프로이트의 초기개념은 삶의 본능으로서의 에로스 개념에서는 멀리 떨어져 있다. 성의 본능은 자아(자기보존) 본능과 병행하는 특수한 하나의 본능이며, 특정한 기원과 목표와 대상에 의하여 규정되어 있다.
② 성욕과 무관한 자기보존 본능의 독립적 존재임에 대한 증명
프로이트의 이론은 적어도 1914년에 자기애를 도입하기까지는 범 성욕주의와는 오히려 동떨어져 있었다. 성욕과 무관한 자기보존 본능의 독립된 존재를 증명하는 데 완강한 곤란을 받았음에도 불구하고 그의 이론은 성욕의 범위를 제한하는 것으로 특징을 이룬다.
③ 합성된 본능에 대한 가설
그의 이론은 자기보존 본능이 유기체가 죽음에 이르기까지 그 자신의 길을 따르는 것을 보증하고, 유기체 자체에 내재하는 것과는 다르게 무기적 존재로 되돌아가는 길을 가로막는 기능을 가지고 있는 단지 합성된 본능에 불과하다는 가설에 이르는 긴 여행이다. 말을 바꾸면, 자기보존 본능은 에로스의 한 부분이며, 리비도의 성질을 지니고 있다는 가설에 이르는 긴 여행인 것이다. 그러나 유아기의 성욕과 신체의 한계 없는 성감대의 발견에 따라 자기보존 본능이 리비도적인 합성임을 인식하

게 되었으며, 삶의 본능(에로스)이라는 용어에 의해서 최종적으로 성욕을 재해석할 근거를 마련하게 되었다.

④ 본능이론의 최후의 정식 : 생존을 위한 투쟁의 자기보존 본능

본능이론의 최후의 정식에서 생존을 위한 투쟁을 정당화하는 자기보존의 본능, 즉 개인의 소중한 성역은 소멸한다.

⑤ 본능의 활동 : 일반적인 성본능과 자기보존의 파괴본능

본능의 활동은 이제 일반적인 성본능이거나, 혹은 자기보존이 사회적으로 유용한 공격을 통하여 달성되는 한, 파괴본능의 활동으로 나타난다. 이제는 에로스와 죽음의 본능이 두 개의 기본적인 본능이 된다. (마르쿠제, 『에로스와 문명』, 43-44)

다. 열반의 원칙 : 에로스와 죽음본능의 통합

마르쿠제에 의하면, 프로이트 심리학의 최후 단계는 에로스와 죽음의 본능이 하나로 통합된 상태이다. 이때에는 열반의 원칙이 정신생활과 신경생활의 지배적인 경향으로 등장한다. 그리고 쾌락의 원칙이 열반 원칙의 표현으로서 열반원칙의 빛 아래서 나타난다고 말한다.

① 죽음의 궤도 속으로 끌려들어가는 본능

자극(필자: 성적자극)으로부터의 자유는 결국 출생 때에 포기되고 만다. 평정을 향한 본능의 경향은 결국 삶 그 자체의 배후로의 퇴행이 된다. 완전한 만족을 위하여 노력하는 가운데 정신구조의 일차과정은 모든 생물의 보편적인 추구 - 다시 말하면 무기체의 세계가 가지고 있는 정적(靜寂)에 숙명적으로 회귀하고 있는 듯하다. 본능은 죽음의 궤도 속으로 끌려들어간다. "만일 삶이 페흐너의 영구한 정적의 원칙에 지배되고 있는 것이 사실이라면, 그것은 죽음을 향한 하강의 연속으로 이루어져 있다고 볼 수 있다."

② 열반의 원칙 : 열반의 원칙 아래에서 나타나는 쾌락의 원칙

열반의 원칙이 정신생활과 신경생활의 지배적인 경향으로 등장한다. 그

리고 쾌락원칙이 열반원칙의 표현으로서 열반원칙의 빛 아래서 나타난다. "자극에 의한 내적인 긴장을 약하게 하고, 일정하게 하고, 제거하라는 노력(열반원칙)은…쾌락원칙 안에서 표현된다. 그리고 이러한 사실에 대한 우리의 인식은 우리가 죽음의 본능이 존재한다는 사실을 믿게 하는 강한 근거의 하나이다."

③ 타나토스를 극복하고 지배권을 획득하는 에로스

그러나 쾌락과 죽음의 전율할만한 결합인 열반원칙의 우위는 확립되자마자 해소된다.…에로스는 타나토스를 극복하고 지배권을 획득한다. 그것들은 계속해서 죽음으로의 하강을 방해하고 지연시킨다. 새로운 긴장이 에로스와 성본능의 요구에 의해서 본능적 욕구의 표현으로서 도입된다.…

④ 불멸성을 획득하는 에로스

이렇게 해서 삶의 본능은 죽음에 대항하여 삶의 본질에 속한 잠재적 불멸성을 획득한다. 본능적 생활의 역동적인 이원론이 확립된 것이다.…에로스는 모든 삶을 보존하는 위대한 통합력으로 규정된다. (마르쿠제, 『에로스와 문명』, 45-47)

[평가] 진정한 열반의 원칙

프로이트는 죽음본능과 에로스의 결합을 열반의 원칙이라고 말한다. 이때는 성욕의 에로스가 죽음본능의 타나토스 아래로 들어간다. 에로스가 죽음 속에서 순화되는 것이다. 그리고 이러한 순화가 이루어지면, 에로스가 이 열반의 원칙 속에서 다시 살아난다.

이러한 유사한 이야기가 기독교 내에도 존재하는가? 기독교에서는 양심의 절제가 성욕을 온전히 제어한다. 그러면 여기에서 정상적인 에로스가 나타난다고 말한다. 그리고 그 대표적인 것인 부부간의 사랑이다. 여기에서의 성욕에는 거룩을 기반으로 한 성욕으로서 정신적인 사랑과 육적인 사랑이 결합한 것이다. 아마 프로이트는 이것을 묘사하려 했던 것 같다.

기독교의 결국은 영적 세계 속에서 이루어지는데, 이때 기독교에서는 영적이 세계에서의 사랑은 성욕을 통한 만족이 아니라, 순수한 영적인 사랑으로 그 만족감이 성욕을 통한 만족보다 더 크다고 말한다. 아가서 1장 2절에서는 "그가 내게 입 맞추기를 원하니, 네 사랑이 포도주보다 나음이로구나"는 본문이 나오는데, 여기에서의 '입맞춤'은 '그와의 깊은 만남'의 '사랑'을 의미하며, '포도주'는 '성적인 사랑'을 말한다. 기독교 교리에 의하면, "천국에서는 시집가고 장가가는 일이 없다"고 말한다. 이것은 성적인 사랑이 가장 깊은 쾌락을 주는 사랑이 아니라는 의미이다. 그리고 노년의 때가 되면, 성욕은 모두 사라진다.

그런데, 프로이트와 마르쿠제는 이 지상낙원이 이르면, 이러한 에로스 성욕의 시대가 온다고 말한다. 그리고 결국 이 낙원의 시대가 공산주의에 의해 이루어진다. 이곳에서는 '타나토스'의 '죽음 본능'이 정복된 곳이다. 더 이상 생존을 위한 '현실원칙'이 지배하지 않는 곳이기 때문이다.

4. 현실원칙에 의한 본능의 수정 : 과잉억압

가. 프로이트의 이드-자아-초자아 : 현실원칙의 출현과정

마르쿠제는 프로이트의 "이드(성욕)-자아(의식)-초자아(양심)"를 고스란히 소개한 후, 초자아의 영향을 받은 자아의 행위를 현실원칙이라고 말한다. 이 현실원칙이 이드를 통제해서 유기체를 보존한다.

① 이드 : 일차 본능의 무의식

정신구조의 기본층은 이드, 자아, 초자아라고 일컬어진다. 근본적이고 오래되고 거대한 층은 일차 본능과 무의식이 우위에 있는 이드이다. 이드는 의식적이고 사회적인 개인을 구성하는 형식과 원칙으로부터 자유롭다. 그것은 시간에 제한되지도 않고 모순에 괴로움을 받지도 않는다. 그것은 가치도, 선악도, 도덕도 모른다. 그것은 자기보존을 목적으로 하지도 않는다. 그것이 추구하는 것은 쾌락원칙에 따르는 본능적 요구의 충족뿐이다.

② 자아로 발전되는 이드의 일부 : 이드와 외부세계의 매개자

외부세계(환경)의 영향 아래서 자극을 수용하고 자극에 대하여 보호하는 기관들에 의하여 이드의 일부는 점차 자아로 발전된다. 자아는 이드와 외부세계의 매개자이다. 지각과 의식은 자아의 가장 작고 가장 표면적인 부분에 불과하며, 국부 해부학상 외부세계에 가장 접근해 있는 부분이다. 이러한 장치들에 의해서 자아는 현실을 관찰하고 검사하며, 현실의 참된 모습을 획득하고 보존하며, 자기 자신을 현실과 화해시키며, 현실을 자신의 관심에 따라 변경하면서 자신의 생존을 유지한다. 이렇게 해서 자아는 이드를 위해서 외부세계를 설명하고 이드를 구원하는 임무를 가지고 있다. 왜냐하면, 외부세력의 막강한 힘을 완전히 무시하고, 본능의 충족만을 맹목적으로 추구하는 이드는 자아의 도움이 없으면, 파멸에서 도피할 수 없겠기 때문이다.

③ 자아의 기능 : 쾌락원칙을 좇고, 현실원칙으로 대치

이러한 임무를 완수하는 데 있어 자아의 중요한 기능은 이드의 본능적인 충동을 조절하고 변경하고 조직하고 조종하며 현실과 이드의 갈등을 최소한으로 축소하는 것이다. …이드의 모든 과정에서 지배력을 발휘하는 쾌락원칙을 좇아내고 자아는 그 대신 더 많은 안전과 더 많은 성공을 약속하는 현실원칙을 그것에 대치한다. 만일 자아가 없다면 유기체가 파괴된다. 자아의 모든 중요한 기능들은 본능의 충족을 안전하게 보호하는 것이다. …

④ 초자아의 등장 : 도덕과 양심

자아의 발달과정에서 또 하나의 정신적 실체가 등장한다. 그것이 초자아이다. 초자아는 부모에 대한 유아의 긴 의존에 기인한다. 부모의 영향은 초자아의 핵심이다. 결국 초자아가 기존 도덕의 강력한 대표가 되고, 사람들이 인간생활에서 고상하다고 부르는 것이 될 때까지 많은 사회적이고 문화적인 영향들이 초자아에 영향을 끼친다. 먼저, 부모와, 다음에 부모의 사회적 대리자들이 개인에게 부과한 외부의 제한은 이제 자아로 내사(內射)되어 양심이 된다. 이로부터 범죄 또는 이러한 제한의 위반

(특히 오이디푸스 상황)에 의하여 생성된 처벌의 욕구, 곧 죄의식이 정신생활에 스며든다.

⑤ 초자아의 명령을 받아 억압을 실행하는 자아

하나의 법칙으로서 자아는 초자아에 봉사하거나, 초자아의 명령을 받아 억압을 실행한다. 그러나 억압들은 곧 무의식적이고 자동적으로 되고, 죄의식의 대부분이 무의식적인 것이 된다.…

⑥ 현실원칙으로 반응하는 초자아

원래 현실(초자아의 형성에서 부모와 그 후계자)의 요구에 대한 의식적인 투쟁은 무의식적이고 자동적인 반응으로 변형되는데, 이러한 발전은 문명형성의 과정에서도 가장 중요한 것이다. 현실원칙은 중요한 방향으로 의식적인 자아를 위축시킴으로써 자신의 권리를 주장한다.…

초자아는 현실의 요구뿐 아니라 지나간 현실의 요구까지 강요한다. 이러한 무의식적 메커니즘에 의해서 정신의 발달은 현실의 발전에 뒤처지거나 또는 전자가 후자의 요인이 되기 때문에 현실의 발전을 지연시키고 과거의 이름으로 현실의 잠재적인 가능성을 거부한다.…

⑦ 이드와 초자아

이드는 이러한 상태의 기억의 흔적들을 현존하는 미래로 옮긴다. 이드는 과거를 미래로 투사한다. 그러나 역시 무의식적인 초자아는 완전한 만족이 아니라 현재의 형벌에 쓰디쓰게 적용하는 과거의 이름으로 미래에 대한 본능의 요구를 거절한다.… 현실원칙은 외부세계에 처한 유기체를 보존한다. (마르쿠제, 『에로스와 문명』, 50-55)

[평가] 단일 실체론과 다중 실체론

프로이트에 의하면, 이드(성욕)에서 자아(의식)이 나오고, 또 여기에서 현실을 접하면서 양심의 초자아가 나온다. 기독교에서는 이 셋이 각각의 실체로 존재한다. 특히 프로이트는 양심은 후천적으로 출현한다. 그러나 기독교에 의하면, 이 양심이 바로 영혼이다. 훗날 나이가 연로하여 노년에 이르면, 성욕은 쇠퇴해도 여전히 양심은 살아서 숨 쉰다.

나. 현실원칙 배후의 아난케(필연) 혹은 과잉억압

마르쿠제는 자본주의 제도에서 필요악인 '과잉억압'에 대해 말한다. 그는 "과잉억압은 사회적인 지배를 위해 필요한 억제"라고 말한다. 그러나 이것은 "문명에서 인류의 영속을 위하여 필요한 본능의 수정인 기본억압과는 구별 된다"고 말한다.

현실원칙의 어떠한 형태가 본능에 대한 억압적 조종을 요구하고, 특정한 역사적 제도와 지배의 특정한 이익은 억압적 조정 위에 부가적 조정을 다시 도입한다. 이와 같은 특정한 지배체계에 기인하는 부가적 조정을 우리는 바로 과잉억압이라고 하는 것이다. 이때 과잉억압은 인간이라는 동물에서 지혜로운 동물로의 발전을 나타내는 본능의 기본적(계통발생적)인 억제에 부가된다. 마르쿠제는 이 과잉억압을 일으키는 사회의 각존 제도에 논의하려 하는 것이다. 그러면서 공산주의를 추천한다.

① 현실원칙 배후의 기본사실 : 궁핍한 세계에서 자원의 희소성

현실원칙의 배후에는 아난케(필연) 혹은 희소성이라는 기본사실이 놓여 있다. 아난케란 일정한 제한과 포기와 지연이 없다면 인간의 요구를 충족시키기에는 지나치게 궁핍한 세계 안에서 생존경쟁이 일어난다는 것을 의미한다.

② 생존을 위한 쾌락의 정지

말을 바꾸면, 가능한 어떠한 만족도 욕구충족의 수단을 조달하기 위해서 노동, 즉 다소간 고통스러운 준비와 일을 필요로 한다는 것이다. 성숙한 개인의 전 존재를 실제적으로 점유하고 있는 노동시간에, 쾌락은 정지되고 고통이 우세하게 된다.

③ 기본 사실적 본능에 의해 통제를 당하는 쾌락

기본(사실)적 본능이 쾌락의 우세와 고통의 부재를 위하여 노력하기 때문에 쾌락원칙은 현실과 양립할 수 없고 본능들은 억압적 통제를 경험한다. …

④ 권력에 의해 합리화되어 부과되는 통제

그 대신에 희소성과, 희소성을 극복하려는 노력인 노동양식의 분배가 처음에는 단순한 폭력에 의해서, 다음에는 권력의 더욱 합리적인 이용에 의해서 개인에게 부과되었다. 그러나 합리화가 아무리 전체의 진보를 위해서 필요한 것이라 해도 그것은 지배의 합리화이다. …

⑤ 다양한 역사적 형태의 지배양식 : 시장경제냐, 계획경제냐

인간과 자연을 지배하는 각종의 지배양식은 현실원칙의 다양한 역사적 형태에 귀착된다. … 사회적인 생산이 개인의 소비를 위한 것이냐, 개인의 이윤을 위한 것이냐, 시장경제가 우세하냐, 계획경제가 우세하냐, 사유제냐 공유제냐에 따라서 억압은 그 범위와 정도를 달리 할 것이다. 현실원칙의 모든 형태는 본능들의 필요한 수정을 전달하고 강요하는 사회제도나 사회관계의 체계, 법과 가치의 체계로 구체화되기 때문에 이러한 차이는 현실원칙의 내용 자체에 영향을 가한다. 이러한 현실원칙의 실체는 문명의 상이한 단계마다 상이하게 나타난다. 현실원칙의 어떠한 형태가 본능에 대한 억압적 조종을 상당한 범위와 정도로 요구함과 동시에 특정한 역사적 제도와 지배의 특정한 이익은 문명된 인간의 공동생활에 피할 수 없는 억압적 조정 위에 부가적 조정을 다시 도입한다.

⑥ 특정한 지배체제에 기인하는 과잉억압

특정한 지배체계에 기인하는 부가적 조정을 우리는 바로 과잉억압이라고 하는 것이다. (마르쿠제, 『에로스와 문명』, 57-59)

[평가] 과잉억압이냐, 빈곤(기아)이냐?

마르쿠제는 에로스를 억압하는 현실원칙 배후에 과잉억압이 존재한다고 말한다. 그리고 그 과잉억압은 바로 공산주의 혹은 자본주의의 사회제도이다. 그리고 경제학을 깊이 있게 모르는 사람들이 얼핏보기에는 이 과잉억압이 자본주의 내에 존재하고, 공산주의는 이것을 해결한 제도라고 말한다. 나중에 발혀진 바로는 공산주의에는 이런 과잉억압이 존재하지 않는데, 아예 일거리 자체가 없어서였다. 대산 모든 국민이 가난에 빠져버렸다.

다. 현실원칙 아래서 성 본능의 수정 : 쾌락에서 생식본능으로

프로이트와 마르쿠제에 의하면, 역사의 전과정은 희소성(필자: 자원의 부족)에 강제된 본능의 억압이다. 쾌락원칙은 그것이 문명의 진보에 대항할 뿐 아니라. 성이 지배와 노고를 영구화하는 문명에 대항하기 때문에 제거되어 왔다. 이것은 지배자들의 이익을 위한 행위였다. 성의 본능은 생식을 위한 수단만으로 변모하는데, 쾌락원칙의 관점에서 보면 재생산(생식)은 단순한 부산물이다. 성의 일차적인 내용은 육체의 각 부분에서 쾌락을 획득하는 기능이다.(필자: 그들은 성적 쾌락을 최대의 쾌락이며, 이것을 회복하는 것이 행복으로 본다. 성기능이 모두 사라진 그들의 노년의 때가 궁금하다.)

① 지배계급의 이익이 현실원칙의 본능 조직에 과잉억압을 첨가
기록된 문명의 역사의 전 과정을 통해서 희소성에 강제된 본능의 억압은 희소성과 노동의 계급적 분배가 강제하는 억압에 의해서 강화되어 왔다. 지배계급의 이익이 현실원칙 아래서 본능의 조직에 과잉억압을 첨가한다.

② 문명에 의해 제거되는 쾌락의 원칙
쾌락원칙은 그것이 문명의 진보에 대항할 뿐 아니라. 지배와 노고를 영구화하는 문명에 대항하기 때문에 제거된다. 성(性)에 대한 문명의 태도를 그 자신의 이익을 위하여 다른 사람들을 지배하고 착취하는 종족이나 계급의 태도와 비교하면서 프로이트는 이러한 사실을 알고 있었던 것 같다. 지배자들 사이에 일어나는 반항에 대한 공포가 더 강한 규칙을 제정하는 동기가 된다.

③ 현실원칙 아래에서 본능의 수정
현실원칙 아래서의 본능의 수정은 죽음의 본능뿐 아니라 삶의 본능에도 영향을 미친다. 그러나 죽음의 본능의 발달은 삶의 본능의 발달, 즉 성욕의 억압적 조직에 비추어서만 완전히 이해된다. 성의 본능은 현실원칙과 정면에서 맞선다. 성본능의 조직은 성본능의 일부를 성기의 지배 아

래 생식의 기능에 예속시키는 데서 절정에 이른다. 그 과정은 리비도를
그 자신의 육체로부터(1차 자기애) 이성(異姓)의 소외된 대상(2차 자기
애)으로 전환하는 것을 의미한다. 국소적 본능과 비생산적인 성행위의
충족은 그것의 독립성 여하에 따라 도착(倒錯)으로 금기되고 승화되거
나, 생식적인 성욕에 종속되는 것으로 변형된다.

④ 생식적 성욕

생식적 성욕은 대개의 문명에서 일부일처의 제도로 통한다. 이러한 조직
은 성욕을 질적·양적으로 억제한다. 국소적 본능이 통일되어 생식적 기
능에 예속되면 성욕의 본질 자체가 변경된다. 유기체 전체를 지배하는
자율적인 원칙으로부터 성욕은 특수화되고 일시적인 기능, 목적을 위한
수단으로 전환한다.

⑤ 성의 일차적인 내용 : 쾌락의 획득

조직되지 않은 성본능을 지배하는 쾌락원칙의 관점에서 보면 재생산(생
식)은 단순한 부산물이다. 성의 일차적인 내용은 육체의 각 부분에서 쾌
락을 획득하는 기능이다.

⑥ 재생산(생식)의 방향으로 이전

이러한 기능은 그 다음에 재생산(생식)에 도움이 되는 방향으로 이전한
다.

⑦ 문명과 성욕의 갈등

프로이트는 그러한 기능에 봉사하도록 조직되지 않는다면 성숙한 이성
애적 성기의 단계에서도 성욕은 성적이 아닌 모든 것, 따라서 모든 문
명된 사회관계를 배제하게 될 것이라고 되풀이하여 강조했다. "문명과
성욕의 갈등은 성적인 두 사람 사이의 관계이며, 그 안에서 제3자는 쓸
데없거나 방해가 되지만 문명은 많은 사람들의 집단관계에 기초한다는
상황에 기인한다. 사랑의 관계가 절정에 이를 때 주위의 세계에 대한
관심을 용납할 여지는 전혀 없다. 사랑하는 두 사람은 그들 자신으로
충분하고 그들을 행복하게 하기 위하여 공동으로 소유하는 어린애를 원
하지 조차 않는다."(마르쿠제, 『에로스와 문명』, 61-63)

[평가] 프로이트·마르쿠제의 행복의 척도로서의 성

프로이트와 마르쿠제는 모든 판단 기준에 일단 성욕을 놓는다. 그들에게 쾌락은 성욕이 가장 절대적이다. 그 어떤 것도 성적 쾌락보다 앞서지 못한다. 그런데, 기독교의 『아가서』에서는 "신과의 영적인 만남(입맞춤)이 포도주(성욕)보다 낫다"고 말한다. 그리고 실제로 그리스도인들은 기도의 시간에 신과의 만남 속에서 가장 극대화된 쾌락을 느낀다. 이 쾌락은 성욕을 아주 시시한 것으로 간주한다.

사도 바울은 이렇게 성욕을 무분별하게 사용하면, 이제는 그 성욕으로 인해 만족을 느낄 수가 없어서 각종 도착증으로 발전하고, 심지어는 동성애를 하며, 나중에는 짐승과도 성행위를 한다고 말한다. 그리고 이러한 성적인 쾌락은 노년의 때가 되면 아주 그 기능을 상실해 버린다. 그리고 성경에서는 "그 나라(영적 세계)에서는 시집가고 장가가는 일도 없다"고 말한다.

5. 문명을 향해 도전하는 에로스 : 문명의 발전의 원리

가. 에로스의 더 큰 통일체를 향한 본질

마르쿠제와 프로이트는 성욕이 폭발적인 힘이라면, 이 성욕이 오히려 유기적 실체를 더 큰 통일체로 결합시킬 수 있지 않겠느냐고 말한다. 즉 사람들을 서로 결합시키는 노력으로서 에로스를 정의하는 것이 가능할 것인가를 묻고 있는 것이다. 프로이트는 에로스 안에는 승화된 성욕의 양상이 있는 것처럼 말한다. 그런데, 이것은 두 사람의 사랑으로 그 목적을 달성한 경우에는 에로스는 더 이상 그 방향으로 나아가지 않는다고 말한다. 그러나, 에로스의 더 큰 통일체를 향한 충동은 에로스 자신의 생물학적이고 유기적인 본질에 속한다고 말한다.

① 쾌락적 성적본능의 위험성

성적본능과 자기보존 본능을 구별하여 논의하면서, 프로이트는 성욕의 치명적인 내용을 지적하였다. "개인의 활동들과 같이 성욕의 기능수행이 언제나 개인에게 이익을 가져오지 않는다는 것은 분명하다. 예외적으로 높은 정도의 쾌락을 위하여, 그 자신의 목숨을 위태롭게 하고, 흔히 목숨을 잃게 되는 경우가 있다는 사실은 부정할 수 없다."

② 문명의 폭발적인 힘으로서의 성욕

그러나 성욕이 문명과의 관계에서 폭발적인 힘이라면, 성욕의 이러한 해석이 유기적 실체를 더 큰 통일체로 결합시키고, 통일체를 확립하고 유지하며, 한 마디로 그들을 서로 결합시키는 노력으로서 에로스를 정의하는 것을 정당화할 수 있을 것인가? 어떻게 해서 성욕이 완전을 향한 본능의 가능한 대치물이 되며, 세계안의 모든 것을 결합하는 힘이 될 수 있을까? 어떻게 해서 성욕의 비사회적인 성격이란 개념과 사랑의 관계(혹은 더 중립적인 표현을 사용하면 정서적 결속)가 집단 심리의 본질을 구성한다는 가정이 일치할 수 있을까?

③ 성욕 내에 존재하는 파괴적인 힘

파괴적인 내용을 성욕의 초기개념에 귀속시키고, 건설적인 것을 에로스에 귀속시키는 것으로는 모순을 해결할 수 없다. 왜냐하면 에로스는 두 가지를 다 포함하고 있기 때문이다. 『문명과 불만』의 위에 인용한 구절에 곧바로 계속해서 프로이트는 두 개의 양상을 결합하고 있다. "어떠한 경우에도 에로스는 그의 존재의 핵심을 배반하지 않는다. 다양한 것을 사용해서 하나를 이룩하려는 그의 목적을 배반하지 않는 것이다. 그러나 두 인간의 사랑을 통하여 널리 알려진 방법으로 목적을 달성한 경우에는, 에로스는 더 이상 나아가기를 원하지 않는다." 그 모순은 또한 에로스의 건설적이고 문화적인 힘을 승화된 성욕의 양상 안에 자리잡는 것으로도 제거되지 않는다.

④ 더 큰 통일체를 향한 충동으로서의 에로스

프로이트에 의하면, 더 큰 통일체를 향한 충동은 에로스 자신의 생물학적이고 유기적인 본질에 속한다. (마르쿠제, 『에로스와 문명』, 63-64)

[평가] 무엇이 문명의 발전을 이루는가? 성욕인가, 정신인가?

지금까지 인류의 사상사에서 인류의 문명의 발전을 이룬 것은 이성의 힘, 곧 영혼의 힘이었다. 이 영혼의 힘의 저변에는 양심이 존재한다. 즉 초자아가 인류문명의 발전을 이룬 것이다. 특히 과학의 발견을 분석한 근세철학자들에 의하면, 우리의 정신에는 "수학을 이해하는 지식"이 선재적으로 자리 잡고 있어서, 과학이 어떻게 정신에서 출현하였는 지를 칸트가 그의 『순수이성비판』에서 논증을 하였다. 인간의 정신에는 과학을 이해하는 능력이 선험적으로 자리 잡고 있었다. 그리고 그의 『실천이성비판』에서는 이 보다 더 높은 차원에서 '양심'을 말하였다. 이 '양심'은 신의 소리로서의 도덕법칙을 우리 안에서 산출해 낸다.

그런데, 프로이트에 의하면, 성욕이 역사의 발전을 이룬다. 아마도 인간 안에 존재하는 에너지와 열정을 말하는 것일 것이다. 그 열정이 작동을 할 때, 비로소 정신 속에 있는 천재성이 발휘된다. 그런데, 이 정신 속에 있는 천재성은 신적인 능력을 가지고 있다. 칸트는 그것을 발견한 것이다. 그래서 칸트는 우리 안에 있는 수학적 능력은 자연을 보고 그 이면의 법칙 곧 과학을 이해하는 능력이라고 하였다. 그래서 인간의 정신(순수이성)을 "자연법칙의 산출자"라고 까지 말하였다. 우리 안에 있는 리비도의 열정이 그 필요성을 촉발시켰을 수 있으나, 그 과학적 발견은 정신에 의한 것이었다. 이 정신의 본질이 양심이고, 프로이트의 초자아이다. 이 정신은 탄생시부터 존재한다. 프로이트는 이 초자아를 육체에서 파생되어 나온 것이라고 말하였다. 이것은 어린 아이에게는 정신이 없다고 말하는 것이나 다름이 없다.

나. 문명에 도전하는 에로스의 통합하는 힘

프로이트와 마르쿠제에 의하면, 에로스의 통합하고 충족시키는 힘이라는 개념이 성욕과 문명의 생물학적 갈등의 개념에 대항해서 도전한다. 프로이트는 개인들이 쌍을 이루는 결혼제도가 노동에 대한 필요성에 의해서 문화가 만들어낸 제도라고 말한다. 그러나 그는 그러한 바람직한 상태는 있을 수 없고, 있었던 적이 없으며, 문화는 리비도의 목적을 강압하고 있는데,

이것은 불가피하다고 하였다. 문화는 항상 본능인 성적 생활을 억제를 하는데, 그 갈등을 해결하지는 못한다. 그러나 그 갈등이 폭발하는 그 문화의 변증법은 아직 탐구되지는 않았지만 살아있다. 에로스에 대한 영구적인 억압은 도리어 그 파괴적인 힘을 강화하고 해방한다.

① 성욕의 모순되는 두 양상

해석의 이 단계에서, 우리는 성욕의 모순되는 두 양상을 화해시키려고 하기보다는 그것들이 프로이트 이론의 화해할 수 없는 내적 긴장을 반영한다고 생각하는 것이 좋을 듯하다. 쾌락원칙과 현실원칙, 성욕과 문명의 피할 수 없는 생물학적 갈등의 개념에 대항해서 병든 문명에 속박되고 마멸된 에로스의 통합하고 충족시키는 힘이라는 개념이 도전한다. 이러한 관념은 자유로운 에로스가 지속적이고 사회적인 문명의 여러 관계를 배제하는 것이 아니라 오직 쾌락원칙을 부정하는 원칙 아래 있는 사회관계의 과잉억압적 조직을 배제할 뿐이라는 사실을 의미한다.

② 성욕과 융합된 공격본능

프로이트는 본능적으로 서로 만족하고, 노동과 공통의 관심에 의해서 모든 타인들과 결속된 개인의 쌍들로 구성되는 문명의 이미지를 스스로 허용했다. 그러나 그는 그러한 바람직한 상태는 있을 수 없고, 있었던 적이 없으며, 문화는 목적을 금지당한 리비도에게 과중한 세금을 강요하고, 성적인 생활에 강한 억압을 강제하는 것이 불가피하다고 부언하였다. 그는 성욕과 융합된 공격본능 안에서 문화가 가지고 있는 성욕에 대한 적대감의 근거를 찾아냈다.

③ 문화를 파괴하는 성적생활에 대한 억제

본능은 항상 문화를 파괴하려고 위협한다. 문화는 본능에 반대하여 가능한 모든 원군을 동원하지 않을 수 없다. 그래서 인류를 동일시와 목적을 제한당한 사람의 관계로 몰아대는 방법의 체계가 있고, 성적 생활에 대한 억제가 나타난다.

④ 파괴적인 변증법

그러나 프로이트는 다시 이러한 억압적 체계가 실제로 갈등을 해결하지 못한다는 사실을 밝혀준다. 문명은 파괴적인 변증법으로 침잠한다. 에로스에 대한 영구적인 억압은 삶의 본능을 약화시키고, 그들이 소집된 데에 항거하는 힘인 파괴본능을 강화하고 해방한다. 아직 탐구되지 않고, 아직도 금기로 되어 있는 프로이트의 메타심리학의 핵심을 구성하는 이러한 변증법은 후에 논의될 것이다. (마르쿠제, 『에로스와 문명』, 64-66)

[평가] 파괴본능(타나토스)의 힘은 무엇인가?

프로이트는 성욕(에로스) 안에 융합된 파괴본능(타나토스)이 폭발적인 문명의 발전을 이룬다고 말한다. 프로이트의 이야기에 의하면, 에로스(성욕) 안에는 타나토스(파괴본능)이 존재한다. 이때 성욕을 억제하면, 그 안에 내재한 타나토스의 파괴본능이 폭발적인 에너지로 분출한다. 그래서 그것이 문명의 발전을 이룬다는 것이다.

성욕을 억제하는 방법은 두 가지이다. 하나는 정신적인 힘을 통해 절제를 하는 것이며, 또 하나는 외부적인 현실원칙(예:인생의 질고)에 따라 정신이 긴장을 하여 스스로 정욕이 억제되는 경우이다. 우리는 이 둘 다의 경우에 생활 속에서 정욕을 억제할 수 있다. 그리고 그 때 비로소 현실에 충실하여 학생은 공부를 하고, 사회인은 사회생활을 해낸다. 이렇게 절제 혹은 현실원칙에 성욕을 억제하여 현실에 충실한 삶으로 돌아와 본연의 일에 충실한 것을 "에로스가 억제될 때, 에로스 안에서 타나토스가 출현한 것이다"고 표현을 한 것이다.

기독교에서는 성욕의 상태를 정욕에 빠진 죄의 상태라고 말한다. 그래서 하나님께서는 사람들에게 어려움을 주어 그 어려움을 해결하기 위해 몰두하게 함을 통해 인생들의 생활을 정결하게 만든다. 실제로 많은 사람들이 현실고를 가지고 있을 때, 자신의 삶에 충실하고, 거룩한 삶을 유지한다. 이때 그 사람 안의 정신적인 능력이 삶 속에 반영된다. 그런데, 이러한 현실고가 없으면, 정욕과 향락에 빠진 타락한 삶을 살아간다. 한편, 진정한 그리스도인은 이러한 인생의 어려움뿐만 아니라, 그 어려움이 극복된 후에도 스스로 절제(영의 소욕)를 해낸다. 그러나 일반인들은 이 현실원칙이 지배하는 어려움의 때가 지나가면, 여지없이 정욕(육의 소욕)과 타락의 길로 들어선다. 그러면 그의 정신은 모든 창의적인 활동을 멈춘다. 프로이트는 여기에서 기독교인이 말하는 타락을 에로스라고 표현하였으며, 절제된 거룩한 삶을 타나토스가 지배하는 삶이라고 말하였다.

다. 지나친 현실원칙의 과잉억압 : 수행원칙에서 나타나는 노동의 소외

마르쿠제는 문명의 기원과 성장을 지배하는 특정한 현실원칙을 수행원칙이라고 부른다. 이것은 현실원칙으로서 성에 대한 역사적 억압양식이 된다. 이것은 사회를 확대재생산하며, 문화가 발전할수록 끊임없이 강화되고 합리화되어 발전한다. 그런데 이것은 지배자의 이익과 전체의 이익이 일치되어 있다. 그래서 결국 이것은 노동의 소외를 발생시킨다. 산업화될수록 민중은 그들 자신의 욕구와 능력을 충족시키지 못하고 소외 속에서 작업을 한다. 일은 이제 일반화되고 리비도 위에 가해진 억제도 일반화된다.

① 수행원칙으로서의 현실원칙

과잉억압이란 용어를 도입하면서 우리는 우리의 논의를 현실원칙의 사회적 실체를 구성하는 제도와 관계에 초점을 모았다. 이것들은 동일한 현실원칙의 외적 표명의 변화를 의미하는 것이 아니고, 현실원칙 자체의 실제적인 변화를 지시하는 것이다. 결국, 현재의 문명에 내재하는 일반적인 억압의 범위와 한계를 밝히려고 시도할 때 우리는 이 문명의 기원과 성장을 지배하는 특정한 현실원칙에 의해서 그것을 기술하여야 한다. 이 법칙 아래서 구성원이 수행하는 경제적 경쟁에 따라서 사회가 계급으로 분화되어 있다는 사실을 강조하기 위하여 우리는 이것을 수행원칙이라고 부른다. 수행원칙은 단지 역사적인 현실원칙만은 아니다. 사회조직의 다른 양식들이 원시적인 문화에 일반적일 뿐 아니라 현대에도 살아 있다.

② 수행원칙 지배의 합리화

취득을 목적으로 하는 적대적인 사회의 끊임없는 팽창과정에 있는 수행원칙은 지배가 점점 더 합리화되는 긴 발전기간을 전제한다. 사회적인 노동의 조정은 이제 개량되어 가는 조건 아래서 사회를 확대재생산한다. 상당한 정도까지 지배자의 이익과 전체의 이익이 일치되고 있다. 생산도구의 적절한 유용화가 개인들의 욕구와 능력을 충족하게 하고 있다. 인구의 대다수에게 만족의 범위와 양식이 그들 자신의 노동에 의해서 결정된다. 그러나 개인의 노동은 만일 살기를 원한다면 반드시 거기에 복종해야 하는, 개인이 조정할 수 없는, 독립된 힘으로 조작되는 장치를 위한 작업이다. 그리고 노동의 구분이 더욱 특수하게 되면 될수록 산업체계의 장치는 더욱 생소하게 된다.

③ 노동의 소외 속에 빠진 인간

인간은 그들 자신의 삶을 살지 않고 미리 확정된 기능을 수행한다. 일하는 동안에 그들은 그들 자신의 욕구와 능력을 충족시키지 못하고 소외 속에서 작업한다. 일은 이제 일반화되고 리비도 위에 가해진 억제도 일반화된다. 개인의 생활시간의 대부분을 차지하고 있는 노동시간은 고통스러운 시간이다. 왜냐하면 소외된 노동이란 만족의 부재이며, 쾌락원칙의 부정이기 때문이다.

④ 리비도의 끝없는 속박

리비도는 그 자신의 능력과 욕망과는 대부분 일치하지 않는 활동에 속박되어, 산업의 장치를 위하여 일하는 한에서만, 개인이 자신을 위하여 작업할 수 있는, 사회적으로 유용한 수행으로 전환한다. (마르쿠제, 『에로스와 문명』, 66)

현실원칙이 성욕을 억제하여서 그로 하여금 현실원칙에 충실하게 하여 인류 문명의 발전을 가져왔다. 그런데, 이제 그것이 지나쳐서 과잉억압이 되고, 인생들의 개인 생활시간 대부분을 노동시간으로 채우는 것은 고통스러운 시간이 된다. 그리고 이때 리비도는 끝없는 속박을 받는다.

6. 억압된 문명의 기원 : 프로이트의 원죄이론

가. 억압의 기원에 관한 탐구 : 이드와 슈퍼에고

마르쿠제는 프로이트의 오이디푸스 콤플렉스[14]를 고스란히 인류의 원죄로 받아들인다. 인간의 본성은 성욕이며, 이 성욕이 오이디컴플렉스를 겪으면서 초자아가 탄생하였고, 성욕을 억압하는 조직은 아버지에 대한 두려움으로 인해, 이미 성기가 발달하기 전부터 발생한다. 아이가 자궁에서 태어날 때, 그 자궁으로 돌아가고자 하는 본능이 죽음본능인데, 에로스 안에 있는 죽음본능은 이 열반으로 돌아가고자 하는 본능이다. 프로이트는 이러한 것이 우리 인간의 원죄로서 이미 가지고 태어난다는 것이다. 이것이 인간의 종에 대한 설명이라는 것이다.

① 억압의 기원에 대한 탐구 : 오이디푸스 콤플렉스

억압의 기원에 관한 탐구는 유년기 초기에 일어나는 본능에 대한 억압의 기원으로 돌아간다. 초자아는 오이디푸스 복합심리의 유산이며, 성욕을 억압하는 조직은 주로 성기전기(性器前期)와 도착(倒着)의 표명에 반대하는 방향으로 전개된다.

② 외상(外傷)을 통해 나타나는 죽음의 본능

더욱이 출산의 외상(外傷)은 죽음의 본능, 곧 자궁의 열반으로 돌아가려는 충동의 첫 표현을 풀어 놓으며, 이러한 충동은 계속적인 조절을 필요로 한다.

③ 유년기의 오이디푸스 콤플렉스의 연장

성숙한 개인의 행동은 유년기의 경험과 반응의 반복형 이상이 되기 어

---

14) 오이디푸스 콤플렉스(Oedipus Complex)는 프로이트의 정신분석학에서 핵심적인 개념이다. 이름은 그리스 신화의 비극적 인물 오이디푸스(자신도 모르게 아버지를 죽이고 어머니와 결혼한 인물)에서 따왔다.
아동이 성장 과정에서 부모와 맺는 무의식적 욕망과 갈등을 설명하는 개념이다. 특히 남아의 경우, 어머니에 대한 성적 애착과 동시에 아버지를 경쟁자로 인식하면서 양가감정(사랑과 증오)을 느낀다고 본다. 결국 아동은 아버지의 권위와 처벌(거세 불안)에 직면해 이 욕망을 포기하고, 대신 아버지와 동일시함으로써 초자아(superego)를 형성한다고 설명했다.

렵다. 현실원칙이 자기의 활동을 철저하고 엄격하게 완수하는 것은 유년기이기 때문이다. 그러나 현실과의 접촉에서 외상이 되는 유년의 경험은 전(前) 개인적인 것이며 종(種)적인 것이다. 개인에 따라 약간의 차이는 있지만, 유아가 오래 의존하는 오이디푸스 상황이나 성기전기의 성욕 등은 모두 유적(類的) 인간에 속한다. 더욱이, 신경증적 개성의 초자아가 지닌 비합리적인 엄격함, 무의식적 죄책감, 처벌에 관한 무의식적 요구 등은 개인의 실제적인 범죄충동에 비추어 전혀 균형을 잃고 있다. 성숙기에 나타나는 죄의식의 영구화와 강화, 성욕의 과도한 억압적 조직 등은 개인의 충동이 지닌 위험성에 의해서 적절하게 설명되지 않는다. 또 초기 외상(外傷)에 대한 개인적인 반응도 개인 자신이 무엇을 경험했는가에 의해서는 적절하게 설명되지 않는다.…

④ 평생을 지배하는 오이디푸스 콤플렉스

문명은 아직도 그 고대적 유산에 의하여 결정되며, 프로이트에 의하면 이 유산은 소질뿐 아니라 관념이 내용을 포함한다. 기억은 전(前) 세대의 경험을 추적한다고 프로이트는 주장한다. 개인의 심리학은 이렇게 해서 개인자신이 아직도 종족과의 고대적 동일성 속에 있는 한 그 자체로서 집단의 심리학이 된다. 고대의 유산은 개인 심리학과 집단 심리학의 틈을 연결한다.(마르쿠제, 『에로스와 문명』, 79-81)

[평가] 프로이트의 오이디푸스 콤플렉스

기독교에서는 인간의 영혼 곧 정신은 탄생시부터 그 개별자 안에 존재한다. 그리고 그것의 기능은 양심이 대표적이다. 그런데, 프로이트에 의하면 인간에게 이 초자아로서의 양심은 어린 아이 때 부모에 대한 양가감정에서 생겨난다. 남아의 경우, 어머니에 대한 성적 애착과 동시에 아버지를 경쟁자로 인식하면서 양가감정(사랑과 증오)을 느낀다. 결국 아동은 아버지의 권위와 처벌(거세 불안)에 직면해 이 욕망을 포기하고, 대신 아버지와 동일시함으로써 초자아(superego)를 형성한다고 설명했다. 초자아 곧 양심과 관련한 이론은 기독교와 프로이트의 이론 중 둘중 하나는 거짓으로 지어낸 이야기이다.

프로이트는 모든 인간의 본질은 성욕으로 보았다. 오직 성욕을 기준으로만 모든 것을 판단한다. 그래서 나중에는 이 성욕을 자유롭게 해야 한다고 말한다. 그렇지 않으면 신경증에 걸린다.

그러나 기독교는 성욕은 절제를 받아야 하는 죄이다. 그 죄를 자유롭게 하면 죄에 빠지며, 양심이 어두워지고, 그 죄는 더욱 자라게 된다. 그래서 나중에는 정상적인 성에서는 쾌락을 느끼지도 못하고 나중에는 도착증에 빠지게 된다.

나. 프로이트의 원죄이론 : 오이디푸스 콤플렉스

마르쿠제와 프로이트는 오이디푸스 콤플렉스를 통하여 모세의 유일신교를 해설한다. 프로이트는 『모세와 유일신론』에서 다음의 내용을 말하였으며, 마르쿠제는 이것을 해설한다.(아래의 인용구절은 『모세와 유일신교』의 내용이다.) 프로이트는 종교의 본질을 이렇게 설명하는 것이다.

① 지배에 의해 조직된 인간의 첫 번째 집단

프로이트의 이론구성에서 인간의 첫 번째 집단은 모든 사람 위에 있는 개인의 강한 지배에 의하여 확립되고 유지된다. 유적(類的) 인간의 삶은 일정한 시기에 이르면 지배에 의하여 조직된다.

② 지배자로서의 아버지

다른 사람을 지배하는 데 성공한 사람은 아버지이다. ― 아버지는 바라는 여자들을 소유하고 아들과 딸들을 생산하고 생존시키는 사람이다.

③ 여자(최고의 쾌락)에 대한 독점

아버지는 스스로 여자(최고의 쾌락)를 독점하고 원시유목부족의 다른 구성원을 자기의 권력에 예속시킨다. 다른 구성원들을 우세한 쾌락에서 제외하는 데 성공하였기 때문에 그는 지배를 확립하는 데 성공한 것이다.

④ 아버지의 거세위협

어떠한 경우에도 집단전체에 대해서 쾌락의 독점은 고통의 불균등한 분배를 의미한다. "자식들의 운명은 고달픈 것이다. 만일 그들이 아버지의 질투심을 자극한다면, 그들은 죽게 되거나 거세되거나 쫓겨나게 된다. 그들은 조그만 공동체에서 살고, 아내를 다른 사람들에게서 훔쳐오지 않으면 안 되었다." 원시유목부족에서는 수행되어야 할 일이 모두 아들에게 맡겨진다.

⑤ 아버지에 의해 부과된 쾌락욕구에 대한 억제

아들들은 아버지를 위하여 남겨진 쾌락에서 제외됨으로써 이제 불유쾌하지만 필요한 활동으로 본능적인 정력을 이동시키기 때문에 자유롭게 된다. 본능적 욕구의 만족에 대한 억제는 아버지에 의하여 부과된다. 쾌락의 억압은 지배의 결과일 뿐 아니라 계속적인 지배의 기능을 위한 필수조건을 창조한다.

⑥ 오이디푸스 콤플렉스를 말하는 고대의 창조신화

원시유목부족의 재생산 질서는 원시적 가부장을 재생시킨다. "원시부족에서 아들 중의 누군가가 아버지와 흡사한 지위를 획득하는 데 성공할 것이다. 자연스러운 방법으로 하나의 특혜적인 지위가 나타난다. 어머니의 사랑에 보호되고 아버지의 많아지는 나이로 유리하게 되어 아버지의 죽음에 이어 그를 대신하는 것은 막내아들이다." 원시의 가부장적 전제는 이렇게 해서 효과적인 질서가 된다.… 프로이트의 이론에서 이러한 증오는 추방된 아들들이 반란을 일으켜 가부장을 집단적으로 살해하고 가부장의 살을 먹어 치우고 형제씨족을 확립하는 데서 절정에 이른다. 그리고 다음에는 살해된 아버지를 신격화하고, 프로이트에 의하면 사회도덕을 생성하는 금기와 억제를 이끌어 들인다.…

⑦ 죄의식이 포함된 문명

결국 엄격한 의미에서 문명은 형제씨족으로부터 시작된다. 지배하는 형제들이 스스로 자기에게 부과한 터부가 집단 전체의 유지라는 공동이익을 내세워 억압을 완성하는 것이다. 원시유목부족과 형제씨족을 구분하는 결정적인 임리학적 사건은 죄의식의 발전이다. 원시유목부족을 넘어서 진보한다는 것 – 즉 문명은 죄의식을 가정한다.…

아버지에 대한 반항은 생물학적으로 정당하게 된 권위에 대한 반항이다. 아버지의 암살은 집단의 생활을 보존해 온 질서를 파괴한다. … 아들들은 아버지와 똑같은 것을 원한다. 아들들은 그들의 욕구가 지속적으로 만족될 것을 바란다. 아들들은 그들의 욕구가 지속적으로 만족될 것을 바란다. 아들들은 쾌락을 조절하고 집단을 보존하는 지배의 질서를 새로운 형태로 반복함으로써 이러한 목적을 달성한다. 아버지는 만일 그들이 계속해서 죄를 지으면 후회할 수 있도록 경배하는 신으로 소생한다. 한편 새로운 아버지들은 집단에 대한 그들의 조직과 그들의 지배를 유지하는 데 필요한 쾌락의 억압을 보증한다. (마르쿠제, 『에로스와 문명』, 85-90)

다. 문명과 죄의식의 관계

프로이트는 죄의식이 문명의 발전에 결정적인 역할을 한다고 보았다. 그는 문명이 진보할 때에 죄의식은 더욱 강화되고 항상 증대한다는 것을 반복해서 강조한다. 프로이트는 이것을 그의 『문명과 불만』에서 말하고 있는데, 마르쿠제는 그 내용을 다음과 같이 말한다.

① 문명의 진보와 높아지는 죄의식
프로이트는 죄의식이 문명의 발전에 결정적인 역할을 한다고 보았다. 그는 진보와 점증하는 죄의식 사이의 상관성을 확립하였다. 그는 문명의 진보에서 가장 중요한 문제로 죄의식을 제시하고, 문명에서 진보의 대가는 죄의식이 높아져서 행복이 상실됨으로서 치러졌다는 견해를 표명했다. 프로이트는 문명이 진보할 때에 죄의식은 더욱 강화되고 항상 증대한다는 것을 반복해서 강조한다.
② 프로이트의 제시하는 증거
프로이트가 인증하는 증거는 두 가지이다. 첫째로 그는 그것을 본능의 이론에서 분석적으로 도출하고, 둘째로 그는 현존문명의 커다란 병과 불만에 의해서 이론적 분석의 확증을 찾아내었다. 증대되는 전쟁의 주기,

도처에서 일어나는 학살, 유대인 배격주의, 민족근절의 책동, 맹목적 신앙, 망상의 강화, 증대하는 부와 지식 속의 고통과 비참함 등이 바로 문명의 불만이다.

③ 죄의식의 기원 : 오이디푸스 콤플렉스

우리는 죄의식의 전사(前史)를 간단하게 검토하였다. 죄의식은 그 근원을 오이디푸스 복합심리에 두고 있고, 형제들의 연합에 의해서 아버지가 살해되었을 때 생겨난다. 아들들은 그들의 공격본능을 충족했다.

④ 초자아를 출현시킨 죄의식

그러나 그들이 아버지에 대하여 품었던 사랑은 죄책을 일으켜, 동일시에 의하여 초자아를 창조하고, 살해행위의 반복을 저지할 제한을 창조했다. 그때 이후로 인간은 살해행위를 억제하고 있다. 그러나 세대마다 아버지와 그의 후계자에 대한 공격충동은 되살아나기 때문에 세대마다 공격은 새롭게 억제되어야 한다. "모든 자제는 양심의 역동적인 원천이 된다. 모든 새로운 만족의 포기는 그 엄격성과 인내성을 증대한다.… 우리가 만족하기를 포기한 모든 공격충동은 초자아에 계승되고, (자아에 대한) 초자아의 공격성을 강화한다. (프로이트, 『문명과 불만』)"(마르쿠제, 『에로스와 문명』, 105-106)

프로이트는 문명의 발전에는 성욕으로 인한 부모살해의 죄의식이 있다고 하며, 이로 인해 죄의식도 생겨났다고 말한다. 프로이트는 고대신화와 자신의 성욕의 본능이론을 이렇게 해석하였다. 그리고 고대의 창조신화를 보면, 크로노스는 자신의 아버지 우라노스를 거세하고 권좌를 찬탈한다.

7. 문명의 변증법 : 쾌락원칙-현실원칙-열반원칙

가. "프로이트의 문명의 변증법" 개략

프로이트의 "쾌락 원칙, 현실 원칙, 열반 원칙"은 단순히 병렬적인 세 가지 법칙이 아니라, 서로 긴장과 대립, 종합을 이루는 변증법적 구조로 파악할 수 있다. 마치 "정(正)-반(反)-합(合)"의 운동처럼 정리할 수 있다. 이에 대해 일반화된 정리(챗GPT)는 다음과 같다.

① 성(正): 쾌락의 원칙(즉각적 만족, Id)
출발점은 쾌락의 원칙이다. 인간 정신은 본래적으로 "긴장을 줄이고 즉 각적인 만족을 추구"한다. 이는 생명 유지와 본능 충족의 가장 원초적 원리이자, 정신 작동의 기본 법칙이다.

② 반(反): 현실의 원칙(타협·지연, Ego)
그러나 현실 세계에는 제약이 존재한다. 사회 규범, 외부 현실의 조건 때문에 "즉각적인 만족"은 불가능한 경우가 많다. 따라서 현실의 원칙은 쾌락 원칙을 수정·지연시키며, 본능적 충동을 "현실과 타협"하도록 만든 다. 여기서 긴장은 단순히 해소되지 않고, 지연·변형된 방식으로 다루 어지게 된다.

③ 합(合): 열반의 원칙(궁극적 소거, Thanatos, Super-ego)
그런데 긴장의 단순한 지연(현실 원칙)이나 부분적 해소(쾌락 원칙)만으로는 충분하지 않다. 정신 깊은 곳에서는 더 근원적인 경향, 즉 긴장의 완전한 소거를 향한 충동이 작동한다. 이것이 열반의 원칙이며, 프로이 트가 말한 "죽음 본능"과 연결된다. 따라서 열반의 원칙은 쾌락 원칙의 단순한 확장이 아니라, 그것을 넘어서는 "궁극적 소멸 경향"으로 나타난 다.(챗GPT, 쾌락 원칙, 현실 원칙, 열반 원칙의 관계, 2025.9.5.)

[해설과 평가] '열반의 원칙' 출현근거
프로이트에 의하면, 인간이 '원초적 본능'으로서의 '성욕', 곧 쾌락의 원칙에 따라 유아기를 지내다가, 사회에 적응을 하면서 쾌락의 원칙을 절제해야 한다는 '의식'의 소리를 듣고 현실의 원칙에 순응하여 사회인으로서 살게 된다. 그러다 노년의 때에 죽음을 인식하며 '양심'의 소리를 듣고, 세상의 것들을 포기하면서 '평정' 가운데 들어간다. 프로이트는 우리 안에 있는 본능의 변화를 이렇게 표현한 것이다. 우리는 이 내용을 분석할 필요가 있다.

① 세 실체인가, 한 실체인가?

우리는 여기에서 이드가 변하여서 '이드(본능)'에서 '에고(의식)'로, '에고'에서 '슈퍼에고(양심)'로 진화하는 것인지를 먼저 살펴보아야 한다. 그런데, 이 셋은 항상 처음부터 중첩하여 나타난다. 그러면서 서로 충돌을 하기도 한다. 즉 사회생활을 하면서도 항상 정욕에 시달리기도 하는 것이다. 이것을 보았을 때, 우리 안에 '성욕'의 한 본질이 존재하는 것이 아니라, 우리 안에는 세 본질이 존재한다. 사실 이것은 프로이트 자신의 논리에서도 증명된다.[15]

② 세 실체라면, 그 출현 순서는 어떠한가?

과연 처음에는 성욕만 존재하고, 의식이나 양심은 어린 아이에게 존재하지 않았는가? 의식이나 양심은 나중에 생겨난 것인가? 예컨대, 양심은 정신에서 나오는 것인데, 어린아이의 정신은 나중에 생겨난 것인가? 그렇지 않다. 아직 깨어나지 못했을 뿐이다. 어린 아이에게도 '정신'과 '의식'(생각)이 존재한다. 그래서 아이 때의 일을 우리는 기억할 수도 있다. 이 셋은 동시에 존재하였다.

③ 열반원칙은 양심의 승리인가, 아니면 성욕이 변한 것인가?

열반원칙의 특성은 성욕을 제어하는 것을 그 특성으로 하고 있다. 만일 열반원칙이 성욕이 자연스럽게 변하는 것이라면, 노인에게는 성욕이 있어서는 안 된다. 그런데, 병동에서 봉사하는 이들의 이야기를 들어보면, 노인이 되어도 여전히 성적인 것을 추구한다. 이 열반원칙은 양심을 추구하며, 절제를 삶의 이정표로 삼고 살아온 사람들에게 주어지는 것이지, 에로스가 자연스럽게 변하여서 타나토스가 되는 것이 아니다. 즉 양심이 성욕을 이길 때 주어지는 것이다. 성욕이 변하여서 그 성욕의 반대가 되는 거룩이 되지 않는다. 거룩은 절제에서 나오는 것이다. (필자)

---

15) 프로이트는 "현실원칙에 반대하는 정신력은 주로 무의식으로 추방되어 무의식으로부터 작용하는 것으로 드러난다. 수정되지 않은 쾌락원칙은 가장 깊고 가장 오래된 무의식의 과정을 지배한다."(마르쿠제, 『에로스와 문명』, 175)고 말하는데, 이 내용에 의하면, 프로이트도 세 실체를 인정하고 있다.

결론적으로, 프로이트의 문명의 변증법은 잘못된 이론이다. 에로스가 변하여서 타나토스가 된 것이 아니다. 처음부터 우리 안에는 "양심(정신)-의식-성욕(육)"의 세 요소가 존재한다. 그리고 가장 근본이 되는 것은 '성욕'이 아니라, '양심'이다. 이 '양심'이 늦게 깨어날 뿐이다.

나. 문화와 문명 : 에로스와 죽음의 본능 사이의 영구한 투쟁

프로이트에 의하면, 초자아(양심)의 엄격성은 이제 에로스와 죽음의 본능 사이의 영구한 투쟁으로 설명된다. 어린 아이의 때에 에로스가 우리 안에서 출현하였다. 그런데 아버지의 거세위협에 대해 이제 공격충동 곧 타나토스가 우리 안에서 발생한다. 이 아버지는 최초의 공동체적 관계를 강화한다. 아버지의 금지는 아들들 사이에 제한 당한 사랑과 족외 결혼과 승화를 창조한다. 이렇게 해서 또 다른 부족이 생겨난다. 즉, 자제의 기초 위에서 에로스는 삶을 더 큰 통일체로 결합하는 문화적 작업을 시작한다. 아버지와의 관계에서 시작한 죄의식은 공동사회와의 관계에서 끝난다. 이것이 문명이라면, 사랑의 경향과 죽음의 경향의 영원한 투쟁에 기인하는 죄의식의 강화는 문명과 풀수 없는 결합이 된 것이다.

① 초자아(양심)의 과도한 엄격성
소망을 행동으로 간주하여 억압적 공격조차도 벌하는 초자아의 과도한 엄격성은 이제 에로스와 죽음의 본능 사이의 영구한 투쟁으로 설명된다.
② 아버지에 대항하는 공격충동 : 죽음본능의 파생물
아버지(와 그의 사회적인 후계자)에 대항하는 공격충동은 죽음의 본능의 파생물인 것이다.
③ 죽음의 본능도 굴복시키는 엄격한 아버지
어머니로부터 아이를 떼어내면서 아버지는 또한 죽음의 본능과 열반충동도 억제하는 것이다. 아버지는 에로스의 작업을 수행한다. 사랑도 초자아의 형성에 작용한다. 금지하는 에로스의 대표자로서 오이디푸스 갈

등 안에 있는 죽음의 본능을 굴복시키는 엄격한 아버지는 최초의 공동체적 관계를 강화한다. 아버지의 금지는 아들들 사이에 동일시와 목적을 제한 당한 사랑(애정)과 족외 결혼과 승화를 창조한다.

④ 자제 위에서 이루어지는 에로스의 큰 통일체 작업 : 문화적 작업

자제의 기초 위에서 에로스는 삶을 더 큰 통일체로 결합하는 문화적 작업을 시작한다. 아버지의 사회의 권위들로 보충되고 대체되며, 금지와 제한이 확장됨에 따라서 공격충동과 그것의 목적도 확대되고 다양해진다. 그것과 함께 사회의 편에서는 방어를 강화하기 위한 욕구 – 죄의식을 강화하기 위한 욕구가 성장한다. "인류를 촘촘하게 짜여진 대중으로 결합할 것을 명령하는 내적 에로스의 충동에 복종하기 때문에 문화는 항상 증대하는 죄의식을 조장하고 감시함으로써 이러한 목적을 달성했다. 아버지와의 관계에서 시작한 죄의식은 공동사회와의 관계에서 끝난다. 만일 문명이 가족집단으로부터 전체로서의 인류 집단으로 발전하는 필연적인 과정이라면 내적 갈등, 다시 말하면 사랑의 경향과 죽음의 경향의 영원한 투쟁에 기인하는 죄의식의 강화는 죄의식이 개인이 버티기 어려운 정도의 크기에 이르기까지 팽창해서, 문명과 풀수 없이 결합될 것이다. (프로이트, 『문명과 불만』)"(마르쿠제, 『에로스와 문명』, 107-108)

[평가] 프로이트의 오이디푸스 신화 해석 : 신화 + 현실원칙

프로이트는 성욕을 중심으로 문화와 문명의 발전을 생각한다. 기독교는 인생의 가장 우선적인 본능을 양심으로 생각하는데 반하여, 그는 이 성욕을 인생의 일차적 본능으로 생각한다. 그래서 이 성욕으로 인류의 역사를 해석하려 한다. 그것을 해석할 수 있는 것이 곧 오이디푸스 신화이다.

젖 먹는 아이가 자신의 어머니와 사랑(에로스)에 빠지는데, 그 옆에 있는 아버지가 아이를 위협한다. 그래서 아이는 이제 어머니를 포기하고, 아버지에 대한 거세 계획(타나토스)을 세운다. 이것이 인생들의 본질이다. 이것이 우라노스-크로노스 신화이며, 오이디푸스 신화이다. 프로이트는 이 신화로 역사를 해석하려 한다. 여기에서 어머니는 에로스이고 성욕이며, 아버지에

대한 마음은 양심이며 타나토스이다.

프로이트는 이 양자가 서로 대치하면서 문명이 발전한다는 힌트를 직접적인 우리의 삶 속에서 얻었다. 성욕이 마음에서 일어나면, 우리는 현실을 잊어버리고 타락 속으로 들어간다. 그런데, 현실원칙이 마음속에 들어오면, 우리는 겁을 내며 정신을 차리고 현업에 충실한다. 프로이트는 이 현실과 신화를 결합을 시킨 것이다.

기독교에서는 아예 위의 프로이트의 이야기를 근거 없는 허구라고 말한다. 기독교에서는 원래 우리 안에 양심이 처음부터 있었으나, 나중에 드러난다. 에로스가 삶의 에너지이며 성욕인 것은 맞으나, 그것은 양심의 통제 아래에 있어야 한다. 우리 안에 성욕이 일어나지만, 사회현실을 보고 양심이 이 성욕을 절제해 낸다. 그런데, 성욕(육)이 이 양심(정신)을 저버리면 그의 자아(의식)는 타락을 하게 된다. 그가 양심을 좇아 사회인이 되면, 그는 그 양심이 허용하는 범위 안에서 성생활이 가정 속에서 이루어진다. 그러면서 가족을 이룬다. 그후 노년의 때에는 죽음 앞에서 이 양심(타나토스)의 소리와 삶의 열정(에로스)은 이제 죽음마저도 초월한 삶(열반원칙)에 들어간다. 양심을 좇아 산 자에게 주어지는 영원한 축복이다. 이것이 기독교의 교리이다. 고대로부터 기독교는 신화와 대립하였으며, 신화를 인류를 타락시키기 위한 사탄의 미혹으로 간주한다. 여기에 프로이트가 넘어간 것으로 본다.

나. 노동의 진보를 위한 초자아의 억압적 활동

프로이트는 문명을 이제 새로운 관점에서 보기 시작하는데, 그는 문명을 노동의 진보라고 말한다. 즉 초자아의 엄격성도 바로 이것을 에로스에게 강요하기 위해서였다. 그런데, 노동은 불유쾌하고 고통스러운 것이다. 심지어는 쾌락원칙과 열반원칙 아래서 노동의 본능이란 것은 존재하지 않는다. 불행과 노동에 대해 프로이트는 프로메테우스에 대한 형벌과도 같은 것이라고 본다. 프로이트에 의하면, 인간 안에 노동본능이란 것이 없다면, 불쾌한 노동을 위하여 요구되는 정력은 성본능과 파괴본능이라는 일차적인 본능으로부터 회수된 것일 수밖에 없다. 문명이란 것이 주로 에로스의 활동이기 때문에 그것은 무엇보다 리비도의 회수일 것이다. 문화는 그것이 필요로 하는 대부분의 정신적인 정력을 성욕으로부터 빼낸다.

① 문명 : 노동의 진보
문명은 무엇보다 노동 – 다시 말하면 생활필수품을 조달하고 증대시키는 노동의 진보이다.

② 불유쾌한 노동
이러한 노동 자체에는 흔히 만족이 없다. 프로이트에 의하면 노동은 불유쾌하고 고통스러운 것이다. 프로이트의 메타심리학에는 근원적인 노동의 본능, 숙달의 본능 등을 인정할 여지가 없다.

③ 쾌락원칙과 열반원칙16)에서 제외되는 노동의 본능
쾌락원칙과 열반원칙 아래서의 본능의 보수적인 성질이란 개념이 노동의 본능이란 가정을 철저하게 제외한다. 프로이트가 가끔 "노동에 대한 인간의 혐오"를 언급할 때, 그는 단지 그의 이론의 기본개념으로부터 도출된 결론을 말한 것에 지나지 않는다.

④ 불행과 노동이라는 본능적 증후군
불행과 노동이라는 본능적 증후군은 프로이트의 저작에 반복해서 나타나며, 프로메테우스 신화에 관한 그의 해설은 성적인 정열에 물리는 재갈과 문명화된 노동의 관계에 집중된다. 문명 안에서의 기본적인 작업은 리비도적이 아닌 노동이다. 그러한 불쾌는 강요되지 않으면 안 된다. 만일 성적인 정력을 처리해서 쾌락을 완전히 충족시킬 수 있다면, 어떠한 동기가 성적인 정력을 다른 용도로 사용하도록 인간을 권유할 수 있을까! 그는 이러한 쾌락을 결코 떠나보내지 않을 것이며, 더 이상의 진보

---

16) 쾌락 원칙은 불쾌한 긴장은 줄이고, 쾌감을 증대하려는 경향이다. 이에 반하여 열반의 원칙은 모든 자극을 소거하여 무(無)의 상태에 이르려는 경향이다. 프로이트는 이 원칙을 바탕으로 죽음 본능(타나토스)을 설명하려 했다. 즉, 생명체는 근본적으로 자기 자신을 무로 되돌리려는 충동을 내재하고 있다는 것이다. (챗 GPT, 쾌락의 원칙, 2025. 9. 5.)

는 불가능하게 될 것이다

⑤ 일차본능으로부터 회수된 노동

만일 근원적인 노동본능이란 것이 없다면, 불쾌한 노동을 위하여 요구되는 정력은 성본능과 파괴본능이라는 일차적인 본능으로부터 회수된 것일 수밖에 없다. 문명이란 것이 주로 에로스의 활동이기 때문에 그것은 무엇보다 리비도의 회수일 것이다. 문화는 그것이 필요로 하는 대부분의 정신적인 정력을 성욕으로부터 빼낸다. (마르쿠제, 『에로스와 문명』, 109-110)

[평가] 노동본질의 비존재를 말하는 프로이트

프로이트는 노동을 프로메테우스 신화에서 프로메테우스에게 가해진 형벌로 간주하는 경향이 있다. 우리는 이것을 프로이트와 대척점에 서 있는 기독교적으로도 살펴 볼 필요가 있다. 기독교에서는 이 노동을 두 관점에서 바라본다. 하나는 "너희는 생육하고 번성하여 땅에 충만하라, 땅을 정복하라, 모든 생물을 다스리라"고 한다. 이것은 노동에서 나오는 즐거움과 축복의 개념이다. 또 하나는 아담이 범죄한 후에 그 형벌로서 "땅은 너로 말미암아 저주를 받고 너는 네 평생에 수고하여야 그 소산을 먹으리라"고 한다. 이렇게 노동에는 두 관점이 있다. 기독교에서는 노동을 거룩하게 승화시켜 내라고 말한다.

나중에 마르쿠제는 이 노동을 공산주의식으로 해서 노동이 주는 모든 갈등을 제거하자고 말한다. 그런 세상을 존재하지 않는데, 프랑스의 많은 젊은이들이 이 말에 속아 넘어갔다.

다. 성욕에 의해서 길러진 또 하나 : 사회적인 것(승화의 영역)

프로이트나 마르쿠제는 노동의 충동이 제한된 성욕에서 일차적으로 길러진 것이다. 이외에 특수한 사회적 본능도 여기에서 출현한다. 성욕의 자제에 의해서 사회적인 어떤 것이 출현한 것이다. 그들은 이것을 가리켜서 본능들이 승화한 것이라고 말한다. 이것은 이드의 내부에 있는 중성적 활력에서 나온 것이라고 말한다. 프로이트에 의하면, 중성적 활력은 비성화된 에로스이다. 승화의 과정은 본능구조의 균형을 변경시킨다. 그런데, 이렇게 약해지던 중성화된 에로스는 이제 파괴적인 충동을 풀어놓는다. 이제 문명은 자기파괴로 기울어진다.

① 성욕과 사회적 본능

그러나 노동의 충동만이 목적이 제한된 성욕에 의해서 길러진 것은 아니다. 특수한 사회적 본능(부모와 자식 사이의 애정적인 관계…친구들의 우정, 결혼에 의한 정서적인 유대)은 내적인 저항에 의하여 목적의 획득으로부터 물러난 충동들을 포함한다. 그러한 자제에 의해서만 충동들은 사회적인 것이 된다. 각 개인은 그의 자제에 공헌하며(우선 외적인 강제에 접촉해서, 그리고 그것을 내면화하여) 이러한 원천으로부터 문명의 물질적·이념적 부가 공동자본으로 축적된다. 비록 프로이트는 이러한 본능들을 승화된 것으로 기술할 필요가 없다고 말했지만(왜냐하면 그것들은 성적인 목적을 포기한 것이 아니고 만족과 흡사한 어떤 내용을 간직하고 있기 때문이다), 그는 그러한 본능들이 승화와 매우 가깝게 관련되어 있다고 말했다. 문명의 중요한 영역은 승화의 영역으로 나타난다. 그러나 승화는 그 안에 비성화(非性化)를 포함한다. 비록 승화가 이드 내부에 있는, 대체가능한 중성적 활력의 저수지에서 얻어진다 하여도, 이러한 중성적 활력은 리비도의 자기애적인 저장소로부터 앞으로 나아간다. 중성적 활력은 비성화된 에로스이다. 승화의 과정은 본능구조의 균형을 변경시킨다. 삶은 에로스와 죽음의 본능의 융합이다. 이러한 융합 안에서 에로스는 자기의 적대적 짝을 굴복시킨다. 그러나, "승화가 수행된 이후에 에로스적인 요소는 일찍이 함께 결합되어 있던 파괴적인 요소들의 전체를 결속할 능력을 상실한다. 파괴적 요소들은 공격과 파괴의 경향으로 해방된다. (프로이트, 『에고와 이드』)"

② 끝없는 승화를 요구하는 문화 : 자기파괴의 출현

문화는 끊임없는 승화를 요구한다. 따라서 문화는 문화의 건설자인 에로스를 약화시킨다. 약화된 에로스에 의한 비성화는 파괴적인 충동을 풀어 놓는다. 죽음의 본능이 삶의 본능에 대하여 지배권을 획득하려고 노력하는 본능의 해리(解離)에 문명이 위협을 받게 되는 것이다. 자제를 근원으로 하고, 진보되는 자제 아래서 발전하면서 문명은 자기파괴로 기울어진다.

③ 많은 반대

이러한 논증은 진리라기에는 너무나 유창하다. 많은 반대가 제기되었다. 모든 노동은 비성화를 포함하는 것은 아니며, 모든 노동이 불유쾌하고 적제적인 것은 아니다. … (마르쿠제, 『에로스와 문명』, 110-112)

[평가] 에로스(정욕)의 변형에 의해 거룩함이 나온다?

프로이트는 이드가 변형되어 비성화된 에로스가 되고, 여기서 죽음의 본능의 거룩함이 나오고, 이러한 융합 안에서 문명의 발전인 사회적인 요소가 출현한다. 그런데, 성욕(이드)이 변하여 양심(슈퍼에고) 혹은 거룩함이 되지는 않는다. 기독교에 의하면, 이 양자는 그 본질이 서로 달라서 정욕이 거룩함이 되지 않는다. 양심으로 정욕을 제어하여 거룩함이 나오게 한다.

프로이트는 그 정욕(이드)과 거룩(양심, 슈퍼에고)의 중간상태를 중성적 활력의 비성화된 에로스(사회적 에로스)라고 말한다. 따라서 프로이트의 에로스는 문화가 승화될수록 에로스는 약화되며, 여기서 이제 자기를 파괴하는 죽음본능이 출현한다. 이 파괴본능의 에로스는 이제 모든 것을 파괴한다. 무슨 공상과학 소설을 읽는 느낌이다.

물질은 물질이고, 정신은 정신이다. 따라서 이들의 소욕도 불변하다. 그런데, 프로이트에 의하면, 이드(에로스)가 육체의 소욕이 되었다가, 정신의 소욕이 되었다가 한다. 또한 삶의 본능으로서의 이드가 약해지다가 갑자기 죽음의 본능으로 나타난다.

성경에 의하면, 영의 소욕과 육의 소욕은 서로 정반대의 본질을 가지고 있다. 영의 소욕에 의해 육의 소욕이 붙잡혀 있을 때, 이것은 삶의 활력으로 나타난다. 이 영의 소욕의 탄생을 거듭남이라고 한다.

라. 파괴본능과 피할 수 없는 노동의 소외

작업의 수행이 유쾌한 리비도적 만족의 높은 정도를 제공하는 노동의 양식이 확실히 있다. 그러나 문명의 토대가 되는 노동의 태반이 매우 다른 종류의 작업이다. 문명의 물질적 기초를 창조하고 확대하는 작업은 주로 소외되고, 고통스럽고, 비참한 노동이며, 그것은 현재에도 여전히 그렇다. 그렇다면 그 에로스는 매우 약화된 에로스이다.

사회적으로 유용한 파괴성은 사회적으로 유용한 리비도 만큼도 승화되어 있지 않은 듯하다. 그러나 외향적인 파괴도 파괴는 역시 파괴이다. 파괴성의 대상은 대개의 경우 폭력적으로 공격되며, 형태를 빼앗기고, 부분적으로 파괴된 후에야 재건된다.

만일 파괴충동이 죽음의 본능의 파생물이라면, 파괴충동은 어떠한 대치물도 최종적인 것으로 받아들일 수 없다. 문화의 부와 지식이 증대하면 파괴를 위한 자료가 진보하고 본능을 억압하려는 욕구가 증대한다.

① 만족을 제공하는 노동과 억압목적에 직면한 노동

작업의 수행이 유쾌한 리비도적 만족의 높은 정도를 제공하는 노동의 양식이 확실히 있다. 진실한 예술적 노동은 억압 없는 본능의 상태에서 성장하며, 승화라는 용어가 만일 이러한 노동에 적용된다면 상당한 수정을 면하지 못할 정도로 억압 없는 목적에 직면하고 있는 것 같다. 그러나 문명의 토대가 되는 노동의 태반이 매우 다른 종류의 작업이다. … 문명의 물질적 기초를 창조하고 확대하는 작업은 주로 소외되고, 고통스럽고, 비참한 노동이며, 그것은 현재에도 여전히 그렇다. 그러한 작업의 수행은 개인의 욕구와 성향을 거의 만족시키지 못한다. 그것은 맹목적인 필연과 맹목적인 세력에 의해서 인가에게 부과된 것이다. 만일 소외된 노동이 에로스와 어떠한 관계를 맺고 있다면, 그 에로스는 매우 간접적인 관계이고 상당히 승화되고 약화된 에로스이다.

② 승화를 거쳐 노동 안에서 충족되는 공격적인 충동

그러나 작업의 공격 충동에 대한 문화적 억제는 에로스의 약화를 상쇄하지 않을까? 리비도적이고, 공격적인 충동은 승화를 거쳐 노동 안에서 충족 된다. 문화적으로 유용한 노동의 가학적인 성격이 흔히 강조되어 왔다. 기술과 기술의 합리성의 발달은 수정된 파괴본능의 대부분을 흡수한다.… 파괴성이 에로스의 작업을 보증하기 위하여 충분히 예속되고 전환된 활동 속에서 승화되는 것인가? 사회적으로 유용한 파괴성은 사회적으로 유용한 리비도 만큼도 승화되어 있지 않은 듯하다. 자아로부터 외부세계로의 파괴력의 전환은 문명의 성장을 확실히 안전하게 한다. 그러나 외향적인 파괴도 파괴는 역시 파괴이다. 파괴성의 대상은 대개의 경우 폭력적으로 공격되며, 형태를 빼앗기고, 부분적으로 파괴된 후에야 재건된다. 통일체는 강제로 구분되고, 구성부분은 강제로 재조정된다. 자연은 글자 그대로 더럽혀진다.…

③ 인간과 동물의 생명의 파괴가 문명과 함께 진보

파괴충동이 충족되지만 파괴충동의 충족은 에로스에 봉사하는 활동력을 안정시킬 수 없다. 충동의 파괴력은 자신을 이러한 예속과 승화 너머로 몰고 간다.… 만일 파괴충동이 죽음의 본능의 파생물이라면, 파괴충동은 어떠한 대치물도 최종적인 것으로 받아들일 수 없다. 건설적이고 기술적인 파괴를 통하여, 건설적인 자연의 오예화(汚穢化)를 통하여 본능들은 삶의 소멸을 향하여 작용하게 될 것이다.… 『문명과 불만』에서의 그의 정식은 그 핵심적인 내용을 회복하고 있는 듯하다. 인간과 동물의 생명의 파괴가 문명과 함께 진보되고, 인간의 잔인성과 증오와 과학적인 학살이 억압을 제거할 수 있는 가능성에 비례해서 증가된다는 사실 – 곧 후기산업사회의 특성은 모든 합리성을 넘어서 파괴를 영구화시키는 본능에 근거를 가지고 있다.… 문화의 부와 지식이 증대하면 파괴를 위한 자료가 진보하고 본능을 억압하려는 욕구가 증대한다. (마르쿠제, 『에로스와 문명』, 113-116)

마. 만기에 이른 억압의 갈등

마르쿠제에 의하면, 노동의 소외와 파괴본능은 여전히 축적되고 있다. 잠재적인 해방과 실재적인 억압의 갈등은 만기에 이르렀다. 그 갈등은 전세계적인 삶의 영역에 스며든다.

현대의 이데올로기는 생산과 소비가 지배를 재생산하고 정당화하는 데에 의존한다. 그러나 지배의 이데올로기적인 성격은 지배의 이익이 현실적이라는 사실을 변화시키지는 않는다. 전체적인 억압은 고도의 능률성에 의존한다. 그 억압은 물질적 문화의 범위를 고양하고, 생활필수품의 조달을 용이하게 하고, 안락과 사치를 값싸게 하고, 매우 광대한 영역을 산업의 궤도에 이끌어 들이지만, 한편 동시에 노고와 파괴를 존속시킨다. 개인은 그의 시간과 의식과 꿈을 희생하고 문명은 자신의 자유와 정의와 무엇보다 평화의 약속을 희생으로 지불한다.
잠재적인 해방과 실재적인 억압의 갈등은 만기에 이르렀다. 그 갈등은 전세계적인 삶의 영역에 스며든다. 진보의 합리성은 그것의 조직과 방향의 불합리성을 높인다. 사회의 결합과 관리의 힘은 직접적인 공격으로부터 전체를 방어할 만큼 충분히 강하지만 축적되는 공격성을 제거할 만큼 강하지는 않다. (마르쿠제, 『에로스와 문명』, 129-130)

바. 절정에 이른 노동의 소외
마르쿠제는 노동의 소외가 절정에 이르렀으며, 인간의 정신적인 요소 모든 것을 응고화시켰다고 말한다.

노동의 소외는 거의 완벽하다. 일관작업 공장의 직공과 사무원의 틀에 박힌 일이나 사고 파는 예식은 인간의 잠재력과는 아무런 관계를 가지고 있지 않다.… 이 세계 안에서는 인간의 존재는 자신의 운동법칙을 자신 안에 가지고 있지 않은 단순한 물건이고 재료이다. 이러한 응고상태는 또한 본능의 억제와 수정에 영향을 끼친다. 그것들의 본래적인 동태는 정태가 된다. 자아와 초자아와 이드의 상호작용은 자동적인 반응으로 응고된다. 초자아의 물체화는 적설한 경우와 시간에 맞추어 생산된 표정과 몸짓 속에 응고되어 나타나는 자아의 물체화를 수반한다.…(마르쿠제, 『에로스와 문명』, 131-132)

…이제 현실원칙의 억압된 세력은 억압된 개인에 의해서 새로워지거나 회복될 수는 이미 없는 듯하다.…(마르쿠제, 『에로스와 문명』, 133)

사. 마르쿠제의 에로스와 노동소외의 관계

마르쿠제는 노동소외로 나타나는 현실원칙에 의하여 성욕으로 표현되는 쾌락원칙의 에로스가 질식을 당하였다고 말한다. 즉 노동소외의 현실원칙이 성욕을 질식하게 하였고, 쾌락원칙을 질식하게 하였다. 마르쿠제에 의하면, 이제 노동소외를 해결해야만 한다. 그러면, 즉 노동소외의 해결은 이제 성욕을 본질로 하는 에로스를 쾌락의 절정에 이르게 한다.

4장 현실원칙을 넘어서

1. "현실원칙을 넘어서"의 개략

가. 『에로스와 문명, 2부』 "현실 원칙을 넘어서"

허버트 마르쿠제(Herbert Marcuse)는 『에로스와 문명』(1955) 2부에서 프로이트의 본능 이론을 사회철학적으로 재해석하며, 억압적 문명 너머의 해방적 가능성을 모색하였다. 이에 대해 일반화된 정리(챗GPT)는 다음과 같다.

① 문제의식

프로이트는 『문명과 그 불만』에서 문명은 본능 억압 위에 세워져 있으며, 억압 없는 문명은 불가능하다고 보았다. 마르쿠제는 이것을 비판적으로 수용하면서, "억압은 정말 불가피한가?"라는 문제를 제기한다. 즉, 현실 원칙(Reality Principle)의 지배를 넘어설 수 있는 다른 사회적 조건은 가능한가를 탐구하는 것이다.

② 쾌락 원칙 ↔ 현실 원칙

프로이트에 의하면, 쾌락 원칙은 긴장 감소와 쾌락 추구의 원리이다. 그러나 현실 세계(생존·노동·사회규범)는 이를 그대로 허용하지 않고, 현실 원칙이 쾌락 원칙을 제약한다.

이에 대해 마르쿠제에 의하면, 역사적으로 현실 원칙은 "생존을 위한 노동"이라는 조건에 의해 규정되었고, 자본주의적 생산 체제 속에서 현실 원칙은 과도하게 억압적 성격을 띠게 되었다. 그는 이것을 "억압적 현실 원칙(repressive reality principle)"이라고 부른다.

③ 억압과 잉여 억압

마르쿠제는 문명 유지에 필요한 최소한의 억압을 '기본적 억압(basic repression)'이라고 부르며, 자본주의적 경쟁과 권력 유지를 위한 불필요한 억압을 '잉여 억압(surplus repression)'이라고 부른다. 마르쿠제의 핵심은 "현실 원칙이 요구하는 억압 전부가 불가피한 것은 아니다. 따라서 '잉여 억압'을 제거한다면, 보다 자유롭고 해방적인 사회가 가능하다"는 것이다.

④ 노동, 기술, 해방

현대의 과학기술은 생산성을 획기적으로 높였으므로, 생존을 위해 모든 사람이 평생 강제 노동에 묶여 있을 필요가 없다. 따라서 억압적 현실 원칙을 넘어, 인간은 노동에서 해방될 수 있고, 그 결과 놀이, 예술, 감각적 충족을 중심으로 하는 새로운 문명 가능성이 열린다.

⑤ 에로스의 해방

프로이트는 에로스를 문명 유지의 원천으로 보았지만, 동시에 억압을 필수 조건으로 보았다. 마르쿠제는 에로스(생의 본능)를 억압의 도구가 아니라 해방의 원천으로 재해석한다. 새로운 사회에서는 에로스가 생산적·예술적·공동체적 삶으로 확장될 수 있다고 주장한다. 이를 통해 "죽음 본능"의 파괴적 충동도 승화·완화될 수 있다는 전망을 제시한다.

⑥ "현실 원칙을 넘어서"의 의미

마르쿠제에 의하면, '현실 원칙'은 자본주의적 생산체제와 생존 조건이 강제한 억압 구조이다. '넘어서'는 기술적 풍요와 사회적 조직을 통해, 억압 없는 문명, 혹은 억압 최소화된 문명을 가능케 하는 새로운 사회적 조건을 말한다. 즉, 마르쿠제는 프로이트의 비관적 문명론을 전복하고, 해방적·유토피아적 전망을 제시했다.

⑦ 요약 정리

프로이트에 의하면, 문명은 억압이 필연적이고, 현실 원칙이 쾌락 원칙을 지배한다. 이에 대해 마르쿠제는 억압 중 상당 부분은 잉여적이며, 기술 발전으로 제거가 가능하다. 결론적으로, "현실 원칙을 넘어서"는 해방된 에로스와 놀이 중심의 새로운 문명 가능성을 말한다. 『에로스와 문명』에서 마르쿠제가 말하는 "현실 원칙을 넘어서"란, 단순한 심리학적 명제가 아니라 사회·경제적 구조 변혁을 통해 인간의 본능적 해방을 실현하는 비판이론적 비전이다.(챗GPT, 현실원칙을 넘어서, 2025. 9. 6.)

나. 프랑스 68혁명의 주요사상 : "현실 원칙을 넘어서"

마르쿠제는 위의 내용을 프랑스 68혁명의 때에 "노동자들과 대학생들"에게 제시하였다. 위의 내용이 프랑스 68혁명의 정신이 된 것이다.

당시에 프로이트의 이론은 온 사상계를 강타하고 있었다. 특히 그의 성이론은 성에 대한 죄책감을 무너뜨렸다. 그래서 성자유 운동이 이때부터 본격적으로 시작되었다. 68혁명의 구호 중 하나가 "금지하는 것을 금지하라"였는데, 이것은 성에 관한 이야기였다. 이때부터 서구사회에서 프리섹스가 사회적 이슈로 등장하였다.

그리고 이 성이론이 독일 프랑크푸르트 학파의 신마르크스주의와 결합을 하였다. 그리고 그 역할을 한 사람이 마르쿠제이다. 이 공산주의 안에서 성이 자유를 찾는다고 말한 것이다. 그 내용이 곧 『에로스와 문명, 2부』 "현실 원칙을 넘어서"이다.

결국 프랑스 68혁명은 프로이트의 '성 사상'과 마르쿠제의 '공산주의 사상'의 산물인 셈이다. 그래서 우리는 마르쿠제의 사상을 '문화 막시즘'이라고 부를 수 있다는 것이다.

다. 맞지 않는 결합 : 공산주의가 성욕을 거룩하게 한다?

기본노동만 하는 공산주의가 와서 노동의 소외가 해결이 되면, 에로스의 기능이 되살아난다는 말은 맞지 않다. 우리 안에 있는 성욕은 오로지 양심의 통제에 의해서 가능하다. 사회적 조건이 바뀐다고 해서 그 성욕이 거룩해지지 않는다. 도리어 타락은 극에 달할 것이다.

현실원칙으로 작용하는 인생의 질고가 오히려 그 사람으로 하여금 성욕의 노예가 되지 않게 한다. 그 현실원칙의 억압이 없으면, 모든 사람들이 타락해 버릴 것이다. 기독교 성경에서 타락한 아담과 하와에게 이러한 노동의 고통을 준 것은 나름대로의 최선의 방책이었다. 성욕이 난무할 수 있는 세상에서 현실에서의 압박이 그나마 그 타락을 막아주고 있는 것이다. 고대 동양의 현자 공자는 "나라가 평안하면, 백성 중에 음욕이 싹 튼다"고 하였다. 이렇게 성욕은 문제가 많은 것이다. 사회인이 정욕을 다스리지 못하면, 정상적인 가정이 파괴된다. 현실에 성실한 사람은 정욕을 그 안에서 제어하며, 정상적인 가정을 유지한다.

그런데, 막스주의자들은 성욕을 인간의 본능이자 아름다운 것으로 장식을 한다. 그래서 대부분의 막스주의자들은 성 관계가 문란하다. 이것이 공산주의를 추구하는 자들의 공통된 특징으로 나타난다. 이것은 문화 막시즘의 영향으로 보인다.

라. 경제이론의 검증 : 기본노동의 공산주의가 가능한가?

소련에서 스탈린(1922-1953)과 흐루시쵸프(1953-1964) 등에 의해 공산주의 계획경제에 대한 실험이 대략 50여년 동안에 걸쳐 이루어졌다. 그들의 출발은 위의 마르쿠제식이었다. "능력에 따라 일하고, 필요에 따라 분배받는다"는 이념에 따라 서로 경쟁을 없애고 계획경제를 실시하였다.

그 계획경제가 실행되는 동안 어마어마한 인민들에 대한 통제가 이루어졌다. 아무도 일을 하려 하지 않았기 때문이었다. 스탈린의 독재는 끝없는 감시와 숙청으로 점철되었는데, 총인구 1.5억 중에서 1천-2천만명의 사망자를 내었다. 그들은 모두 자유를 유린당하였다. 이런 강제 하에서 유지 가능한 것이 공산주의이다.

그런데, 흐루시쵸프도 온갖 경제에 전력을 다하였는데, 더 이상 어찌해볼 도리가 없었는데, 국민들이 소망이 사라지자 모든 근로에 대해 힘을 잃어버렸기 때문이었다. 계획경제이다 보니 직업선택의 자유가 제한을 받자 더이상 공부를 할 의미가 없었다. 모든 생산수단(토지와 기업)을 국가 혹은 사회가 소유하다보니 목표가 사라졌다. 나라에서 꿈이 사라져 버린 것이다. 공산주의에서는 더 이상의 기회가 주어지지 않기 때문에 꿈이 사라진다. 결국 모든 도시의 거리에는 줄을 서서 배급을 기다리는 인민들로 가득 찼다. 그 결과 결코 공산주의 제도는 존재할 수 없다고 결론을 내렸다.

그리고 고르바쵸프는 1991년 12월에 "소비에트 연방(소련)"을 해체하였다. 이것이 기본노동을 주장하는 자들에게 해줄 말이다. 마르쿠제가 글을 쓸 때

(1955년)에는 소련 공산주의가 한창 진행중이었다. 프랑스 68혁명 중에도 공산주의가 진행중이었다. 더 나아가 이 시기 즈음에 중국의 마오쩌뚱이 중국 공산주의 혁명에 성공을 하였다.

2. 확립된 현실원칙의 역사적 한계

가. 수행원칙의 제도를 폐기를 통한 과잉억압의 제거

지금까지의 분석, 즉 『에로스와 문명, 2부』는 문명의 본능적 구조 안에 있는 현실원칙을 규정하려는 것이었다. 노동의 소외가 현실원칙을 통해 본능을 끝없이 억압하는 장면이었다. 이에 대해 마르쿠제는 현실원칙으로서 계속되는 수행원칙의 지배는 반드시 수락되지 않으면 안 되는 것인가를 살펴보고자 한다.

마르쿠제는 이에 대한 개선이 가능한데, 이것은 생존경쟁 때문이 아니라 지배계급의 이익 때문에 연기되고 있다고 본다. 또 하나는 이성 중시의 철학 때문이었다고 본다. 이성중시의 철학은 끝없이 무의식적 초월적 요소를 배제한다. 여기에서 마르쿠제는 무의식적 초월적 요소를 감수성, 관조, 향수 등을 일으키는 성적인 에로스로 본 것 같다.

마르쿠제는 본능의 역사적 전변(轉變)으로부터 본능의 억압 없는 발전의 가능성을 파악해 보고자 한다.

① 지금까지의 분석 : 현실원칙의 규정
지금까지의 분석은 문명의 본능적 구조 안에 있는 몇 가지 기본경향을 검토하고 서양문명의 진보를 지배하는 특정한 현실원칙을 규정하려는 것이었다. 우리는 이러한 현실원칙을 수행원칙이란 말로 지적했다.
② 수행원칙의 지배는 필연적인가?
우리는 통용되는 노동의 사회적 조직에서 도출된 지배와 소외가 현실원칙에 의해서 본능에 부과되는 요구를 광대한 범위로 결정한다는 것을 제시하려 하였다. 현실원칙으로서 계속되는 수행원칙의 지배는 반드시

수락되지 않으면 안 되는 것인가(문명의 경향은 수행원칙에 의하여 검토될 수밖에 없을 것인가).

③ 수행원칙의 본질은 무엇인가?

아니면 수행원칙은 질적으로 상이한, 억압 없는 현실원칙을 위한 전제조건을 창조하는 것인가. 이러한 질문은 정신분석적 인간이론이 역사의 기본경향과 만났다는 사실을 암시한다.

④ 지배계급의 이익

ⓐ 수행원칙 아래서의 문명의 진보는 소외된 노동에 소비되는 본능의 활력에 대한 사회의 요구가 상당히 감소되는 생산성의 수준을 획득하였다. 결국 본능을 계속해서 억제하는 억압적 조직은 생존경쟁 때문이라기보다 이러한 투쟁을 연기하는 데서 오는 지배계급의 이익 때문에 필요한 듯하다.

⑤ 이성의 초월성 구속

ⓑ 서구문명을 대표하는 철학은 수행원칙의 지배적인 특징을 포함하는 이성의 개념을 발전시켜 왔다. 그러나 그와 같은 철학은 감수성, 관조, 향수 등 수행원칙의 특성을 부정하는 고차적 형태의 이성에 대한 비전으로 귀결된다. 초월적이고 생산적인 자아의 활동에 의한 주체규정의 배후에는 자아의 구속이란 이미지가 놓여있다. 모든 생성을 흡수하고 모든 타자 속에서 자신에 대하여 자신과 함께 있는 존재양식으로 모든 초월적인 것이 휴식하게 되는 것이다.

⑥ 수행원칙과 현실원칙의 차이

수행원칙의 역사적 성격과 역사적 한계라는 문제는 프로이트 이론에 결정적으로 중요하다. 우리는 그가 실제로 기존의 현실원칙(즉, 수행원칙)을 현실원칙 자체와 동일시했다는 사실을 알고 있다. 만일 수행원칙이 현실원칙의 유일한 역사적 형태라면 그의 문명의 변증법은 결국 궁극적인 근거를 상실한다. …

⑦ 수행원칙의 제도의 폐기를 통한 과잉억압의 제거

프로이트의 본능이론은 그러한 문제가 검토되어야 할 방향을 가리키고 있다. 수행원칙은 성욕과 파괴본능에 대한 완전히 억압된 조직을 강화한다. 그러므로 만일 역사적인 과정이 수행원칙의 제도를 폐기한다면, 본능의 조직도 폐기될 것이다. 본능은 수행원칙에 의하여 요구되는 억압과 전환에서 해방될 것이다. 이것은 과잉억압의 점차적인 제거의 진정한 가능성을 의미한다. 확장되는 파괴성의 영역이 강화된 리비도에 의해 흡수되고 중화된다. …

⑧ 본능의 억압 없는 발전의 가능성 모색

이제 우리는 본능의 역사적 전변(轉變)으로부터 본능의 억압 없는 발전의 가능성을 파악해 보고자 한다. 그러한 방법은 쾌락원칙의 이름으로 기존의 현실원칙을 비판하는 것 - 인간존재의 두 차원을 지배하는 적대관계를 재평가하는 것을 의미한다. (마르쿠제, 『에로스와 문명』, 163-166)

상기의 논의제기는 자본주의의 과잉억압을 공산주의로 대체해 보자고 하는 논리이다. 어떤 방안이 나온 것이 아니라, 공산주의로 자본주의의 과잉억압을 대체해 보자고 한 것이다. 따라서 이러한 제안은 어떠한 검증을 갖춘 논리가 아니다. 그 가능성을 위해서 당시의 프랑스라는 나라의 체제를 자본주의에서 공산주의로 바꿔보자는 것이다.

나. 두 원칙 사이의 본질적 갈등의 불가피성을 주장한 프로이트

프로이트는 그 두 원칙 사이의 본질적 갈등은 불가피한 것이라고 주장하였다. 그러나 그의 이론을 숙고해 본다면 이러한 불가피성은 문제가 될 수 있다. 프로이트는 인간의 본능구조 안에 역사적 요소가 있음을 잘 알고 있다. 프로이트는 역사적 구분으로부터 아무런 근본적인 결론을 도출하지 않았고, 그 두 수준에 동등하고 일반적인 타당성을 부여했다. 그는 실제로 기록된 문명의 역사에서 함께 성장해 왔다는 것을 발견했을 뿐이다.

① 프로이트 : 두 원칙 사이의 본질적 갈등의 불가피성 주장

프로이트는 그 두 원칙 사이의 본질적 갈등은 불가피한 것이라고 주장하였다. 그러나 그의 이론을 숙고해 본다면 이러한 불가피성은 문제가될 수 있다. 이러한 갈등은 문명 안에 나타나는 형태에서 희소성과 생활고의 우세, 즉 생존경쟁에 의하여 야기되고 영구화된다고 말해져 왔다. 생존을 위한 투쟁은 본능의 억압적 변용을 필요로 한다. 완전하고고통 없고 노고 없는 본능적 욕구의 만족을 위한 충분한 수단과 자원이결핍되어 있기 때문이다. 만일 이것이 사실이라면 생존을 위한 투쟁에서의 본능의 억압적 조직은 본능 발전하는 특정한 역사적 조건으로부터나타난 것이며, 본능의 본질에 고유한 것이 아니라는 의미에서 외생적요인으로 보아야 한다.…(1)계통발생적이고 생물학적인 수준, 자연과의투쟁에서 형성되는 동물적 인간의 발달, (2)사회학적인 수준, 상호간의또는 환경과의 투쟁에서 형성되는 문명화된 개인과 집단의 발달이 그것이다. 두 수준은 항상 구분할 수 없는 상호작용 속에 있다. 그러나 사회학적 수준에서 생성된 요인은 생물학적 수준에 대하여 외생적이므로, 중요성과 타당성을 달리 한다.…과잉억압은 사회학적 수준에서 생기고 유지된다.

② 일반적인 타당성을 부여한 프로이트

프로이트는 인간의 본능구조 안에 역사적 요소가 있음을 잘 알고 있다.…그러나 그의 본능이론에서 프로이트는 역사적 구분으로부터 아무런근본적인 결론을 도출하지 않았고, 그 두 수준에 동등하고 일반적인 타당성을 부여했다.

③ 기록된 문명의 역사만 관찰한 프로이트

그의 메타 심리학에서 억압이 희소성에 의하여 부과된 것인가, 아니면희소성의 계급적 분배에 의하여 부과된 것인가, 생존을 위한 투쟁에 의해서 부과된 것인가, 아니면 지배계급의 이익을 위해서 부과된 것인가하는 문제는 중요하지 않다. 실제로 계통발생적이고 생물학적 요인과 사회학적 요인은 기록된 문명의 역사에서 함께 성장해 왔다. (마르쿠제,『에로스와 문명』, 166-168)

다. 억압 없는 문명을 부정하는 죽음본능

마르쿠제는 프로이트가 인간의 쾌락원칙의 본격적 해방을 완강히 거부한 이유로서 희소성이 지배하는 현실원칙의 영구성 때문이었다고 말한다. 마르쿠제는 이제 이것을 진지하게 검토할 필요가 있다고 말한다. (필자: 그것은 공산주의라는 제도를 지칭하고 있다.) 마르쿠제는 이 현실원칙을 넘어서면 본격적인 쾌락의 원칙의 세계 속으로 들어갈 수 있다고 보았다. 이 현실원칙만 넘어서면 유토피아가 도래한다.

한편, 프로이트가 이 문제를 검토하지 않은 이유는 우리 안의 에로스 내에 내재된 죽음본능 때문이었다는 것이다. 마르쿠제는 우리가 현실원칙을 넘어서기 위해서는 이것부터 재검토되어야 한다고 말한다. 우리의 본능으로서의 에로스에게서 뒤늦게 나타나는 죽음의 공포는 우리로 하여금 현재의 이성적 판단 안에 우리를 머물게 한다. 이 죽음본능은 우리로 하여금 사물의 초기상태를 포기하도록 강요한다. 이것이 우리를 생존투쟁의 억압 아래에 계속 머물게 한다. 이것이 마르쿠제의 논조이다.

① 쾌락원칙의 해방 가능성에 관한 프로이트의 거부: 희소성의 지배
쾌락원칙의 본격적 해방의 가능성에 관한 프로이트의 완강한 거부는 희소성이 지배와 마찬가지로 영구하리라는 다소간 의심스러운 가정을 포함하고 있다. 이러한 가정에 의해서 외부적인 요인이 정신생활에 고유한 요소, 일차적인 본능에 고유한 요소로 이론적인 중요성을 획득하였다. 장구한 문명의 흐름에 근거하여, 그리고 본능의 발전에 관한 프로이트 자신의 해설에 근거하여 그 가정은 문제되어야 한다. 만일 자유가 더 높은 단계로 진보하는 것이 문명이라면 본능발달의 지배를 점차적으로 제거할 수 있는 역사적 가능성은 거의 역사적인 필연성으로까지 진지하게 취급되어야 한다.
② 억압 없는 문명의 가설에 대한 재검토
프로이트의 본능이론으로부터 억압 없는 문명의 가설을 보삽법(補揷法)

으로 도출하기 위해서는 그의 일차적 본능들과 그것들의 대상과 그것들의 상호관계를 좀 더 자세히 재검토하지 않으면 안 된다.

③ 영구한 억압을 산출한 죽음본능

이러한 개념구성에서 억압 없는 문명에 대한 가설을 부정하는 것은 주로 죽음의 본능이다. 죽음의 본능의 존재는 문명에 의하여 제도화된 억압과 지배의 그물을 자동적으로 산출하는 듯하다. 타고난 파괴성이 영구한 억압을 산출한다.

④ 죽음의 본능에 대한 프로이트의 분석에 대한 재검토

그러므로 우리의 재검토는 죽음의 본능에 대한 프로이트의 분석에서 시작해야 한다. 프로이트의 후기 본능이론에서 외적인 방해세력의 압력 아래 생물체가 포기했던 사물의 초기상태를 회복하려는 유기적 생명에 고유한 강제는 에로스와 죽음의 본능이라는 두 개의 일차적인 본능에 공통된 것이다. 프로이트는 이러한 역행적인 경향을 유기적 생명의 타성의 표현이라고 생각했고, 다음과 같은 가설적인 설명을 시도했다.

⑤ 외부적인 영향이 이러한 과정을 길게 함

삶이 생명 없는 물질 속에서 시작될 때 어린 유기체에게는 생명 없는 상태로 돌아감으로써 고통을 덜려고 노력하는 강한 긴장이 발달된다. 유기적 생명의 초기단계에서는 무기적 존재라는 이전상태로 가는 과정이 매우 짧았고 죽음도 용이하였다. 그러나 외부적인 영향이 이러한 과정을 점차로 길게 하고, 유기체에게 더욱 길고 더욱 복잡한 죽음에의 우회로를 택하도록 강요한다. 그 우회로가 길고 복잡하게 되면 될수록 유기체는 더욱 분화되고 강력해진다. 유기체는 끝내 전세계를 그의 지배 아래 정복한다. 본능의 근원적인 목표는 아직도 무기적인 생명, 즉 죽은 물질로 돌아가려는 것으로 남아 있다. 가장 멀리까지 미치는 가설을 발전시키면서 프로이트는 외생적 요인들이 일차적 본능의 발전을 결정한다고 되풀이하여 말했다. 유기체는 외부적인 방해세력의 압력 아래서 사물의 초기상태를 포기하도록 강요된다.

유기적 생명의 현상은 방해하고 전환하는 외부의 영향에 속하지 않을 수 없다. 외부의 결정적인 영향도 살아 있는 실체를 그것의 최초의 생명과정으로부터 넓은 범위로 전환시킴으로써 그 만큼 변화된다. 유기체는 내적인 이유로 죽지만 죽음에 이르는 우회로는 외적인 요인에 의하여 발생한 것이 틀림없다. (마르쿠제, 『에로스와 문명』, 168-170)

마르쿠제는 죽음의 본능 혹은 죽음의 공포가 우리로 하여금 우리의 쾌락을 억제하게 하였고, 이것이 문명을 이루었다고 말한다. 프로이트는 이것을 숙명으로 보았으나, 마르쿠제는 이 죽음본능의 저편에는 열반의 원칙이 작용하고 있다고 말한다. 그리고 그는 삶의 본능과 죽음의 본능 사이의 실제적인 차이는 원래 매우 사소한 것이었다고 말하며, 이것의 가능성을 재검토하자고 말한 것이다.

3. 유토피아에서 살아나는 무의식 속의 환상

가. 무의식 속에 머물고 있는 환상의 가치

마르쿠제와 프로이트에 의하면, 현실원칙에 반대하는 정신력은 주로 무의식으로 추방되어 무의식으로부터 작용하는 것으로 드러난다. 수정되지 않은 쾌락원칙은 가장 깊고 가장 오래된 무의식의 과정을 지배한다. 그리고 이것은 환상을 통해서 예술 등으로 나타난다고 말한다. 프로이트는 한편에서는 성본능과 환상의 관계, 다른 한편에서는 자아본능과 의식활동의 관계를 이중으로 확립했다. 마르쿠제는 이제 이 "성본능과 환상"이 가지는 진리의 가치를 끄집어내어야 한다고 말한다.

① 무의식에 존재하는 수정되지 않은 쾌락의 원칙

프로이트 이론에서 현실원칙에 반대하는 정신력은 주로 무의식으로 추방되어 무의식으로부터 작용하는 것으로 드러난다. 수정되지 않은 쾌락원칙은 가장 깊고 가장 오래된 무의식의 과정을 지배한다. 무의식의 과정은 억압 없는 정신상태를 구성할 만한 기준을 제공하지 못하고, 그러한 구성에 대한 참다운 가치의 기준을 제공하지도 못한다. 그러나 프로이트는 발달된 의식의 영역에서도 현실원칙으로부터 고도의 자유를 유지하는 정신활동으로서 환상을 골라냈다. …

② 인류의 원형을 보존하고 있는 무의식 속의 환상

환상은 정신구조 전체 안에서 결정적인 기능을 한다. 환상은 무의식의 가장 깊은 층과 의식의 가장 높은 생산물(예술)을 연결시키고 꿈과 현실을 연결시킨다. 환상은 집합적이고 개인적인 기억의 영구하나 억압되어 있는 이상, 금기된 자유의 이미지와 같은 인류의 원형을 보존한다.

③ 성본능과 환상 vs 자아본능과 의식활동

프로이트는 한편에서는 성본능과 환상의 관계, 다른 한편에서는 자아본능과 의식활동의 관계를 이중으로 확립했다. 이러한 이분법은 (독립된 자아본능을 포기한) 본능이론의 후기공식에 비추어서 뿐 아니라 환상을 예술적 (그리고 정상적) 의식으로 통합한 이유에 비추어서도 지지될 수 없다. 그러나 환상과 성욕의 친화성은 환상의 기능에 대하여 결정적인 것으로 유지된다.

④ 환상이 가진 진리의 가치

환상(상상력)을 그 자신의 법칙과 진리가치를 가지고 있는 사고의 과정으로 인지한 것은 심리학이나 철학에서 새로운 것은 아니다. 프로이트의 독창적인 공헌은 이러한 사고양식의 기원과 그것의 쾌락원칙과의 결정적인 관계를 제시하려고 시도한 데에 있다. (마르쿠제, 『에로스와 문명』, 175-176)

나. 과거를 보존하고 있는 환상

현실원칙의 확립은 정신을 구분하고 절단하게 된다. 정신과정의 주류는 현실원칙의 지배로 옮겨진다. 이것은 기억과 망각을 지배하고, 현실을 해석하고 조종하고 변경하는 독점력을 획득한다. 정신과정의 다른 부분(환상)은 무력하고 논리가 맞지 않고 비현실적이 되어 현실원칙의 지배에서 자유를 보존한다. 그러나 환상(상상력)은 현실에 의한 조직 이전의 영혼의 구조 속에서 그것을 보존한다. 상상력(환상)은 역사적 과거의 기억을 보존하며 그 이미지를 보존한다.

① 현실원칙의 확립과 쾌락적 자아의 무의식화
현실원칙의 확립은 현실원칙의 전체적인 발전을 운명적으로 결정하는 정신을 구분하고 절단하게 된다. 쾌락적 자아 안에 통일된 정신과정이 분열된다. 정신과정의 주류는 현실원칙의 지배로 옮겨지고, 현실원칙의 요구와 조화하게 된다. 이렇게 조건 지어지면서 정신의 주류는 기억과 망각을 지배하고, 현실이란 무엇이며 그것은 어떻게 사용되고 변화되어야 하는가를 결정하는 - 현실을 해석하고 조종하고 변경하는 독점력을 획득한다. 정신과정의 다른 부분은 무력하고 논리가 맞지 않고 비현실적이 된다는 희생을 치르고 현실원칙의 지배에서 자유를 보존한다. 정신의 활동력 전체에 의하여 인도되던 자아는 이제 현실원칙에 순응하는 부분에 의하여 인도된다. 이 부분만이 자아의 대상과 규범과 가치를 규정한다. 이성으로서 자아는 판단과 진리와 합리성의 유일한 창고가 된다. 자아는 유용하고 유용하지 않든지, 좋고 나쁘다든지 하는 것을 결정한다. 고립된 정신과정으로서의 환상은 태어나면서 동시에 쾌락적인 자아가 현실적인 자아로 조직됨으로써 뒤에 남겨진다.
② 이성의 지배와 환상의 백일몽화
이성이 지배하게 된다. 이성은 불쾌하지만 유용하고 정확하다. 환상은 유쾌하지만 쓸모없고 진실 되지 못한, 단순한 놀이와 백일몽이 된다. 그것은 억압으로부터의 자유, 억제되지 않은 욕망과 충족의, 다시 말하면 쾌락원칙의 언어를 계속해서 이야기한다. 그러나 현실은 이성의 법칙에 따라 진행하며, 이미 꿈의 언어에는 위탁되지 않는다.
③ 환상의 이미지 보존
그러나 환상(상상력)은 현실에 의한 조직 이전의, 다른 개인들에 대항하는 개인이 현실에 의하여 형성되기 이전의 영혼의 구조와 경향을 보존한다. 상상력은 상상력이 위탁되어 있는 이드처럼 개인의 삶이 인류의

삶이었던 하부 역사적 과거의 기억을 보존하며, 쾌락원칙의 지배 아래서 이루어졌던 보편과 특수의 즉각적 통일의 이미지를 보존한다.…(마르쿠제, 『에로스와 문명』, 176-178)

다. 무의식 안에 있는 환상과 유토피아의 세계

마르쿠제에 의하면, 프로이트의 메타심리학은 우리 무의식 안에 상상력 혹은 환상의 자리가 있다고 말한다. 상상력은 개인과 전체, 욕망과 실현, 행복과 이성의 화해를 마음속에 그린다. 이러한 조화는 기존의 현실원칙에 의해서 추방되었지만, 환상은 그러한 조화가 현실이 되어야 하고, 현실이 될 수 있으며, 환상의 배후에는 지식이 있다고 주장한다. 환상이 형식을 갖출 때, 환상이 지각과 이해의 우주를 창조할 때 상상력의 진리는 비로소 실현된다. 이것은 예술 안에서 일어나고 있다고 말한다.

① 정신과정으로서의 환상(상상력)

프로이트의 메타 심리학은 여기서 상상력을 그것의 본래의 자리로 복권시킨다. 근본적이고 독립적인 정신과정으로서 환상은 자신의 경험에 일치하는 – 즉 적대적인 인간의 현실을 극복하는 자신의 진리가치를 소유한다. 상상력은 개인과 전체, 욕망과 실현, 행복과 이성의 화해를 마음속에 그린다.

② 환상이 형식을 갖출 때

이러한 조화는 기존의 현실원칙에 의해서 유토피아로 추방되었지만, 환상은 그러한 조화가 현실이 되어야 하고, 현실이 될 수 있으며, 환상의 배후에는 지식이 있다고 주장한다. 환상이 형식을 갖출 때, 환상이 지각과 이해의 우주 – 주관적이고 동시에 객관적인 우주를 창조할 때 상상력의 진리는 비로소 실현된다. 이것은 예술 안에서 일어난다. 환상의 인식능력을 분석하는 것은 아름다움의 과학인 미학에 이르게 된다. 미학적 형식의 배후에는 감각과 이성의 억압적 조화 – 지배의 논리에 의한 삶의 조직에 대한 영원한 반항, 수행원칙의 비판이 있다.

③ 환상을 나타내고 있는 예술

예술은 개인적인 수준에서뿐만 아니라 인류적이고 역사적인 수준에서도 분명히 눈에 보이는 "억압된 자들의 귀환"이다. 예술적인 상상력은 실패한 해방과 배반된 약속에 관한 무의식적 기억을 형성한다. 수행원칙의 지배 아래서 예술은 제도화된 억압에 반대하여 "자유로운 주체로서의 인간의 이미지를 구성한다. 그러나 구속된 상태에서 구속에 대한 부정에 의해서만 예술은 자유의 이미지를 유지할 수 있다". 자유에 대한 의식을 각성한 이래 모든 진정한 예술작품은 원형적 내용을 드러내고 있다. 예술의 원형적 내용은 구속에 대한 부정이다.(마르쿠제, 『에로스와 문명』, 179-180)

마르쿠제는 이제 이것이 공산주의 유토피아에서는 실현될 수 있다고 말한다. 그러나 그 근거는 하나도 없다. 도리어 여기에 속아서 따라 나선 혁명가들은 인류에게 재앙을 끼쳤다. 꿈과 환상의 예술은 현실은 다르다.

라. 승화되지 않은 형태의 환상

현실원칙을 거부하는, 승화되지 않은 형태의 환상은 꿈, 백일몽, 놀이, 의식의 흐름과 같은 하부 현실적이고 초현실적인 과정에서 자리를 잡는다. 성욕은 개인을 넘어 확장되고 개인과 인류의 관계를 보장하는 "살아 있는 유기체의 유일한 기능"이다. 성욕이 현실원칙에 의해서 지배되는 한 환상은 주로 정상적인 성욕에 대항해서 자신을 주장한다. 그것은 삶의 본능이 억압없는 충족에 도달하는 에로스적인 현실을 목적으로 한다. 이것은 현실원칙에 반대하는 환상과정의 궁극적인 내용이다.

① 현실원칙을 거부하는 승화되지 않은 환상 : 꿈

현실원칙을 거부하는, 승화되지 않은 형태의 환상은 꿈, 백일몽, 놀이, 의식의 흐름과 같은 하부 현실적이고 초현실적인 과정에서 더욱 익숙하게 된다. 현실원칙을 넘어서 만족을 극단적으로 요구함으로써 환상은 확

립된 개별화의 원리를 취소한다. 여기에서 일차적 에로스에 위탁된 환상
의 근거가 있을 것이다.

② 환상으로 나타나는 성욕

성욕은 개인을 넘어 확장되고 개인과 인류의 관계를 보장하는 "살아 있
는 유기체의 유일한 기능"이다. 성욕이 현실원칙에 의해서 조직되고 지
배되는 한 환상은 주로 정상적인 성욕에 대항해서 자신을 주장한다. 그
러나 환상의 에로스적인 요소는 도착된 표현을 넘어선다.

③ 에로스적 현실을 목적으로 하고 있는 환상

그것은 삶의 본능이 억압 없는 충족에 도달하는 에로스적인 현실을 목
적으로 한다. 이것은 현실원칙에 반대하는 환상과정의 궁극적인 내용이
다. 이러한 내용에 의해서 환상은 정신의 동력학에서 특이한 역할을 한
다. (마르쿠제, 『에로스와 문명』, 181-182)

마. 현실원칙의 위대한 거절

프로이트에게 상상력은 단순한 공상, 어린이의 놀이, 백일몽 등이 되지
않을 수 없다. 프로이트의 결론은 상상력의 발현은 기껏해야 하나의 멋진
유토피아에 지나지 않는 듯하다. 그러나 상상력의 참된 가치, 곧 그것이 불
러일으키는 자유와 행복의 형태는 역사적인 현실을 구원하기를 요구한다.
상상력만이 내가 무엇일 수 있는가를 말해주기 때문이다. 그러나 현실원칙
은 이에 대해 '위대한 거절'을 말한다.

① 유토피아에 머물렀던 상상력(환상)

…프로이트에 의하면 그 이미지는 문명에 선행하는 (개인과) 인류의 하
위 역사적 과거를 불러낸다. 문명이 오직 쾌락원칙과 현실원칙의 하위역
사적인 통일을 파괴함으로써만 발전할 수 있기 때문에 그러한 이미지는
무의식에 파묻혀서 남아 있게 되고, 상상력은 단순한 공상, 어린이의 놀
이, 백일몽 등이 되지 않을 수 없다. 원시유목부족으로부터 문명의 더욱
높은 형태에 이르는 의식의 긴 여정은 역전될 수 없다. 프로이트의 결

론은 이상적인 자연상태라는 개념을 배재한다. …이 모든 것이 프로이트에게는 기껏해야 하나의 멋진 유토피아에 지나지 않는 듯하다. …

② 상상력의 참된 가치

상상력의 참된 가치는 과거에 연관될 뿐 아니라 미래에도 관계된다. 그것이 불러일으키는 자유와 행복의 형태는 역사적인 현실을 구원하기를 요구한다.

③ 현실원칙의 거부

현실원칙에 의하여 자유의 행복에 부과된 한계를 최종적인 것으로 수락하기를 거부하고, "무엇이 가능한가"하는 질문에 대하여 망각하는 것을 거부하는 데에 환상의 비판적 기능이 있다. "비록 우리가 대충 행복이라고 부르는 것이 문제가 된다 하더라도, 상상력을 노예의 신분으로 떨어뜨리는 것은 가장 깊은 자기에서 궁극적인 정의라고 발견한 모든 것을 회피하는 것이 된다. 상상력만이 내가 무엇일 수 있는가를 말해준다."

④ 혁명적인 내용을 가진 프로이트의 상상력

초현실주의자들은 프로이트가 발견한 것이 혁명적인 내용을 가지고 있다는 것을 알았다. 상상력은 이제 곧 자신의 권리를 반환하라고 요구할 것이다. 그러나 그들이 "꿈이 삶의 근본적인 문제의 해결에 적용될 수는 없을까?"하고 질문했을 때, 그들은 정신분석을 넘어서 꿈이 그 내용의 타협 없이 현실이 되기를 요구하였다. 예술은 혁명과 동맹한다. 상상력의 참된 가치에 귀속되어 있는 비타협성은 현실을 더욱 완전하게 이해한다. 예술적 상상력의 명제가 사실들의 현실적인 조직으로 보아 진실하지 않다는 것은 상상적인 빈실의 본질에 속한 것이다. "현실적인 계기에 관한 어떤 명제는 진리가 아니다라고 할 때의 진리는 미학적 성취에 대하여 중요한 진리를 표현한다. 그것은 진리의 일차적 특성인 '위대한 거절'을 표현한다."…

참다운 가능성을 유토피아라는 인간 없는 대지로 추방하는 것은 수행원칙의 이데올로기가 가지고 있는 본질적인 요소이다. …(마르쿠제, 『에로스와 문명』, 182-186)

바. 인류 역사의 전환점 : 수행원칙에 대한 부정

마르쿠제는 이 수행원칙에 대한 부정이 일어날 수 있다고 말한다. 이것은 인류역사의 큰 전환점이 될 것이다. 인류의 역사는 본능의 변전에서 또 하나의 전환점을 향하고 있는 듯하다고 말한다. 억압적 현실에 대한 이론적 근거를 제공했던 희소성의 기초가 문명의 진보에 의해서 침식 될 때 프로이트의 본능이론에 포함된 역사적 요인은 역사 안에서 성취된다.

① 수행원칙에 대한 부정 : 문명의 성숙 전제

수행원칙에 대한 부정은 의식적 합리성의 진보를 반대하는 것이 아니라 의식적 합리성의 진보를 수반하는 것이다. 수행원칙의 부정은 문명의 고도한 성숙을 미리 전제한다.

② 역사의 전환점

수행원칙의 바로 그 성취는 한편에서 인간의 원시적 무의식과정과 의식 과정 사이의 갈등을 강화했고, 또 한편으로는 인간의 현실적인 가능성을 강화했다. 인류의 역사는 본능의 변전에서 또 하나의 전환점을 향하고 있는 듯하다. 그리고 이전의 전환점과 똑같이 새로운 환경에 고대적 정신구조가 적응할 때 환경 그 자체의 폭발적인 변화 – 또 하나의 파국이 일어날 듯하다.

③ 역사의 전환점들

그러나 프로이트의 가설에 따라서 첫 번째 전환점이 지질학적 역사에서의 사건이며, 두 번째 전환점이 문명의 시초에 일어난 사건이라면, 세 번째 전환점은 문명이 도달한 고도수준에 위치될 사건이다.… 억압적 현실에 대한 이론적 근거를 제공했던 희소성의 기초가 문명의 진보에 의해서 침식 될 때 프로이트의 본능이론에 포함된 역사적 요인은 역사 안에서 성취된다. (마르쿠제, 『에로스와 문명』, 186-187)

[평가] 수행원칙의 부정이 가능한가?

수행원칙의 부정은 다른 표현으로 과잉억압의 제거로서 일을 하지 않아도 살아갈 수 있는 세계를 말한다. 문명이 발달하면 이런 세계가 열린다는 꿈 같은 이야기를 하고 있는 것이다. 그리고 그 세상이 오면, 우리 안에 있는 에로스적 환상이 맘껏 꽃피어난다고 말한다. 그 세계는 성욕의 세계를 기반으로 하고 있다. 이런 세상이 도래하지도 않았는데, 이 세계의 이상을 가지고 현 체제를 비판한다. 그것이 마르쿠제의 공산주의의 미혹이다.

사. 쾌락원칙과 현실원칙의 화해 – 수행원칙의 지배를 넘어선 진보

마르쿠제는 쾌락원칙과 수행원칙의 화해가 가능하다고 말한다. 그러한 가설적인 상태는 두 관점에서 합리적으로 가정된다. 하나는 역사의 원시적 시초에서 가능했고, 다른 하나는 역사의 극도로 성숙된 단계에 가능하다. 첫째 것은 희소성의 억압 없는 분배를 가리킨다. 둘째 것은 희소성을 정복한 후에 완전히 발전된 산업사회의 합리적인 조직에 관계된다. 그는 지배계급의 이익에 의해 나타난 과잉억압이 본능에 부과되지 않는다는 의미에서, 이러한 형태의 본능 발달은 비억압적이며, 소외된 노동의 지배가 없다. 이것이 가장 중요한 점이다. 그는 공산주의 하에서 이것이 실현된다고 말한 것이다.

① 자원의 희소성

모든 진보에도 불구하고 희소성과 미숙성은 아직도 상당히 커서 각자의 욕구에 따른 분배원칙의 실현을 방해한다는 논의에는 어느 정도 타당성이 있다. 문명의 정신적 자원뿐 아니라 물질적 자원이 아직도 매우 제한되어 있기 때문에 만일 사회의 생산성이 개인적 욕구의 보편적인 만족을 향하여 변경된다면 생활수준은 틀림없이 저하될 것이다. 모든 사람이 인간다운 생활을 하게 되려면 많은 사람이 조작된 안락을 포기해야 할 것이다. 산업문명을 지배하는 국제체제는 그러한 생각을 조롱거리로 선고할 것이다.

② 쾌락원칙과 현실원칙의 화해

이러한 사실이 수행원칙은 쓸모없게 되었다는 이론적 주장을 무효화하는 것은 아니다. 쾌락원칙과 현실원칙의 화해는 모든 사람의 풍요한 생활에 의존하는 것이 아니다. 유일의 적절한 질문은 과잉억압이 제거될 수 있을 만한 정도로 인간의 욕구가 충족되는 문명상태를 충실하게 합리적으로 마음속에 그려낼 수 있는가 없는가 하는 것이다.

③ 화해의 상태 : 역사의 시초와 역사의 성숙시에 달성

그러한 가설적인 상태는 전변하는 본능의 양극에 놓여 있는 두 관점에서 합리적으로 가정된다. 하나는 역사의 원시적 시초에 위치하고, 다른 하나는 역사의 극도로 성숙된 단계에 위치한다. 첫째 것은 희소성의 억압 없는 분배를 가리킨다. 둘째 것은 희소성을 정복한 후에 완전히 발전된 산업사회의 합리적인 조직에 관계된다. 본능의 전변은 두 조건 아래서 매우 상이할 것이지만, 하나의 결정적인 특징이 양자에 공통될 것이다. 지배계급의 이익에 의해서 필요하게 된 과잉억압이 본능에 부과되지 않는다는 의미에서 본능의 발달은 비억압적이다.

④ 기본적인 모든 욕구의 충족

이러한 성질은 음식, 주택, 의복, 여가 등 사회적인 욕구의 충족 뿐 아니라 성적인 욕구의 충족, 즉 인간의 기본적인 욕구의 일반적인 충족을 반영한다. 이러한 만족에는 노고, 즉 인간존재에 대한 소외된 노동의 지배가 없다. 이것이 가장 중요한 점이다.(마르쿠제, 『에로스와 문명』, 187-188)

아. 수행원칙의 지배를 넘어선 진보의 시기 : 에로스 본능의 해방

마르쿠제는 진보의 시기가 도래하면, 수행원칙의 지배를 넘어서게 된다고 말한다. 이 책 본문에서 그것이 언급되지는 않지만, 그것은 사회주의 혹은 공산주의 사회의 도래를 의미한다. 그것은 생활수준의 저하를 의미할지 모르지만, 본능적인 자유 등의 다른 기준에 의하면, 자유에서의 진보를 방해하지 않는다.

이러한 경우에 필요노동으로 전환되는 본능적 활동력의 양이 매우 적기

때문에 억압적인 속박과 변형의 영역이 붕괴될 것이다. 결국 쾌락원칙과 현실원칙의 적대적인 관계는 쾌락원칙에 편들어 변경된다. 에로스, 삶의 본능은 미증유의 해방을 맞게 된다.

① 노동시간이 감소되는 것은 자유를 위한 첫째 필수조건

노동시간의 길이가 현실원칙에 의해 쾌락원칙에 부과된 주요한 억압요인의 하나이기 때문에 노동시간의 단순량이 인간의 발달을 방해하지 않는 지점까지 노동시간이 감소되는 것은 자유를 위한 첫째 필수조건이다. 노동시간의 감소는 선진산업국가에서 오늘날 볼 수 있는 생활수준을 상당히 감소시킬 것이다. 그러나 수행원칙의 붕괴가 일으키는 생활수준의 저하는 자유에서의 진보를 방해하지 않는다.

② 수행원칙의 지배를 넘어선 생활수준

해방의 높은 생활수준을 전제로 한다는 논의는 억압의 영구화에 쉽사리 봉사하게 된다. 생활수준을 자동차, 텔레비전 수상기, 비행기, 트렉터 등으로 규정하는 것은 수행원칙 자체의 규정이다. 수행원칙의 지배를 넘어서 생활수준은 기본적인 본능의 보편적인 충족, 내면화된 혹은 외면화된 죄와 공포로부터의 이성적일 뿐 아니라 본능적인 자유 등의 다른 지준에 의하여 측정될 것이다. "진정한 문명은 가스나 증기나 회정무대에 있는 것이 아니다. 그것은 원죄의 자국이 감소되는 데에 있다" - 이것이 수행원칙의 지배를 넘어선 진보의 정의이다.

③ 에로스의 해방

최적조건 아래서 성숙된 문명의 물질적, 지적인 부의 일반적 이용은 고통 없는 욕구충족을 승인하려는 듯하다. 그러나 지배는 그러한 충족을 이미 조직적으로 앞지르지 못하고 있다. 이러한 경우에 (차례로 기계화되고 합리화되는) 필요노동으로 전환되는 본능적 활동력의 양이 매우 적기 때문에 억압적인 속박과 변형의 영역이 붕괴될 것이다. 이러한 속박과 변형은 이미 외부적인 세력에 의하여 지탱될 수 없기 때문이다. 결국 쾌락원칙과 현실원칙의 적대적인 관계는 쾌락원칙에 편들어 변경된

다. 에로스, 삶의 본능은 미증유의 해방을 맞게 된다. (마르쿠제, 『에로스와 문명』, 189-190)

자. 에로스의 해방이 가져오는 항구적 작업관계

마르쿠제에 의하면, 기존의 문명이 "본능의 억압-사회적으로 유용한 노동-문명"으로 정의 되었는데, 이제 여기에 문명의 변증법이 적용되어 역전이 일어난다. 그것은 과잉억압의 제거를 통해서 일어나며, 그것은 이 책에서 말하는 것은 아니지만, 공산주의의 실현을 통해서 일어난다. 그것은 이제 "본능의 해방-사회적으로 유용한 작업-문명"이라는 상관성으로 의미 있게 변형된다. 이때 이제 노동은 놀이가 된다. 이것이 에로스의 해방이 가져오는 항구적 작업관계이다. 그리고 이것은 우리 영혼의 구조에 영향을 미치고, 에로스와 타나토스의 균형을 변경시키고, 금기된 만족의 영역을 복귀시키며, 본능의 보수적인 경향을 진정시키고, 존재에 대한 새롭고 근본적인 경험이 인간의 현존재를 전적으로 변화시키게 될 것이다.

① 마르쿠제의 공상적 사회주의

이러한 논의에 대항하기 위해서 우리는 "본능의 억압 - 사회적으로 유용한 노동 - 문명"이라는 프로이트의 상관성이 "본능의 해방 - 사회적으로 유용한 작업 - 문명"이라는 상관성으로 의미있게 변형될 수 있다는 것을 제시해야 한다. 우리는 현행하는 본능의 억압은 노동의 필연성에 의해서가 아니라 지배의 이익 때문에 부과된 노동의 특정한 사회적 조직에 의해서 결과된 것이라고 암시했다. 억압은 주로 과잉억압임을 해명하였다. 결국, 과잉억압의 제거는 본래 노동의 제거가 아니라 인간존재를 노동의 도구로 만드는 조직의 제거이다.

② 마르쿠제의 가정

만일 이것이 사실이라면 억압 없는 현실원칙의 출현은 노동의 사회적 조직을 파괴하는 것이 아니고 변경하는 것이다. 에로스의 해방은 항구적 작업관계를 새롭게 창조한다. …

③ 유토피아에 대한 상상

상상력의 유토피아적인 요구는 역사적 현실에 스며들게 된다. 만일 수행원칙의 성과가 수행원칙의 제도를 능가하게 되면 수행원칙의 성과는 인간을 노동에 예속시키는 생산성의 방향에 적대한다. 노예화를 벗어나서 생산성은 억압적인 힘을 상실하고, 개인의 욕구의 자유로운 발전을 추진하게 된다. 진보의 방향에서 그러한 변화는 진보가 미리 전제한 사회적 노동의 근본적인 재조직을 넘어서 진행된다. 물질적 생산이 아무리 정당하고 합리적으로 조직된다 하여도 그 조직은 결코 자유와 만족의 영역이 될 수 없다. 그러나 그것은 소외된 노동의 영역을 넘어서 인간능력의 자유로운 놀이를 위하여 시간과 정력을 해방할 수 있다.…

우리는 곧 그것이 바로 영혼의 구조에 영향을 미치고, 에로스와 타나토스의 균형을 변경시키고, 금기된 만족의 영역을 복귀시키며, 본능의 보수적인 경향을 진정시킨다는 사실을 제시하겠다. 존재에 대한 새롭고 근본적인 경험이 인간의 현존재를 전적으로 변화시키게 될 것이다.(마르쿠제, 『에로스와 문명』, 191-194)

[평가] 마르쿠제의 허구

마르쿠제는 실현될 수 없는 공산주의의 이상이 마치 실현된 것인 양 자신의 논의를 전개하고 있다. 마르쿠제는 자신의 상상력을 마치 가능한 현실인 양 글을 쓴다. 그는 이것을 공산주의를 선전하기 위한 도구로 사용한다. 이러한 시도는 바람직하지 않은 행위일 수 있다.

4. 오르페우스와 나르키소스의 이미지

가. 수행원칙을 넘어서 나타나는 노동

마르쿠제는 수행원칙을 넘어서 나타나는 문화의 이론적 구성을 소묘하려는 시도를 한다. 공상적 공산주의는 지상에서 한 번도 실현된 적이 없다. 그러나 만약 그러한 세계가 있다면, 이것은 가능하기 때문이다. 그래서 그는 환상의 영역 안에서 시작되는 새로운 세계의 모습을 그려보고자 한다. 먼저, 수행원칙을 넘어서 나타나는 노동을 살펴보고자 하는 것이다. 그는 이것을 신화 속에서 찾아보고자 한다.

① 수행원칙을 넘어서는 문화의 이론적 구성의 비합리성

수행원칙을 넘어서 나타나는 문화의 이론적 구성을 소묘하려는 시도는 엄밀한 의미에서 비합리적이다. 서양문명이 시작될 무렵 수행원칙이 제도화되기 오래 전에도 이성은 구속, 즉 본능적 억압의 도구로서 정의되었다. 본능과 감각의 영역은 영원히 이성과 적대적이고 이성에 해가 된다고 생각되었다. …

② 이성의 지배에 대한 반발

억압적 이성의 지배는 결코 완전할 수 없다. 이성의 인식 독점은 결코 명백한 것이 아니다. 프로이트가 환상(상상력)은 이성과 양립할 수 없는 진리를 간직한다는 근본적인 사실을 강조하였을 때 그는 오랜 역사적 전통을 따르고 있었던 것이다. 환상은 그것이 '위대한 거절'의 인지를 보존하는 한 인식적이고, 또 적극적으로 이성에 반대하여, 이성에 의하여 억압된 인간과 자연의 완전한 만족을 향한 희망을 보호하는 한 인식적이다. 환상의 영역 안에서는 자유의 비합리적 이미지가 합리적이 되고, 본능적 만족의 심층이 새로운 위엄을 갖추게 된다. 수행원칙의 문화는 상상력이 민속과 민담과 문학과 예술 속에 생생하게 유지하고 있는 낯선 진리들 앞에서 머리를 숙인다. 낯선 진리들은 적절히 해석되어 대중의 세계와 학문의 세계에서 자기의 자리를 차지하였다. …

③ 그 상징들의 역사적인 진리가치의 검토

우리는 이제 이러한 상징의 몇 개를 확인하고, 그 상징들의 역사적인 진리가치를 검토하려 한다. (마르쿠제, 『에로스와 문명』, 195-197)

[평가] 마르쿠제의 비합리성

마르쿠제는 "수행원칙을 넘어서 나타나는 문화의 이론적 구성을 소묘하려는 시도는 엄밀한 의미에서 비합리적이다"고 말한다. 그렇다. 그것은 우리 상상의 세계이다. 그는 그러한 세계를 프랑스 68혁명에서 마치 현실인양 제시하였다. 그러자 지적으로 아직 성숙되지 않은 대학생들과 노동자들이 미친 듯이 거리로 뛰쳐나왔다.

그러한 세계가 세계사 속의 어느 나라를 통해서 실현된 적이 있고, 실현된다면, 우리는 속히 가서 그 세계를 연구하여야 한다. 그러나 그 세계는 상상 속의 세계이다. 이 상상세계 속의 노동을 마르쿠제는 소개하려 하고 있는 것이다. 우리는 오히려 마르쿠제의 주장을 거꾸로 해서 진실을 발견해야 할 것이다.

나. 수행원칙의 원형적인 영웅, 프로메테우스

마르쿠제는 헤시오도스의 신화에 나타나는 프로메테우스를 수행원칙의 전형적인 영웅이라고 말한다. 그리고 이러한 문화적 배경에서 여자의 아름다움과 성은 치명적 재앙이다.

> 프로메테우스는 수행원칙의 원형적인 영웅이다. 프로메테우스는 수행원칙의 원형적인 영웅이다. 프로메테우스와 판도라의 세계에서는 성욕과 쾌락과 같은 여성의 원리는 분열적이고 파괴적인 저주로 나타난다. 왜 여자들은 재앙인가? 그리스 시인 헤시오도스는 프로메테우스에 대하여 이야기하면서 성의 고발로 끝맺는데, 무엇보다 경제적 비생산성을 강조하고 있다. 그녀들은 쓸모없는 수벌이고 빈민의 예산에 들어있는 사치품 항목이다. 여자의 아름다움과 그 여자가 약속하는 행복은 문명의 노동세계에는 치명적이다. (마르쿠제, 『에로스와 문명』, 197-198)

다. 오르페우스와 나르키소스 : 쾌락원칙에서의 영웅

마르쿠제는 과잉억압이 제거된 사회에서 에로스가 만들어내는 새로운 일거리들을 노동이 아닌 놀이로 표현한다. 그것은 오늘날 문학과 음악 속에 그 흔적이 남아있는데, 낙원에 다름이 아니다. 그의 말은 노래이며, 그의 일은 놀이이다.

오르페우스와 나르키소스는 전혀 다른 현실을 대표한다. 그들은 서구 사회의 영웅이 되지 못했다. 그들의 이미지는 기쁨과 충족의 이미지이다. 그들의 목소리는 명령하지 않고 노래한다. 선물을 주고받는 몸짓, 정복의 노동을 종결시키는 평화로운 행위, 인간과 신, 인간과 자연을 통일하는 시간으로부터의 해방.

문학은 그들의 이미지를 보존하고 있다. 〈오르페우스에게 바치는 소네트〉에는 다음과 같은 시구가 있다. "소녀처럼 반작이며, 노래와 거문고가 하나로 어우러지는 이 고귀한 기쁨으로부터 흘러나와 봄의 너울 속에 찬연히 빛나며 소리는 내 귓속에 침실을 만들고… 그녀는 세계를 잠재웠다. 그대 노래하는 신이여, …"

나르키소스는 물로 된 거울 속에서 자신의 아름다움을 잡으려 한다. 모든 형태가 지나가고 달아나는 시간의 강물에 몸을 굽히고 나르키소스는 꿈꾼다. "나르키소스는 낙원을 꿈꾼다. …낙원은 언제나 다시 창조되어야 한다…

…오르페우스와 나르키소스의 이미지는 에로스와 타나토스를 화해시킨다. 그들은 조종되거나 지배되지 않고 해방된 세계의 경험을 상기시킨다. 인간과 자연의 억압되고 응고된 형태에 구속되어 있는 에로스의 힘을 해방하는 자유의 경험을 불러일으킨다. 에로스의 힘은 파괴가 아니라 평화, 공포가 아니라 아름다움이라고 생각된다. 에로스의 힘이 맡겨져 있는 차원을 한정하여 나타내기 위해서는 약간의 이미지 다발을 열거하는 것으로 충분할 것이다. 쾌락의 구제, 시간의 정지, 죽음의 종결, 고요, 잠, 밤, 낙원 - 죽음으로서가 아니라 삶으로서의 열반원칙.

보들레르는 그러한 세계의 이미지를 두 행의 시구로 표현했다. "거기선, 모두가 질서와 아름다움, 호사(豪奢), 고요, 그리고 일락(逸樂)." 이 시구는 아마 질서라는 낱말이 문맥에서 억압적 함축을 상실한 유일한 예일 것이다. 여기서 질서는 자유로운 에로스가 창조한 만족의 질서이다.

동태에 대한 정태의 승리이다. 그러나 그것은 감각이고 놀이이고 노래인 생산성 - 자신의 충만 속에서 움직이는 정태이다. …(마르쿠제, 『에로스와 문명』, 198-203)

그의 말은 노래이며 그의 일은 놀이이다. …(마르쿠제, 『에로스와 문명』, 211)

마르쿠제는 현실에 존재하지 않는 것을 신화 속에서 가져와서, 그것을 마치 현실인 양 대학생들과 노동자들에게 소개하며, 그것이 프랑스68혁명의 사상이 되게 하였다.

5. 성욕에서 에로스로

가. 억압 없는 본능적 질서의 개념

마르쿠제는 "억압 없는 본능적 질서"로서의 새로운 성 질서를 말한다. 그에 의하면, 억압 없는 문화에 대한 전망은 본능과 이성의 새로운 관계를 목적으로 한다고 말한다. 만일 노동의 억압이 있는 상태에서의 현실원칙은 오늘날의 성문화이다. 그러나, 노동의 억압에 대한 승리의 결과로서 자유로운 사회가 문명의 정점에서 일어난다면, 본능의 해방은 매우 다른 결과를 초래할 것이다고 말한다. 그가 궁극적으로 말하고자 하는 것은 우리의 성욕이, 노동의 억압으로부터 벗어나면, 에로스적 성으로 바뀐다는 것이다.

① 억압 없는 문화에 대한 전망
우리가 신화와 철학의 한계추세에서 끌어올린 억압 없는 문화에 대한 전망은 본능과 이성의 새로운 관계를 목적으로 한다. …
② 억압 없는 현실원칙의 출현
본능의 해방을 포함한 억압 없는 현실원칙의 출현은 문명화된 합리성에 의하여 획득된 수준의 이전으로 퇴행한다. 이러한 퇴행은 심리적이며 사회적이다. 그것은 현실 자아의 발달과정에서 극복되었던 리비도의 초기

단계를 회복하며, 현실자아가 존재하는 사회제도를 소멸시킨다. 이러한 제도의 입장에서 본능의 해방은 야만으로 타락한다. 그러나 생존을 위한 투쟁에서의 패배가 아니라, 승리의 결과로서 자유로운 사회의 지지를 받으면서 문명의 정점에서 일어난다면, 본능의 해방은 매우 다른 결과를 초래할 것이다. 그것은 문명과정의 역전이며 문화의 전복일 것이다. …

③ 성욕의 에로스적 성으로의 승화

인간은 충분히 발전된 지식에 따라서 자기의 생활을 다스리고, 무엇이 선이고 무엇이 악인가를 다시 질문하게 될 것이다. … 억압 없는 본능적 질서의 개념은 우선 모든 본능 중에서 가장 무질서한 본능인 성욕에 비추어 검토되어야 한다. 억압 없는 질서는 성본능이 자신의 역학에 의하여, 그리고 변화된 실존적, 사회적 조건 아래서 성숙한 개인 사이에 지속적 에로스관계를 생성할 수 있을 때에만 가능하다. 우리는 과잉억압이 제거된 후에도 문명화된 자유의 더 높은 형태를 향한 진보와 양립할 수 있을 뿐 아니라 그러한 진보를 추진할 수도 있는 리비도적 합리성을 성본능이 발전시킬 수 있는지 생각해 보아야 한다. 이러한 가능성을 여기서 프로이트 자신의 용어로 검토될 것이다. (마르쿠제, 『에로스와 문명』, 241-243)

[평가1] "억압 없는 문화"라는 용어사용

마르쿠제는 유토피아의 세계를 지칭할 때, "억압 없는 문화"라는 용어를 사용한다. 그리고 곳곳에서 '문화'라는 용어를 사용한다. 그리고 그는 "억압 없는 문화"가 이루어진 세계를 공산주의라고 지칭하려 한다. 그래서 우리는 마르쿠제의 철학을 "문화 막시즘"이라 부르는 것이다.

[평가2] 성욕이 거룩으로 그 본질이 바뀌는가?

우리는 과연 마르쿠제의 이 말이 육체를 입고 있는 우리에게 가능한가를 질문하여야 한다. 과잉억압이 제거 된 후에는 성욕이 새로운 모습으로 나타나는가? 이 질서를 우리가 세울 수 있는가? 그 무분별한 성욕이 스스로 분별이 있어지는가? 성욕이 거룩으로 바뀌는가?

기독교에 의하면 성욕은 그 본질이 바뀌지 않는다. 양심이 강화되어 그 성욕을 절제시킬 때, 그 성이 거룩함에 기반한 성, 에로스적 성으로 바뀐다. 그렇다고 해서 성욕이 사라지는 것은 아니다. 에로스적 성의 대표적인 것이 바로 합법적인 부부간의 사랑이다.

나. 노동시간의 감소가 이루는 성욕의 승화

수행원칙의 지배가 있는 경우의 성욕은 수행원칙의 중심적인 보루를 파괴한다. 그래서 노동을 위하여 강화된 억제는 유기체를 사회적으로 유용한 수행의 주체-객체로 만들기 위해서 신체의 비성화(非性化)를 영구하게 한다. 그러나 반대로 만일 노동의 시간이 최소로 감소된다면, 이러한 억제는 없어도 된다. 그러면 리비도는 해방되고 현실원칙에 사로잡혀 있는 제도화된 한계를 넘쳐흐르게 될 것이다. 성욕의 문화적인 세련과 사랑으로의 승화가 문명 안에서 일어난다. 이미 전시간을 노동의 도구로 사용하지 않기 때문에 육체는 다시 성적 기능을 회복할 것이다. 리비도의 확장에 포함되는 퇴행은 이제 모든 성감대의 회복, 성기(性器)의 전기적(前期的) 다형(多形)성욕의 소생, 성기우위의 쇠퇴로 나타나며, 육체 전체가 부착의 대상, 즐겨야할 것, 쾌락의 도구가 된다. 이것은 특히 일부일처제와 가부장제를 중심으로 하는 가족제도를 해체한다.

① 성본능에 대한 사회적 통제의 감소

우리는 성본능에 대한 사회적 통제의 감소는 비록 최적조건 아래서라도 성욕의 조직을 문명이전의 단계로 역행시킨다는 프로이트의 결론을 되풀이 하였다. 그러한 퇴행은 수행원칙의 중심적인 보루를 돌파할 것이다. 그것은 성욕을 일부일처제의 재생산과 도착에 대한 금기로 이끄는 수로를 파괴할 것이다. 수행원칙의 지배 아래서 개인적인 신체의 리비도 부착이나 타인과의 리비도적인 관계는 보통 자유시간에 한정되고, 성교의 준비와 수행에 향해져 있다. 아주 예외적으로 고도의 승화를 수반하

는 경우에만 리비도적인 관계가 작업의 영역으로 들어가는 것이 허용된
다. 많은 활동력을 유지하려는 욕구와 만족스럽지 않은 노동을 위하여
많은 정력과 시간을 보존해야 한다는 필요에 의하여 강화된 억제는 유
기체를 사회적으로 유용한 수행의 주체—객체로 만들기 위해서 신체의
비성화(非性化)를 영구하게 한다.

② 리비도 해방

반대로 만일 자유로운 시간의 조작이 없이 작업시간과 에너지가 최소로
감소된다면, 이러한 억제의 근거는 훼손될 것이다. 리비도는 해방되고
현실원칙에 사로잡혀 있는 제도화된 한계를 넘쳐 흐르게 될 것이다. …
성욕의 문화적인 세련과 사랑으로의 승화는 사회적인 소유관계에서 떠
나 결정적인 양상에서 사회적인 소유관계와 충돌하는 개인적인 소유관
계를 확립한 문명 안에서 일어난다.

인간의 존재는 가정에서의 사생활 바깥에서 생산물과 노동력의 교환가
치에 의하여 결정되며, 가정과 침실에서의 생활은 신성하고 도덕적인
'법의 정신'에 잠겨 있다. 인류는 그 자체가 목적이며 결코 단순한 수단
이 될 수 없다고 했다. 그러나 이러한 이데올로기는 개인의 사회적 기
능에서가 아니라 개인적인 기능에만 유효하고, 노동의 영역에서가 아니
라 리비도적 만족의 영역에만 유효하다. 문명화된 도덕의 충만한 힘은
신체를 쾌락의 객체, 수단, 도구로 사용하는 데 반대하여 총동원되었다.
신체적 애욕의 구체화는 금기되고, 창녀, 타락자, 도착자들의 경멸할 특
권으로 남게 되었다. …억압 없는 현실원칙의 출현과 수행원칙이 요구하
는 과잉억압의 폐기로써 이러한 과정은 역전된다.

③ 되살아나는 쾌락의 도구로서의 성

사회적인 관계의 물체화는 자유롭게 발달된 개인의 욕구의 충족을 목적
으로 하여 분업이 다시 편성되기 때문에 감소될 것이다. 리비도적인 관
계에서는 육체만의 애욕에 대한 금기가 감소할 것이다. 이미 전시간을
노동의 도구로 사용하지 않기 때문에 육체는 다시 성화될 것이다. 리비
도의 확장에 포함되는 퇴행은 우선 모든 성감대의 회복과 성기(性器)

전기적(前期的) 다형(多形)성욕의 소생과 성기우위의 쇠퇴로 나타날 것이다. 육체 전체가 부착의 대상, 즐겨야할 것, 쾌락의 도구가 된다. 리비도적인 관계의 가치와 범위에서의 이러한 변화는 개인적인 상호관계를 조직하는 제도, 특히 일부일처제와 가부장제를 중심으로 하는 가족제도를 해체한다.

④ 리비도의 변형

이러한 전망은 본능의 해방이 성적인 광기의 사회 – 다시 말하면 사회의 부정으로 인도한다는 예상과 일치하는 듯하다. 그러나 방금 대강을 말한 과정은 리비도의 단순한 해방이 아니라 리비도의 변형을 포함한다. 성기 우위에 억제된 성욕을 개성전체의 에로스화로 변형하는 것이다. 그것은 리비도의 폭발이 아니라 리비도의 확장이다. 억압된 현실원칙에 의하여 생긴 개인과 사회의 간격에 다리를 놓음으로써 리비도는 개인적인 동시에 사회적인 관계로 확장되는 것이다. 리비도의 변형은 개인의 욕구와 능력의 자유로운 놀이를 해방하는 사회적 변형의 결과일 것이다. (마르쿠제, 『에로스와 문명』, 243-246)

[평가] 공산주의와 성을 결합시키는 마르쿠제

마르쿠제는 공산주의가 이루어지면, 성욕이 다시 왕성해지고, 성을 이용한 쾌락도 증가할 것이라고 말한다. 마르쿠제는 공산주의와 성을 이렇게 결합을 시킨 것이다. 그들은 성을 쾌락의 도구로 여기고 있다.

다. 성욕의 에로스로의 승화

마르쿠제는 억압이 없는 상태에서의 성욕은 에로스적 상태로 로 발전한다고 말한다. 억압이 없는 상태에서의 성욕은 자신 스스로 거룩한 성욕으로 변화가 되나? 참으로 꿈같은 이야기이다.

우리는 성욕의 자기승화에 대하여 말했다. 그 용어는 성욕이 특정의 조건 아래서는 기존문명이 본능에 부과한 억압적 조직에 예속되지 않고도

고도로 문명화된 인간관계를 창조할 수 잇다는 것을 의미한다. 그러한 자기승화는 수행원칙의 제도를 넘어서 차례로 본능의 퇴행을 해방하는 역사적 과정을 전제한다. 본능의 발전에 대해서 자기승화는 생식을 위한 성욕으로부터 성감대에서 쾌락을 획득하는 성욕으로 퇴행하는 것을 의미한다. 성욕의 일차적인 구조를 회복하면, 성기기능의 우세는 성기우세를 수반하는 육체의 비성화와 마찬가지로 깨어진다. 유기체 전체가 성욕의 기저층이 된다. 본능의 목적은 이미 특수화된 기능 - 다시 말하면 자신의 생식기를 이성의 생식기와 접촉시키는 기능에 의하여 흡수되지 않는다. 이렇게 확대되면서, 본능의 범위와 목적은 유기체 자체의 생명이 된다. 본능의 확대과정은 내재적인 논리에 의해서 거의 자연스럽게 성욕의 개념이 에로스로 변형되었음을 암시한다. (마르쿠제, 『에로스와 문명』, 249-250)

[평가] 마르쿠제의 행복기준과 기독교의 행복기준

마르쿠제의 행복의 기준은 성 생활이다. 그래서 그는 『에로스와 문명』의 결론을 성기능의 회복에 두고 있으며, 성을 이용한 쾌락을 유토피아로 두고 있다.

이에 반하여 기독교인의 행복의 최상위의 기준은 자아의 실현이다. 심지어 유토피아가 완전히 실현된 그 나라에 가면, 그곳에서는 "시집가거나 장가가는 일이 없다"고 말한다. 기독교에서는 성욕의 충족이 행복의 기준이 아니다. 성욕은 절제되어야 하며, 가정 안에서 합법적으로 이루어질 때, 그 성욕으로 인한 만족이 극대화된다. 그리고 그 성욕으로 인한 만족은 한계가 있다.

최 환 열 (崔 煥 㤠)

〈학력 · 약력〉
한양대학교 졸업(학사), 아세아연합 신학대학원 M.A. in Missiology 수료, 햇불트리니티 신학대학원 목회학 석사, 백석대학교 신학대학원 구약학 박사
현) 공인회계사(회계법인 대표), 현) 한국금융시장연구원 대표

〈저 서〉
(신학)『아브라함의 언약』,『모세오경의 언약』,『예수 그리스도의 새 언약』,『창세기 원역사 해설』, (철학)『칸트 철학』,『헤겔 철학』,『생철학과 현상학』,『실존주의 철학』,『언어-구조주의 철학』,『심리-구조주의 철학』,『신화-구조주의 철학』,『초기 분석철학과 논리실증주의』,『중기 분석철학』,『후기 분석철학』,『마르크스사상 비판』, (경제)『국민연금과 사모펀드의 반란』,『자유민주주의와 사회주의의 이론과 실제 : 러시아경제사와 대한민국 경제사』, (역사)『박정희의 산업화 유신』

『네오막시즘과 문화막시즘』
초판 1쇄 발행 2025년 11월 11일
저   자_ 최 환 열
펴 낸 이_ 김 동 명
펴 낸 곳_ 도서출판 창조와지식
인 쇄 처_ (주)북모아
출판등록번호_ 제2018-000027호
주   소_ 서울시 강북구 덕릉로 144
전   화_ 1644-1814
팩   스_ 02-2275-8577
메   일_ gvmart@hanmail.net
I S B N_ 979-11-6003-959-7
가   격_ 18,000원
발행형태_ 무선제본